（总第39期）中英文对照 Chinese/English (No.39)

天津统计年鉴 2023

TIANJIN STATISTICAL YEARBOOK

天津市统计局 国家统计局天津调查总队 编

Compiled by Tianjin Municipal Bureau of Statistics &
Survey Office of the National Bureau of Statistics in Tianjin

中国统计出版社
China Statistics Press

图书在版编目（CIP）数据

天津统计年鉴. 2023 = Tianjin Statistical Yearbook 2023 : 汉英对照 / 天津市统计局, 国家统计局天津调查总队编. -- 北京 : 中国统计出版社, 2023.10
ISBN 978-7-5230-0208-7

Ⅰ. ①天… Ⅱ. ①天… ②国… Ⅲ. ①统计资料－天津－2023－年鉴－汉、英 Ⅳ. ①C832.21-54

中国国家版本馆 CIP 数据核字(2023)第 157665 号

天津统计年鉴 2023

作　　者/ 天津市统计局　国家统计局天津调查总队
责任编辑/ 张　洁
校　　对/ 李　娜　郑皓珺　张家奇
封面设计/ 王　芳
出版发行/ 中国统计出版社有限公司
地　　址/ 北京市丰台区西三环南路甲 6 号　邮政编码/100073
发行电话/ 邮购（010）63376909　书店（010）68783171
网　　址/ http://www.zgtjcbs.com
印　　刷/ 鑫艺佳利（天津）印刷有限公司
经　　销/ 新华书店
开　　本/ 890mm×1240mm　1/16
字　　数/ 990 千字
印　　张/ 31
版　　别/ 2023 年 10 月第 1 版
版　　次/ 2023 年 10 月第 1 次印刷
定　　价/ 420.00 元（含光盘）

《天津统计年鉴 2023》编辑委员会

Tianjin Statistical Yearbook 2023 Editorial Board and Staff

编者说明

一、《天津统计年鉴》是一部全面反映天津市国民经济和社会发展情况的大型资料性年刊，创刊于 1983 年，逐年出版，形成系列。《天津统计年鉴 2023》系统收录了天津市 2022 年经济、社会各方面的统计数据，以及其他重要历史年份的全市主要统计数据。全书中英文对照，配有光盘。

二、本年鉴文字资料主要登载有《2022 年天津市国民经济和社会发展统计公报》及其解读。为方便读者使用，书的篇目索引标明了全书结构。在书中每篇后附有主要统计指标解释。

三、本年鉴的统计数据主要取自各专业统计年报，部分取自抽样调查数据和专业部门统计数据，使用时可参考正文下面的注释。

四、本年鉴所使用的度量衡单位均采用国际统一标准计量单位；行业分类标准采用《国民经济行业分类》(GB/T 4754-2017)；人均指标采用常住人口计算。

五、本年鉴中部分数据的合计数和相对数由于四舍五入取舍不同而产生的计算误差，均未做机械调整。

六、本年鉴表中的符号使用说明："空格"表示该项统计指标无数据、数据不足本表最小单位数或数据不详；"#"表示其中的主要项。

七、由于与不同年份有关专业的普查、调查、清查结果相衔接，以及国家统计制度变化和有关主管部门提供的统计数据有调整等原因，年鉴中部分指标的历史年度数据会有变动。读者在使用历史资料时，凡以前年度的年鉴与本年鉴数据有出入的，均以本年鉴为准。

八、《天津统计年鉴》自公开出版以来，得到了国内外广大读者的关心和支持，对本年鉴的内容和编辑工作提出了许多宝贵意见，对此我们深表谢意。限于我们的水平，书中难免有不足之处，敬请广大读者继续给予批评指正，帮助我们进一步改进年鉴编辑工作、提高年鉴编辑水平，更好地为广大读者服务。

Preface

I. *Tianjin Statistical Yearbook* is a large-sized statistics publication to reflect various aspects of Tianjin's economic and social development, which was started in 1983 and published year after year, having formed a series of yearbooks. *Tianjin Statistical Yearbook 2023* takes Tianjin economic and social statistics of 2022 systematically, and other statistics of main years. The book is written in Chinese & English, and is equipped with electric CD.

II. Written materials in the book include *Statistical Communique on the 2022 National Economic and Social Development of Tianjin* and its interpretation. In order to help readers using these statistical materials better, Subject Index is used to describe the framework of the book, and Explanatory Notes on Main Statistical Indicators are attached after each chapter.

III. The major data sources of this book are obtained from annual professional statistical report, a few from sample surveys and departments' statistics. The readers can refer tho the notes below the main text when using it.

IV. The units of measurement used in this book are internationally stander measurement units; sector listed in this table is classified by the standard of GB/T 4754-2017. When calculating per capital indicators, we use permanent population.

V. Statistical discrepancies due to rounding are not adjusted in this book.

VI. Notations used in this book: "blank" indicates the data not available or the figure is not large enough to be measured with the smallest unit in the table. "#' indicates the major items of the total.

VII. As a result of keeping consistent with data of census, surveys and checks, the change of national statistics system and adjustment of figures provided by departments some data in this yearbook is different from former yearbook. When using historical data, users should take the data of this book as standard.

VIII. Since Tianjin Statistical Yearbook had been published openly, we have been concerned and supported by the readers at home and abroad. Your advance much valuable suggestion on content and edition of the yearbook, we deeply thanks for this all. Based on our limited level, perhaps there are some mistakes in this book, we welcome all of the readers give us your criticism in order to help us further improving our edition level, and providing services for the readers better.

篇目索引

SUBJECT INDEX

SUBJECTS | PAGE

目　　录
CONTENTS

第三篇 国民经济核算

Chapter 3 National Accounts

第四篇 就业和劳动工资

Chapter 4 Employment and Remuneration

第五篇 价格指数

Chapter 5 Price Indices

第六篇 人民生活

Chapter 6 People's Living Conditions

第七篇 财 政

Chapter 7 Government Finance

第八篇　资源环境和公共设施

Chapter 8　Resources Environment and Public Facilities

第九篇 能源生产和消费

Chapter 9 Energy Production and Consumption

第十篇 固定资产投资和房地产

Chapter 10 Investment in Fixed Assets and Real Estate

第十一篇 对外经济贸易

Chapter 11 Foreign Trade, Economic Cooperation

第十二篇　农　业

Chapter 12　Agriculture

第十三篇　工　业

Chapter 13　Industry

第十四篇　建筑业

Chapter 14　Construction

第十五篇　规模以上服务业

Chapter 15　Service Industry above Designated Size

第十六篇　批发和零售业

Chapter 16　Wholesale and Retail Trade

第十七篇　交通运输和邮电

Chapter 17　Transportation, Post and Telecommunication Services

第十八篇 住宿和餐饮业与旅游

Chapter 18 Accommodation and Catering Services, Tourism

第十九篇 金融业

Chapter 19 Financial Intermediation

第二十篇　科学技术

Chapter 20　Science and Technology

第二十一篇 教 育

Chapter 21 Education

第二十二篇　卫生和社会服务

Chapter 22　Public Health and Social Services

第二十三篇　文化和体育

Chapter 23　Culture and Sports

第二十四篇 公共管理及其他

Chapter 24 Public Management and Others

第二十五篇　各区基本情况

Chapter 25　Basic Statistics on Districts

2022年天津市国民经济和社会发展统计公报

天津市统计局
国家统计局天津调查总队
2023年3月17日

2022年，面对复杂严峻的国内外形势和多重超预期因素考验，天津市坚持以习近平新时代中国特色社会主义思想为指导，深入学习贯彻党的二十大精神，深入贯彻落实习近平总书记对天津工作“三个着力”重要要求和一系列重要指示批示精神，按照党中央、国务院决策部署，在市委、市政府坚强领导下，坚持稳中求进工作总基调，完整、准确、全面贯彻新发展理念，主动服务和融入新发展格局，着力推动高质量发展，全面落实“疫情要防住、经济要稳住、发展要安全”重要要求，高效统筹疫情防控和经济社会发展，扎实推动稳经济一揽子政策措施及接续政策落地见效，全市经济运行保持持续向好态势，经济结构不断调优，新动能持续成长，民生保障有力有效，各项社会事业不断进步，高质量发展迈出坚实步伐，经济社会大局和谐稳定。

一、综合

初步核算，全市地区生产总值16311.34亿元，按不变价格计算，比上年增长1.0%。其中，第一产业增加值273.15亿元，比上年增长2.9%；第二产业增加值6038.93亿元，下降0.5%；第三产业增加值9999.26亿元，增长1.7%。三次产业结构为1.7∶37.0∶61.3。全市人均地区生产总值119235元，比上年增长1.8%。

财政收入稳步恢复。全年一般公共预算收入1846.55亿元，剔除留抵退税因素后，按可比口径计算下降5.8%，降幅逐季收窄，其中下半年增长10.1%。税收收入1346.81亿元，占一般公共预算收入的比重为72.9%，可比下降6.4%，其中四季度当季增长2.9%。从主体税种看，增值税511.39亿元，企业所得税306.51亿元，个人所得税113.58亿元。全年一般公共预算支出2751.52亿元，民生领域支出占比在七成以上。其中，社会保障和就业支出553.96亿元，教育支出480.70亿元，卫生健康支出174.68亿元。

新经济发展势头良好。新兴产业活力不断释放，高技术产业（制造业）增加值比上年增长3.2%，快于全市规模以上工业平均水平。规模以上服务业中，新服务营业收入增长6.3%，科技服务业营业收入增长12.2%。新兴领域投资较快增长，高技术制造业投资增长10.0%，占全市制造业投资比重为31.5%，比上年提高3.2个百分点；战略性新兴产业投资增长7.3%，占全市投资比重为28.7%，比上年提高4.6个百分点。新产品产量快速增长，锂离子电池、城市轨道车辆产量分别增长15.3%和53.8%。

营商环境不断优化。持续深化“放管服”改革，大力推广电子营业执照应用，实现电子营业执照与电子印章同步发放，41.6万户市场主体下载使用。出台实施构建高标准市场体系若干措施，在全国首批印发693项行政许可事项清单。开展首届“个体工商户服务月”，开展质量基础设施助力纾困中小微企业和个体工商户专项行动。全年新登记市场主体26.71万户，其中民营市场主体26.55万户，年末实有市场主体164.81万户，比上年末增长9.0%。民营经济规模基本稳定。全年民营经济增加值6045.40亿元，比上年下降0.2%，占全市地区生产总值的比重为37.1%。

居民消费价格温和上涨。全年居民消费价格比上年上涨1.9%。分类别看，食品烟酒价格上涨2.2%，衣着上涨1.4%，居住上涨0.3%，生活用品及服务上涨1.6%，交通通信上涨5.9%，教育文化娱乐上涨1.8%，医疗保健上涨0.2%，其他用品及服务上涨0.3%。食品中，粮食、鲜果价格分别上涨2.9%、13.0%，鲜菜、猪肉价格分别下降1.2%、4.8%。

表 1 2022 年天津市居民消费价格涨幅

指 标	比上年上涨（%）
居民消费价格	1.9
其中：食品烟酒	2.2
衣 着	1.4
居 住	0.3
生活用品及服务	1.6
交通通信	5.9
教育文化娱乐	1.8
医疗保健	0.2
其他用品及服务	0.3

工业生产者价格涨幅回落。全年工业生产者出厂价格比上年上涨 5.8%，涨幅比上年回落 5.1 个百分点，其中生产资料出厂价格上涨 6.6%，生活资料出厂价格上涨 2.4%。全年工业生产者购进价格上涨 4.4%，涨幅回落 10.3 个百分点。

二、农业

农业生产不断提速。全年农林牧渔业总产值 521.43 亿元，比上年增长 2.9%，连续 3 年提速。主要农作物产量增加，粮食总产量 256.21 万吨，增长 2.5%，实现“十九连丰”；蔬菜产量 256.44 万吨，增长 7.3%。牛出栏量 15.68 万头，增长 4.9%；羊出栏量 41.33 万头，增长 1.1%。生猪出栏 200.51 万头，存栏 158.78 万头，其中能繁殖母猪存栏 19.25 万头，增长 3.0%。

现代都市型农业提质升级。耕地保护利用不断加强，全年新建高标准农田 24 万亩，新增高效节水灌溉 10 万亩，创建粮食作物绿色高质高效示范区 7 万亩。着力打造优质农业品牌，小站稻种植面积稳定在 100 万亩，小站稻品牌入选全国首批农业品牌精品培育计划。新建 10 万亩稻渔综合种养基地，全市稻渔投产面积达到 53.5 万亩。农机装备保障持续加强，在全域范围内实现主要农作物生产全程机械化。

三、工业和建筑业

工业生产承压前行。全年全市工业增加值 5402.74 亿元，比上年下降 0.9%，规模以上工业增加值下降 1.0%。规模以上工业中，分门类看，采矿业增加值增长 4.7%，制造业下降 2.5%，电力、热力、燃气及水生产和供应业下降 4.6%。分经济类型看，国有企业增加值下降 0.5%，民营企业下降 1.6%，外商及港澳台商企业下降 0.9%。分企业规模看，大型企业增加值增长 0.4%，中小微型企业增加值下降 2.7%。从行业看，农副食品加工业增加值增长 16.6%，医药制造业增长 8.8%，电气机械和器材制造业增长 8.3%，专用设备制造业增长 7.3%。全年规模以上工业总产值达到千亿级行业 9 个。

重点产业链发展取得积极成效。12 条重点产业链带动作用持续显现，增加值合计占规模以上工业的 77.9%，比上年提高 5.2 个百分点，其中航空航天、信创、生物医药、新能源产业链增加值分别增长 15.6%、9.2%、7.6%和 7.2%。在链工业企业营业收入、利润总额分别增长 8.9%、15.5%，分别快于规模以上工业 5.9 个、11.5 个百分点。

表 2 2022 年天津市主要工业产品产量及增长速度

产品名称	单位	产量	比上年增长（%）
天然原油	万吨	3575.26	4.9
天然气	亿立方米	41.17	5.5
发电量	亿千瓦时	739.76	-5.9
钢 材	万吨	5543.70	-8.4
铝 材	万吨	77.24	32.7
城市轨道车辆	辆	240	53.8
房间空气调节器	万台	176.64	2.3
光 纤	万千米	2259.44	2.8
锂离子电池	亿只	10.62	15.3

工业效益稳定增长。全年规模以上工业企业营业收入比上年增长 3.0%，利润总额比上年增长 4.0%，营业收入利润率为 6.47%，比上年提高 0.02 个百分点。减税降费持续推进，年末规模以上工业企业资产负债率为 53.3%，比上年末降低 0.8 个百分点；全年规模以上工业企业百元营业收入成本 85.32 元，比上年减少 0.35 元。

建筑业发展向好。年末全市总承包和专业承包资质建筑业企业 2719 家，全年建筑业总产值 4751.30 亿元，比上年增长 2.1%。全年签订建筑合同额 16550.48 亿元，增长 17.2%。建筑业企业房屋施工面积 18808.39 万平方米，其中新开工面积 3491.85 万平方米。建筑业企业劳动生产率 58.16 万元/人，比上年增长 10.6%。

四、服务业

服务业总体平稳。全年批发和零售业增加值1401.75亿元，比上年下降2.9%；交通运输、仓储和邮政业增加值1061.14亿元，增长9.9%；住宿和餐饮业增加值126.21亿元，下降9.9%；金融业增加值2197.27亿元，增长2.4%；房地产业增加值1020.78亿元，下降3.3%。全年规模以上服务业企业营业收入比上年增长4.4%，其中商务服务业和专业技术服务业营业收入分别增长24.3%和11.0%。

客货运输受疫情影响有所放缓。全年全市货运量53963.49万吨，货物周转量2669.51亿吨公里，分别比上年下降6.3%和0.5%；客运量8768.99万人次，旅客周转量165.37亿人公里，分别比上年下降35.1%和49.0%。

表3　2022年天津市货物运输业务量及增长速度

指　标	单位	绝对数	比上年增长（%）
货运量	万吨	53963.49	-6.3
#铁　路	万吨	11754.00	0.0
公　路	万吨	30382.41	-12.0
水　运	万吨	10760.94	5.9
货物周转量	亿吨公里	2669.51	-0.5
#铁　路	亿吨公里	574.34	3.7
公　路	亿吨公里	604.87	-10.1
水　运	亿吨公里	1486.62	2.4
机场货邮吞吐量	万吨	13.15	-32.5

表4　2022年天津市旅客运输业务量及增长速度

指　标	单位	绝对数	比上年增长（%）
客运量	万人次	8768.99	-35.1
#铁　路	万人次	1311.00	-61.5
公　路	万人次	6959.42	-21.9
旅客周转量	亿人公里	165.37	-49.0
#铁　路	亿人公里	57.92	-50.3
公　路	亿人公里	39.54	-27.2
机场旅客吞吐量	万人次	584.17	-61.4

截至年末，全市民用汽车拥有量389.23万辆，其中私人汽车拥有量339.12万辆；民用轿车241.53万辆，其中私人轿车224.23万辆。

邮电业务不断扩展。全年邮电业务总量341.53亿元，比上年增长9.6%。其中，电信业务总量200.49亿元，增长16.0%；邮政业务总量141.04亿元，增长1.7%。全年快递业务量12.16亿件。年末固定电话用户338.3万户，移动电话用户1810.1万户，固定互联网宽带接入用户631.1万户。全年累计建成5G基站3.6万个。

五、国内贸易

消费市场缓慢恢复。全年社会消费品零售总额比上年下降5.2%。限额以上单位商品零售额中，粮油食品类零售额增长3.5%，中西药品类增长19.8%，文化办公用品类增长10.5%，日用品类增长0.3%，家用电器和音像器材类下降1.1%，化妆品类下降3.8%。

新兴消费增势较好。限额以上单位商品零售额中，新能源汽车零售额比上年增长1.0倍，智能手机增长46.5%。限额以上单位通过公共网络实现的商品零售额增长9.8%，占限额以上社会消费品零售总额的比重为31.3%，比上年提高5.1个百分点。

国际消费中心城市建设扎实推进。举办第二届海河国际消费季、首届品质生活节、第三届天津夜生活节等促消费活动。商旅文体消费场景不断丰富，首家体育主题商业综合体青旅运动新天地、首个屋顶夜市万科城市秀场开业运营。全年全市共举办展会16场，展览面积40.85万平方米。全市新开15个大型商业项目，其中8家大型购物中心，7家社区型购物中心，累计新增商业面积80万平方米，新增商户1000余家。重点商圈加速建设，佛罗伦萨小镇商圈入选全国示范智慧商圈。

六、固定资产投资

房地产市场下行影响固定资产投资下降。全年固定资产投资（不含农户）比上年下降9.9%。分产业看，第一产业投资下降1.1%，第二产业投资增长1.7%，第三产业投资下降13.9%。分领域看，工业投资增长1.4%，占全市投资比重为27.8%，比上年提高3.1个百分点；基础设施投资增长6.8%，占全市投资比重为24.5%，比上年提高3.8个百分点，其中水利、生态环境和公共设施管理投资增长45.8%，城市轨道交通投资增长9.5%；房地产开发投资下降23.2%，下拉全市投资11.0个百分点。全市新建商品房销售面积下降32.2%，其中住宅销售面积下降32.9%；商品房销售额下降34.7%，其中住宅销售额下降34.9%。

新开工建设项目增长较快。全年全市新开工建设项目1359个，比上年增长12.6%，投资增长10.0%。其中，新开工10亿元以上大项目个数和投资额分别增长11.1%和10.6%。

七、金融

金融信贷平稳增长。全年全市社会融资规模增量3429亿元，比上年多增245亿元。年末中外金融机构本外币各项存款余额40488.25亿元，比年初增加4716.46亿元，比上年末增长12.8%。各项贷款余额42494.69亿元，比年初增加1598.60亿元，增长3.5%。年末制造业贷款余额增长16.6%，增幅比上年提高13.5个百分点，创10年来新高；12条重点产业链贷款余额比年初增长40%。获批数字人民币试点，实现16大类通用和特色场景全面落地。

证券市场平稳发展。全年新增境内上市公司7家，年末境内上市公司共有70家。年末证券账户653.47万户。全年各类证券交易额68246.33亿元，比上年增长2.2%。其中，股票交易额35401.17亿元，下降9.6%；债券交易额27869.71亿元，增长15.3%；基金交易额4613.48亿元，增长45.3%。期货市场成交额105342.37亿元。

保险业持续稳定增长。全年原保险保费收入670.21亿元，比上年增长1.5%。其中，财产险业务原保险保费收入157.05亿元，增长1.9%；人身险业务原保险保费收入513.15亿元，增长1.3%。全年赔付支出201.17亿元，增长7.4%。其中，财产险业务赔付支出95.64亿元，下降0.6%；人身险业务赔付支出105.53亿元，增长15.8%。年末共有保险机构347家，保险公司从业人员7.34万人。

八、开发开放

贸易出口结构优化。全年外贸进出口总额8448.52亿元，比上年下降1.4%。其中，进口4644.93亿元，下降1.0%；出口3803.59亿元，下降1.9%。从贸易方式看，一般贸易出口2274.00亿元，占全市出口比重为59.8%，比上年提高2.0个百分点，增长1.5%；加工贸易出口1126.59亿元，下降4.7%。从出口主体看，民营企业出口额增长10.4%，国有企业、外商投资企业分别下降23.9%和6.6%。从贸易伙伴看，对欧盟、美国、韩国和东盟出口分别增长5.8%、1.1%、11.8%和4.0%。“一带一路”、RCEP市场份额不断提升，全年对“一带一路”沿线国家出口占比34.2%，对RCEP成员国出口占比32.1%，分别比上年提高0.9个和2.6个百分点。

招商引资成效显著。全年共引进国内招商引资项目3763个，实际利用内资3699.97亿元，比上年增长9.5%。其中，引进服务业项目2599个，到位资金2807.03亿元，增长9.0%，占比75.9%；引进制造业项目944个，到位资金757.22亿元，增长12.9%，占比20.5%。全市新批外商投资企业496家，合同外资额149.25亿美元，实际直接利用外资59.50亿美元，增长10.4%。

对外开放稳中提质。积极探索业态模式创新，王兰庄国际商贸城纳入国家市场采购贸易方式试点范围，国务院加快培育的六种外贸新业态全部落地；服务业扩大开放116项综合试点任务深入实施，跨境贸易便利化专项行动持续开展，建成首个跨境电商进口退货中心仓和跨境电商全球中心仓。中欧班列实现常态化运行，首次发运“保税+中欧班列”新模式，天津港中欧班列运量完成9.3万标准箱，比上年增长60.3%。全年新设境外企业机构119家，中方投资额24.12亿美元，比上年增长5.5%。对外承包工程新签合同额79.61亿美元，完成营业额45.88亿美元。年末在外劳务人员0.64万人。

自贸试验区开放引领作用持续增强。数字人民币保理、城市地铁定制化租赁等一批创新措施落地实施。优中选优总结提炼形成41项改革试点经验在全市及京冀区域复制推广。截至年末，自贸试验区内实有各类市场主体8.2万户，累计实际使用外资金额144.25亿美元；累计实施544项制度创新措施，38项试点经验和实践案例在全国复制推广。

九、京津冀协同发展

积极承接北京非首都功能疏解。全年全市引进北京投资项目1180个，到位资金1853.06亿元，占全市吸纳内资的比重超过一半，达到50.1%。北京企业在天津新设机构1406家，新落地重大项目318个，总投资1721亿元。全市吸纳北京技术合同2256项。滨海—中关村科技园、宝坻京津中关村科技城建设进展顺利。

重点领域协同发展硕果累累。“轨道上的京津冀”加速形成，京唐城际铁路、京滨城际铁路宝坻至北辰段建成通车，津兴铁路全线铺轨。塘承高速滨海新区南段开通运营。雄安新区至天津港货运快速通关机制不断完善。协同创新持续活跃，三地共同申报的“京津冀生命健康集群”入选“国家先进制造业集群”，京津冀国家技术创新中心天津中心挂牌。医疗领域协同持续推进，参与京津冀地区医学影像检查资料共享的医疗机构达到56家；临床检验结果互认医疗机构达到89家，互认项目达到50个。

世界一流智慧、绿色港口建设提速加力。天津港在泊船时效率再破世界纪录，北疆港区C段智能化集装箱码头率先实现生产消耗“碳中和”。年末全市集装箱航线总数增加到140条，集装箱吞吐量突破2100万标箱，达到2102.13万标准箱，比上年增长3.7%，港口货物吞吐量5.49亿吨，增长3.7%，海铁联运完成120万标准箱。

十、城市建设和公用事业

城市交通更加便捷。地铁10号线建成通车，37条市政道路竣工开通，完成停车场建设27处，增加停车泊位7000余个。全年城市公共交通客运量7.6亿人次，其中轨道交通客运量3.2亿人次。年末全市公路里程15230公里，其中高速公路里程1358公里。

城市更新项目扎实推进。持续推进老旧小区改造，全年改造177个城镇老旧小区，惠及居民10万户，群众居住环境持续改善。大力开展城市供热“冬病夏治”，改造供热旧管网108公里、燃气旧管网404公里。棚改安置房加快建设，基本建成3100套，面积24.8万平方米。

十一、教育和科学技术

教育事业稳步发展。获批基础教育综合改革国家实验区。认定新增普惠性民办幼儿园94所。新增义务教育学位4.5万个。高校“双一流”建设持续推进，新增87个国家级一流本科专业建设点和136个市级一流本科专业建设点，入选国家级现代产业学院、特色化示范性软件学院各1个。年末全市共有研究生培养机构24所，普通高校56所，中等职业教育学校58所，普通中学542所，小学884所。全年研究生招生3.16万人，在校生9.28万人，毕业生2.40万人。普通高校招生17.07万人，在校生59.45万人，毕业生15.60万人。中等职业教育（不含技工学校）招生2.74万人，在校生8.29万人，毕业生2.49万人。普通中学招生19.28万人，在校生57.11万人，毕业生16.46万人。小学招生12.43万人，在校生77.09万人，毕业生11.89万人。幼儿园2257所，在园幼儿31.95万人。

人才引育步伐加快。举办第三届天津市“海河英才”创新创业大赛，深入实施人才引领战略，全年引进人才10.6万人，全市拥有高技能人才84万人。新建博士后科研工作站34个，新进站博士后632人，分别比上年增长25.9%和5.3%。全市具备科学素质的公民比例为18.68%。

创新平台和创新主体活力增强。成功举办第六届世界智能大会。新建脑机交互与人机共融海河实验室，6家海河实验室开展重大课题130余项。新认定8家市级大学科技园。有效期内国家级专精特新“小巨人”企业累计192家，市级专精特新中小企业累计961家；国家级企业技术中心77家，市级企业技术中心680家；国家级制造业单项冠军28家。国家科技型中小企业、市级雏鹰企业、市级瞪羚企业分别达到10719家、5620家和447家。全年签订技术合同12514项，比上年增长0.4%；合同成交额1676.53亿元，增长26.8%；技术交易额793.16亿元，增长27.9%。

创新成果不断涌现。神工脑机交互系统面世，“天津号”纯太阳能车迭代升级，康希诺全球首款吸入式新冠疫苗获批使用。全年市级科技成果登记数1703项，其中，属于国际领先水平129项，达到国际先进水平264项。全年专利授权7.15万件，其中发明专利1.17万件，比上年增长59.2%。PCT专利申请受理量577件，增长29.9%。年末有效发明专利5.12万件，增长17.9%。

十二、文化旅游、卫生健康和体育

文化事业繁荣兴盛。活跃百姓精神文化生活，举办“第七届市民文化艺术节”，围绕喜迎党的二十大主题主线推出群众文化品牌活动48项，组织“千村百站”优秀社团群众文化节目展演。成功联合举办第十三届中国艺术节，现代评剧《革命家庭》和小品《疫“懂”的心》分获文华奖和群星奖。天津博物馆珍品文物数字展厅建设取得阶段性成果，平津战役纪念馆《红色医药文化遗存展》入选国家文物局发布的100个核心价值观主题推介展览名单。截至年末，全市共有艺术表演团体258个，文化馆17个，博物馆72个，公共图书馆20个，街乡镇综合文化站257个。全市电影放映单位119个，放映场次82.26万场，观影人数729.21万人次，实现票房收入3.1亿元。

特色旅游品牌塑造持续推进。加快打造杨柳青大运河国家文化公园和大运河海河文化旅游带，推出10条大运河特色相关主题旅游精品线路。开展天津文庙、独流木桥等大运河沿线文物保护修缮工程，开展黄崖关长城保护工程。实施“邂逅•天津”创意城市发展计划，持续打造“I•游天津”旅游活动品牌。全年共接待国内游客 1.12 亿人次，国内旅游收入 773.06 亿元。

卫生健康保障有力。截至年末，全市共有各类卫生机构 6282 个，其中医院 435 个。卫生机构床位 6.85 万张，其中医院 6.22 万张。卫生技术人员 12.44 万人，其中执业（助理）医师 5.25 万人，注册护士 4.83 万人。医疗卫生机构诊疗人数 10049.0 万人次，其中医院诊疗人数 6044.2 万人次。

体育事业成绩优异。全年天津市体育健儿在国际国内重大赛事中获得 10 金 7 银 6 铜的好成绩，天津女排在 2022 年全国女子排球锦标赛中夺得第七个全国锦标赛冠军。精心举办天津市第十五届运动会。提升全民健身场地设施保障水平，全年共建成健身步道 26 条、多功能运动场 47 个、笼式足球场 14 个、社区体育园 108 个、登山步道 5 条、乡村健身广场 97 个、室外智能健身设施 110 处、群众滑冰场 7 块、智慧社区健身中心 3 个，更新社区健身园 682 个，支持 23 个全民健身中心配建体育设施。

十三、人口、就业和人民生活

城镇化水平不断提升。年末全市常住人口总量 1363 万人，其中城镇常住人口 1160 万人，乡村常住人口 203 万人。城镇化率为 85.11%，比上年末提高 0.23 个百分点。

就业保持稳定。开展春风行动、春暖农民工专项行动，做好离校未就业高校毕业生“一对一”就业帮扶等公共就业服务活动，全力稳定高校毕业生、农民工、就业困难人员等重点群体就业。全年新增就业 36.05 万人。

居民收入稳步增加。全年全市居民人均可支配收入 48976 元，比上年增长 3.2%。其中，工资净收入 31026 元，增长 4.2%；经营净收入 3106 元，下降 4.2%；财产净收入 4287 元，下降 6.3%；转移净收入 10556 元，增长 7.1%。按常住地分，城镇居民人均可支配收入 53003 元，增长 2.9%；农村居民人均可支配收入 29018 元，增长 3.8%，快于城镇居民增速 0.9 个百分点。城乡居民收入之比为 1.83，连续 4 年缩小。

十四、社会保障和社会救助

社会保障持续强化。年末全市参加职工基本医疗保险人数 642.60 万人，参加城乡居民基本医疗保险人数 533.80 万人；参加城镇职工基本养老保险人数 800.06 万人，参加城乡居民基本养老保险人数 171.56 万人；参加工伤保险人数 410.53 万人；参加失业保险人数 392.20 万人；参加职工生育保险人数 365.23 万人。

社会救助体系更加完善。年末全市老人家食堂达到 1723 个，养老机构 436 家，分别比上年末增长 1.3% 和 10.1%。老年日间照料服务中心（站）1305 个，床位数 1.31 万张。提供住宿的社会服务机构拥有床位 5.82 万张。全市低保对象 12.35 万人，特困供养人员 1.19 万人，各类福利机构年末收养人员 2.4 万人。完成残疾人家庭无障碍改造 6361 户，首次开展残疾人大学生创新创业竞赛活动，举办残疾人专场招聘会 22 场，就业援助“暖心活动”专场招聘会 210 场，全年新增残疾人就业 5607 人。全年社会救助总支出 22.85 亿元。全年医疗救助总人数 15.10 万人，医疗救助支出 3.00 亿元。

十五、生态环保

生态环境质量持续向好。蓝天、碧水、净土保卫战深入开展，全年 $PM_{2.5}$ 平均浓度 37 微克/立方米，比上年下降 5.1%；空气质量优良天数 267 天，优良天数比率达到 73.2%；地表水国控断面优良水质占比 58.3%，比上年提高 13.9 个百分点，劣 V 类水质国控断面全部消除，12 条入海河流消劣，空气和水环境质量均达到监测以来最好水平。近岸海域优良水质比例达 71.7%，比上年提高 13.4 个百分点。农耕地、重点建设用地保持安全利用，农村生活污水治理率达到 90%，完成 68 条农村黑臭水体治理。

绿色生态安全屏障继续巩固。“871”重大生态工程深入实施，绿色生态屏障区内蓝绿空间占比超过 65%。完成海河绿芯生态修复，完成土方工程 190 万立方米，植树 4.7 万株，林地 9600 亩，整合修复耕地 4051 亩，复垦复绿持续推进。

注：

1. 本公报中数据均为初步统计数。部分数据因四舍五入的原因，存在总计与分项合计不等的情况。

2. 地区生产总值、各产业和行业增加值、人均地区生产总值绝对数按现价计算，增长速度按不变价格计算。

3. 规模以上工业企业是指年主营业务收入 2000 万元及以上的全部法人工业企业。

4. 12条重点产业链包括生物医药产业链、中医药产业链、新能源产业链、新材料产业链、高端装备产业链、汽车和新能源汽车产业链、绿色石化产业链、航空航天产业链、轻工产业链、信创产业链、车联网产业链和集成电路产业链。

5. 规模以上服务业统计范围包括：年营业收入2000万元及以上的交通运输、仓储和邮政业，信息传输、软件和信息技术服务业，水利、环境和公共设施管理业，卫生行业法人单位；年营业收入1000万元及以上的房地产业（不含房地产开发经营），租赁和商务服务业，科学研究和技术服务业，教育行业法人单位；以及年营业收入500万元及以上的居民服务、修理和其他服务业，文化、体育和娱乐业，社会工作行业法人单位。

6. 社会消费品零售总额统计范围包括：从事商品零售活动或提供餐饮服务的法人企业、产业活动单位和个体户。其中，限额以上单位是指年主营业务收入2000万元及以上的批发业企业（单位）、500万元及以上的零售业企业（单位）、200万元及以上的住宿和餐饮业企业（单位）。

7. 固定资产投资（不含农户）统计口径范围为计划总投资500万元及以上的固定资产项目投资及全部房地产开发项目投资。

8. 邮电业务总量按2020年价格计算。

9. 中等职业教育包括普通中专、成人中专、职业高中，不包含技工学校。

10. 公民具备科学素质比例数据是面向18-69岁公民开展抽样调查获得。

资料来源：

本公报中财政数据来自天津市财政局；市场主体数据来自天津市市场监督管理委员会；现代都市型农业数据来自天津市农业农村委员会；交通运输数据来自天津市交通运输委员会；机动车数据来自天津市公安局；邮政数据来自天津市邮政管理局；电信数据来自天津市通信管理局；社会融资、金融支持制造业数据来自天津市金融工作局；存贷款数据来自中国人民银行天津分行；上市挂牌企业数据、证券期货数据来自中国证券监督管理委员会天津监管局；保险数据来自中国银行保险监督管理委员会天津监管局；进出口数据来自天津海关；利用内资数据来自天津市人民政府合作交流办公室；国际消费中心城市建设、利用外资、境外投资、对外承包工程、对外劳务合作数据来自天津市商务局；自贸区数据来自中国（天津）自由贸易试验区管理委员会；老旧小区改造、棚改安置房数据来自天津市住房和城乡建设委员会；教育数据来自天津市教育委员会；人才、新增就业、养老保险、工伤保险、失业保险数据来自天津市人力资源和社会保障局；公民具备科学素质比例数据来自天津市科学技术协会；科技创新数据来自天津市科学技术局、天津市工业和信息化局；专利数据来自天津市知识产权局；文化设施、旅游数据来自天津市文化和旅游局；电影数据来自天津市委宣传部；医疗卫生数据来自天津市卫生健康委员会；体育事业数据来自天津市体育局；医疗保险、生育保险、医疗救助数据来自天津市医疗保障局；社会救助服务数据来自天津市民政局；残疾人事业数据来自天津市残疾人联合会；生态环保数据来自天津市生态环境局、天津市规划和自然资源局；其他数据来自天津市统计局、国家统计局天津调查总队。

经济运行持续向好　高质量发展步伐坚实

——2022年天津市国民经济和社会发展统计公报解读

2023年3月17日

2022年，面对复杂严峻的国内外形势和多重超预期因素考验，天津市坚持以习近平新时代中国特色社会主义思想为指导，深入学习贯彻党的二十大精神，坚持稳中求进工作总基调，完整、准确、全面贯彻新发展理念，积极服务和融入新发展格局，着力推动高质量发展。全市经济运行保持持续向好态势，创新驱动发展能力进一步增强，城乡发展更加协调，绿色低碳转型稳步推进，高水平开放不断拓展，民生福祉持续增进，高质量发展迈出坚实步伐。

一、经济运行持续向好，就业物价保持稳定

2022年初，天津市首战奥密克戎，努力克服疫情影响，经济开局保持增长，一季度GDP增长0.1%；二季度，迅速贯彻落实全国稳住经济大盘电视电话会议精神，连续出台实施“稳经济35条”“助企纾困15条”等一系列政策措施，上半年GDP增速恢复至0.4%；前三季度，经济回升势头进一步巩固，增长1.0%；四季度，面对更趋复杂严峻的经济发展环境和更多超预期因素挑战，抓好疫情防控优化政策和稳经济各项政策举措落实，经济发展顶住了压力，保持持续向好态势，全年GDP增长1.0%。

出台一系列稳企扩岗促就业措施，聚焦高校毕业生、退役军人、农民工等重点群体实施针对性稳就业政策，2022年城镇新增就业36.05万人，完成全年目标。保供稳价成效良好，居民消费价格涨幅始终保持在2%以内，全年上涨1.9%。

二、创新驱动发展战略深入实施，新经济保持较快发展势头

创新发展能力持续增强。科技型企业继续壮大。截至2022年末，天津市国家高新技术企业、国家科技型中小企业均突破1万家，国家专精特新“小巨人”企业192家，国家级制造业单项冠军28家。全市每万户企业法人中高新技术企业数量超过260家。创新成果不断涌现。神工脑机交互系统面世，“天津号”纯太阳能车迭代升级，康希诺全球首款吸入式新冠疫苗获批使用。全年市级科技成果登记数1703项，年末有效发明专利件数比上年增长17.9%。

新产业新业态蓬勃发展。2022年高技术制造业和战略性新兴产业增加值占规上工业的比重分别达到14.2%和24.4%。规模以上服务业中，新服务、科技服务业营业收入分别增长6.3%和12.2%。网上零售更趋活跃，限额以上单位通过公共网络实现的商品零售额增长9.8%，占限额以上社会消费品零售总额的比重为31.3%，比上年提高5.1个百分点。天津已集齐市场采购、跨境电商、外贸综合服务企业、离岸贸易、海外仓和保税维修全部六种国务院加快培育的外贸新业态。

三、城乡居民收入差距不断缩小，城市环境更加宜居

居民收入稳定增长。在就业形势基本稳定和兜底保障有力实施的带动下，2022年全市居民人均可支配收入增长3.2%，其中工资性收入增长4.2%，转移净收入增长7.1%。城乡收入更趋平衡，农村居民人均可支配收入增速快于城镇居民0.9个百分点，城乡居民收入比为1.83，连续4年缩小。

城市生活环境不断改善。城市交通更加便捷。地铁10号线建成通车，37条市政道路竣工开通，完成停车场建设27处，增加停车泊位7000余个。老旧小区改造扎实推进，全年改造城镇老旧小区177个，惠及居民10万户，改造供热旧管网108公里、燃气旧管网404公里。空气和水环境质量均达到监测以来最好水平。全市空气质量优良天数比率比上年上升0.9个百分点，$PM_{2.5}$平均浓度比上年下降5.1%。

四、绿色低碳转型稳步推进，绿色安全屏障不断巩固

综合能耗呈下降态势。完善能耗“双控”工作，着力推动能源生产消费方式绿色低碳变革，加快构建清洁低碳、安全高效的能源体系。2022 年全市规模以上工业企业综合能耗下降 3.5%，降幅居全国前列，煤炭消费量下降 1.6%。能源加工转换利用水平继续提高，能源加工转换总效率为 77.2%，比上年提高 1.0 个百分点。

“871”重大生态工程深入实施，绿色生态屏障区内蓝绿空间占比超过 65%。完成海河绿芯生态修复，完成土方工程 190 万立方米，植树 4.7 万株，林地 9600 亩，整合修复耕地 4051 亩。复垦复绿持续推进。

五、高水平开放不断拓展，开放型经济优势日益彰显

进出口额创历史次高。2022 年，进出口总额 8448.52 亿元，其中出口 3803.59 亿元。商品结构持续升级，机电产品出口和进口占全市的比重分别较全国平均水平高 3.2 个和 16.6 个百分点；飞机、汽车、冻品进口和二手车出口居全国前列。民营主体动力不断增强，民营企业进出口增长 13.1%。出口结构持续优化，一般贸易出口占比 59.8%，比上年提高 2.0 个百分点。贸易方式更趋多元，“一带一路”、RCEP 等新兴贸易伙伴市场份额不断提升，出口占比均超过三成，分别比上年提高 0.9 个和 2.6 个百分点。

招商引资提速加力。2022 年，实际利用内资增长 9.5%，其中北京在津投资占比达到 50.1%，河北在津投资占比 3.7%。实际直接利用外资增长 10.4%，其中高技术制造业和高技术服务业实际利用外资分别增长 38.3%和 62.1%。

六、坚持发展成果由人民共享，民生福祉持续增进

民生保障投入持续加大。全年一般公共预算支出七成以上用于民生领域。民生相关产业产销稳定。居民“米袋子”“菜篮子”安全丰盈，全年粮食总产量和蔬菜产量均突破 250 万吨，粮食生产实现“十九连丰”，产量已经连续 7 年保持在 200 万吨以上，且连续 4 年增产；规模以上工业中，消费品制造业增加值增长 1.4%。重点民生商品供应充足，限额以上粮油食品零售额增长 3.5%，中西药品零售额增长 19.8%。保基本兜底线坚实有力。社会保险覆盖面继续扩大。社会救助体系更加完善。全市低保对象 12.35 万人，特困供养人员 1.19 万人，新增残疾人就业 5607 人。全年社会救助总支出 22.85 亿元，医疗救助总人数 15.10 万人。

社会事业全面进步。“一老一小”工作扎实推进。年末全市老人家食堂和养老机构家数分别比上年末增长 1.3%和 10.1%。老年日间照料服务中心（站）1305 个，床位数 1.31 万张。认定新增普惠性民办幼儿园 94 所，新增义务教育学位 4.5 万个。医疗卫生力量继续加强。年末共有各类卫生机构 6282 个，床位 6.85 万张，卫生技术人员 12.44 万人，全年诊疗人数超过 1 亿人次。文化事业繁荣兴盛。年末共有艺术表演团体 258 个，文化馆 17 个，博物馆 72 个，公共图书馆 20 个，街乡镇综合文化站 257 个。

总的看，2022 年，天津市高效统筹疫情防控和经济社会发展取得积极成效，稳住了宏观经济大盘，经济运行持续向好，经济社会大局保持稳定。在国内外形势更趋严峻复杂和诸多超预期因素冲击背景下，取得这样的成绩实属来之不易。这是以习近平同志为核心的党中央坚强领导的结果，是习近平新时代中国特色社会主义思想科学指引的结果，是市委、市政府科学决策、精准施策、有效应对的结果，也是全市上下戮力同心、辛勤打拼的结果。2023 年是全面贯彻党的二十大精神的开局之年，是天津全面建设社会主义现代化大都市的关键之年，要坚定高质量发展的方向和路径，深入实施“十项行动”，持续激发经济发展内生动力，推动经济运行整体好转，实现质的有效提升和量的合理增长。

第一篇 综 合

Chapter 1 General Survey

1-1 行政建制(2022年底)

Administrative Divisions,End of 2022

单位：个(unit)

地 区	Region	街道办事处 Subdistrict Offices	居民委员会 Residents' Committees	镇政府 Town Governments	乡政府 Township Governments	村民委员会 Village Committees
全市总计	**Total**	**124**	**1918**	**125**	**3**	**3520**
和平区	Heping District	6	64			
河东区	Hedong District	13	168			
河西区	Hexi District	14	149			
南开区	Nankai District	12	171			
河北区	Hebei District	10	118			
红桥区	Hongqiao District	9	114			
东丽区	Dongli District	11	103			
西青区	Xiqing District	5	138	7		133
津南区	Jinnan District	3	121	8		151
北辰区	Beichen District	8	158	9		121
武清区	Wuqing District	6	113	24		622
宝坻区	Baodi District	6	64	18		751
滨海新区	Binhai New Area	16	333	5		139
宁河区	Ninghe District	2	40	13		270
静海区	Jinghai District	2	31	16	2	384
蓟州区	Jizhou District	1	33	25	1	949

资料来源：天津市民政局。
Source: Tianjin Municipal Civil Affairs Bureau.

1-2 按登记注册类型分法人和产业活动单位数(2022年底)
Number of Judicial Entities and Establishments by Registered Type, End of 2022

单位：个(unit)

项 目	Item	合 计 Total	法人单位 Judicial Entities	#企业法人 Enterprise Judicial Entities	产业活动单位 Establishments
总 计	**Total**	**480311**	**454312**	**425391**	**25999**
内 资	**Domestic-funded**	**471552**	**448044**	**419126**	**23508**
国 有	State-owned	11945	9649	1415	2296
集 体	Collective-owned	3139	2946	1400	193
股份合作	Cooperative	493	410	343	83
联营企业	Joint Ownership Enterprises	258	213	135	45
国有联营	State Joint Ownership	63	30	25	33
集体联营	Collective Joint Ownership	74	68	48	6
国有与集体联营	State-owned and Collective Joint Ownership	53	50	16	3
其他联营	Others	68	65	46	3
有限责任公司	Limited Liability Corporations	56570	51481	51358	5089
国有独资公司	Sole State-owned Corporations	1384	1210	1204	174
其他有限责任公司	Other Limited Liability Corporations	55186	50271	50154	4915
股份有限公司	Share Holding Corporations Ltd.	5730	2673	2660	3057
私营企业	Private Enterprises	370053	357888	356741	12165
私营独资	Sole Private Enterprises	22010	21538	21080	472
私营合伙	Private Partnership	8979	8905	8661	74
私营有限责任公司	Private Limited Liability Corporations	336445	325044	324604	11401
私营股份有限公司	Private Share Holding Corporations Ltd.	2619	2401	2396	218
其 他	Others	23364	22784	5074	580
港澳台商投资	**Enterprises with Investment from Hong Kong, Macao and Taiwan**	**3643**	**2398**	**2395**	**1245**
与港澳台商合资经营	Hong Kong, Macao and Taiwan Joint Venture	1052	933	932	119
与港澳台商合作经营	Hong Kong, Macao and Taiwan Cooperative Operation	43	32	32	11
港澳台商独资	Hong Kong, Macao and Taiwan Funded Solely	1994	1308	1307	686
港澳台商投资股份有限公司	Hong Kong, Macao and Taiwan Share Holding Corporations Ltd.	267	61	61	206
其他港澳台投资	Others	287	64	63	223
外商投资	**Foreign Funded Enterprises**	**5116**	**3870**	**3870**	**1246**
中外合资经营	Chinese-foreign Joint Venture	1158	1005	1005	153
中外合作经营	Chinese-foreign Cooperative Operation	67	55	55	12
外资企业	Foreign Investment Enterprise	3210	2533	2533	677
外商投资股份有限公司	Foreign-funded Share Holding Corporations Ltd.	316	113	113	203
其他外商投资	Others	365	164	164	201

1-3 按行业分法人和产业活动单位数(2022年底)

Number of Judicial Entities and Establishments by Sector, End of 2022

单位：个(unit)

项　目	Item	合 计 Total	法人单位 Judicial Entities	# 企业法人 Enterprise Judicial Entities	产业活动单位 Establishments
总　计	**Total**	**480311**	**454312**	**425391**	**25999**
农、林、牧、渔业	**Farming, Forestry, Animal Husbandry and Fishery**	**11513**	**11469**	**3882**	**44**
农　业	Farming	6542	6536	1696	6
林　业	Forestry	779	778	308	1
牧　业	Animal Husbandry	2431	2408	1077	23
渔　业	Fishery	987	984	459	3
农、林、牧、渔服务业	FFAF Services	774	763	342	11
采矿业	**Minerals Mining**	**106**	**77**	**77**	**29**
煤炭开采和洗选业	Mining and Washing of Coal	5	5	5	
石油和天然气开采业	Extraction of Petroleum and Natural Gas	11	4	4	7
黑色金属矿采选业	Mining and Processing of Ferrous Metal Ores	4	4	4	
有色金属矿采选业	Mining and Processing of Non-Ferrous Metal Ores				
非金属矿采选业	Mining and Processing of Nonmetal Ores	25	23	23	2
开采专业及辅助性活动	Professional and Support Activities for Mining	56	37	37	19
其他采矿业	Mining of Other Ores	5	4	4	1
制造业	**Manufacturing**	**48971**	**48207**	**48197**	**764**
农副食品加工业	Processing of Food from Agricultural Products	1037	1027	1021	10
食品制造业	Manufacture of Food	1033	1006	1006	27
酒、饮料和精制茶制造业	Manufacture of Alcohol, Beverages and Refined Tea	239	236	236	3
烟草制品业	Manufacture of Tobacco	1	1	1	
纺织业	Manufacture of Textile	668	658	658	10
纺织服装、服饰业	Manufacture of Textile Wearing and Apparel	1161	1142	1142	19
皮革、毛皮、羽毛及其制品和制鞋业	Manufacture of Leather, Fur, Feather and Related Products, Footwear	221	215	215	6
木材加工和木、竹、藤、棕、草制品业	Processing of Timber, Manufacture of Wood, Bamboo, Rattan, Palm and Straw Products	984	974	974	10
家具制造业	Manufacture of Furniture	879	873	873	6
造纸和纸制品业	Manufacture of Paper and Paper Products	1560	1543	1543	17
印刷和记录媒介复制业	Printing, Reproduction of Recording Media	986	971	971	15
文教、工美、体育和娱乐用品制造业	Manufacture of Articles for Culture, Education, Industrial Art, Sport and Entertainment Activities	1996	1989	1989	7
石油、煤炭及其他燃料加工业	Processing of Petroleum, Coal and Other Fuels	206	201	201	5

1-3续表1 *Continued*

单位：个(unit)

项　目	Item	合 计 Total	法人单位 Judicial Entities	#企业法人 Enterprise Judicial Entities	产业活动单位 Establishments
化学原料和化学制品制造业	Manufacture of Raw Chemical Materials and Chemical Products	1851	1803	1801	48
医药制造业	Manufacture of Medicines	415	401	401	14
化学纤维制造业	Manufacture of Chemical Fibers	28	27	27	1
橡胶和塑料制品业	Manufacture of Rubber and Plastic	2521	2483	2483	38
非金属矿物制品业	Manufacture of Non-metallic Mineral Products	2407	2337	2337	70
黑色金属冶炼和压延加工业	Smelting and Pressing of Ferrous Metals	1421	1405	1405	16
有色金属冶炼和压延加工业	Smelting and Pressing of Non-ferrous Metals	436	434	434	2
金属制品业	Manufacture of Metal Products	7065	6984	6984	81
通用设备制造业	Manufacture of General Purpose Machinery	7341	7238	7238	103
专用设备制造业	Manufacture of Special Purpose Machinery	4264	4213	4213	51
汽车制造业	Manufacture of Motorcar	1372	1336	1336	36
铁路、船舶、航空航天和其他运输设备制造业	Manufacture of Railway, Watercraft, Aerospace and Other Transport Equipment	1871	1842	1841	29
电气机械和器材制造业	Manufacture of Electrical Machinery and Equipment	2337	2301	2301	36
计算机、通信和其他电子设备制造业	Manufacture of Computers, Communication and Other Electronic Equipment	1355	1334	1334	21
仪器仪表制造业	Manufacture of Measuring Instruments	1103	1084	1084	19
其他制造业	Other Manufacturing	471	457	457	14
废弃资源综合利用业	Comprehensive Recycling of Waste	310	308	308	2
金属制品、机械和设备修理业	Metal Products, Machine and Equipment Repair	1432	1384	1383	48
电力、热力、燃气及水生产和供应业	**Production and Supply of Electricity, Heat, Gas and Water**	**1401**	**1321**	**1308**	**80**
电力、热力生产和供应业	Production and Supply of Electric Power and Heat Power	942	912	903	30
燃气生产和供应业	Production and Supply of Gas	148	117	116	31
水的生产和供应业	Production and Supply of Water	311	292	289	19
建筑业	**Construction**	**36625**	**35464**	**35464**	**1161**
房屋建筑业	Building Engineering	6714	6371	6371	343
土木工程建筑业	Civil Engineering	8881	8531	8531	350
建筑安装业	Building Installation	5712	5539	5539	173
建筑装饰和其他建筑业	Building Decoration and Others	15318	15023	15023	295

1-3续表2 *Continued*

单位：个(unit)

项　目	Item	合　计 Total	法人单位 Judicial Entities	# 企业法人 Enterprise Judicial Entities	产业活动单位 Establish-ments
批发和零售业	**Wholesale and Retail Trade**	**126886**	**119073**	**118861**	**7813**
批发业	Wholesale	86719	85095	84925	1624
零售业	Retail	40167	33978	33936	6189
交通运输、仓储和邮政业	**Transport, Storage and Post**	**21594**	**19993**	**19957**	**1601**
铁路运输业	Railway Transport	63	43	43	20
道路运输业	Highway Transport	9031	8709	8682	322
水上运输业	Waterway Transport	491	457	455	34
航空运输业	Air Transport	192	175	173	17
管道运输业	Pipeline Transport	22	18	18	4
多式联运和运输代理业	Intermodality and Forwarding	7912	7383	7381	529
装卸搬运和仓储业	Loading,Unloading and Storage	2960	2819	2817	141
邮政业	Post	923	389	388	534
住宿和餐饮业	**Accommodation and Catering Services**	**9093**	**7107**	**7102**	**1986**
住宿业	Accommodation	1628	1437	1435	191
餐饮业	Catering Services	7465	5670	5667	1795
信息传输、软件和信息技术服务业	**Information Transmitting, Software and Information Technology Services**	**21025**	**20039**	**19979**	**986**
电信、广播电视和卫星传输服务	Telecommunication, Broadcast Television and Satellite Transmission Services	850	399	391	451
互联网和相关服务	Internet and Relative Services	2153	2056	2044	97
软件和信息技术服务业	Software and Information Technology Services	18022	17584	17544	438
金融业	**Financial Intermediation**	**8824**	**5290**	**5247**	**3534**
货币金融服务	Monetary and Financial Services	5979	3453	3415	2526
资本市场服务	Capital Market Services	1549	1338	1337	211
保险业	Insurance	928	195	194	733
其他金融业	Others	368	304	301	64
房地产业	**Real Estate**	**18091**	**16362**	**16333**	**1729**
租赁和商务服务业	**Leasing and Business Services**	**63885**	**61138**	**58860**	**2747**
租赁业	Leasing Services	6816	6673	6653	143
商务服务业	Business Services	57069	54465	52207	2604

1-3续表3　*Continued*

单位：个(unit)

项　　目	Item	合　计 Total	法人单位 Judicial Entities	#企　业法　人 Enterprise Judicial Entities	产业活动单　　位 Establishments
科学研究和技术服务业	**Scientific Research and Technical Services**	**61854**	**60245**	**59680**	**1609**
研究与试验发展	R&D	2712	2653	2552	59
专业技术服务业	Special Technical Services	13239	12436	12151	803
科技推广和应用服务业	Science and Technology Generalizing and Application Services	45903	45156	44977	747
水利、环境和公共设施管理业	**Management for Water Conservancy, Environment and Public Facilities**	**2496**	**2425**	**2160**	**71**
水利管理业	Management for Water Conservancy	150	135	62	15
生态保护和环境治理业	Ecological Protection and Management for Environment	326	314	293	12
公共设施管理业	Management for Public Facilities	1958	1917	1758	41
土地管理业	Management for Land	62	59	47	3
居民服务、修理和其他服务业	**Resident Services, Repair and Other Services**	**11183**	**10705**	**10489**	**478**
居民服务业	Resident Services	4819	4553	4415	266
机动车、电子产品和日用产品修理业	Motor Vehicle, Electronic Products and Household Products Repair Industry	3611	3470	3456	141
其他服务业	Others	2753	2682	2618	71
教　育	**Education**	**9089**	**8626**	**4711**	**463**
卫生和社会工作	**Health Care and Social Work**	**4084**	**3946**	**2457**	**138**
卫　生	Health Care	3064	2943	2134	121
社会工作	Social Work	1020	1003	323	17
文化、体育和娱乐业	**Culture, Sports and Recreational Services**	**11495**	**11193**	**10627**	**302**
新闻和出版业	News Publication	153	146	118	7
广播、电视、电影和音制作业	Broadcast, TV, Movies and Record Production Industry	2124	2061	2043	63
文化艺术业	Culture and Art	4650	4576	4311	74
体　育	Sports	1737	1650	1430	87
娱乐业	Recreational Services	2831	2760	2725	71
公共管理、社会保障和社会组织	**Public Management, Social Security and Social Organizations**	**12096**	**11632**		**464**
中国共产党机关	Chinese Communist Party Agencies	292	277		15
国家机构	Government Agencies	3584	3153		431
人民政协、民主党派	The People's Political Consultative Conference Committees and Democratic Parties	63	59		4
社会保障	Social Security	80	73		7
群众团体、社会团体和其他成员组织	Mass Organizations, Social Organizations and Other Groups	2613	2606		7
基层群众自治组织及其他组织	Grass-roots Mass Autonomy Organizations and Others	5464	5464		

1-4 按登记注册类型分各区法人和产业活动单位数(2022年底)

项　目	Item	和平区 Heping District	河东区 Hedong District
总　计	**Total**	**11450**	**14412**
内　资	**Domestic-funded**	**10819**	**14144**
国　有	State-owned	787	677
集　体	Collective-owned	63	99
股份合作	Cooperative	31	21
联营企业	Joint Ownership Enterprises	10	5
国有联营	State Joint Ownership	3	1
集体联营	Collective Joint Ownership	3	1
国有与集体联营	State-owned and Collective Joint Ownership	2	1
其他联营	Others	2	2
有限责任公司	Limited Liability Corporations	2053	1628
国有独资公司	Sole State-owned Corporations	97	49
其他有限责任公司	Other Limited Liability Corporations	1956	1579
股份有限公司	Share Holding Corporations Ltd.	299	283
私营企业	Private Enterprises	7202	10825
私营独资	Sole Private Enterprises	474	415
私营合伙	Private Partnership	133	98
私营有限责任公司	Private Limited Liability Corporations	6437	10215
私营股份有限公司	Private Share Holding Corporations Ltd.	158	97
其　他	Others	374	606
港澳台商投资	**Enterprises with Investment from Hong Kong, Macao and Taiwan**	**274**	**159**
与港澳台商合资经营	Hong Kong, Macao and Taiwan Joint Venture	36	16
与港澳台商合作经营	Hong Kong, Macao and Taiwan Cooperative Operation	8	4
港澳台商独资	Hong Kong, Macao and Taiwan Funded Solely	139	94
港澳台商投资股份有限公司	Hong Kong, Macao and Taiwan Share Holding Corporations Ltd.	25	33
其他港澳台投资	Others	66	12
外商投资	**Foreign Funded Enterprises**	**357**	**109**
中外合资经营	Chinese-foreign Joint Venture	45	18
中外合作经营	Chinese-foreign Cooperative Operation	6	4
外资企业	Foreign Investment Enterprise	237	51
外商投资股份有限公司	Foreign-funded Share Holding Corporations Ltd.	24	24
其他外商投资	Others	45	12

Number of Judicial Entities and Establishments on Districts by Registered Type, End of 2022

单位：个(unit)

河西区 Hexi District	南开区 Nankai District	河北区 Hebei District	红桥区 Hongqiao District	东丽区 Dongli District	西青区 Xiqing District
23129	**24451**	**10833**	**6070**	**30573**	**36262**
22576	**23987**	**10713**	**5978**	**30318**	**35646**
968	848	497	472	655	728
99	109	62	52	210	201
43	42	16	4	7	31
15	17	2	3	14	18
1	4		1	2	5
2	3		1	3	4
3	1	1		1	2
9	9	1	1	8	7
3391	2123	966	552	1864	4284
105	89	17	18	52	66
3286	2034	949	534	1812	4218
537	396	249	144	262	304
16905	19781	8570	4477	26776	29186
1558	1899	637	235	426	829
203	219	112	39	161	158
14921	17427	7710	4167	26067	28034
223	236	111	36	122	165
618	671	351	274	530	894
259	**215**	**62**	**56**	**85**	**166**
36	30	12	3	19	42
2	1		1	2	2
148	135	35	34	42	91
30	27	8	12	9	15
43	22	7	6	13	16
294	**249**	**58**	**36**	**170**	**450**
52	30	5	5	46	96
5			2	3	2
170	166	31	18	98	331
25	26	15	6	12	11
42	27	7	5	11	10

1-4 续表

项　目	Item	津南区 Jinnan District	北辰区 Beichen District
总　计	**Total**	**37617**	**27759**
内　资	**Domestic-funded**	**37224**	**27412**
国　有	State-owned	539	527
集　体	Collective-owned	305	162
股份合作	Cooperative	9	68
联营企业	Joint Ownership Enterprises	8	41
国有联营	State Joint Ownership	2	1
集体联营	Collective Joint Ownership		7
国有与集体联营	State-owned and Collective Joint Ownership	1	32
其他联营	Others	5	1
有限责任公司	Limited Liability Corporations	1589	1258
国有独资公司	Sole State-owned Corporations	44	52
其他有限责任公司	Other Limited Liability Corporations	1545	1206
股份有限公司	Share Holding Corporations Ltd.	281	398
私营企业	Private Enterprises	32978	24136
私营独资	Sole Private Enterprises	2103	1093
私营合伙	Private Partnership	195	107
私营有限责任公司	Private Limited Liability Corporations	30585	22779
私营股份有限公司	Private Share Holding Corporations Ltd.	95	157
其　他	Others	1515	822
港澳台商投资	**Enterprises with Investment from Hong Kong, Macao and Taiwan**	**83**	**107**
与港澳台商合资经营	Hong Kong, Macao and Taiwan Joint Venture	22	24
与港澳台商合作经营	Hong Kong, Macao and Taiwan Cooperative Operation		3
港澳台商独资	Hong Kong, Macao and Taiwan Funded Solely	41	58
港澳台商投资股份有限公司	Hong Kong, Macao and Taiwan Share Holding Corporations Ltd.	7	14
其他港澳台投资	Others	13	8
外商投资	**Foreign Funded Enterprises**	**310**	**240**
中外合资经营	Chinese-foreign Joint Venture	52	71
中外合作经营	Chinese-foreign Cooperative Operation	4	
外资企业	Foreign Investment Enterprise	225	156
外商投资股份有限公司	Foreign-funded Share Holding Corporations Ltd.	14	5
其他外商投资	Others	15	8

Continued

单位：个(unit)

武清区 Wuqing District	宝坻区 Baodi District	滨海新区 Binhai New Area	宁河区 Ninghe District	静海区 Jinghai District	蓟州区 Jizhou District
57252	**21015**	**123291**	**12168**	**26584**	**17445**
56617	**20914**	**119321**	**12083**	**26404**	**17396**
802	521	1743	687	565	929
241	567	273	132	459	105
30	11	92	44	14	30
13	5	65	27	8	7
4	2	33	1		3
5	1	15	21	5	3
	1	5	1	2	
4	1	12	4	1	1
8848	2015	22954	947	427	1671
49	65	547	37	71	26
8799	1950	22407	910	356	1645
458	260	1358	108	226	167
42260	14116	90617	7970	22382	11872
1553	1941	3753	1675	924	2495
2308	90	4548	120	338	150
38188	12012	81700	6049	20987	9167
211	73	616	126	133	60
3965	3419	2219	2168	2323	2615
256	**39**	**1787**	**24**	**55**	**16**
36	10	729	5	27	5
5	1	13	1		
185	20	931	15	24	2
10	7	59	1	3	7
20	1	55	2	1	2
379	**62**	**2183**	**61**	**125**	**33**
66	24	579	17	40	12
2	6	27	2	4	
264	18	1353	20	63	9
24	7	94	9	10	10
23	7	130	13	8	2

1-5 国民经济和社会发展总量与速度指标

指　　标	Item	总量指标 Aggregate Data 1978	2000
人　口(万人)	**Population (10 000 persons)**		
年末常住人口	Year-end Permanent Population		1001.14
# 城镇人口	Urban		724.83
年末户籍人口	Year-end Registered Population	724.27	912.00
就　业(万人)	**Employment (10 000 persons)**		
城镇非私营单位从业人员	Employment Personnel in Urban Non-private Units	217.40	201.75
城镇登记失业人数	Registrated Unemployment in Urban Areas		10.50
国民经济核算	**National Accounts**		
地区生产总值(亿元)	Gross Domestic Product (100 million yuan)	82.65	1591.67
第一产业	Primary Industry	5.03	73.69
第二产业	Secondary Industry	57.53	794.75
第三产业	Tertiary Industry	20.09	723.23
人均地区生产总值(元)	Per Capita GDP (yuan)		
(按常住人口计算)	(Calculated by Permanent Population)	1133	16236
财　政(亿元)	**Government Finance (100 million yuan)**		
一般公共预算收入	General Public Budget Revenue	39.25	133.61
一般公共预算支出	General Public Budget Expenditure	14.51	187.05
对外贸易(亿美元)	**International Trade (USD 100 million)**		
货物进出口总额	Total Value of Imports and Exports	9.88	171.57
出口额	Exports	8.65	86.29
进口额	Imports	1.24	85.28
物价总指数(上年=100)	**Price Indices (preceding year=100)**		
居民消费价格指数	Consumer Price Index	100.0	99.6
商品零售价格指数	Retail Price Index	100.0	98.6

注：1.本表价值指标除邮电业务总量按不变价格计算外，其余均按当年价格计算。邮电业务总量1978-1989年按1980年不变价格计算，1990-2000年按1990年不变价格计算，2001-2010年按2000年不变价格计算，2011-2015年按2010年不变价格计算，2016-2020年按2015年不变价格计算，2021年起按2020年不变价格计算，表17-8同。2.本表速度指标中，地区生产总值、农林牧渔业总产值、邮电业务总量指标均按不变价格计算。3.2022年地区生产总值为初步核算数据，对外贸易数据为初步统计数据，下表同。

Principal Aggregate Indicators on National Economic and Social Development and Growth Rates

		指数(%)(2022为以下各年) Index(%)(2022 as Percentage of the Following Years)			平均增长速度(%) Average Annual Growth Rate (%)	
2021	2022	1978	2000	2021	1979–2022	2001–2022
1373.00	1363.00		136.1	99.3		1.4
1165.40	1160.06		160.0	99.5		2.2
1151.56	1161.30	160.3	127.3	100.8	1.1	1.1
256.44	243.34	111.9	120.6	94.9	0.3	0.9
27.45	25.44		242.3	92.7		4.1
15685.05	16311.34	4540.0	668.8	101.0	9.1	9.0
265.90	273.15	763.5	193.6	102.9	4.7	3.0
5672.67	6038.93	4354.8	694.0	99.5	9.0	9.2
9746.48	9999.26	5831.1	642.7	101.7	9.7	8.8
113660	119235	2385.9	478.8	101.8	7.5	7.4
2141.06	1846.69	5138.5	1509.6	94.2	9.4	13.1
3152.55	2729.83	18815.3	1459.6	86.6	12.6	13.0
1325.65	1267.58	12829.8	738.8	95.6	11.7	9.5
599.66	571.85	6611.0	662.7	95.4	10.0	9.0
725.99	695.73	56107.3	815.8	95.8	15.5	10.0
101.3	101.9	715.8	159.8	101.9	4.6	2.2
101.5	102.0	437.6	127.5	102.0	3.4	1.1

Note: a) Figures in value terms in this table are current prices, except for the business value of postal and telecommunication services, which is at 1980 constant prices from 1978 to 1989, at 1990 constant prices from 1990 to 2000, at 2000 constant prices from 2001 to 2010, at 2010 constant prices from 2011 to 2015 and at 2015 constant prices from 2016 to 2020. Since 2021, it was calculated at 2020 constant prices, and same as table 17-8. b)The indices and growth rates of the follow indicators are calculated at constant prices: gross domestic product, gross output value of agriculture, forestry, animal husbandry and fishery, business value of postal and telecommunication services. c) Gross domestic product in 2022 are preliminary accounting data, and data of international trade in 2022 are preliminary statistical data. Same as the following tables.

1-5续表1

指　　标	Item	1978
能源生产与消费(万吨标准煤)	**Production and Consumption of Energy (10 000 tons of SCE)**	
一次能源生产量	Primary Energy Production	
能源终端消费量	Energy Final Consumption	
农　业(亿元)	**Agriculture (100 million yuan)**	
农林牧渔业总产值	Gross Output Value of Agriculture, Forestry, Animal Husbandry and Fishery	6.72
建筑业(亿元)	**Construction (100 million yuan)**	
建筑业总产值	Gross Output Value	8.78
交通运输、邮政业和信息传输	**Transport, Post and Information Transmission**	
港口货物吞吐量(万吨)	Volume of Freight Handled at Coastal Ports (10 000 tons)	1131
集装箱吞吐量(万国际标准箱)	Handled Containers (10 000 TEU)	1
邮电业务总量(不变价)(亿元)	Business Value of Postal and Telecommunication Services (Constant Price)(100 million yuan)	0.27
移动电话年末用户(万户)	Number of Mobile Telephone Subscribers at Year-end (10 000 subscribers)	
固定电话年末用户(万户)	Number of Fixed Telephone Subscribers at Year-end (10 000 subscribers)	8.4
金融业(亿元)	**Financial Intermediation (100 million yuan)**	
中资金融机构人民币存款年末余额	RMB Deposits Balance of Chinese Financial Institutions at Year-end	33.24
中资金融机构人民币贷款年末余额	RMB Loans Balance of Chinese Financial Institutions at Year-end	80.14
累计股票筹资额	Accumulated Capital Raised	
保险公司保费金额	Insurance Premium of Insurance Companies	
保险公司赔款及给付金额	Indemnity Expenditure and Payment of Insurance Companies	
教　育(万人)	**Education(10 000 persons)**	
普通高校在校学生数	Students Enrollment Regular HEIs	2.32
普通中学在校学生数	Students Enrollment Regular Secondary Schools	76.40
普通小学在校学生数	Students Enrollment Regular Primary Schools	78.68
文　化	**Culture**	
图书出版总印数(万册)	Number of Books Published (10 000 copies)	7367
电视制作节目时间(万小时)	Time for TV Programs Production (10 000 hours)	

Continued

总量指标 Aggregate Data			指数(%)(2022为以下各年) Index(%)(2022 as Percentage of the Following Years)			平均增长速度(%) Average Annual Growth Rate (%)	
2000	2021	2022	1978	2000	2021	1979-2022	2001-2022
1201.94	5546.36	5881.95		489.4	106.1		7.5
2553.60	8193.51	8233.97		322.4	100.5		5.5
156.30	509.26	521.43	1211.2	211.0	102.9	5.8	3.5
238.10	4653.05	4751.30	54115.1	1995.5	102.1	15.4	14.6
9582	52954	54902	4854.3	573.0	103.7	9.2	8.3
171	2027	2102	210200.0	1229.2	103.7	19.0	12.1
75.37	311.66	341.53	3112291.7	22773.7	109.6	26.5	28.0
122.8	1745.1	1810.1		1474.0	103.7		13.0
247.1	311.2	338.3	4046.7	136.9	108.7	8.8	1.4
2281.55	34355.20	39015.38	117374.8	1710.0	113.6	17.4	13.8
1863.60	39717.35	41337.59	51581.7	2218.2	104.1	15.3	15.1
32.79	1018.37	1261.84		3848.2	123.9		18.0
31.47	660.47	670.21		2129.7	101.5		14.9
7.20	187.30	201.17		2794.0	107.4		16.3
11.77	58.34	59.45	2562.5	505.1	101.9	7.7	7.6
57.06	53.16	57.11	74.7	100.1	107.4	-0.7	
71.71	75.19	77.09	98.0	107.5	102.5		0.3
5881	9746	10622	144.2	180.6	109.0	0.8	2.7
	2.9	2.0			69.0		

1-5续表2

指 标	Item	1978
科 技(亿元)	**Science and Technology (100 million yuan)**	
研究与试验发展经费支出	Expenditures on Research and Development	
婚姻家庭(对)	**Marriages and Divorces, Family Size (couple)**	
结婚登记总数	Registered Number of Marriages	63599
离婚数	Number of Divorces	1481
居民生活	**People's Livelihoods**	
城镇居民人均可支配收入(元)	Per Capita Annual Disposable Income of Urban Residents (yuan)	388
农村居民人均可支配收入(元)	Per Capita Annual Disposable Income of Rural Residents (yuan)	153
中资金融机构人民币住户存款余额(亿元)	RMB Household Deposits of Chinese Financial Institutions (100 million yuan)	4.02
卫 生	**Health Care**	
医院、卫生院(个)	Number of Hospitals and Health Care Centers (unit)	310
执业(助理)医师(万人)	Number of Licensed (Assistant) Doctors (10 000 persons)	1.58
医院、卫生院床位数(万张)	Number of Beds of Hospitals and Health Care Centers (10 000 units)	1.73
城市市政建设	**Municipal Works**	
自来水供水总量(亿吨)	Annual Supply of Tap Water (100 million tons)	2.16
天然气销售量(亿立方米)	Volume of Natural Gas Supply (100 million cu.m)	2.05
供热面积(万平方米)	Heating Area (10 000 sq.m)	
年末实有铺装道路长度(公里)	Length of Paved Roads at Year-end (km)	764
排水管道长度(公里)	Length of Sewer Pipelines (km)	1051
年末公共交通车辆运营数(辆)	Number of Public Vehicles in Operation at Year-end (unit)	1205
城市绿地面积(平方公里)	Areas of Green Land (sq.km)	

Continued

总量指标 Aggregate Data			指数(%)(2022为以下各年) Index(%)(2022 as Percentage of the Following Years)			平均增长速度(%) Average Annual Growth Rate (%)	
2000	2021	2022	1978	2000	2021	1979–2022	2001–2022
24.69	574.33	568.66		2303.2	99.0		15.3
61416	80408	68881	108.3	112.2	85.7	0.2	0.5
13338	39387	36661	2475.4	274.9	93.1	7.6	4.7
7946	51486	53003	13660.6	667.0	102.9	11.8	9.0
3598	27955	29018	18966.0	806.5	103.8	12.7	10.0
1172.40	16223.20	19187.67	477305.2	1636.6	118.3	21.2	13.5
488	570	572	184.5	117.2	100.4	1.4	0.7
3.00	5.18	5.26	332.6	175.2	101.4	2.8	2.6
3.88	6.62	6.61	382.3	170.5	99.9	3.1	2.5
6.11	9.47	9.89	457.9	161.9	104.4	3.5	2.2
2.35	66.41	67.04	3270.2	2852.8	100.9	8.2	16.5
3260	56716	58648		1799.0	103.4		14.0
3608	9387	9669	1265.6	268.0	103.0	5.9	4.6
7032	23402	23910	2275.0	340.0	102.2	7.4	5.7
5358	13258	11653	967.1	217.5	87.9	5.3	3.6
17.70	101.54	98.00		553.7	96.5		8.1

1-6 国民经济和社会发展结构指标
Structural Indicators of National Economy and Social Development

单位：%(%)

指　　标	Item	1978	2000	2021	2022
常住人口	**Resident Permanent**				
城　镇	Urban		72.4	84.9	85.1
乡　村	Rural		27.6	15.1	14.9
户籍人口	**Registered Population**				
男　性	Male	50.8	50.5	49.6	49.6
女　性	Female	49.2	49.5	50.4	50.4
就业	**Employment**				
第一产业	Primary Industry		16.7	5.3	5.3
第二产业	Secondary Industry		45.6	34.2	34.5
第三产业	Tertiary Industry		37.7	60.5	60.2
地区生产总值	**Gross Domestic Product**				
第一产业	Primary Industry	6.1	4.6	1.7	1.7
第二产业	Secondary Industry	69.6	49.9	36.2	37.0
第三产业	Tertiary Industry	24.3	45.5	62.1	61.3
一般公共预算收入	**General Public Budget Revenue**				
# 增值税	Value-added Tax		19.5	31.4	27.7
企业所得税	Income Tax of Enterprises		21.9	15.8	16.6
个人所得税	Individual Income Tax		8.5	6.0	6.2
能源使用	**Energy Consumption**				
农林牧渔业	Farming, Forestry, Animal Husbandry and Fishery		2.3	1.3	1.3
工业和建筑业	Industry and Construction		61.5	65.0	64.6
服务业	Service Industry		24.9	18.1	18.4
生活消费	Living Consumption		11.4	15.6	15.7
农林牧渔业产值	**Gross Output Value of FFAF**				
农　业	Farming	80.4	53.4	50.7	53.1
林　业	Forestry	0.6	0.9	1.9	1.7
牧　业	Animal Husbandry	15.6	33.1	28.0	28.2
渔　业	Fishery	3.3	12.6	15.9	13.5
农林牧渔服务业	FFAF Services			3.5	3.5
货运量	**Freight Traffic**				
铁　路(天津地区)	Railway (Tianjin Area)	20.3	11.7	20.4	21.8
公　路	Highway	69.4	71.1	60.0	56.3
水运、民航	Waterway and Civil Aviation	7.6	15.8	17.7	19.9
管道运输	Pipelines	2.7	1.5	2.0	2.0

1-6续表 *Continued*

单位：%(%)

指　　标	Item	1978	2000	2021	2022
进出口贸易总额	**Imports and Exports**				
出口总额	Exports	87.5	50.3	45.2	45.1
进口总额	Imports	12.5	49.7	54.8	54.9
金融机构存款余额	**Deposits of Financial Institutions**				
中资金融机构	Chinese Financial Institutions	100.0	100.0	98.8	99.0
外资金融机构	Foreign Financial Institutions			1.2	1.1
金融机构贷款余额	**Loans of Financial Institutions**				
中资金融机构	Chinese Financial Institutions	100.0	100.0	99.1	99.2
外资金融机构	Foreign Financial Institutions			0.9	0.8
在校学生	**Student Enrollment**				
普通高校	University and College Students	1.5	8.4	31.2	30.7
普通中学	Regular Secondary School Students	48.5	40.6	28.5	29.5
普通小学	Regular Primary School Students	50.0	51.0	40.3	39.8
卫生机构	**Structure of Health Care Institutions**				
# 医院、卫生院	Hospitals and Health Care Centers	10.1	16.4	9.4	9.1
卫生技术人员	**Structure of Medical Technical Personnel**				
# 执业(助理)医师	Licensed (Assistant) Doctors	38.8	46.1	42.5	42.2
注册护士	Registered Nurses	31.1	33.3	38.5	38.8
城镇居民消费	**Consumption of Urban Residents**				
食品烟酒	Food, Tobacco and Liquor	58.1	40.1	26.9	29.2
衣　着	Clothing		8.9	5.6	5.2
居　住	Residence		9.2	23.1	24.2
用品及其他	Articles for Daily Use and Others		41.8	44.4	41.4
农村居民消费	**Consumption of Rural Residents**				
食品烟酒	Food, Tobacco and Liquor	59.8	42.6	33.1	34.5
衣　着	Clothing		9.3	5.6	5.2
居　住	Residence		29.1	19.1	20.9
用品及其他	Articles for Daily Use and Others		19.0	42.3	39.3
空气质量	**Air Quality**				
二级和好于二级的天数	Days of Grade II and Better than Grade II			72.3	73.2

1-7 国民经济和社会发展比例和效益指标
Main Indicators of Proportion and Benefit of National Economy and Social Development

单位：%(%)

指　　标	Item	1978	2000	2021	2022
人　口	**Population**				
出生率(‰)	Birth Rate(‰)	15.47	7.72	5.30	4.75
死亡率(‰)	Death Rate(‰)	6.26	6.17	6.23	6.43
自然增长率(‰)	Natural Growth Rate(‰)	9.21	1.55	-0.93	-1.68
就　业	**Employment**				
就业人员(万人)	Number of Employment Personnel (10 000 persons)	367	487	641	621
国民经济核算	**National Accounts**				
全员劳动生产率(元/人)	All-personnel Labour Productivity (yuan/person)	2300	31992	243557	258500
财　政	**Government Finance**				
一般公共预算收入与地区生产总值之比	Proportion of General Public Budget Revenue to GDP	47.5	8.4	13.7	11.3
一般公共预算支出与地区生产总值之比	Proportion of General Public Budget Expenditure to GDP	17.6	11.8	20.1	16.7
对外贸易	**International Trade**				
货物进出口总额与地区生产总值之比(按人民币计算)	Proportion of Total Value of Imports & Exports to GDP (calculated by RMB)	18.9	89.2	54.6	51.8
农　业	**Agriculture**				
每公顷耕地农业机械总动力(千瓦)	Total Power of Agricultural Machinery per Hectare of Cultivated Land(kW)	3.8	14.0	10.7	10.9
每公顷播种面积农产品产量(吨)	Output of Crops per Hectare of Sown Area(ton)				
粮　食	Grain	2.0	3.6	6.7	6.8
棉　花	Cotton	0.1	1.2	1.1	1.3
油　料	Oil-bearing Crops	0.5	1.3	3.4	3.4
规模以上工业	**Industry**				
总资产贡献率	Ratio of Total Assets to Industrial Output Value		8.9	9.8	10.7
营业收入利润率	Ratio of Profits to Business Revenue	17.3	6.2	6.5	7.0
每百元资产实现的营业收入(元)	Business Revenue on Assets per 100 yuan(yuan)		66.4	98.1	93.8

1-7续表 *Continued*

单位：%(%)

指 标	Item	1978	2000	2021	2022
邮电通信业	**Postal and Telecommunication Services**				
电话普及率	Access to Telephones				
(含移动电话)(部/百人)	(Include Mobile Phone)(set/100 persons)	1.2	46.6	149.8	157.6
移动电话普及率(部/百人)	Access to Mobile Phones(set/100 persons)		12.3	127.1	132.8
教 育	**Education**				
新增劳动力平均受教育	Average Year of Education of Newly Increased				
年限(年)	Labour (year)			15.70	15.70
学龄儿童毛入学率	Percentage of School-aged Children Enrolled		99.99	104.17	103.55
初中毕业升学率	Percentage of Entering Senior Secondary Schools		89.40	98.22	98.89
卫 生	**Health Care**				
平均每个医院、卫生院	Average Burden Population of Each Hospital				
负担人口(万人)	and Health Care Centers (10 000 person)		1.87	2.42	2.39
病床周转次数(次)	Turnover of Beds (time)	14.3	13.0	25.4	24.7
病床使用率	Utilization Rate of Beds	76.6	56.0	63.4	58.9
文 化	**Culture**				
每百万人有公共图书馆(个)	Number of Public Libraries per Million Persons (unit)		3.2	1.5	1.5
每百万人有博物馆(个)	Number of Museums per Million Persons (unit)		1.4	5.0	5.3
居民生活	**People's Livelihoods**				
城乡居民收入比	Urban and Rural Income Ratio				
(以农村居民收入为1)	(Rural Income as 1)	2.54	2.21	1.84	1.83
城乡居民消费支出比	Urban and Rural Consumption Expenditure Ratio				
(以农村居民消费为1)	(Rural Consumption Expenditure as 1)	2.61	2.95	1.87	1.79
城镇居民平均消费率	Average Consumption Rate of Urban Households	88.9	77.5	70.1	63.8
农村居民平均消费率	Average Consumption Rate of Rural Households	86.3	58.0	69.0	65.3

1-8 平均每天社会经济活动(2019—2022年)
Average Daily Social and Economic Activities,2019-2022

指　标	Item	单　位	Unit	2019	2020	2021	2022
全市每天创造的财富	**Daily Production**						
地区生产总值	Gross Domestic Product	亿 元	100 million yuan	38.51	38.27	42.97	44.69
第一产业	Primary Industry	亿 元	100 million yuan	0.51	0.57	0.73	0.75
第二产业	Secondary Industry	亿 元	100 million yuan	13.55	13.42	15.54	16.55
第三产业	Tertiary Industry	亿 元	100 million yuan	24.45	24.28	26.70	27.40
一般公共预算收入	General Public Budget Revenue	亿 元	100 million yuan	6.60	5.25	5.87	5.06
主要工业产品产量	Output of Major Industrial Products						
粗　钢	Crude Steel	万 吨	10 000 tons	6.01	5.93	5.00	4.76
钢　材	Steel Products	万 吨	10 000 tons	14.95	15.64	16.42	15.19
水　泥	Cement	万 吨	10 000 tons	1.88	1.51	1.73	1.45
天然原油	Crude Petroleum Oil	万 吨	10 000 tons	8.53	8.86	9.33	9.80
原　盐	Salt	吨	ton	5159	5344	4980	4740
发电量	Electricity	万千瓦时	10 000 kWh	19601	20632	21238	20267
汽　车	Motor Vehicle	辆	unit	2853	2584	2029	1653
两轮脚踏自行车	Bicycle	万 辆	10 000 units	4.93	6.08	7.35	4.04
微波炉	Microwave Oven	万 台	10 000 sets	1.58	1.59	1.60	1.12
布	Cloth	万 米	10 000 m	102	11	11	7
纱	Yarn	吨	ton	35	24	16	18
天然气	Natural Gas	万立方米	10 000 cu.m	956	992	1069	1128
硫　酸	Sulfuric Acid	吨	ton	527	590	589	567
烧　碱	Caustic Soda	吨	ton	2372	2249	1886	2303
合成洗涤剂	Synthetic Detergents	吨	ton	1322	1010	915	920
饮料酒	Alcoholic Beverage	千 升	kL	912	661	635	607
集成电路	Integrated Circuits	万 块	10 000 units	404	517	817	744
锂离子电池	Lithium-ion Battery	万 只	10 000 units	180	200	252	291
主要农产品产量	Output of Major Farm Products						
粮　食	Grain	吨	ton	6116	6234	6846	7019
棉　花	Cotton	吨	ton	50	28	11	9
油　料	Oil-bearing Crops	吨	ton	11	8	8	11
肉　类	Meat	吨	ton	834	809	836	808
蛋　类	Eggs	吨	ton	530	569	525	554
奶　类	Milk	吨	ton	1298	1368	1419	1401
蔬　菜	Vegetables	吨	ton	6652	7281	6547	7026
水产品	Aquatic Products	吨	ton	718	778	749	770
水　果	Fruit	吨	ton	980	867	829	832

1-8续表 *Continued*

指 标	Item	单 位	Unit	2019	2020	2021	2022
全市每天消费量	**Daily Consumption**						
生活用煤、气、水、电	Coal, Gas, Water & Electricity for Living						
煤 炭	Coal	万 吨	10 000 tons	0.10	0.06	0.06	0.04
液化石油气	Liquid Petroleum Gas	吨	ton	212	206	232	258
天然气和煤气	Natural Gas and Coal Gas	万立方米	10 000 cu.m	268	332	357	270
水	Water	万 吨	10 000 tons	118.6	126.0	130.6	142.5
电	Electricity	万千瓦时	10 000 kWh	3128	3445	3670	4199
每天其他经济活动	**Other Daily Economic Activities**						
社会货物运输量	Freight Traffic	万 吨	10 000 tons	156	147	158	148
客运量	Passenger Traffic	万人次	10 000 person-times	53.7	31.7	37.0	24.0
港口货物吞吐量	Freight Handled at Ports	万 吨	10 000 tons	135	137	145	150
邮电业务总量(不变价)	Total Business Value of Postal and Telecommunication Services (constant price)	万 元	10 000 yuan	36816	48621	8539	9357
出版图书	Books Published	万 册	10 000 copies	32	26	27	29
出版报纸	Newspapers Issued	万 份	10 000 copies	68	54	51	45
出版期刊	Magazines Issued	万 册	10 000 copies	8	7	7	7
邮寄快递	Letters Delivered	万 件	10 000 copies	191	254	338	333
外贸出口总额	Total Value of Exports in Foreign Trade	亿 元	100 million yuan	8.27	8.40	10.62	10.42
实际使用外资金额	Actual Use of Foreign Capital	万美元	USD 10 000	1296	1294	1476	1630
全社会房屋竣工面积	Floor Space of Buildings Completed	万平方米	10 000 sq.m	4.68	4.56	5.30	4.20
每天人口和婚姻动态	**Daily Population Changes And Marriages**						
出生人口	Birth	人	person	288	227	200	178
死亡人口	Death	人	person	227	224	236	241
结婚对数	Marriages	对	couple	264	245	220	189
离婚对数	Divorces	对	couple	204	198	108	100

1-9 国民经济主要指标人均水平(2019—2022年)
Per Capita Annual Level of Main Indicators of National Economy,2019-2022

指　　标	Item	单　位	Unit	2019	2020	2021	2022
地区生产总值	Gross Domestic Product	万 元	10 000 yuan	10.16	10.11	11.37	11.92
一般公共预算收入	General Public Budget Revenue	万 元	10 000 yuan	1.74	1.39	1.55	1.35
一般公共预算支出	General Public Budget Expenditure	万 元	10 000 yuan	2.57	2.27	2.28	2.00
主要工业产品产量	Output of Major Industrial Products						
天然原油	Crude Petroleum Oil	吨	ton	2.25	2.34	2.47	2.61
天然气	Natural Gas	立方米	cu.m	252	262	283	301
发电量	Electricity	千瓦时	kWh	5169	5449	5618	5408
粗　钢	Crude Steel	吨	ton	1.59	1.57	1.32	1.27
钢　材	Steel Products	吨	ton	3.94	4.13	4.34	4.05
水　泥	Cement	吨	ton	0.50	0.40	0.46	0.39
锂离子电池	Lithium-ion Battery	只	unit	47	53	67	78
集成电路	Integrated Circuits	块	unit	107	137	216	199
农林牧渔业总产值	Gross Output Value of FFAF	元	yuan	2994	3438	3691	3812
主要农产品产量	Output of Major Farm Products						
粮　食	Grain	公 斤	kg	161	165	181	187
棉　花	Cotton	公 斤	kg	1.3	0.7	0.3	0.2
油　料	Oil-bearing Crops	公 斤	kg	0.3	0.2	0.2	0.3
蔬　菜	Vegetables	公 斤	kg	175	192	173	187
肉　类	Meat	公 斤	kg	22	21	22	22
蛋　类	Eggs	公 斤	kg	14	15	14	15
奶　类	Milk	公 斤	kg	34	36	38	37
水产品	Aquatic Products	公 斤	kg	19	21	20	21
水　果	Fruit	公 斤	kg	26	23	22	22
外贸出口总额	Total Value of Exports in Foreign Trade	万 元	10 000 yuan	2.18	2.22	2.81	2.78
社会货物运输量	Freight Traffic	吨	ton	41.14	38.63	41.72	39.45

主要统计指标解释

国民经济行业分类

《国民经济行业分类》（GB/T 4754-2017）是由国家统计局组织修订，自 2017 年 10 月 1 日开始执行。此次修订《国民经济行业分类》，门类、大类的调整在参考联合国 ISIC Rev.4 的同时，更多的是考虑部门管理和统计工作需要；中类的调整多为部门管理需要；小类的调整除考虑上述因素外，还要保证与联合国标准的对接转换。修订后的《国民经济行业分类》（GB/T 4754-2017）共有门类 20 个，大类 97 个，中类 473 个，小类 1381 个。

三次产业划分

三次产业的划分是世界上较为常用的产业结构分类，但各国的划分不尽一致。根据国家统计局《三次产业划分规定》和《国民经济行业分类》（GB/T 4754-2017），我国的三次产业划分是：

第一产业是指农、林、牧、渔业（不含农、林、牧、渔专业及辅助性活动）。

第二产业是指采矿业（不含开采专业及辅助活动），制造业（不含金属制品、机械和设备修理业），电力、热力、燃气及水生产和供应业，建筑业。

第三产业即服务业，是指除第一、二产业以外的其他行业。

法人单位

指同时具备以下条件的单位：（1）依法成立、有自己的名称、组织机构和场所、能够独立承担民事责任；（2）独立拥有和使用（或授权使用）资产或者经费、承担负债、有权与其他单位签订合同；（3）具有包括资产负债表在内的账户，或者能够根据需要编制账户。法人单位包括企业法人、事业单位法人、机关法人、社会团体法人、民办非企业法人和其他法人。

产业活动单位

指经过法定程序批准成立的、不能独立承担民事责任的单位。包括：由各级市场监管部门核准登记，领取《营业执照》的分支机构或经营单位；由各级登记主管机关备案，或依据相关法律法规由各级主管部门批准建立的事业单位分支机构和社会团体分支机构。产业活动单位是法人单位的组成部分，应同时具备以下三个条件：（1）在一个场所从事或主要从事一种社会经济活动；（2）相对独立组织生产经营或业务活动；（3）能够掌握收入和支出等业务考核资料。

登记注册类型

企业单位的登记注册类型，依据其在市场监管部门登记注册的类型填写。机关、事业单位和社会团体及其他组织的登记注册类型，按其主要经费来源和管理方式，根据实际情况，比照《关于划分企业登记注册类型的规定》确定。

市场监管部门对企业（单位）登记注册的类型分为以下几种：

国有企业 指企业全部资产归国家所有，并按《中华人民共和国企业法人登记管理条例》规定登记注册的非公司制的经济组织。不包括有限责任公司中的国有独资公司。

集体企业 指企业资产归集体所有，并按《中华人民共和国企业法人登记管理条例》规定登记注册的经济组织。

股份合作企业 指以合作制为基础，由企业职工共同出资入股，吸收一定比例的社会资产投资组建，实行自主经营，自负盈亏，共同劳动，民主管理，按劳分配与按股分红相结合的一种集体经济组织。

联营企业 指两个及两个以上相同或不同所有制性质的企业法人或事业单位法人，按自愿、平等、互利的原则，共同投资组成的经济组织。联营企业包括国有联营企业、集体联营企业、国有与集体联营企业和其他联营企业。

有限责任公司 指根据《中华人民共和国公司登记管理条例》规定登记注册，由两个以上，五十个以下的股东共同出资，每个股东以其所认缴的出资额对公司承担有限责任，公司以其全部资产对其债务承担责任的经济组织。有限责任公司包括国有独资公司以及其他有限责任公司。

股份有限公司 指根据《中华人民共和国公司登记管理条例》规定登记注册，其全部注册资本由等额股份构成并通过发行股票筹集资本，股东以其认购的股份对公司承担有限责任，公司以其全部资产对其债务承担责任的经济组织。

私营企业 指由自然人投资设立或由自然人控股，以雇佣劳动为基础的营利性经济组织。包括按照《公司法》《合伙企业法》《私营企业暂行条例》以及《个人独资企业法》规定登记注册的私营独资企业、私营合伙企业、私营有限责任公司、私营股份有限公司和个人独资企业。

其他内资企业 指上述企业之外的其他内资经济组织。

港澳台商合资经营企业 指港澳台地区投资者与内地的企业依照《中华人民共和国中外合资经营企业法》及有关法律的规定，按合同规定的比例投资设立，分享利润和分担风险的企业。

港澳台商合作经营企业 指港澳台地区投资者与内地企业依照《中华人民共和国中外合作经营企业法》及有关法律的规定，依照合作合同的约定进行投资或提供条件设立，分配利润、分担风险和亏损的企业。

港澳台商独资经营企业 指依照《中华人民共和国外资企业法》及有关法律的规定，在内地由港澳台地区投资者全额投资设立的企业。

港澳台商投资股份有限公司 指根据国家有关规定，经商务部（原外经贸部）批准设立，并且其中港、澳、台商的股本占公司注册资本的比例达25%以上的股份有限公司。凡其中港、澳、台商的股本占公司注册资本的比例小于25%的，属于内资中的股份有限公司。

其他港澳台商投资企业 指在中国境内参照《外国企业或个人在中国境内设立合伙企业管理办法》和《外商投资合伙企业登记管理规定》，依法设立的港、澳、台商投资合伙企业。

中外合资经营企业 指外国企业或外国人与中国内地企业依照《中华人民共和国中外合资经营企业法》及有关法律的规定，按合同规定的比例投资设立，分享利润和分担风险的企业。

中外合作经营企业 指外国企业或外国人与中国内地企业依照《中华人民共和国中外合作经营企业法》及有关法律的规定，依照合作合同的约定进行投资或提供条件设立，分配利润、分担风险和亏损的企业。

外资企业 指依照《中华人民共和国外资企业法》及有关法律的规定，在中国内地由外国投资者全额投资设立的企业。

外商投资股份有限公司 指根据国家有关规定，经商务部（原外经贸部）批准设立，并且其中外资的股本占公司注册资本的比例达25%以上的股份有限公司。凡其中外资股本占公司注册资本的比例小于25%的，属于内资中的股份有限公司。

其他外商投资企业 指在中国境内依照《外国企业或个人在中国境内设立合伙企业管理办法》和《外商投资合伙企业登记管理规定》，依法设立的外商投资合伙企业。

城乡划分标准

根据国务院国函[2008]60号文件中《统计上划分城乡的规定》，城乡划分标准为：以我国的行政区划为基础，以民政部门确认的居民委员会和村民委员会辖区为划分对象，以实际建设为划分依据，将我国的地域划分为城镇和乡村。

实际建设是指已建成或在建的公共设施、居住设施和其他设施。

城镇包括城区和镇区。

城区是指在市辖区和不设区的市，区、市政府驻地的实际建设连接到的居民委员会和其他区域。

镇区是指在城区以外的县人民政府驻地和其他镇，政府驻地的实际建设连接到居民委员会和其他区域。与政府驻地的实际建设不连接，且常住人口在3000人以上的独立的工矿区、开发区、科研单位、大专院校等特殊区域及农场、林场的场部驻地视为镇区。

乡村是指该规定划定的城镇以外的区域。

现行价格（或称当年价格）

指报告期的实际价格，如工业品的出厂价格，农副产品的收购价格，商业的零售价格等。它反映当年的实际情况，使国民经济各项指标互相衔接，便于对生产、流通、分配、消费之间进行综合平衡。

平均增长速度

平均增长速度表明社会经济现象在一个较长的时期内逐期平均增长变化的程度，它不能根据各个环比增长速度直接求得，但与平均发展速度之间存在着一定的数量关系：

平均增长速度 = 平均发展速度 − 1

平均发展速度是一种根据环比发展速度计算的序时平均数，由于各时期对比的基础不同，所以计算平均发展速度不能采用一般的序时平均数的计算方法，计算方法分为水平法和累计法。水平法，又称几何平均法，即将环比发展速度按连乘法用几何平均数公式计算。累计法，也称方程法，根据一段时期内各年发展水平总和与基期水平的关系，列出方程式计算平均发展速度。水平法着重考虑最后一年所达到的发展水平；累计法着重考虑整个时期累计发展水平的总量。

本《年鉴》内所列的平均增长速度，除固定资产投资用“累计法”计算外，其余均用“水平法”计算。从某年到某年平均增长速度的年份，均不包括基期年在内。如改革开放以来的平均增长速度是以1978年为基期计算的，则写为1979—2022年平均增长速度，其余类推。

Explanatory Notes on Main Statistical Indicators

Industrial Classification of National Economy

The *Industrial Classification of National Economy* (GB/T 4754-2017) was organized by the National Bureau of Statistics, and the new Classification was came into force on October 1, 2017. The revision taking into more consideration of demand of management and statistic than ISIC/Rev.4 of the United Nations in major divisions and divisions, and the demand of management is more considered in major groups, besides aforesaid factors, combine with ISIC/Rev.4 of the United Nations is ensured in groups.The revised version of the *Industrial Classification of the National Economy* (GB/T 4754-2017) is composed of 20 major divisions, 97 divisions, 473 major groups and 1381 groups.

Category of Three Industries

The *Category of Three Industries* is the most commonly used industrial structure classification in the world, the categories vary from country to country. According to *the Regulations on the Category of Three Industries* and *the Industrial Classification of the National Economy* (GB/T 4754-2017), the categories of three industries are:

Primary Industry includes agriculture, forestry, animal husbandry and fishery (excluding professional and auxiliary activities of agriculture, forestry, animal husbandry and fishery).

Secondary Industry includes minerals mining (excluding mining professional and auxiliary activities), manufacturing (excluding metal products, machinery and equipment repair), production and supply of electricity, heat, gas and water and construction.

Tertiary Industry namely service industry, includes all other industries not included in primary or secondary industry.

Legal Entity

Refers to a unit meet the following conditions at the same time: Established by law, it has its own name, organization and location, ability to independently bear civil liability; Independently owned and use (or authorize the use of) assets or funds, assume liabilities, and entitled to sign contracts with other units; Having accounts including balance sheet, including, or can prepare accounts according to needs. Legal entities including corporate, legal institutions, corporate bodies, corporate social groups, private non-enterprise legal persons and other legal entities.

Industrial Activity Units

Refers to a unit which is established with the approval of legal procedures and can not bear civil liability independently. It contains: the branches or business units approved and registered by market supervision agencies at all levels and receiving business license; and the branches of public institutions and social organizations established by the registration authorities at all levels or approved by the competent departments at all levels in accordance with relevant laws and regulations. Industrial units should also meet the following conditions: engaged in a place or primarily in a social economic activity; a relatively independent production activities or operating activities; the ability to provide income and expenditure and other related information.

Registration Status

The Registration Status of the enterprises grouped by registered type in market supervision agencies. For the Registered Type of government agencies, institutions and social organizations, which are classified mainly by their sources of funding and manner of management. According to the actual instance, confirming in accordance with *Provisions on the registration of enterprises registered type*.

Enterprises (units) are grouped by the following several registered type in market supervision agencies:

State-owned Enterprises refer to non-corporation economic units where the entire assets are owned by the state and which have registered in accordance with the *Regulation of the People's Republic of China on the Management of Registration of Corporate Enterprises*. Excluded from this category are sole state-funded corporations in the limited liability corporations.

Collective-owned Enterprises refer to economic units where the assets are owned collectively and which have registered in accordance with the *Regulation of the People's Republic of China on the Management of Registration of Corporate Enterprises*.

Cooperative Enterprises refer to a form of collective economic units (enterprises) where capitals come mainly from employees as their shares, with certain proportion of capital from the outside, where production is organized on the basis of independent operation, independent accounting for profits and losses, joint work, democratic management, and a distribution system that integrates remuneration according to work with divided according to capital share.

Joint Ownership Enterprise refer to economic units established by two or more corporate enterprises or corporate institutions of the same or different ownership, through joint investment on the basis of equality, voluntary participation and mutual benefits. They include state joint ownership enterprises, collective joint ownership enterprises, joint state-collective enterprises, and other joint ownership enterprises.

Limited Liability Corporations refer to economic units established with investment from 2-50 investors and registered in accordance with the *Regulation of the People's Republic of*

China on the Management of Registration of Corporate Enterprises, each investor bearing limited liability to the corporation depending on its share of investment, and the corporation bearing liability to its debt to the maximum of its total assets. Limited liability corporations include exclusive state-funded limited liability corporations and other limited liability corporations.

Share-holding Corporations Ltd. refer to economic units registered in accordance with the *Regulation of the People's Republic of China on the Management of Registration of Corporate Enterprises*, with total registered capitals divided into equal shares and raised through issuing stocks. Each investor bears limited liability to the corporation depending on the holding of shares, and the corporation bears liability to its debt to the maximum of its total assets.

Private Enterprises refer to profit-making economic units invested and established by natural persons, or controlled by natural persons using employed labour. Included in this category are private-owned enterprises, private partnership enterprises, private limited liability corporations, private share-holding corporations Ltd. and sole private enterprises registered in accordance with the *Corporation Law*, *Partnership Enterprises Law*, *Interim Regulations on Private Enterprises* and *sole proprietorship enterprise law.*

Other Domestic-funded Enterprises refer to domestic-funded economic units other than those mentioned above.

Joint Venture Enterprises with Funds from Hong Kong, Macao and Taiwan refer to Enterprises established by investors from Hong Kong, Macao and Taiwan with enterprises in the mainland of china in accordance with the *law of the People's Republic of China on Sino-foreign joint ventures* and other relevant laws, Where the establishment of the investment and the sharing of profits and risks are stipulated under joint venture contract.

Cooperative Enterprises with Funds From Hong Kong, Macao and Taiwan established by investors from Hong Kong, Macao and Taiwan with enterprises in the mainland of china in accordance with the *law of the People's Republic of China on Sino-foreign Contractual Joint Venture* and other relevant laws, Where the investment or provision of facilities and the sharing of profits, risks and deficits are stipulated under cooperative contract.

Enterprise with Sole Investment from Hong Kong, Macao and Taiwan refer to enterprises established in the mainland of china with exclusive investment from investors from Hong Kong, Macao and Taiwan in accordance with the *law of the People's Republic of China on Wholly Foreign-owned Enterprises* and other relevant laws.

Share-holding Corporation Ltd. With Investment from Hong Kong, Macao and Taiwan refer to share-holding corporations Ltd. Established with the approval from Ministry of Commerce of the People's Republic of China (the former Ministry of Foreign Trade and Economic) Relations in line with relevant state regulations, where the share of investment from Hong Kong, Macao and Taiwan businessmen exceeds 25% of the total registered capital of the corporation. In case the share of investment from Hong Kong, Macao and Taiwan is less than 25% of the total registered capital, the enterprise is to be classified as domestic-funded share-holding corporation Ltd.

Other Enterprises with Funds from Hong Kong, Macao and Taiwan refer to partnership enterprises with investments from Hong Kong, Macao and Taiwan established within the territory of China in accordance with *Administrative Measures on the Establishment of Partnership Enterprises in China by Foreign Enterprise or Foreign Individuals* and *Regulation for the Administration of the Registration of Foreign-invested Partnership Enterprise*.

Joint Venture Enterprise with Foreign Investment refer to enterprises jointly established by foreign enterprises or foreigners with enterprises in the mainland of China in accordance with the *Law of the People's Republic of China on Sino-foreign Contractual Joint Venture* and other relevant laws, where the investment or provision of facilities and the sharing of profits and risks are stipulated under cooperative contracts.

Cooperative Enterprise with Foreign Investment refer to enterprise jointly established by foreign enterprises or foreigners with enterprises in the mainland of China in accordance with the *Law of the People's Republic of China on Sino-foreign Contractual Joint Venture* and other relevant laws, where the investment or provision of facilities and the sharing of profits, risks and deficits are stipulated under cooperative contracts.

Enterprises with Sole Foreign Investment refer to enterprise established in the mainland of China with exclusive investment from foreign investors in accordance with the *Law of the People's Republic of China on Wholly Foreign-owned Enterprises* and other relevant laws.

Share-holding Corporations Ltd. With Foreign Investment refer to share-holding corporations Ltd. Established with the approval from Ministry of Commerce of the People's Republic of China (the former Ministry of Foreign Trade and Economic) Relations in line with relevant state regulations, where the share of investment from foreign investors exceeds 25% of the total registered capital of the corporation. In case the share of foreign investment is less than 25% of the total registered capital, the enterprise is to be classified as domestic-funded share-holding corporation Ltd.

Other Enterprises with Foreign Funds refer to partnership enterprises established within the territory of China in accordance with *Administrative Measures on the Establishment of Partnership Enterprises in China by Foreign Enterprises or Foreign Individuals* and *Regulations for the Administration of the Registration of Foreign-invested Partnership Enterprises*.

The Division Standard of Urban and Rural Areas

According to the *Regulation on the Division of Urban and Rural Areas in Statistics of State Department* No.60 [2008], the division standard of Urban and Rural Areas is as follows: based on the administrative division, with the residents' committee and village committee areas confirmed by The Department of Civil

Affairs as the division objects, with the actual construction as the division basis, our region is divided into urban and rural areas.

The actual construction refers to the public facilities, residential facilities and other facilities which are completed or under construction.

Urban Area including city and township.

City refers to the residents' committee and other areas connected with the actual construction of district and municipal government in the districts of city and the city without districts.

Township refers to the residents' committee and other areas connected with the actual construction of district and municipal government outside city zones and other areas. Township also including the independent mining areas, development areas, scientific research units, universities and other special areas, as well as the station of farms and forest farms, which are not connected with the actual construction of government and the resident population is more than 3000 people.

Rural areas refer to the areas besides urban areas defined by the regulation.

Actual Price (current price)

includes all other industries not included in primary or secondary industry, including transport, storage, post services; information transmitting, computer services and software; wholesale and retail trade; accommodation and catering services; finance; real estate; leasing and business services; scientific research, technical services and geological prospecting; management for water conservancy, environment and public facilities; resident services and other social services; education; health care, social security and social welfare; culture, sports and recreational services; public management and social organizations and so on.

Average Annual Increase Rate

shows the average growth rate of social and economic development during a longer period. It can not be directly calculated by chain based growth rate. The relation is:

Average Annual Growth Rate = Average Speed of Development−1

Average speed of development is the time series average of speed which calculated by chain based. Because the reference bases during the different periods are not same, average speed of development can not be calculated by the general method. Level approach and accumulative approach for calculating average speed of development rate are applied. The “level approach”, or the method of calculating the geometric average, is derived by the formula of geometric average of the chain-based speeds of development, or comparing the level of the last year of the interval with that of the beginning year; the other is called the “accumulative approach” or the “algebraic average”, “equation” method, which is derived by the summation of the actual figure of each year in the interval divided by the figure in the base year. The level approach focuses on the level of the last year, while the accumulative approach emphasizes the aggregate development in the duration.

The average annual growth rates listed in the *Yearbook* are calculated by the level approach except for the growth rate of investment in fixed assets. The base year is not listed in the duration for which average annual growth rates are computed. For instance, the average annual growth rate of the years since 1978 is shown as the average annual growth rate of 1979-2022 without showing the base year 1978.

第二篇　人　口

Chapter 2 Population

2-1 人口主要指标

Main Statistics on Population

年 份 Year	常住人口（万人） Permanent Population (10 000 persons)	户籍人口（万人） Registered Population (10 000 persons)	户籍户数（万户） Registered Households (10 000 households)	人口密度（人/平方公里） Population Density (person/sq.km)	人口出生率（‰） Birth Rate (‰)	人口死亡率（‰） Death Rate (‰)	人口自然增长率(‰) Natural Growth Rate (‰)
1978		724.27	171.82	640	15.47	6.26	9.21
1980		748.91	179.67	660	13.29	6.04	7.25
1985		804.80	216.86	710	13.94	5.78	8.15
1990	884.03	866.25	258.31	764	15.62	5.79	9.83
1995	941.83	894.67	276.89	749	10.23	6.23	4.00
2000	1001.14	912.00	293.04	763	7.72	6.17	1.55
2001	1004.06	913.98	295.63	854	7.58	5.94	1.64
2002	1007.18	919.05	299.67	856	7.49	6.04	1.45
2003	1011.30	926.00	303.27	860	7.14	6.04	1.10
2004	1023.67	932.55	316.62	870	7.31	5.97	1.34
2005	1043.00	939.31	322.95	887	7.44	6.01	1.43
2006	1075.00	948.89	328.66	914	7.67	6.07	1.60
2007	1115.00	959.10	333.42	948	7.91	5.86	2.05
2008	1176.00	968.87	337.49	1000	8.13	5.94	2.19
2009	1228.16	979.84	341.90	1044	8.30	5.70	2.60
2010	1299.29	984.85	345.83	1105	8.18	5.58	2.60
2011	1341.00	996.44	350.27	1140	8.58	6.08	2.50
2012	1378.00	993.20	351.24	1172	8.75	6.12	2.63
2013	1410.00	1003.97	356.60	1199	8.28	6.00	2.28
2014	1429.00	1016.66	362.63	1215	8.19	6.05	2.14
2015	1439.00	1026.90	370.58	1224	5.84	5.61	0.23
2016	1443.00	1044.40	379.17	1227	7.37	5.54	1.83
2017	1410.00	1049.99	385.62	1199	7.65	5.05	2.60
2018	1383.00	1081.63	396.57	1176	6.67	5.42	1.25
2019	1385.00	1108.18	406.25	1178	6.73	5.30	1.43
2020	1386.60	1130.68	415.94	1163	5.99	5.92	0.07
2021	1373.00	1151.56	426.38	1151	5.30	6.23	-0.93
2022	1363.00	1161.30	433.07	1143	4.75	6.43	-1.68

资料来源：本表户籍人口相关数据来自天津市公安局。

Source: Data of registered population in this table are from Tianjin Municipal Public Security Bureau.

注：1.人口密度2005年以后按市民政局行政区划面积计算，2005年以前按市规划局土地面积计算。表中人口密度为常住口径，表2-8同。
2.本表2011-2019年常住人口根据第七次全国人口普查数据修订。出生率、死亡率、自然增长率未修订。

Note: a)After 2005, the population density are calculated with administrative areas measured by Tianjin Municipal Civil Affairs Bureau, and those before 2005 are calculated with areas measured by Tianjin Planning Bureau. The population density in this table are calculated at permanent coverage. Same as table 2-8. b)The permanent population in this table from 2011 to 2019 were revised based on the data from the Seventh National Population Census. The birth rate, death rate, and natural growth rate have not been revised.

2-2 户籍人口构成及户规模

Composition of Registered Population and Household Size

单位：%(%)

年 份 Year	按城乡分 By Residence		按性别分 By Gender		性别比 (女=100) Sex Ratio (Female=100)	平均户规模 (人/户) Average Family Household Size (person/household)
	城镇 Urban	乡村 Rural	男 性 Male	女 性 Female		
1978	49.49	50.51	50.84	49.16	103.40	4.22
1980	52.43	47.57	50.73	49.27	102.97	4.17
1985	55.38	44.62	50.82	49.18	103.35	3.71
1990	56.04	43.96	50.79	49.21	103.20	3.35
1995	56.77	43.23	50.66	49.34	102.67	3.23
2000	58.39	41.61	50.51	49.49	102.05	3.11
2001	58.56	41.44	50.48	49.52	101.92	3.09
2002	58.88	41.12	50.45	49.55	101.84	3.07
2003	59.37	40.63	50.47	49.53	101.89	3.05
2004	59.64	40.36	50.46	49.54	101.86	2.95
2005	59.87	40.13	50.44	49.56	101.77	2.91
2006	60.18	39.82	50.41	49.59	101.65	2.89
2007	60.51	39.49	50.38	49.62	101.52	2.88
2008	60.72	39.28	50.35	49.65	101.42	2.87
2009	61.08	38.92	50.32	49.68	101.30	2.87
2010	61.37	38.63	50.29	49.71	101.15	2.85
2011	61.61	38.39	50.27	49.73	101.11	2.84
2012	62.06	37.94	50.21	49.79	100.84	2.83
2013	62.97	37.03	50.18	49.82	100.72	2.82
2014	63.45	36.55	50.16	49.84	100.64	2.80
2015	63.94	36.06	50.15	49.85	100.60	2.77
2016	70.00	30.00	50.13	49.87	100.50	2.75
2017	69.66	30.34	49.89	50.11	99.57	2.72
2018	70.29	29.71	49.79	50.21	99.17	2.73
2019	70.86	29.14	49.69	50.31	98.77	2.72
2020	71.75	28.25	49.62	50.38	98.50	2.72
2021	72.35	27.65	49.61	50.39	98.45	2.70
2022	72.68	27.32	49.57	50.43	98.30	2.68

资料来源：天津市公安局，表2-3至2-5同。
Source: Tianjin Municipal Public Security Bureau. Same as table 2-3 to 2-5.
注：2016年以前城乡户籍人口按非农业与农业划分。
Note: The registered population by residence before 2016 were adopted the classification of non-agricultural and agricultural.

2-3 各区户籍人口户数、人口数及人口密度
Registered Households, Population and Population Density by Region

地 区	Region	年末户数(万户) Year-end Households (10 000 households)		年末人口数(万人) Year-end Population (10 000 persons)		年平均人口(万人) Average Annual Population (10 000 persons)	人口密度(人/平方公里) Population Density (person/sq.km)
		2021	2022	2021	2022	2022	2022
全市总计	**Total**	**426.38**	**433.07**	**1151.56**	**1161.30**	**1156.43**	**974**
# 中心城区	Central Districts	163.56	165.52	424.23	427.30	425.77	21968
和平区	Heping District	16.04	16.41	46.39	47.26	46.83	47307
河东区	Hedong District	31.70	31.97	77.70	77.92	77.81	18750
河西区	Hexi District	33.65	34.53	93.29	95.23	94.26	19765
南开区	Nankai District	35.14	35.51	91.48	92.40	91.94	22303
河北区	Hebei District	25.87	25.92	64.51	64.04	64.28	21635
红桥区	Hongqiao District	21.16	21.18	50.86	50.45	50.66	21240
东丽区	Dongli District	17.81	18.21	45.32	45.75	45.54	960
西青区	Xiqing District	17.58	18.08	47.76	48.43	48.10	869
津南区	Jinnan District	20.57	21.49	55.66	57.30	56.48	1502
北辰区	Beichen District	18.59	19.04	46.87	47.62	47.25	1006
武清区	Wuqing District	36.33	36.93	110.00	110.96	110.48	704
宝坻区	Baodi District	25.55	25.72	75.65	75.72	75.69	502
滨海新区	Binhai New Area	57.60	59.04	153.85	156.31	155.08	652
宁河区	Ninghe District	15.22	15.27	41.20	41.07	41.14	317
静海区	Jinghai District	24.76	25.04	63.26	63.67	63.47	431
蓟州区	Jizhou District	28.82	28.73	87.76	87.17	87.47	548

2-4 按性别、城乡分的户籍人口数(2022年)
Registered Population by Gender and Residence,2022

单位：万人(10 000 persons)

地 区	Region	男 性 Male	女 性 Female	性别比(女=100) Sex Ratio (Female=100)	城 镇 Urban	乡 村 Rural
全市总计	**Total**	**575.67**	**585.63**	**98.30**	**843.98**	**317.32**
# 中心城区	Central Districts	208.42	218.88	95.22	427.30	
和平区	Heping District	22.50	24.76	90.87	47.26	
河东区	Hedong District	38.49	39.43	97.62	77.92	
河西区	Hexi District	45.93	49.30	93.16	95.23	
南开区	Nankai District	45.05	47.35	95.14	92.40	
河北区	Hebei District	31.61	32.43	97.47	64.04	
红桥区	Hongqiao District	24.84	25.61	96.99	50.45	
东丽区	Dongli District	22.62	23.12	97.84	37.50	8.25
西青区	Xiqing District	23.80	24.62	96.67	41.39	7.04
津南区	Jinnan District	28.55	28.76	99.27	48.56	8.74
北辰区	Beichen District	23.50	24.12	97.43	19.32	28.30
武清区	Wuqing District	54.68	56.28	97.16	51.92	59.04
宝坻区	Baodi District	37.85	37.88	99.92	25.55	50.17
滨海新区	Binhai New Area	79.39	76.92	103.21	139.28	17.03
宁河区	Ninghe District	20.60	20.47	100.64	15.21	25.87
静海区	Jinghai District	32.17	31.50	102.13	11.13	52.55
蓟州区	Jizhou District	44.10	43.07	102.39	26.83	60.35

2-5 各种特征年龄组的户籍人口(2022年)
Registered Population by Age Groups,2022

单位：万人(10 000 persons)

年龄组	Age Groups	合计 Total	#中心城区 Central Districts	男性 Male	#中心城区 Central Districts	女性 Female	#中心城区 Central Districts
按学龄人口分组	**Grouped by School Age**						
0-2岁	Age 0-2	21.24	6.03	11.02	3.13	10.22	2.90
3-5岁	Age 3-5	35.09	10.98	18.14	5.71	16.95	5.27
6-14岁	Age 6-14	109.45	36.15	57.50	18.86	51.95	17.29
15-17岁	Age 15-17	31.46	7.88	16.65	4.09	14.81	3.79
18-21岁	Age 18-21	35.41	7.67	18.70	3.93	16.71	3.74
按婚育人口分组	**Grouped by Marriage Age and Child-bearing Age**						
进入法定婚龄人口	Reaching Legal Marriage Age	9.55	2.19	4.88	1.11	4.67	1.08
育龄妇女人口(15-49岁)	Women at Child-bearing Age (between 15-49)	262.97	88.69			262.97	88.69
按劳龄人口分组	**Grouped by Labour Age**						
进入劳龄人口	Reaching Labour Age						
国内标准(16岁)	Domestic Standard (16 years old)	10.03	2.39	5.30	1.23	4.73	1.16
国际标准(15岁)	International Standard (15 years old)	11.68	3.27	6.21	1.71	5.47	1.56
劳动年龄内人口	Within Labour Age						
国内标准	Domestic Standard	639.99	211.62	339.55	110.94	300.44	100.68
国际标准	International Standard	775.19	269.12	385.01	131.87	390.18	137.25
退出劳龄人口	Over Labour Age						
国内标准	Domestic Standard	16.15	6.26	9.60	4.37	6.55	1.89
国际标准	International Standard	18.86	9.44	9.19	4.61	9.67	4.83
按老年人口分组	**Grouped by Aged Population**						
60岁及以上人口	Age 60 and over	300.08	144.02	143.25	68.06	156.83	75.96
占总人口比重(%)	Proportion in Total (%)	25.84	33.70	24.88	32.66	26.78	34.70
65岁及以上人口	Age 65 and over	220.33	105.02	104.00	48.84	116.33	56.18
占总人口比重(%)	Proportion in Total (%)	18.97	24.58	18.07	23.43	19.86	25.67
80岁及以上人口	Age 80 and over	39.83	21.47	17.64	9.10	22.19	12.37
占总人口比重(%)	Proportion in Total (%)	3.43	5.02	3.06	4.37	3.79	5.65

注：劳动年龄内人口的国内标准指男16-59岁,女16-54岁；国际标准指男女均为15-64岁。
Note: Domestic standards for the population of working age refer to 16-59 years old for male and 16-54 years old for female, while international standards refer to 15-64 years old for both male and female.

2-6 各区常住人口和城镇人口
Permanent Population and Urban Population by Region

单位：万人(10 000 persons)

地　区	Region	常住人口 Permanent Population		城镇人口 Urban Population	
		2021	2022	2021	2022
全市总计	**Total**	**1373.00**	**1363.00**	**1165.40**	**1160.06**
# 中心城区	Central Districts	395.85	391.02	395.85	391.02
和平区	Heping District	35.45	34.44	35.45	34.44
河东区	Hedong District	84.89	83.96	84.89	83.96
河西区	Hexi District	80.90	80.37	80.90	80.37
南开区	Nankai District	87.73	86.43	87.73	86.43
河北区	Hebei District	63.98	62.94	63.98	62.94
红桥区	Hongqiao District	42.90	42.88	42.90	42.88
东丽区	Dongli District	84.66	83.89	84.66	83.89
西青区	Xiqing District	118.88	118.62	113.15	113.41
津南区	Jinnan District	92.71	92.43	92.71	92.43
北辰区	Beichen District	94.67	94.15	86.42	86.55
武清区	Wuqing District	113.84	113.94	63.13	63.84
宝坻区	Baodi District	71.71	71.06	30.91	30.76
滨海新区	Binhai New Area	204.57	202.38	196.93	195.83
宁河区	Ninghe District	38.96	38.72	18.65	18.68
静海区	Jinghai District	78.07	77.92	44.64	44.95
蓟州区	Jizhou District	79.08	78.87	38.35	38.70

2-7 人口婚姻情况(2019—2022年)
Marriage Registration,2019-2022

指　标	Item	2019	2020	2021	2022
登记结婚对数(对)	**Marriages(couple)**	**96424**	**89844**	**80408**	**68881**
# 恢复结婚对数	Remarriage with Former Spouse	25285	23281	20456	15829
涉外婚姻登记	Chinese-Foreigner Marriages	386	165	131	129
按婚前状况分	**Grouped by Pre-marriage Condition**				
初婚人数(万人)	First Marriages (10 000 persons)	9.99	9.02	9.10	8.21
再婚人数(万人)	Remarriages (10 000 persons)	9.30	8.95	6.98	5.56
离婚对数(对)	**Divorces (couple)**	**74553**	**72353**	**39387**	**36661**
法院判决离婚	Mediated by the Court	4626	3668	4392	3911
民政协议离婚	Approved by Civil Administration Agencies	69927	68685	34995	32750

资料来源：天津市高级人民法院和天津市民政局。
Source: Tianjin Municipal Higher People's Court and Tianjin Municipal Civil Affairs Bureau.

2-8 常住人口主要数据
Main Statistics on Permanent Population

指　　标	Item	2021	2022
常住人口(万人)	**Permanent Population (10 000 persons)**	**1373.00**	**1363.00**
按性别分	By Gender		
男　性	Male	704.00	698.00
女　性	Female	669.00	665.00
性别比(女=100)	Sex Ratio (Female=100)	105.2	105.0
按城乡分组	By Residence		
城　镇	Urban Population	1165.40	1160.06
占总人口比重(%)	Proportion in Total (%)	84.9	85.1
乡　村	Rural Population	207.60	202.94
按年龄分组	By Age		
0-14岁	Age 0-14	183.00	177.00
15-64岁	Age 15-64	971.00	954.00
65岁及以上	Age 65 and over	219.00	232.00
人口负担系数(%)	**Population Dependency Ratio (%)**		
人口总负担系数	Total Dependency Ratio	41.4	42.9
负担少儿系数	Children Dependency Ratio	18.9	18.6
负担老年系数	The Aged Dependency Ratio	22.6	24.3
老少比	Ratio of Aged to Children	119.7	131.1
人口变动情况(万人)	**Change of Population (10 000 persons)**		
出生人口	Birth	7.30	6.50
死亡人口	Death	8.60	8.80
人口密度(人/平方公里)	**Population Density (person/sq.km)**	**1151**	**1143**

注：本表根据人口普查及人口变动调查数据推算。
Note: Data in this table are predicted according to population census and population change survey.

2-9 按年龄分的6岁及以上各种受教育程度人口(2022年)
Education Status of Population Aged 6 and over by Age,2022

单位：人(person)

年 龄 Age	6岁及以上人口 Aged 6 and over	# 小 学 Primary School	# 初 中 Junior Middle School	# 高 中 Senior Middle School	# 大学专科 Junior College	# 大学本科 Undergraduate College	# 研究生 Postgraduate
全市总计							
Total	**71221**	**11570**	**22300**	**13163**	**8621**	**12481**	**1639**
6-9	2975	2664					
10-14	3544	1807	1680	41			
15-19	3417	8	573	1795	405	622	1
20-24	3899	21	317	309	1057	1982	207
25-29	3887	46	725	459	861	1488	304
30-34	6178	114	1550	827	1258	2088	325
35-39	6549	119	1596	984	1387	2121	333
40-44	5942	193	1785	1061	1010	1629	240
45-49	4600	315	1896	916	577	772	104
50-54	5553	657	2504	1086	517	679	63
55-59	5976	910	2748	1418	425	372	32
60-64	5160	806	1900	1891	280	189	9
65+	13541	3910	5026	2377	843	539	23
# 女 性							
Female	**35480**	**6206**	**10583**	**6507**	**4074**	**6268**	**851**
6-9	1421	1281					
10-14	1648	829	794	18			
15-19	1578	4	230	847	195	295	1
20-24	1704	7	92	101	423	950	128
25-29	1894	23	265	174	389	853	186
30-34	3018	51	695	360	605	1118	179
35-39	3243	57	703	480	738	1104	161
40-44	2949	108	860	535	504	812	118
45-49	2281	177	937	451	284	374	44
50-54	2836	377	1261	571	249	327	20
55-59	3037	515	1362	754	189	154	9
60-64	2679	494	906	999	135	75	
65+	7192	2283	2478	1216	364	206	4

注：本表为2022年人口抽样调查加权数据，合计数与分项数据有出入，表2-10至2-12同。

Note: Data in this table are obtained from population sample survey in 2022 by weighting. The composite count differs from the itemized data. Same as table 2-10 to 2-12.

2-10 按年龄分的15岁及以上各种婚姻状况人口(2022年)
Marriage Status of Population Aged 15 and over by Age,2022

单位：人(person)

年 龄 Age	15岁及以上人口 Aged 15 and over	未 婚 Unmarried	初婚有配偶 First Married	再婚有配偶 Remarried	离 婚 Divorces	丧 偶 Widowed
全市总计						
Total	**64703**	**11879**	**46467**	**1020**	**1890**	**3448**
15-19	3417	3414	4			
20-24	3899	3707	192			
25-29	3887	2155	1702	7	23	
30-34	6178	1222	4663	86	205	2
35-39	6549	650	5480	140	273	6
40-44	5942	300	5155	146	322	19
45-49	4600	127	4073	141	208	51
50-54	5553	90	4944	147	279	92
55-59	5976	77	5317	124	245	213
60-64	5160	50	4556	78	161	315
65+	13541	86	10382	152	173	2749
# 女 性						
Female	**32412**	**5188**	**23164**	**500**	**1019**	**2542**
15-19	1578	1575	4			
20-24	1704	1590	114			
25-29	1894	936	947	4	7	
30-34	3018	495	2389	50	82	2
35-39	3243	314	2707	68	150	5
40-44	2949	134	2542	79	178	16
45-49	2281	56	1998	75	116	35
50-54	2836	32	2488	82	155	79
55-59	3037	13	2672	54	142	158
60-64	2679	18	2300	32	88	241
65+	7192	25	5003	57	101	2005

2-11 按地区分的家庭户规模(2022年)
Family Households by Size and Region,2022

单位：户(household)

地　　区	Region	合　计 Total	一人户 One-person	二人户 Two-person	三人户 Three-person	四人及以上户 Four-person and over
全市总计	**Total**	**28783**	**5378**	**9404**	**7809**	**6193**
和平区	Heping District	1081	149	285	371	275
河东区	Hedong District	1901	400	655	571	275
河西区	Hexi District	1928	420	648	580	281
南开区	Nankai District	1752	321	585	538	308
河北区	Hebei District	1625	302	616	487	220
红桥区	Hongqiao District	1310	210	487	446	168
东丽区	Dongli District	1804	428	682	430	264
西青区	Xiqing District	2112	443	766	542	363
津南区	Jinnan District	1773	344	647	485	296
北辰区	Beichen District	2122	459	726	563	372
武清区	Wuqing District	2104	264	589	540	712
宝坻区	Baodi District	1779	270	531	448	531
滨海新区	Binhai New Area	2708	588	821	744	555
宁河区	Ninghe District	1212	162	324	281	445
静海区	Jinghai District	1692	365	531	374	421
蓟州区	Jizhou District	1879	253	511	408	707

2-12 按地区分有65岁及以上老年人口的家庭户(2022年)
Households with Population Aged 65 and over by Region,2022

单位：户 (household)

地　　区	Region	合　计 Total	# 单身老人户 Single	# 一对老夫妇户 One Couple	# 一个老人与未成年亲属户 One Aged Population and Relatives Age 0-14	# 二个老人与未成年亲属户 Two Aged Population and Relatives Age 0-14
全市总计	**Total**	**8917**	**1874**	**3319**	**24**	**79**
和平区	Heping District	432	101	127	5	11
河东区	Hedong District	667	141	251	4	11
河西区	Hexi District	690	158	277	3	12
南开区	Nankai District	713	137	263	4	7
河北区	Hebei District	628	136	263	1	6
红桥区	Hongqiao District	496	100	181	3	7
东丽区	Dongli District	429	91	166		1
西青区	Xiqing District	527	108	208	1	5
津南区	Jinnan District	381	75	142	1	1
北辰区	Beichen District	594	133	229		6
武清区	Wuqing District	666	102	214		3
宝坻区	Baodi District	511	109	200		
滨海新区	Binhai New Area	634	140	270		1
宁河区	Ninghe District	408	69	154		2
静海区	Jinghai District	477	146	175	1	1
蓟州区	Jizhou District	663	128	198	2	6

主要统计指标解释

常住人口

指实际经常居住在某地区半年以上的人口。按人口普查和抽样调查规定，主要包括：（1） 除离开本地半年以上（不包括在国外工作或学习的人）的全部常住本地的户籍人口；（2）户口在外地，但在本地居住半年以上者，或离开户口地半年以上而调查时在本地居住的人口；（3） 调查时居住在本地，但在任何地方都没有登记常住户口，如手持户口迁移证、出生证、退伍证、劳改劳教释放证等尚未办理常住户口的人，即所谓“口袋户口”的人。

人口密度

指单位土地面积上的人口数。通常使用常住人口计算人口密度，用于说明人口的拥挤程度。以每平方公里的居民人数来表示。计算公式：

$$人口密度=\frac{常住人口}{总土地面积}$$

人口出生率（又称粗出生率）

指在一定时期内（通常为一年）一定地区的出生人数与同期内平均人数（或期中人数）之比，用千分率表示。本资料中的出生率指年出生率，其计算公式为：

$$人口出生率=\frac{年出生人数}{年平均人数}\times 1000‰$$

公式中：出生人数指活产婴儿，即胎儿脱离母体时（不管怀孕月数），有过呼吸或其他生命现象。年平均人数指年初、年底人口数的平均数，也可用年中人口数代替。

人口死亡率（又称粗死亡率）

指在一定时期内（通常为一年）一定地区的死亡人数与同期内平均人数（或期中人数）之比，用千分率表示。本资料中的死亡率指年死亡率，其计算公式为：

$$人口死亡率=\frac{年死亡人数}{年平均人数}\times 1000‰$$

人口自然增长率

指在一定时期内（通常为一年）人口自然增加数（出生人数减死亡人数）与该时期内平均人数（或期中人数）之比，用千分率表示。计算公式为：

$$人口自然增长率=\frac{本年出生人数-本年死亡人数}{年平均人数}\times 1000‰$$

$$=人口出生率-人口死亡率$$

总负担系数

指14岁及以下少年儿童人口数和65岁及以上老年人口数与15-64岁劳动力年龄人口数的比例。表明的是每百名劳动年龄人口负担多少非劳动年龄人口。计算公式：

$$总负担系数=\frac{14岁及以下人数+65岁及以上人数}{15\text{-}64岁人数}\times 100\%$$

负担少儿系数

指14岁及以下少年儿童人口数与15-64岁劳动力年龄人口数的比例。表明的是每百名劳动年龄人口负担多少少年儿童。

$$负担少儿系数=\frac{14岁及以下人数}{15\text{-}64岁人数}\times 100\%$$

负担老年系数

指65岁及以上老年人口数与15-64岁劳动力年龄人口数的比例。表明的是每百名劳动年龄人口负担多少老年人口。

$$负担老年系数=\frac{65岁及以上人数}{15\text{-}64岁人数}\times 100\%$$

老少比

指65岁及以上老年人口与14岁及以下少年儿童人口数之比。表明人口老龄化程度及人口年龄机构特征。

$$老少比=\frac{65岁及以上人数}{14岁及以下人数}\times 100\%$$

法定婚龄、劳龄人口

我国进入婚龄法定人口标准为男22岁、女20岁；进入劳龄人口、劳动年龄内人口、退出劳龄人口的国内标准分别是男16岁、16-59岁、60岁和女16岁、16-54岁、55岁；国际标准男女均为15岁、15-64岁、65岁。

Explanatory Notes on Main Statistical Indicators

Permanent Population

refers to the total number of people alive at a given area over half a year. According to the regulation of population census and sample survey, permanent resident population include (1) registered population in this area except those who have left this area over half a year (exclude those going abroad to work or study). (2) population with residence registered in other area, but having actually resided in this area over half a year or having left place of residence registration over half a year and resided in this area during the period of population survey. (3) population with residence registration in this enumeration area not yet settled, i.e. residence card on hand, migration certificate, birth certificate, demobilized soldier card, release certificate, etc.

Population Density

refers to the total number of people within unit land area. Usually, population density is calculated with permanent resident population and indicates crowd degree of population. It is often expressed in the number of people per square kilometer. The following formula is used:

$$\textit{Population Density}=\frac{\textit{Permanent Resident Population}}{\textit{Total Area of Land}}$$

Birth Rate (or Crude Birth Rate)

refers to the ratio of the number of births to the average population (or mid-period population) during a certain period of time (usually a year), expressed in ‰. Birth rate in the chapter refers to annual birth rate. The following formula is used:

$$\textit{Birth Rate}=\frac{\textit{Number of Births}}{\textit{Annual Average Population}}\times 1000‰$$

Number of births in the formula refers to live births, i.e. when a baby has breathed or showed any vital phenomena regardless of the length of pregnancy. Annual average population is the average of the number of population at the beginning of the year and that at the end of the year. Sometimes it is substituted by the mid-year population.

Death Rate (or Crude Death Rate)

refers to the ratio of the number of deaths to the average population (or mid-period population) during a certain period of time (usually a year), expressed in ‰. Death rate in the chapter refers to annual death rate. The following formula is used:

$$\textit{Death Rate}=\frac{\textit{Number of Deaths}}{\textit{Annual Average Population}}\times 1000‰$$

Natural Growth Rate of Population

refers to the ratio of natural increase in population (number of births minus number of deaths) in a certain period of time (usually a year) to the average population (or mid-period population) of the same period, expressed in ‰. The following formula is applied:

$$\textit{Natural Growth Rate of Population}=\frac{(\textit{Number of Births - Number of Deaths})}{\textit{Annual Average Population}}\times 1000‰$$

Natural Growth Rate of Population = Birth Rate - Death Rate

Total Dependency Ratio

refers to the ratio of children aged 0-14 and elderly population aged 65 and over to the working-age population aged 15-64. It describes in general the number of non-working-age population that every 100 people at working ages will take care of. The following formula is used:

$$\textit{Gross Dependency Ratio}=\frac{(\textit{Population Aged } 0-14)+(\textit{Population Aged 65 and over})}{\textit{Population Aged } 15-64}\times 100\%$$

Youth Dependency Ratio

refers to the ratio of children aged 0-14 over to the working-age population aged 15-64. It describes in general the number of youth population that every 100 people at working ages will take care of. The following formula is used:

Youth Dependency Ratio =

[(*Population Aged* 0-14)/ (*Population Aged* 15-64)] × 100%

Elderly Dependency Ratio

refers to the ratio of population aged 65 and over to the working-age population aged 15-64. It describes in general the number of elderly populations that every 100 people at working ages will take care of. The following formula is used:

Elderly Dependency Ratio =

[(*Population Aged* 65 *and over*)/ (*Population Aged* 15-64)] × 100%

Elderly-Youth Ratio

refers to the ratio of population aged 65 and over to the children aged 0-14. It describes the degree of population aging and the characteristics of population age mechanism.

The following formula is used:

Elderly-Youth Ratio =

[(*Population Aged* 65 *and over*)/ (*Population Aged* 0-14)] × 100%

Legal Marriage Age, Labour Age Population

The standard of legal marriage age is 22 for male and 20 for female. The domestic standard of "reaching labour age", "within labour age" and "over labour age" are 16,16 to 59,60 for male respectively and 16,16 to 54,55 for female respectively; the international standard of these items are 15,15-64 and 65 respectively for both male and female.

第三篇 国民经济核算

Chapter 3 National Accounts

3-1 地区生产总值(1978—2022年)

Gross Domestic Product,1978-2022

单位：亿元(100 million yuan)

年 份 Year	地区生产总值 Gross Domestic Product	按产业分 Grouped by Three Strata of Industry			按行业分 Grouped by Sector		人均地区生产总值(元) GDP per Capita (yuan)	全员劳动生产率(元/人) All-personnel Labour Productivity (yuan/person)
		第一产业 Primary Industry	第二产业 Secondary Industry	第三产业 Tertiary Industry	# 工 业 Industry	# 建筑业 Construction		
1978	82.65	5.03	57.53	20.09	54.39	3.14	1133	2300
1979	93.01	6.54	64.82	21.65	61.01	3.81	1241	2489
1980	103.53	6.53	72.56	24.44	67.48	5.08	1357	2671
1981	107.96	5.18	76.97	25.81	71.06	5.91	1458	2672
1982	114.11	7.00	79.86	27.24	72.30	7.56	1469	2737
1983	123.42	7.60	84.47	31.35	76.69	7.78	1555	2883
1984	147.53	11.13	96.47	39.93	87.97	8.50	1853	3342
1985	175.78	12.95	114.92	47.91	104.80	10.12	2169	3892
1986	194.74	16.51	123.33	54.90	111.90	11.43	2352	4220
1987	220.12	19.63	138.02	62.47	125.05	12.97	2621	4694
1988	259.71	26.21	160.96	72.54	146.73	14.23	3035	5549
1989	283.49	26.85	177.54	79.10	160.73	16.81	3261	6064
1990	310.95	27.32	181.38	102.25	165.59	15.79	3487	6617
1991	342.65	29.26	196.60	116.79	179.75	16.85	3777	7216
1992	411.04	30.26	233.41	147.37	212.80	20.61	4481	8516
1993	538.94	35.40	308.40	195.14	280.73	27.67	5800	10901
1994	732.89	46.55	414.95	271.39	371.43	43.52	7751	14426
1995	931.97	60.80	518.55	352.62	467.93	50.62	9769	18126
1996	1121.93	67.67	609.10	445.16	549.81	59.29	11734	21842
1997	1264.63	69.52	676.01	519.10	609.65	66.36	13142	24668
1998	1344.65	74.14	689.21	581.30	613.31	75.90	14086	26329
1999	1435.64	71.14	717.92	646.58	641.82	76.10	14985	28254
2000	1591.67	73.69	794.75	723.23	716.71	78.04	16236	31992
2001	1756.89	78.73	858.76	819.40	768.58	90.18	17523	36030
2002	1926.87	84.21	931.46	911.20	830.45	101.01	19161	39286
2003	2257.77	89.91	1137.59	1030.27	1021.25	116.34	22371	44997
2004	2621.10	105.28	1348.28	1167.54	1207.17	141.11	25761	50470
2005	3158.60	112.38	1630.53	1415.69	1451.34	179.20	30567	59023
2006	3538.18	103.35	1834.54	1600.29	1644.59	189.95	33411	64014
2007	4158.41	107.47	2123.63	1927.31	1888.57	235.06	37976	70670
2008	5182.43	116.60	2659.71	2406.12	2370.22	289.49	45242	82179
2009	5709.57	119.53	2808.74	2781.30	2478.72	330.02	47497	86218
2010	6830.76	131.71	3259.74	3439.31	2837.27	422.47	54053	101638
2011	8112.51	141.10	3756.26	4215.15	3231.33	524.94	61458	120722
2012	9043.02	147.90	4134.03	4761.09	3575.24	558.79	66517	132015
2013	9945.44	154.79	4407.10	5383.55	3814.68	625.02	71345	141673
2014	10640.62	158.82	4615.50	5866.30	3972.44	677.29	74960	148924
2015	10879.51	162.31	4489.59	6227.61	3815.09	695.60	75868	151525
2016	11477.20	168.46	4367.97	6940.77	3773.04	710.84	79647	161310
2017	12450.56	168.96	4564.06	7717.54	3942.48	704.03	87280	179274
2018	13362.92	175.30	4835.30	8352.32	4276.91	674.07	95689	197093
2019	14055.46	185.41	4947.18	8922.87	4372.27	693.76	101557	211202
2020	14007.99	210.34	4911.77	8885.88	4296.38	714.30	101068	214517
2021	15685.05	265.90	5672.67	9746.48	5056.45	746.91	113660	243557
2022	16311.34	273.15	6038.93	9999.26	5402.74	724.65	119235	258500

注：2022年数据为初步核算数据，表3-2至3-8同。
Note: Data in 2022 are preliminary accounting data. Same as table 3-2 to 3-8.

3-2 地区生产总值构成(1978—2022年)
Composition of Gross Domestic Product,1978-2022

单位：%(%)

年 份 Year	地区生产总值 Gross Domestic Product	按产业分 Grouped by Three Strata of Industry			按行业分 Grouped by Sector	
		第一产业 Primary Industry	第二产业 Secondary Industry	第三产业 Tertiary Industry	# 工 业 Industry	# 建筑业 Construction
1978	100	6.1	69.6	24.3	65.8	3.8
1979	100	7.0	69.7	23.3	65.6	4.1
1980	100	6.3	70.1	23.6	65.2	4.9
1981	100	4.8	71.3	23.9	65.8	5.5
1982	100	6.1	70.0	23.9	63.4	6.6
1983	100	6.2	68.4	25.4	62.1	6.3
1984	100	7.5	65.4	27.1	59.6	5.8
1985	100	7.4	65.4	27.2	59.6	5.8
1986	100	8.5	63.3	28.2	57.4	5.9
1987	100	8.9	62.7	28.4	56.8	5.9
1988	100	10.1	62.0	27.9	56.5	5.5
1989	100	9.5	62.6	27.9	56.7	5.9
1990	100	8.8	58.3	32.9	53.2	5.1
1991	100	8.5	57.4	34.1	52.5	4.9
1992	100	7.4	56.8	35.8	51.8	5.0
1993	100	6.6	57.2	36.2	52.1	5.1
1994	100	6.4	56.6	37.0	50.7	5.9
1995	100	6.5	55.7	37.8	50.2	5.5
1996	100	6.0	54.3	39.7	49.0	5.3
1997	100	5.5	53.5	41.0	48.2	5.3
1998	100	5.5	51.3	43.2	45.6	5.7
1999	100	5.0	50.0	45.0	44.7	5.3
2000	100	4.6	49.9	45.5	45.0	4.9
2001	100	4.5	48.9	46.6	43.8	5.1
2002	100	4.4	48.3	47.3	43.1	5.2
2003	100	4.0	50.4	45.6	45.2	5.2
2004	100	4.0	51.4	44.6	46.0	5.4
2005	100	3.6	51.6	44.8	45.9	5.7
2006	100	2.9	51.9	45.2	46.5	5.4
2007	100	2.6	51.1	46.3	45.4	5.7
2008	100	2.3	51.3	46.4	45.7	5.6
2009	100	2.1	49.2	48.7	43.4	5.8
2010	100	1.9	47.7	50.4	41.5	6.2
2011	100	1.7	46.3	52.0	39.8	6.5
2012	100	1.6	45.7	52.7	39.5	6.2
2013	100	1.6	44.3	54.1	38.4	6.3
2014	100	1.5	43.4	55.1	37.3	6.4
2015	100	1.5	41.3	57.2	35.1	6.4
2016	100	1.5	38.0	60.5	32.9	6.2
2017	100	1.3	36.7	62.0	31.7	5.7
2018	100	1.3	36.2	62.5	32.0	5.0
2019	100	1.3	35.2	63.5	31.1	4.9
2020	100	1.5	35.1	63.4	30.7	5.1
2021	100	1.7	36.2	62.1	32.2	4.8
2022	100	1.7	37.0	61.3	33.1	4.4

3-3 地区生产总值指数(1978—2022年)
Indices of Gross Domestic Product,1978-2022

上年=100(preceding year = 100)

年 份 Year	地区生产总值 Gross Domestic Product	按产业分 Grouped by Three Strata of Industry			按行业分 Grouped by Sector		人均地区生产总值 GDP Per Capita	全员劳动生产率 All-personnel Labour Productivity
		第一产业 Primary Industry	第二产业 Secondary Industry	第三产业 Tertiary Industry	# 工 业 Industry	# 建筑业 Construction		
1978	120.9	115.6	123.3	116.0	121.1	167.9	119.6	117.1
1979	110.0	117.4	110.4	107.0	110.4	110.7	107.1	105.9
1980	110.0	99.8	111.4	108.7	110.6	122.0	108.0	106.0
1981	104.8	79.1	107.0	104.8	106.6	112.2	108.0	100.5
1982	104.3	112.9	103.5	105.3	102.4	117.5	99.4	101.1
1983	108.3	109.2	106.0	114.8	106.0	106.3	106.0	105.5
1984	119.3	122.8	116.6	125.9	117.5	106.2	118.9	115.6
1985	110.6	121.1	110.5	108.8	110.0	116.5	108.7	108.1
1986	105.8	108.0	105.5	106.0	105.0	111.8	103.6	103.6
1987	107.6	106.0	108.3	106.3	108.2	108.9	106.1	105.9
1988	105.8	107.7	107.7	100.4	108.3	101.2	103.8	106.0
1989	101.6	111.4	98.1	109.3	97.8	101.2	100.0	101.8
1990	105.4	104.6	101.1	116.4	102.0	91.6	102.7	104.8
1991	106.0	103.4	105.5	107.5	105.8	102.1	104.2	104.9
1992	111.7	100.7	111.5	114.6	112.4	101.2	110.4	109.8
1993	112.1	107.4	112.9	111.7	113.6	103.6	110.6	109.4
1994	114.3	105.3	114.7	115.6	114.1	122.7	112.3	111.2
1995	114.9	106.3	114.1	117.9	114.5	109.9	113.9	113.5
1996	114.3	108.2	114.3	115.4	114.6	110.1	114.0	114.4
1997	112.1	107.7	111.7	113.4	111.8	110.1	111.4	112.3
1998	107.0	106.7	106.1	108.5	105.6	112.7	106.6	107.4
1999	107.6	100.1	108.4	107.6	109.1	99.3	107.2	108.1
2000	108.3	103.7	108.3	109.0	108.8	101.0	105.8	110.6
2001	109.6	106.3	109.8	109.8	109.3	114.4	107.2	111.8
2002	110.2	106.1	111.2	109.5	111.1	112.3	109.9	109.6
2003	112.3	106.1	115.3	109.6	116.0	109.1	111.9	109.8
2004	113.6	105.1	117.5	109.8	119.3	101.4	112.7	109.8
2005	112.2	104.3	115.3	109.1	116.1	106.2	110.5	108.9
2006	111.9	103.4	113.8	110.4	113.9	112.5	109.2	108.3
2007	112.8	101.4	114.1	112.1	114.9	107.8	109.1	106.0
2008	113.7	103.1	114.4	113.5	115.1	108.9	108.7	106.1
2009	113.8	103.4	114.6	113.5	114.9	112.1	108.4	108.4
2010	114.4	103.3	116.5	112.5	117.0	111.1	108.8	112.7
2011	113.4	103.9	114.9	112.4	115.3	111.9	108.6	113.4
2012	111.3	103.0	111.4	111.5	111.4	111.4	108.1	109.2
2013	110.1	101.9	108.8	111.6	109.6	108.6	107.4	107.4
2014	107.5	102.8	106.7	108.4	107.0	106.4	105.6	105.6
2015	106.9	102.6	107.3	106.7	107.2	105.4	105.8	106.4
2016	106.0	103.0	104.0	107.6	106.7	103.4	105.5	107.0
2017	103.4	102.8	101.0	105.1	102.5	92.9	104.4	105.9
2018	103.4	100.1	100.2	105.6	102.9	89.6	105.6	105.9
2019	104.8	100.2	103.2	105.9	103.6	100.3	105.7	106.7
2020	101.4	99.5	101.5	101.3	101.2	103.8	101.2	103.3
2021	106.6	102.2	104.9	107.7	106.0	97.9	107.1	108.1
2022	101.0	102.9	99.5	101.7	99.1	96.6	101.8	103.0

注：本表数据按不变价格计算，表3-4、3-6、3-7同。
Note: Data in this table are calculated at constant prices. Same as table 3-4, 3-6 and 3-7.

3-4 地区生产总值指数(1979—2022年)

Indices of Gross Domestic Product,1979-2022

1978年=100(year of 1978=100)

年份 Year	地区生产总值 Gross Domestic Product	按产业分 Grouped by Three Strata of Industry			按行业分 Grouped by Sector	
		第一产业 Primary Industry	第二产业 Secondary Industry	第三产业 Tertiary Industry	# 工业 Industry	# 建筑业 Construction
1979	110.0	117.4	110.4	107.0	110.4	110.7
1980	121.0	117.2	123.0	116.3	122.1	135.1
1981	126.8	92.7	131.6	121.9	130.2	151.5
1982	132.3	104.6	136.2	128.4	133.3	178.0
1983	143.2	114.3	144.4	147.3	141.3	189.3
1984	170.9	140.3	168.3	185.5	166.0	201.0
1985	189.0	169.9	186.0	201.8	182.6	234.2
1986	200.0	183.5	196.2	213.9	191.7	261.8
1987	215.2	194.5	212.5	227.4	207.5	285.1
1988	227.6	209.5	228.9	228.3	224.7	288.5
1989	231.3	233.4	224.5	249.6	219.7	292.0
1990	243.8	244.1	227.0	290.5	224.1	267.5
1991	258.4	252.4	239.5	312.3	237.1	273.1
1992	288.6	254.2	267.0	357.9	266.5	276.3
1993	323.5	273.0	301.5	399.8	302.8	286.3
1994	369.8	287.5	345.8	462.1	345.5	351.3
1995	424.9	305.6	394.6	544.8	395.6	386.1
1996	485.7	330.6	451.0	628.7	453.3	425.1
1997	544.4	356.1	503.8	713.0	506.8	468.0
1998	582.5	380.0	534.5	773.6	535.2	527.4
1999	626.8	380.3	579.4	832.4	583.9	523.7
2000	678.8	394.4	627.5	907.3	635.3	529.0
2001	744.0	419.3	689.0	996.2	694.3	605.2
2002	819.9	444.8	766.2	1090.9	771.4	679.6
2003	920.7	472.0	883.4	1195.6	894.8	741.4
2004	1045.9	496.0	1038.0	1312.8	1067.5	751.8
2005	1173.5	517.4	1196.8	1432.2	1239.4	798.4
2006	1313.2	535.0	1362.0	1581.2	1411.7	898.2
2007	1481.2	542.4	1554.0	1772.5	1622.0	968.3
2008	1684.2	559.3	1777.8	2011.8	1867.0	1054.5
2009	1916.6	578.3	2037.4	2283.4	2145.2	1182.1
2010	2192.6	597.4	2373.6	2568.8	2509.8	1313.3
2011	2486.4	620.7	2727.2	2887.3	2893.8	1469.5
2012	2767.3	639.3	3038.1	3219.4	3223.7	1637.1
2013	3046.8	651.4	3305.5	3592.8	3533.2	1777.9
2014	3275.3	669.7	3526.9	3894.6	3780.5	1891.6
2015	3501.3	687.1	3784.4	4155.6	4052.7	1993.8
2016	3711.4	707.7	3935.8	4471.4	4324.3	2061.6
2017	3837.6	727.5	3975.1	4699.4	4432.4	1915.2
2018	3968.1	728.2	3983.1	4962.6	4560.9	1716.0
2019	4158.6	729.7	4110.5	5255.4	4725.1	1721.2
2020	4216.8	726.0	4172.2	5323.7	4781.8	1786.6
2021	4495.1	742.0	4376.6	5733.6	5068.7	1749.1
2022	4540.0	763.5	4354.8	5831.1	5023.1	1689.6

3-5 按产业和行业分地区生产总值及增速

Gross Domestic Product and Growth Rate by Three Strata of Industry and Sector

单位：亿元(100 million yuan)

项　目	Item	2021	2022	2022比2021年增长(%) Increase Rate in 2022 over 2021(%)
地区生产总值	**Gross Domestic Product**	**15685.05**	**16311.34**	**1.0**
按行业分	**Grouped by Sector**			
农、林、牧、渔业	Farming, Forestry, Animal Husbandry and Fishery	275.87	283.37	2.9
工　业	Industry	5056.45	5402.74	-0.9
建筑业	Construction	746.91	724.65	-3.4
批发和零售业	Wholesale and Retail Trade	1424.58	1401.75	-2.9
交通运输、仓储和邮政业	Transportation, Storage and Post Services	933.45	1061.14	9.9
住宿和餐饮业	Accommodation and Catering Services	139.05	126.21	-9.9
信息传输、软件和信息技术服务业	Information Transmitting, Software and Information Technology Services	600.31	585.44	0.3
金融业	Finance Intermediation	2135.59	2197.27	2.4
房地产业	Real Estate	1051.28	1020.78	-3.3
租赁和商务服务业	Leasing and Business Services	561.98	567.44	0.2
科学研究、技术服务业	Scientific Research, Technical Services	699.14	743.61	4.2
水利、环境和公共设施管理业	Management for Water Conservancy, Environment and Public Facilities	112.50	114.86	-0.4
居民服务、修理和其他服务业	Resident Services, Repair and Other Services	144.39	140.01	-4.5
教　育	Education	755.43	808.22	4.5
卫生和社会工作	Health Care and Social Work	365.79	404.60	9.3
文化、体育和娱乐业	Culture, Sports and Recreational Services	62.93	56.83	-11.0
公共管理、社会保障和社会组织	Public Management, Social Security and Social Organizations	619.42	672.41	9.9
按三次产业分	**Grouped by Three Strata of Industry**			
第一产业	Primary Industry	265.90	273.15	2.9
第二产业	Secondary Industry	5672.67	6038.93	-0.5
第三产业	Tertiary Industry	9746.48	9999.26	1.7

注：表中绝对量按当年价格计算，增速按不变价格计算，表3-8同。

Note: The absolute quantity in this table are calculated at current year's prices, and the growth rate are calculated at constant prices. Same as table 3-8.

3-6 三次产业贡献率(1996—2022年)

Share of the Contributions of the Three Strata of Industry to the Increase of GDP,1996-2022

单位：%(%)

年 份 Year	地区生产总值 Gross Domestic Product	按产业分 Grouped by Three Strata of Industry			按行业分 Grouped by Sector
		第一产业 Primary Industry	第二产业 Secondary Industry	第三产业 Tertiary Industry	# 工 业 Industry
1996	100	3.6	58.1	38.3	55.1
1997	100	3.8	56.4	39.8	53.0
1998	100	5.5	49.7	44.8	42.5
1999	100	0.1	62.4	37.5	62.8
2000	100	2.4	56.8	40.8	56.3
2001	100	3.0	50.8	46.2	43.5
2002	100	2.7	54.9	42.4	48.8
2003	100	2.1	62.7	35.2	58.8
2004	100	1.5	66.7	31.8	66.2
2005	100	1.3	67.1	31.6	64.7
2006	100	1.0	59.7	39.3	53.7
2007	100	0.4	57.8	41.8	54.3
2008	100	0.7	55.9	43.4	52.4
2009	100	0.7	56.4	42.9	51.9
2010	100	0.6	61.5	37.9	57.5
2011	100	0.6	52.8	46.6	47.4
2012	100	0.5	48.7	50.8	42.5
2013	100	0.3	42.1	57.6	40.0
2014	100	0.6	43.0	56.4	39.2
2015	100	0.5	50.1	49.4	43.8
2016	100	0.7	27.1	72.2	38.8
2017	100	1.2	11.3	87.5	26.3
2018	100		2.5	97.5	30.0
2019	100	0.1	25.6	74.3	26.4
2020	100	-0.5	41.8	58.7	30.7
2021	100	0.5	25.9	73.6	27.7
2022	100	4.3	-18.6	114.3	-28.7

注：产业、行业贡献率指各产业、行业增加值增量与GDP增量之比。
Note: Share of the contributions of the three strata of industry and sector refers to the proportion of the increment of value added of each industry and sector to the increment of GDP.

3-7 三次产业对地区生产总值增长的拉动(1996—2022年)

Contribution of the Three Strata of Industry to GDP Growth,1996-2022

单位：百分点 (percentage point)

年 份 Year	地区生产总值 Gross Domestic Product	按产业分 Grouped by Three Strata of Industry			按行业分 Grouped by Sector
		第一产业 Primary Industry	第二产业 Secondary Industry	第三产业 Tertiary Industry	# 工 业 Industry
1996	14.3	0.5	8.3	5.5	7.9
1997	12.1	0.5	6.8	4.8	6.4
1998	7.0	0.4	3.5	3.1	3.0
1999	7.6		4.7	2.9	4.8
2000	8.3	0.2	4.7	3.4	4.7
2001	9.6	0.3	4.9	4.4	4.2
2002	10.2	0.3	5.6	4.3	5.0
2003	12.3	0.3	7.7	4.3	7.2
2004	13.6	0.2	9.1	4.3	9.0
2005	12.2	0.2	8.2	3.8	7.9
2006	11.9	0.1	7.1	4.7	6.4
2007	12.8	0.1	7.4	5.3	7.0
2008	13.7	0.1	7.7	5.9	7.2
2009	13.8	0.1	7.8	5.9	7.2
2010	14.4	0.1	8.8	5.5	8.3
2011	13.4	0.1	7.1	6.2	6.4
2012	11.3	0.1	5.5	5.7	4.8
2013	10.1		4.3	5.8	4.0
2014	7.5		3.2	4.3	2.9
2015	6.9		3.5	3.4	3.0
2016	6.0		1.6	4.4	2.3
2017	3.4		0.4	3.0	0.9
2018	3.4		0.1	3.3	1.0
2019	4.8		1.2	3.6	1.3
2020	1.4		0.6	0.8	0.4
2021	6.6		1.7	4.9	1.8
2022	1.0		-0.2	1.2	-0.3

注：产业、行业拉动指GDP增长速度与各产业、行业贡献率之乘积。

Note: Contribution of the three strata of industry and sector to GDP growth refers to the growth rate of GDP multiplying the shares of each industry and sector.

3-8 按产业和行业分民营经济增加值及增速

Value Added of Private Economy and Growth Rate by Three Strata of Industry and Sector

单位：亿元(100 million yuan)

项　　目	Item	2021	2022	2022比2021年增长(%) Increase Rate in 2022 over 2021(%)
民营经济增加值	**Value Added of Private Economy**	**5850.57**	**6045.40**	**-0.2**
按行业分	**Grouped by Sector**			
农、林、牧、渔业	Farming, Forestry, Animal Husbandry and Fishery	266.21	273.47	2.9
工　业	Industry	1524.28	1627.65	-1.0
建筑业	Construction	399.18	367.69	-8.3
批发和零售业	Wholesale and Retail Trade	937.00	885.92	-4.6
交通运输、仓储和邮政业	Transportation, Storage and Post Services	256.13	301.96	10.2
住宿和餐饮业	Accommodation and Catering Services	98.74	90.07	-9.5
金融业	Finance Intermediation	336.43	354.97	2.3
房地产业	Real Estate	821.99	859.80	2.6
其他服务业	Other Services	1210.61	1283.87	2.1
按三次产业分	**Grouped by Three Strata of Industry**			
第一产业	Primary Industry	256.24	263.74	2.9
第二产业	Secondary Industry	1914.07	1991.15	-2.5
第三产业	Tertiary Industry	3680.26	3790.51	0.8
民营经济增加值占地区生产总值的比重(%)	**Proportion of Value Added of Private Economy to GDP(%)**	**37.3**	**37.1**	

主要统计指标解释

地区生产总值（地区 GDP）

指按市场价格计算的一个地区所有常住单位在一定时期内生产活动的最终成果。它是所有常住单位在一定时期内生产的全部货物和服务价值与同期投入的全部非固定资产货物和服务价值的差额，即所有常住单位的增加值之和。

Explanatory Notes on Main Statistical Indicators

Regional Gross Domestic Product
is the final products at market prices produced by all resident units in a region during a certain period of time. GDP refers to the total value of all products and services produced by all resident units during a certain period of time minus total value of inputs of non-fixed-assets products and services or the summation of the value added of all resident units.

第四篇 就业和劳动工资

Chapter 4 Employment and Remuneration

4-1 就业人员
Total Employment Personnel

单位：万人(10 000 persons)

年 份 Year	就业人员 Number of Employment Personnel	按城乡分 Grouped by Urban and Rural Areas		按三次产业分 Grouped by Three Strata of Industry		
		城镇 Urban Areas	乡村 Rural Areas	第一产业 Primary Industry	第二产业 Secondary Industry	第三产业 Tertiary Industry
1978	366.70	217.50	149.20			
1980	394.79	243.59	151.20			
1985	455.98	281.08	174.90	99.13	228.04	128.73
1990	470.07	290.01	180.06	93.63	232.17	144.27
1995	515.30	319.80	195.50	82.90	247.10	185.30
2000	486.89	296.61	190.28	81.29	222.15	183.45
2001	488.34	295.37	192.97	82.70	212.65	192.99
2002	492.61	295.71	196.90	82.25	205.38	204.98
2003	510.90	299.95	210.95	83.19	219.44	208.27
2004	527.78	302.47	225.31	82.83	223.89	221.06
2005	542.52	312.76	229.76	81.79	227.38	233.35
2006	562.92	402.12	160.80	81.11	234.85	246.96
2007	613.93	447.97	165.96	76.98	261.35	275.60
2008	647.32	477.69	169.63	76.30	271.90	299.12
2009	677.13	505.84	171.29	75.70	281.01	320.42
2010	667	500	167	67	277	323
2011	677	515	162	65	280	332
2012	693	536	157	61	286	346
2013	711	557	154	56	302	353
2014	718	566	152	56	280	382
2015	718	569	149	53	256	409
2016	705	560	145	51	239	415
2017	684	543	141	48	222	414
2018	672	535	137	45	214	413
2019	659	529	130	43	200	416
2020	647	538	109	36	221	390
2021	641	534	107	34	219	388
2022	621	518	103	33	214	374

注：1.从2006年起就业人员城乡划分执行新划分标准。2.2010-2019年数据根据第七次全国人口普查结果重新修订。
Note: a) Since 2006, the division of employment personnel by urban and rural areas has adopted the new standard. b)The data in this table from 2010 to 2019 were revised based on the data from the Seventh National Population Census.

4-2 城镇非私营单位从业人员
Employment Personnel in Urban Non-private Units

单位：万人(10 000 persons)

年 份 Year	合 计 Total	按三次产业分 Grouped by Three Strata of Industry			按登记注册类型分 Grouped by Registration Status		
		第一产业 Primary Industry	第二产业 Secondary Industry	第三产业 Tertiary Industry	国有单位 State-owned Units	集体单位 Collective-owned Units	其他单位 Others
1978	217.40	4.22	131.55	81.63	168.30	49.10	
1980	242.69	3.34	146.52	92.83	188.08	54.61	
1985	276.48	3.96	165.69	106.83	205.26	69.71	1.51
1990	284.31	4.10	167.68	112.53	217.26	62.55	4.50
1995	289.59	1.90	167.33	120.36	197.01	64.19	28.39
2000	201.75	1.11	105.63	95.01	125.00	25.82	50.93
2001	192.30	1.09	99.82	91.39	116.24	20.05	56.00
2002	185.50	1.09	92.68	91.73	107.79	16.47	61.24
2003	191.01	0.97	97.60	92.44	101.57	13.95	75.49
2004	193.91	0.87	96.82	96.22	102.09	12.46	79.36
2005	194.12	0.81	97.52	95.79	99.18	11.33	83.61
2006	195.00	0.73	98.37	95.90	97.34	9.61	88.05
2007	200.22	0.74	99.31	100.17	96.69	8.75	94.78
2008	200.61	0.71	94.13	105.77	87.45	7.90	105.26
2009	201.65	0.74	96.18	104.73	81.21	4.76	115.68
2010	205.65	0.71	97.74	107.20	80.79	4.30	120.56
2011	268.24	0.60	157.84	109.80	85.88	8.83	173.53
2012	289.07	0.55	162.64	125.88	89.74	7.98	191.35
2013	302.44	0.53	165.47	136.44	77.85	7.10	217.49
2014	295.51	0.50	161.37	133.64	75.14	7.62	212.75
2015	294.78	0.53	151.34	142.91	72.36	6.49	215.93
2016	286.04	0.85	136.35	148.84	68.71	5.69	211.64
2017	269.48	0.62	117.04	151.82	66.60	3.23	199.65
2018	259.99	0.50	101.17	158.32	62.13	2.63	195.22
2019	269.35	0.25	102.40	166.70	62.86	2.35	204.14
2020	255.33	0.24	94.37	160.72	60.97	2.15	192.21
2021	256.44	0.24	90.75	165.46	66.87	1.96	187.62
2022	243.34	0.23	87.35	155.76	63.66	1.84	177.84

注：1.1998年以前为职工人数。2.2011年起城镇非私营单位从业人员中含劳务派遣人员，统计在在岗职工中。下表同。

Note: a) The data before 1998 of this table refer to staff and workers. b) Data of employment personnel in urban non-private units include labour dispatch from 2011, which are calculated in on-post workers and staff. Same as the following tables.

4-3 城镇非私营单位女性从业人员
Female Employment Personnel in Urban Non-private Units

单位：万人(10 000 persons)

年份 Year	合计 Total	按三次产业分 Grouped by Three Strata of Industry			按登记注册类型分 Grouped by Registration Status		
		第一产业 Primary Industry	第二产业 Secondary Industry	第三产业 Tertiary Industry	国有单位 State-owned Units	集体单位 Collective-owned Units	其他单位 Others
1978	90.40	1.45	23.06	65.89	60.43	29.97	
1980	102.05	1.23	38.17	62.65	69.97	32.08	
1985	115.64	1.18	43.26	71.20	76.26	38.72	0.66
1990	120.90	1.25	71.76	47.89	84.44	34.39	2.07
1995	123.60	0.68	72.03	50.89	79.27	30.81	13.52
2000	77.28	0.33	38.85	38.10	47.26	10.76	19.26
2001	77.40	0.36	40.09	36.95	43.26	8.11	26.03
2002	73.59	0.33	36.00	37.26	39.60	6.52	27.47
2003	76.27	0.28	38.49	37.50	37.73	5.33	33.21
2004	73.66	0.26	35.30	38.10	37.56	4.39	31.71
2005	68.66	0.23	33.01	35.42	33.94	4.09	30.63
2006	70.28	0.22	33.95	36.11	33.13	3.41	33.74
2007	71.27	0.21	33.21	37.85	33.30	3.04	34.93
2008	77.02	0.22	32.07	44.73	33.69	2.87	40.46
2009	67.84	0.22	30.62	37.00	27.43	1.87	38.54
2010	75.10	0.21	32.80	42.09	30.03	1.67	43.40
2011	90.91	0.19	49.27	41.45	29.39	2.48	59.04
2012	94.44	0.15	48.91	45.38	30.20	2.15	62.09
2013	105.69	0.16	50.27	55.26	29.88	1.70	74.11
2014	104.09	0.15	50.63	53.31	28.28	1.97	73.84
2015	102.83	0.17	46.17	56.49	28.68	1.65	72.50
2016	102.55	0.28	41.30	60.97	28.31	1.48	72.76
2017	101.55	0.21	35.77	65.57	28.62	1.22	71.71
2018	101.26	0.23	28.16	72.87	28.64	0.86	71.76
2019	106.08	0.08	28.50	77.50	29.93	0.87	75.28
2020	102.81	0.08	26.84	75.89	29.78	0.77	72.25
2021	104.45	0.07	26.09	78.28	32.42	0.77	71.26
2022	98.79	0.07	25.11	73.61	31.41	0.74	66.64

4-4 按行业分城镇非私营单位从业人员(2022年)
Employment Personnel in Urban Non-private Units by Sector,2022

单位：万人(10 000 persons)

项 目 Item	城镇非私营单位从业人员 Employment Personnel in Urban Non-private Units	在岗职工人数 On-post Staff and Workers	其他从业人员 Other Employment Personnel
总 计 Total	**243.34**	**228.82**	**14.53**
按三次产业分 Grouped by Three Strata of Industry			
第一产业 Primary Industry	0.23	0.20	0.02
第二产业 Secondary Industry	87.35	84.94	2.41
第三产业 Tertiary Industry	155.76	143.67	12.09
按国民经济行业分 Grouped by Sector			
农、林、牧、渔业 Farming, Forestry, Animal Husbandry and Fishery	0.26	0.24	0.02
采矿业 Minerals Mining	5.33	5.26	0.06
制造业 Manufacturing	63.16	62.29	0.87
电力、热力、燃气及水生产和供应业 Production and Supply of Electricity, Heat, Gas and Water	4.18	4.12	0.05
建筑业 Construction	18.33	16.87	1.46
批发和零售业 Wholesale and Retail Trade	15.58	15.23	0.35
交通运输、仓储和邮政业 Transportation, Storage and Post Services	14.97	14.86	0.11
住宿和餐饮业 Accommodation and Catering Services	4.54	3.03	1.51
信息传输、软件和信息技术服务业 Information Transmitting, Software and Information Technology Services	7.01	6.99	0.02
金融业 Finance Intermediation	13.79	9.06	4.73
房地产业 Real Estate	9.54	8.97	0.57
租赁和商务服务业 Leasing and Business Services	12.66	10.76	1.90
科学研究和技术服务业 Scientific Research and Technical Services	11.13	10.62	0.52
水利、环境和公共设施管理业 Management for Water Conservancy, Environment and Public Facilities	2.69	2.50	0.19
居民服务、修理和其他服务业 Resident Services, Repair and Other Services	5.55	5.52	0.02
教 育 Education	21.02	20.26	0.76
卫生和社会工作 Health Care and Social Work	12.36	11.67	0.69
文化、体育和娱乐业 Culture, Sports and Recreational Services	1.39	1.32	0.07
公共管理、社会保障和社会组织 Public Management, Social Security and Social Organizations	19.87	19.25	0.62

4-5 按登记注册类型和行业分城镇非私营单位从业人员
Employment Personnel in Urban Non-private Units by Registration Status and Sector

单位：万人(10 000 persons)

项 目	Item	2021	2022	2022比2021年增长(%) Increase Rate in 2022 over 2021(%)
总 计	**Total**	**256.44**	**243.34**	**-5.1**
按登记注册类型分	**Grouped by Registration Status**			
国有单位	State-owned Units	66.87	63.66	-4.8
集体单位	Collective-owned Units	1.96	1.84	-5.9
其他单位	Others	187.62	177.84	-5.2
# 外商及港澳台商投资单位	Units with Funds from Foreign Countries, Hong Kong, Macao & Taiwan	61.82	56.94	-7.9
股份有限公司	Share Holding Corporations Ltd.	24.69	23.07	-6.6
按国民经济行业分	**Grouped by Sector**			
农、林、牧、渔业	Farming, Forestry, Animal Husbandry and Fishery	0.28	0.26	-6.7
采矿业	Minerals Mining	5.44	5.33	-2.1
制造业	Manufacturing	63.75	63.16	-0.9
电力、热力、燃气及水生产和供应业	Production and Supply of Electricity, Heat, Gas and Water	4.21	4.18	-0.9
建筑业	Construction	21.04	18.33	-12.9
批发和零售业	Wholesale and Retail Trade	17.87	15.58	-12.8
交通运输、仓储和邮政业	Transportation, Storage and Post Services	14.94	14.97	0.2
住宿和餐饮业	Accommodation and Catering Services	5.69	4.54	-20.2
信息传输、软件和信息技术服务业	Information Transmitting, Software and Information Technology Services	8.27	7.01	-15.2
金融业	Finance Intermediation	15.80	13.79	-12.7
房地产业	Real Estate	9.76	9.54	-2.2
租赁和商务服务业	Leasing and Business Services	13.44	12.66	-5.8
科学研究和技术服务业	Scientific Research and Technical Services	11.60	11.13	-4.0
水利、环境和公共设施管理业	Management for Water Conservancy, Environment and Public Facilities	3.06	2.69	-12.2
居民服务、修理和其他服务业	Resident Services, Repair and Other Services	5.75	5.55	-3.5
教 育	Education	21.40	21.02	-1.8
卫生和社会工作	Health Care and Social Work	12.38	12.36	-0.2
文化、体育和娱乐业	Culture, Sports and Recreational Services	1.74	1.39	-20.0
公共管理、社会保障和社会组织	Public Management, Social Security and Social Organizations	20.03	19.87	-0.8
按执行会计标准类别分	**Grouped by Accounting Standards**			
# 企 业	Enterprises	201.27	189.79	-5.7
政 府	Government	52.21	50.55	-3.2

4-6 按登记注册类型和行业分城镇非私营单位在岗职工
On-post Staff and Workers in Urban Non-private Units by Registration Status and Sector

单位：万人(10 000 persons)

项　　目	Item	2021	2022	2022比2021年增长(%) Increase Rate in 2022 over 2021(%)
总　　计	**Total**	**239.00**	**228.82**	**-4.3**
按登记注册类型分	**Grouped by Registration Status**			
国有单位	State-owned Units	63.02	60.24	-4.4
集体单位	Collective-owned Units	1.85	1.73	-6.6
其他单位	Others	174.13	166.85	-4.2
# 外商及港澳台商投资单位	Units with Funds from Foreign Countries, Hong Kong, Macao & Taiwan	58.29	54.54	-6.4
股份有限公司	Share Holding Corporations Ltd.	20.01	19.51	-2.5
按国民经济行业分	**Grouped by Sector**			
农、林、牧、渔业	Farming, Forestry, Animal Husbandry and Fishery	0.25	0.24	-5.2
采矿业	Minerals Mining	5.38	5.26	-2.2
制造业	Manufacturing	62.75	62.29	-0.7
电力、热力、燃气及水生产和供应业	Production and Supply of Electricity, Heat, Gas and Water	4.17	4.12	-1.1
建筑业	Construction	19.47	16.87	-13.4
批发和零售业	Wholesale and Retail Trade	17.46	15.23	-12.8
交通运输、仓储和邮政业	Transportation, Storage and Post Services	14.80	14.86	0.4
住宿和餐饮业	Accommodation and Catering Services	3.46	3.03	-12.3
信息传输、软件和信息技术服务业	Information Transmitting, Software and Information Technology Services	8.22	6.99	-15.0
金融业	Finance Intermediation	9.73	9.06	-6.9
房地产业	Real Estate	9.05	8.97	-0.9
租赁和商务服务业	Leasing and Business Services	11.60	10.76	-7.3
科学研究和技术服务业	Scientific Research and Technical Services	10.94	10.62	-2.9
水利、环境和公共设施管理业	Management for Water Conservancy, Environment and Public Facilities	2.90	2.50	-13.9
居民服务、修理和其他服务业	Resident Services, Repair and Other Services	5.72	5.52	-3.5
教　育	Education	20.60	20.26	-1.6
卫生和社会工作	Health Care and Social Work	11.70	11.67	-0.2
文化、体育和娱乐业	Culture, Sports and Recreational Services	1.62	1.32	-18.2
公共管理、社会保障和社会组织	Public Management, Social Security and Social Organizations	19.18	19.25	0.4

4-7 按登记注册类型和行业分城镇非私营单位其他从业人员

Other Employment Personnel in Urban Non-private Units by Registration Status and Sector

单位：万人(10 000 persons)

项　目	Item	2021	2022	2022比2021年增长(%) Increase Rate in 2022 over 2021(%)
总　计	**Total**	**17.45**	**14.53**	**-16.8**
按登记注册类型分	**Grouped by Registration Status**			
国有单位	State-owned Units	3.85	3.42	-11.2
集体单位	Collective-owned Units	0.11	0.12	6.0
其他单位	Others	13.49	10.99	-18.5
# 外商及港澳台商投资单位	Units with Funds from Foreign Countries, Hong Kong, Macao & Taiwan	3.54	2.40	-32.1
股份有限公司	Share Holding Corporations Ltd.	4.68	3.56	-23.9
按国民经济行业分	**Grouped by Sector**			
农、林、牧、渔业	Farming, Forestry, Animal Husbandry and Fishery	0.03	0.02	-20.4
采矿业	Minerals Mining	0.07	0.06	-8.7
制造业	Manufacturing	1.00	0.87	-13.4
电力、热力、燃气及水生产和供应业	Production and Supply of Electricity, Heat, Gas and Water	0.05	0.05	0.4
建筑业	Construction	1.57	1.46	-6.7
批发和零售业	Wholesale and Retail Trade	0.42	0.35	-16.6
交通运输、仓储和邮政业	Transportation, Storage and Post Services	0.14	0.11	-20.0
住宿和餐饮业	Accommodation and Catering Services	2.23	1.51	-32.5
信息传输、软件和信息技术服务业	Information Transmitting, Software and Information Technology Services	0.05	0.02	-52.2
金融业	Finance Intermediation	6.07	4.73	-22.1
房地产业	Real Estate	0.70	0.57	-18.0
租赁和商务服务业	Leasing and Business Services	1.84	1.90	3.3
科学研究和技术服务业	Scientific Research and Technical Services	0.66	0.52	-21.8
水利、环境和公共设施管理业	Management for Water Conservancy, Environment and Public Facilities	0.16	0.19	21.7
居民服务、修理和其他服务业	Resident Services, Repair and Other Services	0.03	0.02	-19.3
教　育	Education	0.80	0.76	-5.5
卫生和社会工作	Health Care and Social Work	0.68	0.69	1.1
文化、体育和娱乐业	Culture, Sports and Recreational Services	0.12	0.07	-44.8
公共管理、社会保障和社会组织	Public Management, Social Security and Social Organizations	0.85	0.62	-27.6

4-8 城镇新增就业和登记失业人员情况(2019—2022年)
Basic Statistics on Newly Increased Employment and Registered Unemployed Personnel in Urban Area,2019-2022

单位：万人(10 000 persons)

指　　标 Item	2019	2020	2021	2022
新增就业人数				
Persons Newly Employed	**50.17**	**37.09**	**37.62**	**36.05**
新登记失业人数				
Newly Registered Unemployed Personnel	**7.36**	**8.30**	**11.94**	**7.81**
# 女　性				
Female	3.21	3.65	5.10	4.08
# 由就业转失业人数				
Unemployment Turned from Employment	5.22	4.97	5.10	4.50
本期失业人员就业人数				
Newly Employed Personnel Turning from Unemployment	**7.07**	**7.83**	**11.49**	**6.26**
# 女　性				
Female	2.88	3.29	5.04	3.36
期末实有登记失业人数				
Registered Unemployed Personnel at Year-end	**26.09**	**27.01**	**27.45**	**25.44**
# 女　性				
Female	12.51	12.33	12.39	11.03

资料来源：天津市人力资源和社会保障局。
Source: Tianjin Municipal Human Resources and Social Security Bureau.
注：2020年起，城镇新增就业人数为报告期内本地区城镇累计新就业人员数与自然减员人数之差。
Note: Since 2020, the number of newly employed population is the difference between the cumulative number of newly employed persons and the number of natural attrition in urban areas during the reporting period.

4-9 城镇非私营单位从业人员工资总额(1981—2022年)
Total Remuneration of Employment Personnel in Urban Non-private Units,1981-2022

单位：亿元(100 million yuan)

年 份 Year	合 计 Total	按三次产业分 Grouped by Three Strata of Industry			按登记注册类型分 Grouped by Registration Status		
		第一产业 Primary Industry	第二产业 Secondary Industry	第三产业 Tertiary Industry	国有单位 State-owned Units	集体单位 Collective-owned Units	其他单位 Others
1981	19.93	0.27	11.96	7.69	16.04	3.89	
1982	21.03	0.27	12.47	8.29	16.97	4.05	
1983	22.90	0.31	13.60	8.98	18.20	4.70	
1984	28.99	0.46	17.70	10.84	22.48	6.44	0.07
1985	34.14	0.46	18.99	14.69	24.69	6.94	0.18
1986	41.50	0.54	23.12	17.84	30.08	7.87	0.26
1987	46.09	0.57	25.52	19.99	34.03	8.42	0.41
1988	55.16	0.68	30.60	23.88	41.66	9.62	0.63
1989	64.02	0.75	35.70	27.58	48.37	11.31	0.86
1990	69.38	0.79	38.47	30.11	55.50	12.63	1.25
1991	79.73	0.90	44.87	33.95	62.34	15.42	1.97
1992	91.56	1.03	54.03	36.51	71.97	16.51	3.08
1993	116.78	0.72	69.12	46.94	90.32	19.21	7.24
1994	154.04	0.80	86.93	66.32	116.07	21.69	16.28
1995	184.80	0.86	105.50	78.44	135.22	26.00	23.59
1996	212.05	0.96	116.32	94.77	154.34	27.14	30.57
1997	223.25	1.04	118.71	103.50	160.47	26.46	36.32
1998	225.39	1.07	118.56	105.75	151.80	23.94	49.64
1999	234.42	0.97	121.53	111.92	151.93	21.25	61.23
2000	253.53	1.07	131.15	121.32	161.86	19.86	71.82
2001	277.56	1.16	137.48	138.92	176.26	16.86	84.44
2002	304.23	1.38	145.74	157.11	182.27	15.47	106.49
2003	350.60	1.32	172.76	176.53	194.80	15.49	140.32
2004	407.99	1.38	199.12	207.49	222.60	16.21	169.18
2005	458.26	1.32	219.72	237.23	247.30	16.69	194.27
2006	530.29	1.35	256.63	272.31	283.31	17.99	229.16
2007	653.05	1.66	310.10	341.29	337.13	19.71	296.21
2008	795.85	2.04	355.56	438.25	375.36	20.86	399.63
2009	886.51	2.36	393.49	490.66	389.47	14.81	482.23
2010	1051.19	2.90	456.50	591.79	456.02	17.98	577.19
2011	1462.12	2.85	796.63	662.64	530.32	32.24	899.56
2012	1778.12	2.92	936.98	838.22	606.47	34.18	1137.47
2013	2053.76	2.96	1056.37	994.43	593.71	31.64	1428.41
2014	2154.03	3.20	1081.30	1069.53	631.30	35.33	1487.40
2015	2373.07	3.70	1126.97	1242.40	675.26	32.79	1665.02
2016	2484.25	5.86	1037.39	1441.00	741.21	27.70	1715.34
2017	2556.73	4.73	948.39	1603.61	812.72	18.28	1725.73
2018	2645.60	3.66	903.70	1738.24	812.73	14.67	1818.20
2019	2925.91	1.62	1007.52	1916.77	850.65	11.61	2063.65
2020	2928.79	1.85	977.64	1949.31	866.39	12.07	2050.33
2021	3178.52	1.75	1033.95	2142.82	985.98	13.75	2178.79
2022	3212.44	1.80	1073.58	2137.05	955.45	13.71	2243.27

注：1.1998-2010年为劳动报酬总额。2.2008年以前国有单位从业人员工资总额包括登记注册类型为国有独资公司的单位。下表同。

Note: a) Data from 1998 to 2010 of this table refer to total wages of staff and workers. b) Total remuneration of employment personnel in state-owned units before 2008 includes figures of sole state-owned corporations. Same as following tables.

4-10 城镇非私营单位从业人员平均工资

Average Remuneration of Employment Personnel in Urban Non-private Units

单位：元(yuan)

年 份 Year	合 计 Total	按三次产业分 Grouped by Three Strata of Industry			按登记注册类型分 Grouped by Registration Status		
		第一产业 Primary Industry	第二产业 Secondary Industry	第三产业 Tertiary Industry	国有单位 State-owned Units	集体单位 Collective-owned Units	其他单位 Others
1978	640				690	478	
1980	820				865	667	
1985	1250				1223	995	1272
1990	2438	1932	2270	2715	2611	1866	2946
1995	6501	4844	6237	6357	6963	4138	8640
2000	12414	9414	12259	12622	12690	7485	14317
2001	14242	10333	13503	15107	14823	8159	15263
2002	16223	12492	15432	17081	16632	9152	17449
2003	18511	13257	17772	19357	18929	10865	19424
2004	21146	15450	20398	21972	22031	12545	21421
2005	24122	15954	23370	24936	24832	14693	24583
2006	27628	17975	26711	28631	29135	17752	27081
2007	33312	23040	32051	34624	34894	21539	32814
2008	39990	28373	37685	42163	42962	25113	38673
2009	43937	31834	40588	47143	47895	29018	41806
2010	51489	40221	46615	56090	56635	37686	48557
2011	54867	46948	50477	61322	61701	35213	52489
2012	61514	52939	57146	67303	68231	40494	59326
2013	67773	55191	63171	73512	75881	41094	65797
2014	72773	62672	66253	80854	84254	44964	69763
2015	80090	68883	73154	87673	93641	47413	76632
2016	86305	68864	74653	97344	107720	48344	80417
2017	94534	74975	80237	105761	122417	50215	86103
2018	100731	75484	87487	109420	131291	52246	91862
2019	108002	63711	97637	114457	136864	49819	99969
2020	114682	73614	103774	121132	143337	55675	106361
2021	123528	72824	113533	129086	149054	69911	115161
2022	129522	75765	120621	134592	150012	74011	122934

注：1998-2010年为人均劳动报酬。
Note: Data from 1998 to 2010 refer to average wages.

4-11 按登记注册类型和行业分城镇非私营单位从业人员工资总额

Total Remuneration of Employment Personnel in Urban Non-private Units by Registration Status and Sector

单位：亿元(100 million yuan)

项目	Item	2021	2022	2022比2021年增长(%) Increase Rate in 2022 over 2021(%)
总计	**Total**	**3178.52**	**3212.44**	**1.1**
按登记注册类型分	**Grouped by Registration Status**			
国有单位	State-owned Units	985.98	955.45	-3.1
集体单位	Collective-owned Units	13.75	13.71	-0.3
其他单位	Others	2178.79	2243.27	3.0
# 外商及港澳台商投资单位	Units with Funds from Foreign Countries, Hong Kong, Macao & Taiwan	730.09	724.31	-0.8
股份有限公司	Share Holding Corporations Ltd.	364.02	378.88	4.1
按国民经济行业分	**Grouped by Sector**			
农、林、牧、渔业	Farming, Forestry, Animal Husbandry and Fishery	2.12	2.09	-1.6
采矿业	Minerals Mining	87.66	99.74	13.8
制造业	Manufacturing	704.71	730.64	3.7
电力、热力、燃气及水生产和供应业	Production and Supply of Electricity, Heat, Gas and Water	73.21	76.75	4.8
建筑业	Construction	219.75	222.13	1.1
批发和零售业	Wholesale and Retail Trade	192.81	188.10	-2.4
交通运输、仓储和邮政业	Transportation, Storage and Post Services	167.95	181.55	8.1
住宿和餐饮业	Accommodation and Catering Services	22.92	19.86	-13.3
信息传输、软件和信息技术服务业	Information Transmitting, Software and Information Technology Services	122.57	126.42	3.1
金融业	Finance Intermediation	262.73	251.88	-4.1
房地产业	Real Estate	96.01	93.81	-2.3
租赁和商务服务业	Leasing and Business Services	129.06	120.14	-6.9
科学研究和技术服务业	Scientific Research and Technical Services	207.39	223.46	7.8
水利、环境和公共设施管理业	Management for Water Conservancy, Environment and Public Facilities	32.24	29.74	-7.7
居民服务、修理和其他服务业	Resident Services, Repair and Other Services	30.15	31.09	3.1
教育	Education	318.61	307.68	-3.4
卫生和社会工作	Health Care and Social Work	197.72	205.73	4.1
文化、体育和娱乐业	Culture, Sports and Recreational Services	24.60	19.85	-19.3
公共管理、社会保障和社会组织	Public Management, Social Security and Social Organizations	286.31	281.76	-1.6
按执行会计标准类别分	**Grouped by Accounting Standards**			
# 企业	Enterprises	2353.06	2405.73	2.2
政府	Government	805.48	783.74	-2.7

4-12 按登记注册类型和行业分城镇非私营单位从业人员平均工资
Average Remuneration of Employment Personnel in Urban Non-private Units by Registration Status and Sector

单位：元(yuan)

项　目	Item	2021	2022	2022比2021年增长(%) Increase Rate in 2022 over 2021(%)
总　计	**Total**	**123528**	**129522**	**4.9**
按登记注册类型分	**Grouped by Registration Status**			
国有单位	State-owned Units	149054	150012	0.6
集体单位	Collective-owned Units	69911	74011	5.9
其他单位	Others	115161	122934	6.7
# 外商及港澳台商投资单位	Units with Funds from Foreign Countries, Hong Kong, Macao & Taiwan	117386	123113	4.9
股份有限公司	Share Holding Corporations Ltd.	143314	161305	12.6
按国民经济行业分	**Grouped by Sector**			
农、林、牧、渔业	Farming, Forestry, Animal Husbandry and Fishery	75125	77218	2.8
采矿业	Minerals Mining	158580	182649	15.2
制造业	Manufacturing	109826	113398	3.3
电力、热力、燃气及水生产和供应业	Production and Supply of Electricity, Heat, Gas and Water	175282	184397	5.2
建筑业	Construction	104859	119076	13.6
批发和零售业	Wholesale and Retail Trade	105605	116568	10.4
交通运输、仓储和邮政业	Transportation, Storage and Post Services	114432	119740	4.6
住宿和餐饮业	Accommodation and Catering Services	41251	39796	-3.5
信息传输、软件和信息技术服务业	Information Transmitting, Software and Information Technology Services	157725	162820	3.2
金融业	Finance Intermediation	155286	178955	15.2
房地产业	Real Estate	98668	95835	-2.9
租赁和商务服务业	Leasing and Business Services	94613	93413	-1.3
科学研究和技术服务业	Scientific Research and Technical Services	179557	199095	10.9
水利、环境和公共设施管理业	Management for Water Conservancy, Environment and Public Facilities	102104	104479	2.3
居民服务、修理和其他服务业	Resident Services, Repair and Other Services	52489	54738	4.3
教　育	Education	149064	147031	-1.4
卫生和社会工作	Health Care and Social Work	162036	166757	2.9
文化、体育和娱乐业	Culture, Sports and Recreational Services	134871	138773	2.9
公共管理、社会保障和社会组织	Public Management, Social Security and Social Organizations	144628	142159	-1.7
按执行会计标准类别分	**Grouped by Accounting Standards**			
# 企　业	Enterprises	116132	123662	6.5
政　府	Government	155425	155134	-0.2

4-13 按登记注册类型和行业分城镇非私营单位在岗职工工资总额
Total Remuneration of On-post Staff and Workers in Urban Non-private Units by Registration Status and Sector

单位：亿元 (100 million yuan)

项　目	Item	2021	2022	2022比2021年增长(%) Increase Rate in 2022 over 2021(%)
总　计	**Total**	**3059.51**	**3110.61**	**1.7**
按登记注册类型分	**Grouped by Registration Status**			
国有单位	State-owned Units	965.27	936.28	-3.0
集体单位	Collective-owned Units	13.15	13.13	-0.1
其他单位	Others	2081.09	2161.20	3.8
# 外商及港澳台商投资单位	Units with Funds from Foreign Countries, Hong Kong, Macao & Taiwan	704.80	701.93	-0.4
股份有限公司	Share Holding Corporations Ltd.	324.74	348.01	7.2
按国民经济行业分	**Grouped by Sector**			
农、林、牧、渔业	Farming, Forestry, Animal Husbandry and Fishery	2.04	2.01	-1.6
采矿业	Minerals Mining	87.37	99.13	13.5
制造业	Manufacturing	687.24	713.91	3.9
电力、热力、燃气及水生产和供应业	Production and Supply of Electricity, Heat, Gas and Water	72.94	76.46	4.8
建筑业	Construction	207.91	213.27	2.6
批发和零售业	Wholesale and Retail Trade	188.27	183.90	-2.3
交通运输、仓储和邮政业	Transportation, Storage and Post Services	167.06	180.60	8.1
住宿和餐饮业	Accommodation and Catering Services	20.70	18.20	-12.1
信息传输、软件和信息技术服务业	Information Transmitting, Software and Information Technology Services	121.32	126.01	3.9
金融业	Finance Intermediation	217.73	216.35	-0.6
房地产业	Real Estate	93.08	91.51	-1.7
租赁和商务服务业	Leasing and Business Services	119.57	110.26	-7.8
科学研究和技术服务业	Scientific Research and Technical Services	202.34	219.17	8.3
水利、环境和公共设施管理业	Management for Water Conservancy, Environment and Public Facilities	31.29	28.81	-7.9
居民服务、修理和其他服务业	Resident Services, Repair and Other Services	29.98	30.97	3.3
教　育	Education	314.23	303.90	-3.3
卫生和社会工作	Health Care and Social Work	192.54	200.05	3.9
文化、体育和娱乐业	Culture, Sports and Recreational Services	23.28	18.78	-19.3
公共管理、社会保障和社会组织	Public Management, Social Security and Social Organizations	280.61	277.32	-1.2

4-14 按登记注册类型和行业分城镇非私营单位在岗职工平均工资
Average Remuneration of On-post Staff and Workers in Urban Non-private Units by Registration Status and Sector

单位：元(yuan)

项　目	Item	2021	2022	2022比2021年增长(%) Increase Rate in 2022 over 2021(%)
总　计	**Total**	**128171**	**133691**	**4.3**
按登记注册类型分	**Grouped by Registration Status**			
国有单位	State-owned Units	155065	155365	0.2
集体单位	Collective-owned Units	70912	75379	6.3
其他单位	Others	119191	126633	6.2
# 外商及港澳台商投资单位	Units with Funds from Foreign Countries, Hong Kong, Macao & Taiwan	119731	125502	4.8
股份有限公司	Share Holding Corporations Ltd.	161942	177146	9.4
按国民经济行业分	**Grouped by Sector**			
农、林、牧、渔业	Farming, Forestry, Animal Husbandry and Fishery	79961	82096	2.7
采矿业	Minerals Mining	160052	185347	15.8
制造业	Manufacturing	108714	112378	3.4
电力、热力、燃气及水生产和供应业	Production and Supply of Electricity, Heat, Gas and Water	176758	185931	5.2
建筑业	Construction	108488	124732	15.0
批发和零售业	Wholesale and Retail Trade	105619	116766	10.6
交通运输、仓储和邮政业	Transportation, Storage and Post Services	114769	120066	4.6
住宿和餐饮业	Accommodation and Catering Services	58939	57443	-2.5
信息传输、软件和信息技术服务业	Information Transmitting, Software and Information Technology Services	157515	162787	3.3
金融业	Finance Intermediation	219311	239783	9.3
房地产业	Real Estate	103299	99505	-3.7
租赁和商务服务业	Leasing and Business Services	102186	100585	-1.6
科学研究和技术服务业	Scientific Research and Technical Services	186208	204323	9.7
水利、环境和公共设施管理业	Management for Water Conservancy, Environment and Public Facilities	106019	109059	2.9
居民服务、修理和其他服务业	Resident Services, Repair and Other Services	52504	54744	4.3
教　育	Education	152730	150389	-1.5
卫生和社会工作	Health Care and Social Work	166928	171523	2.8
文化、体育和娱乐业	Culture, Sports and Recreational Services	137970	137734	-0.2
公共管理、社会保障和社会组织	Public Management, Social Security and Social Organizations	148282	144438	-2.6

4-15 按登记注册类型和行业分城镇非私营单位其他从业人员工资总额

Total Remuneration of Other Employment Personnel in Urban Non-private Units by Registration Status and Sector

单位：亿元(100 million yuan)

项　目	Item	2021	2022	2022比2021年增长(%) Increase Rate in 2022 over 2021(%)
总　计	**Total**	**119.01**	**101.82**	**-14.4**
按登记注册类型分	**Grouped by Registration Status**			
国有单位	State-owned Units	20.70	19.18	-7.4
集体单位	Collective-owned Units	0.60	0.58	-3.5
其他单位	Others	97.70	82.07	-16.0
# 外商及港澳台商投资单位	Units with Funds from Foreign Countries, Hong Kong, Macao & Taiwan	25.29	22.38	-11.5
股份有限公司	Share Holding Corporations Ltd.	39.28	30.87	-21.4
按国民经济行业分	**Grouped by Sector**			
农、林、牧、渔业	Farming, Forestry, Animal Husbandry and Fishery	0.08	0.08	-1.8
采矿业	Minerals Mining	0.28	0.61	117.2
制造业	Manufacturing	17.47	16.73	-4.3
电力、热力、燃气及水生产和供应业	Production and Supply of Electricity, Heat, Gas and Water	0.27	0.29	8.0
建筑业	Construction	11.84	8.86	-25.2
批发和零售业	Wholesale and Retail Trade	4.54	4.20	-7.6
交通运输、仓储和邮政业	Transportation, Storage and Post Services	0.89	0.95	6.6
住宿和餐饮业	Accommodation and Catering Services	2.22	1.66	-25.3
信息传输、软件和信息技术服务业	Information Transmitting, Software and Information Technology Services	1.25	0.41	-67.2
金融业	Finance Intermediation	45.00	35.53	-21.0
房地产业	Real Estate	2.93	2.31	-21.3
租赁和商务服务业	Leasing and Business Services	9.49	9.88	4.1
科学研究和技术服务业	Scientific Research and Technical Services	5.05	4.29	-15.0
水利、环境和公共设施管理业	Management for Water Conservancy, Environment and Public Facilities	0.95	0.93	-1.8
居民服务、修理和其他服务业	Resident Services, Repair and Other Services	0.17	0.12	-26.6
教　育	Education	4.38	3.78	-13.6
卫生和社会工作	Health Care and Social Work	5.18	5.68	9.7
文化、体育和娱乐业	Culture, Sports and Recreational Services	1.32	1.08	-18.3
公共管理、社会保障和社会组织	Public Management, Social Security and Social Organizations	5.70	4.44	-22.1

4-16 按登记注册类型和行业分城镇非私营单位其他从业人员平均工资
Average Remuneration of Other Employment Personnel in Urban Non-private Units by Registration Status and Sector

单位：元(yuan)

项　目	Item	2021	2022	2022比2021年增长(%) Increase Rate in 2022 over 2021(%)
总　计	**Total**	**63961**	**66334**	**3.7**
按登记注册类型分	**Grouped by Registration Status**			
国有单位	State-owned Units	53092	55923	5.3
集体单位	Collective-owned Units	53414	52435	-1.8
其他单位	Others	66947	69486	3.8
# 外商及港澳台商投资单位	Units with Funds from Foreign Countries, Hong Kong, Macao & Taiwan	75934	77091	1.5
股份有限公司	Share Holding Corporations Ltd.	73457	80328	9.4
按国民经济行业分	**Grouped by Sector**			
农、林、牧、渔业	Farming, Forestry, Animal Husbandry and Fishery	30173	30649	1.6
采矿业	Minerals Mining	41411	54159	30.8
制造业	Manufacturing	183746	185159	0.8
电力、热力、燃气及水生产和供应业	Production and Supply of Electricity, Heat, Gas and Water	53609	58308	8.8
建筑业	Construction	66054	56928	-13.8
批发和零售业	Wholesale and Retail Trade	105045	108532	3.3
交通运输、仓储和邮政业	Transportation, Storage and Post Services	73633	78915	7.2
住宿和餐饮业	Accommodation and Catering Services	10869	9103	-16.2
信息传输、软件和信息技术服务业	Information Transmitting, Software and Information Technology Services	181297	173732	-4.2
金融业	Finance Intermediation	64366	70326	9.3
房地产业	Real Estate	40683	38894	-4.4
租赁和商务服务业	Leasing and Business Services	48935	52013	6.3
科学研究和技术服务业	Scientific Research and Technical Services	73849	86326	16.9
水利、环境和公共设施管理业	Management for Water Conservancy, Environment and Public Facilities	46158	45494	-1.4
居民服务、修理和其他服务业	Resident Services, Repair and Other Services	49948	53344	6.8
教　育	Education	54722	52626	-3.8
卫生和社会工作	Health Care and Social Work	77551	84300	8.7
文化、体育和娱乐业	Culture, Sports and Recreational Services	96536	159754	65.5
公共管理、社会保障和社会组织	Public Management, Social Security and Social Organizations	65356	71592	9.5

4-17 按行业分城镇私营单位从业人员平均工资

Average Remuneration of Employment Personnel in Urban Private Units by Sector

单位：元(yuan)

项　　目	Item	2021	2022	2022比2021年增长(%) Increase Rate in 2022 over 2021(%)
总　　计	**Total**	**65272**	**67258**	**3.0**
按国民经济行业分	**Grouped by Sector**			
农、林、牧、渔业	Farming, Forestry, Animal Husbandry and Fishery	63675	67186	5.5
采矿业	Minerals Mining	98317	97623	-0.7
制造业	Manufacturing	65756	69453	5.6
电力、热力、燃气及水生产和供应业	Production and Supply of Electricity, Heat, Gas and Water	70095	71738	2.3
建筑业	Construction	58338	58558	0.4
批发和零售业	Wholesale and Retail Trade	69514	73059	5.1
交通运输、仓储和邮政业	Transportation, Storage and Post Services	65998	72277	9.5
住宿和餐饮业	Accommodation and Catering Services	49923	49651	-0.5
信息传输、软件和信息技术服务业	Information Transmitting, Software and Information Technology Services	98062	108180	10.3
金融业	Finance Intermediation	106216	125753	18.4
房地产业	Real Estate	62127	57806	-7.0
租赁和商务服务业	Leasing and Business Services	65682	66371	1.0
科学研究和技术服务业	Scientific Research and Technical Services	79537	83705	5.2
水利、环境和公共设施管理业	Management for Water Conservancy, Environment and Public Facilities	36313	36828	1.4
居民服务、修理和其他服务业	Resident Services, Repair and Other Services	48136	45776	-4.9
教　育	Education	79738	60496	-24.1
卫生和社会工作	Health Care and Social Work	64156	63900	-0.4
文化、体育和娱乐业	Culture, Sports and Recreational Services	66054	63950	-3.2

主要统计指标解释

从业人员期末人数

指报告期最后一日在本单位工作，并取得工资或其他形式劳动报酬的人员数。

该指标为时点指标，不包括最后一日当天及以前已经与单位解除劳动合同关系的人员，是在岗职工、劳务派遣人员及其他从业人员之和。其中不包括离开本单位仍保留劳动关系，并定期领取生活费的人员和在单位实习的各类在校学生。

在岗职工

指在本单位工作且与本单位签订劳动合同，并由单位支付各项工资和社会保险、住房公积金的人员，以及上述人员中由于学习、病伤、产假等原因暂未工作仍由单位支付工资的人员。在岗职工还包括：

（1）应订立劳动合同而未订立劳动合同人员；

（2）处于试用期人员；

（3）编制外招用的人员，如临时人员；

（4）派往外单位工作，但工资或其他形式劳动报酬仍由本单位发放的人员（如挂职锻炼、外派工作等情况）。

劳务派遣人员

根据《中华人民共和国劳动合同法》规定，指与劳务派遣单位签订劳动合同，并被劳务派遣单位派遣到实际用工单位工作，且劳务派遣单位与实际用工单位签订《劳务派遣协议》的人员。

注意：

（1）劳务派遣人员由实际用工单位统计为劳务派遣人员，劳务派遣单位（派出单位）不进行统计。

（2）劳务外包人员由承包劳务的法人单位统计为在岗职工，实际用工单位不进行统计。如承包劳务的是个体经营户或自然人，均不包括在统计范围内。

其他从业人员

指在本单位工作，不能归入在岗职工、劳务派遣人员中的人员。此类人员是实际参加本单位生产或工作并从本单位取得劳动报酬的人员。具体包括：非全日制人员、聘用的正式离退休人员、兼职人员、利用课余时间打工的在校学生等，以及在本单位中工作的外籍和港澳台方人员。

城镇登记失业人员

指有非农业户口，在一定的劳动年龄（16 岁至退休年龄）内，有劳动能力，无业且要求就业，并在当地劳动保障机构进行求职登记的人员。

从业人员工资总额

指本单位在月度或年度直接支付给本单位全部从业人员的劳动报酬总额。不论是计入成本的还是不计入成本的，不论是以货币形式支付的还是以实物形式支付的，均应列入工资总额的计算范围。需要明确的是，工资总额是税前工资，包括单位从个人工资中直接为其代扣或代缴的个人所得税、社会保险基金和住房公积金等个人缴纳部分以及房费、水电费等，但不包括从单位工会经费或工会账户中发放的现金或实物、入股分红、股权激励兑现的收益和各种资本性收益等。工资总额具体包括：

（1）工资，包括基本工资和绩效工资。基本工资指本单位支付给本单位从业人员的按照法定工作时间提供正常工作的劳动报酬，各单位给个人确定的底薪可作为基本工资；绩效工资指根据本单位利润增长和工作业绩定期支付给本单位从业人员的奖励性工资。

（2）奖金，指支付给本单位从业人员的超额劳动报酬和增收节支的劳动报酬。具体包括:年终奖、全勤奖、生产奖、节约奖、劳动竞赛奖和其他名目的奖金以及某工作事项完成后的提成工资、年底双薪等。

（3）津贴和补贴，指本单位制定的员工相关工资政策中，为补偿本单位从业人员特殊或额外的劳动消耗和因其他特殊原因支付的津贴，以及为保证其工资水平不受物价影响而支付的物价补贴。具体包括:补偿特殊或额外劳动消耗的津贴及岗位性津贴、保健性津贴、技术性津贴、地区津贴和其他津贴。如:过节费、通讯补贴、交通补贴、公车改革补贴、取暖补贴、物业补贴、不休假补贴、无食堂补贴、单位发的可自行支配的住房补贴以及为员工缴纳的各种商业性保险等。

（4）其他工资，指单位发放给从业人员除工资、奖金、津贴和补贴外的劳动报酬。如补发上一年度的工资等。

从业人员平均工资

指本单位从业人员在报告期内平均每人所得的工资额。计算公式为：

$$从业人员平均工资=\frac{从业人员工资总额}{从业人员平均人数}$$

Explanatory Notes on Main Statistical Indicators

Number of Employment Personnel at Period-end

refers to the number of employees who work in the unit and obtain wages or other forms of payment at the end of the reporting period.

This indicator is a time-point indicator, excluding those who have terminated the labor contract with the unit on or before the last day. It is the sum of employed staff and workers, labor dispatch personnel and other employees. Employees do not include persons who have left their units while keeping labor contract (employment relation) unchanged and receiving regular alimony and all kinds of enrolled students who do internship in various units.

On-post Staff and Workers

refer to persons who signed labor contracts with working units and working units would pay wages, social insurance and housing funds for them. Persons who have their work posts but are temporarily absent from work for reasons of study or on sick, injury or maternal leave and still receive wages from their working units are also included. On-post staff and workers also include:

(1) persons who should have signed the labor contracts but not;

(2) employees on probation;

(3) employees beyond the staffing quota, such as temporary employees;

(4) employees who are sent to other working units but still obtain wages or other forms of labor payment from their original units. (situations like on-the-job placement, expatriated assignment,etc.)

Labor Dispatch Personnel

According to the *Labor Contract Law of the People's Republic of China*, it refers to persons who sign labor contracts with labor dispatch units, who are dispatched by the labor dispatch units to work in the actual employers, and the labor dispatch units sign labor dispatch agreements with the actual employers.

Note:

(1) Labor dispatch personnel shall be counted by the actual employer rather than the labor dispatch unit.

(2) The labor outsourcing personnel shall be counted as "on-post staff and workers" by the legal entity that contracted labor services rather than the actual employer. Self-employed households or natural persons who contracted labor services are not included in the statistical scope.

Other Employment Personnel

refer to the personnel out of on-post staff and workers and outsourcing labor, which are working in the units and receiving wages or other forms of payment, including part-time staff, re-employed retirees, part-time workers and on-campus students who work in their spare time, and foreigners and Chinese compatriots from Hong Kong, Macao, and Taiwan working in the units.

Registered Unemployed Personnel in Urban Area

refer to the persons who are registered as permanent residents in the urban areas engaged in non-agricultural activities, aged within the range of working age (16-retired age), capable to labor, unemployed but desirous to be employed and have been registered at the local employment service agencies to apply for a job.

Total Remuneration of Employment Personnel

refers to the total amount of labor remuneration directly paid by the unit to all employees monthly or annual. Whether it is included in costs or not, and whether it is paid in money or real objects, it should be included in the calculation of total remuneration. Especially, the total remuneration is the pre-tax salary, including personal income tax, housing expenses, water and electricity fees, social security funds and housing accumulation funds withheld directly by the employer from the employee' s wage. It does not include cash or in-kind from unit labor union funds or accounts, the dividends of shares, the proceeds of equity incentives and capital gains. The total remuneration includes:

(1) salaries, which include basic salaries and performance salaries. The basic salary refers to the labor remuneration paid by the unit to the employees of the unit to provide normal work according to the statutory working hours; performance salary refers to the incentive salary paid regularly to the employees of the unit according to the profit growth and work performance of the unit.

(2) bonus, which refers to the excess labor remuneration paid to the employees of the unit and the labor remuneration for increasing income and reducing expenditure. It includes year-end award, full-time award, production award, saving award, labor competition award and other awards, as well as commissioned salary after the completion of a work item, double salary at the end of the year, etc.

(3) subsidies and allowances, which refer to the allowances paid for the special or additional labor consumption and other special reasons of the employees of the unit in the relevant wage policies formulated by the unit, as well as the price allowances paid to ensure that their wage levels are not affected by prices. These include: allowances to compensate for special or additional labor consumption and post allowance, health allowance, technical allowance, regional allowance and other

allowances. Such as: savings, communication subsidies, transportation subsidies, bus reform subsidies, heating subsidies, property subsidies, no vacation subsidies, no canteen subsidies, self-disposable housing subsidies issued by the unit, and commercial insurance paid for employees.

(4) other wages, which refers to the labor remuneration paid by the unit to employees in addition to salaries, bonuses, allowances and subsidies. Such as the payment of the previous year 's salary.

Average Wage of Employment Personnel

refers to the average per capita wage during a certain period of time for employed persons. The formula is as follows:

Average Wage of Employment Personnel=

$$\frac{\textit{the total remuneration of the employment personnel}}{\textit{the average number of employment personnel}}$$

第五篇　价格指数

Chapter 5 Price Indices

5-1 居民消费价格和商品零售价格指数
Consumer and Retail Price Indices

年份 Year	上年=100 Preceding Year=100		1978年=100 Year of 1978=100		1990年=100 Year of 1990=100	
	商品零售价格指数 Retail Price Index	居民消费价格指数 Consumer Price Index	商品零售价格指数 Retail Price Index	居民消费价格指数 Consumer Price Index	商品零售价格指数 Retail Price Index	居民消费价格指数 Consumer Price Index
1978	100.0	100.0	100.0	100.0		
1980	105.5	105.1	106.7	106.2		
1985	113.9	113.1	126.8	125.0		
1990	102.7	103.0	202.1	197.0	100.0	100.0
1995	110.6	115.3	349.0	406.6	172.7	206.4
2000	98.6	99.6	343.1	447.8	169.7	227.3
2001	98.6	101.2	338.2	453.2	167.3	230.1
2002	97.4	99.6	329.5	451.4	163.0	229.2
2003	97.4	101.0	320.9	455.9	158.7	231.4
2004	100.8	102.3	323.5	466.4	160.0	236.8
2005	99.9	101.5	323.1	473.4	159.8	240.3
2006	100.4	101.5	324.4	480.5	160.5	243.9
2007	103.2	104.2	334.8	500.7	165.6	254.2
2008	105.1	105.4	351.9	527.7	174.1	267.9
2009	98.9	99.0	348.0	522.4	172.2	265.2
2010	103.4	103.5	359.8	540.7	178.1	274.5
2011	104.7	104.9	376.7	567.2	186.5	288.0
2012	103.0	102.7	388.0	582.5	192.1	295.8
2013	101.7	103.1	394.6	600.6	195.4	305.0
2014	100.9	101.9	398.2	612.0	197.2	310.8
2015	100.3	101.7	399.4	622.4	197.8	316.1
2016	100.5	102.1	401.6	635.4	198.9	322.7
2017	100.8	102.1	404.8	648.7	200.5	329.5
2018	101.6	102.0	411.3	661.7	203.7	336.1
2019	101.7	102.7	418.3	679.6	206.5	345.2
2020	101.0	102.0	422.7	693.5	208.7	352.3
2021	101.5	101.3	429.0	702.5	211.8	356.9
2022	102.0	101.9	437.6	715.8	216.0	363.7

5-2 居民消费价格分类指数(2022年)
Consumer Price Indices by Category,2022

上年=100(preceding year = 100)

项　目　Item	2022	项　目　Item	2022
居民消费价格总指数		2.鞋　类	
Consumer Price Index	**101.9**	Shoes	102.4
# 服务项目价格指数		三、居　住	
Services	100.7	**Residence**	**100.3**
一、食品烟酒		1.租赁房房租	
Food,Tobacco and Liquor	**102.2**	Rent of Rental Housing	101.0
1.食　品		2.住房保养维修及管理	
Food	102.4	Housing Maintenance and Management	103.4
粮　食		3.水电燃料	
Grain	102.9	Water, Electricity and Fuels	98.8
薯　类		4.自有住房	
Tuber	103.8	Private Housing	100.2
豆　类		**四、生活用品及服务**	
Beans	106.3	**Household Articles and Services**	**101.6**
食用油		1.家具及室内装饰品	
Edible Oil	104.7	Furniture and Interior Decoration	100.0
菜及食用菌		2.家用器具	
Vegetables and Fungi	99.2	Household Appliances	101.6
畜肉类		3.家用纺织品	
Meat	97.4	Home Textiles	101.4
禽肉类		4.家庭日用杂品	
Poultry	101.3	Family Daily Groceries	101.9
水产品		5.个人护理用品	
Aquatic Products	98.6	Personal Care Articles	102.1
蛋　类		6.家庭服务	
Eggs	107.4	Household Services	102.4
奶　类		**五、交通通信**	
Milk	101.4	**Transportation and Communication**	**105.9**
干鲜瓜果类		1.交　通	
Dried and Fresh Melons and Fruits	110.8	Transportation	107.4
糖果糕点类		2.通　信	
Confectionery	103.9	Communication	100.4
调味品		**六、教育文化娱乐**	
Flavoring	103.4	**Education, Culture and Recreation**	**101.8**
其他食品类		1.教　育	
Other Foods	102.7	Education	102.2
2.茶及饮料		2.文化娱乐	
Tea and Beverages	101.5	Cultural and Recreational Articles	101.4
3.烟　酒		**七、医疗保健**	
Tobacco and Liquor	102.7	**Health Cares**	**100.2**
卷　烟		1.药品及医疗器具	
Tobacco	103.9	Medicine and Medical Instrument	100.5
酒　类		2.医疗服务	
Liquor	101.1	Health Services	100.1
4.在外餐饮		**八、其他用品和服务**	
Dining out	101.6	**Miscellanous Goods and Services**	**100.3**
二、衣　着		1.其他用品	
Clothing	**101.4**	Other Goods	100.6
1.服　装		2.其他服务	
Garments	101.0	Other Services	100.0

5-3 商品零售价格分类指数(2022年)
Retail Price Indices by Category,2022

上年=100(preceding year = 100)

项　　目	Item	2022
商品零售价格指数	**Retail Price Index**	**102.0**
一、食　品	**Food**	**102.0**
1.粮　食	Grain	102.9
2.薯　类	Tuber	103.8
3.豆　类	Beans	106.3
4.食用油	Edible Oil	104.7
5.菜及食用菌	Vegetables and Fungi	99.2
6.畜肉类	Meat	97.4
7.禽肉类	Poultry	101.3
8.水产品	Aquatic Products	98.4
9.蛋　类	Eggs	107.4
10.奶　类	Milk	101.4
11.干鲜瓜果类	Dried and Fresh Melons and Fruits	110.7
12.糖果糕点类	Confectionery	103.9
13.调味品	Flavoring	103.4
14.其他食品类	Other Food	102.7
15.餐饮业零售	Catering Retail	101.5
二、饮料、烟酒	**Beverage, Tobacco and Liquor**	**102.4**
1.茶及饮料	Tea and Beverage	101.5
2.卷　烟	Tobacco	103.9
3.酒　类	Liquor	101.1
三、服装、鞋帽	**Garments, Shoes and Hats**	**101.3**
1.服　装	Garments	101.0
2.鞋袜帽	Shoes, Socks and Hats	102.0
3.其他衣着配件	Other Clothing and Accessories	102.8
四、纺织品	**Textiles**	**101.0**
1.服装材料	Clothing Materials	100.3
2.床上用品	Bed Articles	101.1

5-3续表 *Continued*

上年=100(preceding year = 100)

项　　目	Item	2022
五、家用电器及音像器材	**Household Appliances, Music and Video Equipment**	**100.1**
1.家庭设备	Household Facilities	101.6
2.文娱用耐用消费品	Durable Consumer Goods for Cultural and Recreational Use	94.9
3.专业音像器材	Music and Video Equipment	101.4
六、文化办公用品	**Cultural and Office Appliances**	**100.8**
七、日用品	**Articles for Daily Use**	**101.7**
1.日用百货	General Merchandise for Daily Use	102.3
2.厨具餐具茶具	Kitchen Ware, Tableware and Tea Set	100.2
3.清洗用品	Washing Articles	101.9
4.其他日用品	Other Articles for Daily Use	102.1
八、体育娱乐用品	**Sport and Recreation Articles**	**103.2**
1.体育户外用品	Sport Articles	103.3
2.娱乐用品	Recreation Articles	103.2
九、交通、通信用品	**Transportation and Communication Articles**	**98.5**
1.交通运输机械	Transportation Machinery	97.7
2.通信器材	Communication Facilities	101.2
十、家　具	**Furniture**	**99.9**
十一、化妆品	**Cosmetics**	**102.1**
十二、金银饰品	**Gold, Silver and Jewelry**	**100.7**
十三、中西药品及医疗保健用品	**Traditional Chinese & Western Medicine and Medical, Health Care Goods**	**100.5**
1.医疗卫生器具	Medical Apparatus	101.2
2.中　药	Traditional Chinese Medicines	99.7
3.西　药	Western Medicine	100.3
4.保健器具及用品	Health Care Facilities and Goods	101.1
十四、书报杂志及电子出版物	**Books, Newspapers and Magazines, Electronic Publications**	**102.9**
1.教材及参考书	Teaching Materials and Reference Books	103.4
2.书报杂志	Books, Newspapers and Magazines	102.8
3.计算机办公软件	Computer Office Softwares	100.8
十五、燃　料	**Fuel**	**116.0**
1.煤炭及制品	Coal and Related Products	86.2
2.石油及制品	Petroleum and Related Products	118.4
十六、建筑材料及五金电料	**Construction Materials and Hardware Materials**	**101.8**
1.建筑装潢材料	Construction and Decoration Materials	101.9
2.五金水暖	Hardware Materials	101.7

5-4 工业生产者出厂价格指数(2018—2022年)
Producer Price Indices of Industrial Ex-factory Products,2018-2022

上年=100(preceding year = 100)

项 目 Item	2018	2019	2020	2021	2022
工业生产者出厂价格总指数					
General Producer Price Indices of Industrial Ex-factory Products	**105.4**	**99.3**	**97.1**	**110.9**	**105.8**
按轻重工业分					
Grouped by Light or Heavy Industries					
轻工业					
Light Industry	100.2	102.6	102.5	103.9	104.4
以农产品为原料					
Using Farm Products as Raw Materials	100.2	103.7	104.5	106.8	107.0
以非农产品为原料					
Using Non-farm Products as Raw Materials	100.2	100.9	99.4	102.0	102.6
重工业					
Heavy Industry	106.6	98.5	95.7	112.5	106.1
采掘业					
Mining and Quarrying Industry	120.5	97.9	81.6	138.0	135.7
原料工业					
Raw Materials Industry	111.6	97.2	92.4	117.6	110.8
加工工业					
Processing Industry	102.5	99.2	99.1	107.2	100.1
按生产生活资料分					
Grouped by Means of Production or Subsistence					
生产资料					
Production Goods	107.4	98.8	95.8	113.5	106.6
采掘业					
Mining and Quarrying Industry	120.5	97.9	81.6	138.0	135.7
原料工业					
Raw Materials Industry	112.0	97.5	92.2	117.7	110.8
加工工业					
Processing Industry	103.4	99.6	99.4	108.4	100.8
生活资料					
Consumer Goods	99.0	100.8	100.9	101.0	102.4
食 品					
Food	100.1	105.6	105.9	108.2	108.2
衣 着					
Clothing	100.8	100.8	100.2	96.5	102.4
一般日用品					
Daily Use Articles	102.4	99.9	98.7	100.0	99.5
耐用消费品					
Durable Consumer Goods	96.2	96.5	96.9	97.3	100.1

5-5 按行业分工业生产者出厂价格指数(2018—2022年)
Producer Price Indices of Industrial Ex-factory Products by Sector,2018-2022

上年=100(preceding year = 100)

行　业 Sector	2018	2019	2020	2021	2022
煤炭开采和洗选业 Mining and Washing of Coal	101.8	100.0	100.0	96.8	99.7
石油和天然气开采业 Extraction of Petroleum and Natural Gas	131.8	96.0	66.9	150.6	148.4
黑色金属矿采选业 Mining and Processing of Ferrous Metal Ores	128.3	119.7	104.9	130.6	86.3
非金属矿采选业 Mining and Processing of Nonmetal Ores	103.4	108.2	98.6	134.6	158.9
开采专业及辅助性活动 Professional and Support Activities for Mining	99.5	98.4	104.7	100.1	103.8
农副食品加工业 Processing of Food from Agricultural Products	95.9	108.9	112.3	116.4	115.5
食品制造业 Manufacturing of Food	102.4	103.9	103.3	100.9	104.2
酒、饮料和精制茶制造业 Manufacturing of Alcohol, Beverages and Refined Tea	100.7	105.1	100.6	101.0	95.7
烟草制品业 Manufacturing of Tobacco	100.6	102.3	102.7	102.7	101.3
纺织业 Manufacturing of Textile	103.4	100.7	100.8	103.4	105.5
纺织服装、服饰业 Manufacturing of Textile Wearing and Apparel	99.4	99.7	100.0	96.2	101.8
皮革、毛皮、羽毛及其制品和制鞋业 Manufacturing of Leather, Fur, Feathers and Related Products, Footwear	104.5	106.2	102.1	100.8	106.4
木材加工和木、竹、藤、棕、草制品业 Processing of Timber, Manufacturing of Wood, Bamboo, Rattan, Palm and Straw Products	100.3	99.4	99.3	101.7	103.1
家具制造业 Manufacturing of Furniture	100.2	101.6	101.3	102.9	102.1
造纸和纸制品业 Manufacturing of Paper and Paper Products	101.8	90.1	93.7	101.7	99.9
印刷和记录媒介复制业 Printing, Reproduction of Recording Media	102.2	103.7	105.8	103.3	99.7
文教、工美、体育和娱乐用品制造业 Manufacturing of Articles for Cultural, Education, Industrial Arts, Sport and Entertainment Activities	99.4	103.0	100.2	96.8	105.3
石油、煤炭和其他燃料加工业 Processing of Petroleum, Coal and Other Fuel	119.9	99.2	86.3	119.5	123.9
化学原料和化学制品制造业 Manufacturing of Raw Chemical Materials and Chemical Products	108.0	93.3	91.2	122.7	107.6

5-5续表　*Continued*

上年=100(preceding year = 100)

行　　业 Sector	2018	2019	2020	2021	2022
医药制造业 Manufacturing of Medicines	105.3	96.6	98.4	100.3	97.5
化学纤维制造业 Manufacturing of Chemical Fibers	100.9	99.2	100.5	86.7	96.0
橡胶和塑料制品业 Manufacturing of Rubber and Plastic	101.5	99.4	98.7	100.3	100.5
非金属矿物制品业 Manufacturing of Non-metallic Mineral Products	109.7	107.0	98.7	104.7	99.6
黑色金属冶炼和压延加工业 Smelting and Pressing of Ferrous Metals	109.9	100.0	98.6	127.8	93.3
有色金属冶炼和压延加工业 Smelting and Pressing of Non-ferrous Metals	103.2	96.5	101.8	134.1	104.1
金属制品业 Manufacturing of Metal Products	106.2	97.1	96.4	105.2	102.6
通用设备制造业 Manufacturing of General Purpose Machinery	99.5	100.1	102.6	101.9	100.2
专用设备制造业 Manufacturing of Special Purpose Machinery	97.6	98.4	99.0	101.3	101.0
汽车制造业 Manufacturing of Motorcar	98.1	94.7	95.0	97.4	99.8
铁路、船舶、航空航天和其他运输设备制造业 Manufacturing of Railway, Watercraft, Aerospace and Other Transport Equipment	102.0	100.3	100.5	102.6	101.1
电气机械和器材制造业 Manufacturing of Electrical Machinery and Equipment	100.5	99.8	97.5	104.7	105.0
计算机、通信和其他电子设备制造业 Manufacturing of Computers, Communication and Other Electronic Equipment	96.2	101.2	101.2	100.8	103.1
仪器仪表制造业 Manufacturing of Measuring Instruments	99.8	103.1	101.0	98.4	101.0
其他制造业 Other Manufacturing	100.0	99.6	95.1	91.8	103.4
废弃资源综合利用业 Comprehensive Recycling of Waste	124.2	107.1	96.6	120.9	115.4
金属制品、机械和设备修理业 Metal Products, Machine and Equipment Repair	102.7	107.8	107.4	100.0	101.3
电力、热力生产和供应业 Production and Supply of Electric Power and Heat Power	100.3	99.1	97.9	99.2	111.8
燃气生产和供应业 Production and Supply of Gas	101.2	105.1	97.7	102.2	119.8
水的生产和供应业 Production and Supply of Water	123.0	101.6	100.0	100.0	99.7

5-6 工业生产者购进价格指数(2018—2022年)
Producer Price Indices of Industrial Purchase,2018-2022

上年=100(preceding year = 100)

项　目 Item	2018	2019	2020	2021	2022
工业生产者购进价格总指数					
General Producer Price Indices of Industrial Purchase	**106.2**	**98.8**	**96.9**	**114.7**	**104.4**
燃料、动力类					
Fuel and Power	111.4	96.6	86.2	130.0	120.8
黑色金属材料类					
Ferrous Metals	111.2	98.6	99.4	129.2	91.3
有色金属材料及电线类					
Non-ferrous Metals and Wires	104.4	97.4	100.1	123.8	106.8
化工原料类					
Chemical Raw Materials	104.7	93.5	91.0	117.6	107.3
木材及纸浆类					
Wood and Paper Pulps	106.6	98.3	96.1	103.0	105.4
建筑材料及非金属矿类					
Construction Materials and Non-mental Ores	116.9	98.3	93.4	104.4	104.8
其他工业原材料及半成品类					
Other Industrial Raw Materials and Semi-products	102.3	100.2	100.1	101.1	100.7
农副产品类					
Farm and Sideline Products	98.4	114.5	125.4	109.9	113.1
纺织原料类					
Textile Raw Materials	100.4	100.5	93.3	98.8	100.8

主要统计指标解释

商品零售价格指数

是反映一定时期内城乡商品零售价格变动趋势和程度的相对数。商品零售价格的变动直接影响到城乡居民的生活支出和国家的财政收入，影响居民购买力和市场供需的平衡，影响到消费与积累的比例关系。因此，该指数可以从一个侧面对上述经济活动进行观察和分析。

居民消费价格指数

是反映一定时期内城乡居民所购买的生活消费品价格和服务项目价格变动趋势和程度的相对数。该指数可以观察和分析消费品的零售价格和服务项目价格变动对城乡居民实际生活费支出的影响程度。

工业生产者出厂价格指数

反映一定时期内全部工业产品出厂价格总水平的变动趋势和程度的相对数，包括工业企业售给本企业以外所有单位的各种产品和直接售给居民用于生活消费的产品。通过工业生产者出厂价格指数能观察出厂价格变动对工业总产值的影响。

工业生产者购进价格指数

反映一定时期内全部工业企业作为生产投入，从物资交易市场和能源、原材料生产企业购买原材料、燃料和动力产品时，所支付的价格水平变动趋势和程度的相对数，是扣除工业企业物质消耗成本中的价格变动影响的重要依据。

Explanatory Notes on Main Statistical Indicators

Retail Price Index

reflects the trend and degree of change in retail prices of commodities during a given period. The change in retail prices of commodities directly affect the living expenses of urban and rural residents, government revenue, purchasing power of residents and the equilibrium of market supply and demand, and the ratio of consumption to accumulation. Therefore, the retail price indices are useful from an oblique perspective for observing and analyzing the changes of the above economic activities.

Consumer Price Index

reflects the trend and degree of changes in prices of consumer goods and services purchased by urban and rural households during a given period. It can be used to observe and analyze the impact degree of price changes in consumer goods and services on wages (in monetary terms) of actual living expenses of urban and rural residents.

Producer Price Index of Industrial Ex-factory Products

reflects the trend and degree of changes in general ex-factory prices of all industrial products during a given period, including sales of industrial products by an industrial enterprise to all units outside the enterprise, as well as sales of consumer goods to residents. It can be used to analyze the impact of ex-factory prices on gross industrial output value.

Producer Price Index of Industrial Purchase

reflects the trend and degree of changes in purchasing price of raw material, fuel and power paid by industrial enterprises when they purchase production as input from the market or other energy and raw material producers during a given period, and provide basis for measuring the material consumption of industrial enterprises after removing influence of price from cost.

第六篇 人民生活

Chapter 6 People's Living Conditions

6-1 城乡住户基本情况(2018—2022年)

Basic Statistics on Households of Urban and Rural,2018-2022

项　目　Item	单　位 Unit	2018	2019	2020	2021	2022
调查样本户数	**户**					
Survey Sample Households	**household**	**4000**	**4000**	**4000**	**4000**	**4000**
城镇住户	户					
Urban Households	household	3200	3200	3200	3200	3200
农村住户	户					
Rural Households	household	800	800	800	800	800
住户基本情况						
Basic Conditions of Households						
户均常住成员	人/户					
Average Number of Permanent Residents per Household	person/household	2.86	2.85	2.84	2.80	2.79
户均就业成员	人/户					
Average Number of Employees per Household	person/household	1.43	1.39	1.31	1.33	1.26
平均每户就业人口比重	%					
Employees Percentage per Household	%	50.1	48.6	46.0	47.4	45.3
平均每一就业者负担人口	人					
Persons Supported by Each Employee	person	1.99	2.06	2.18	2.11	2.21
常住居民收入与支出						
Income and Expenditure of Permanent Households						
全体居民人均可支配收入	元/人					
Per Capita Disposable Incomes of Whole Households	yuan/person	39506	42404	43854	47449	48976
全体居民人均消费支出	元/人					
Per Capita Consumption Expenditures of Whole Households	yuan/person	29903	31854	28461	33188	31324
平均消费倾向	%					
Average Propensity to Consume	%	75.7	75.1	64.9	69.9	64.0
住户从业人员参加养老保险构成情况						
Composition of Pension Insurance						
城镇职工基本养老保险	%					
Urban Employee Pension Insurance	%	62.2	61.7	62.6	68.3	68.9
城乡居民基本养老保险	%					
Urban-Rural Residents Basic Pension Insurance	%	22.0	23.0	23.1	22.8	22.5
商业养老保险	%					
Business Pension Insurance	%	1.3	1.6	1.3	1.1	1.1
其他养老保险	%					
Others	%					
没有参加任何养老保险	%					
No Pension Insurance	%	13.6	14.5	13.6	8.4	8.0
住户从业人员参加医疗保险构成情况						
Composition of Medical Care Insurance						
城镇职工基本医疗保险	%					
Urban Employee Basic Medical Care Insurance	%	59.2	60.8	60.8	65.9	66.9
城乡居民基本医疗保险	%					
Urban-Rural Residents Basic Medical Care Insurance	%	37.0	35.5	36.1	32.3	31.9
公费医疗	%					
Socialized Medical Care	%					
商业医疗保险	%					
Business Medical Care Insurance	%	1.4	2.5	2.4	2.6	2.2
其他医疗保险	%					
Others	%					
没有参加任何医疗保险	%					
No Medical Care Insurance	%	1.4	1.8	1.2	0.8	0.9

6-2 城乡住户住房基本情况构成(2018—2022年)
Composition of Basic Living Condition of Households,2018-2022

单位：%(%)

项　　目	Item	2018	2019	2020	2021	2022
住户现住房居住空间样式	**Households Housing Style of Living Space**					
单栋楼房	Single Building	0.9	0.8	0.8	1.1	1.4
单栋平房	Single Bungalow	22.7	21.5	21.8	21.9	21.8
四居室及以上单元房	Apartment with 4 Bedrooms or More	0.5	0.3	0.3	0.4	0.4
三居室单元房	Apartment with 3 Bedrooms	12.7	12.3	12.0	13.4	13.5
二居室单元房	Apartment with 2 Bedrooms	48.2	50.4	50.5	50.2	50.4
一居室单元房	Apartment with 1 Bedroom	12.9	12.6	12.5	11.3	11.1
筒子楼或连片平房	Tube-shaped Apartment or Continuous Bungalow	2.1	2.1	2.1	1.8	1.4
其　他	Others					
住户现住房房屋来源	**Households Living House Sources**					
租赁公房	Rental Publicly-owned Housing	8.2	7.3	7.0	6.5	6.3
租赁私房	Rental Private Housing	4.4	4.4	4.3	2.5	2.4
自建住房	Self-build Housing	23.2	22.6	22.7	22.5	22.1
购买商品房	Purchasing Commercial Housing	41.5	43.1	42.9	47.0	46.9
购买房改住房	Purchasing Housing Reform	10.9	10.1	10.5	7.8	8.0
购买保障性住房	Purchasing Indemnificatory Housing	1.9	1.9	1.7	2.1	2.2
拆迁安置房	Arrangement Housing for Dismantling	8.2	8.6	9.0	10.0	10.1
其　他	Others	1.7	2.1	1.8	1.6	2.1
住户主要饮用水来源情况	**Households Water Supply**					
经过净化处理的自来水	Purification Treatment Water	95.6	95.6	96.0	96.0	96.5
受保护的井水和泉水	The Protected Well Water and Spring Water	2.4	3.2	2.7	2.7	2.6
不受保护的井水和泉水	The Unprotected Well Water and Spring Water					
江河湖泊水	Rivers and Lakes Water					
收集雨水	The Gathered Rainwater					
桶装水	Bottled Water	2.0	1.3	1.3	1.3	0.9
其他水源	Others					

6-2续表 *Continued*

单位：%(%)

项目	Item	2018	2019	2020	2021	2022
住户主要取暖用能源状况	**Households Energy for Heating**					
柴草	Firewood Grass					
煤炭	Coal	13.5	5.5	4.4	2.1	1.9
罐装液化石油气	Canned Liquefied Petroleum Gas					
管道液化石油气	Pipeline Liquefied Petroleum Gas					
管道煤气	Pipeline Gas					
管道天然气	Pipeline Natural Gas	11.0	7.3	9.2	7.6	9.0
电	Electric	3.5	4.4	5.1	6.3	5.6
燃料用油	Fuel Oil					
沼气	Biogas					
其他	Others					
集中供暖	Central Heating	72.0	82.8	81.3	84.0	83.6
住户主要炊用能源状况	**Households Energy for Cooking**					
柴草	Firewood Grass	0.2	0.3	0.1	0.1	0.1
煤炭	Coal	1.0	0.1	0.1		
罐装液化石油气	Canned Liquefied Petroleum Gas	20.8	17.5	16.8	12.4	12.1
管道液化石油气	Pipeline Liquefied Petroleum Gas					
管道煤气	Pipeline Gas					
管道天然气	Pipeline Natural Gas	74.8	78.8	79.7	83.5	83.9
电	Electric	2.2	2.5	2.4	3.1	3.0
燃料用油	Fuel Oil					
沼气	Biogas					
其他	Others					
无炊用行为	Central Heating	1.0	0.8	0.9	0.9	0.9
住户厕所类型	**Households Toilet Type**					
水冲式卫生厕所	Water Flush Sanitary Toilet	87.9	94.0	96.6	99.2	99.5
卫生旱厕	Sanitary Dry Lavatory	2.1	2.9	2.3	0.7	0.5
普通旱厕	General Dry Lavatory	4.9	2.8	0.8	0.1	
无厕所	No Toilet	5.1	0.3	0.3		
住户洗澡设施情况	**Households Bathing Facilities**					
统一供热水	Unified Supply of Hot Water	4.8	4.1	4.0	3.9	3.4
家庭自装热水器	Home Self Heater	91.6	92.4	93.3	94.3	95.2
其他	Others	0.5	1.0	1.1	0.6	1.0
无洗澡设施	No Bathing Facilities	3.1	2.4	1.7	1.2	0.3

6-3 全市居民人均可支配收入及构成(2018—2022年)
Per Capita Disposable Income of Whole Households and Composition,2018-2022

项　　目	Item	2018	2019	2020	2021	2022
人均可支配收入(元)	**Per Capita Annual Disposable Income (yuan)**	**39506**	**42404**	**43854**	**47449**	**48976**
工资性收入	Wages and Salaries	25119	27002	27339	29775	31026
经营净收入	Net Business Income	3344	3095	2797	3243	3106
财产净收入	Net Income from Property	3587	3908	4240	4576	4287
转移净收入	Net Income from Transfer	7456	8398	9478	9855	10556
人均可支配收入构成(%)	**Composition of Per Capita Annual Disposable Income (%)**	**100.0**	**100.0**	**100.0**	**100.0**	**100.0**
工资性收入	Wages and Salaries	63.6	63.7	62.3	62.8	63.3
经营净收入	Net Business Income	8.4	7.3	6.4	6.8	6.3
财产净收入	Net Income from Property	9.1	9.2	9.7	9.6	8.8
转移净收入	Net Income from Transfer	18.9	19.8	21.6	20.8	21.6

6-4 全市居民人均消费支出(2018—2022年)
Per Capita Consumption Expenditures of Whole Households,2018-2022

项　　目	Item	2018	2019	2020	2021	2022
人均消费支出(元)	**Per Capita Annual Consumption Expenditures (yuan)**	**29903**	**31854**	**28461**	**33188**	**31324**
食品烟酒	Food, Tobacco and Liquor	8648	8984	8516	9138	9313
衣　着	Clothing and Footwear	1990	2000	1712	1872	1630
居　住	Housing	6406	6946	7035	7520	7468
生活用品及服务	Household Equipments, Furnishings and Services	1818	1957	1669	1941	1789
交通通信	Transport and Communications	4281	4236	3779	4390	3889
教育文化娱乐	Education, Culture and Recreation	3187	3584	2254	3372	2546
医疗保健	Health Care and Medical Services	2677	2992	2646	3748	3555
其他用品及服务	Miscellaneous Goods and Services	896	1155	850	1207	1133

6-5 全市居民人均食品消费量(2018—2022年)
Per Capita Consumption of Foods of Whole Households,2018-2022

单位：千克 (kg)

商品名称	Item	2018	2019	2020	2021	2022
粮 食	Grain	118.3	115.2	111.1	107.2	101.2
谷 物	Cereals	107.9	104.6	100.2	96.0	90.3
薯 类	Tuber	3.2	3.2	3.5	3.3	3.1
豆 类	Beans and Products	7.2	7.3	7.5	8.0	7.8
食用油	Edible Oil and Fats	9.9	8.7	9.6	8.5	8.3
蔬菜及食用菌	Vegetables and Edible Mushroom	116.8	114.1	117.2	116.3	113.5
# 鲜 菜	Fresh Vegetables	113.2	110.6	113.5	112.4	109.9
肉及制品	Meat and Meat Products	26.9	24.7	23.8	27.5	28.4
# 猪 肉	Pork	16.8	15.0	14.1	17.6	18.3
牛羊肉	Beef and Mutton	5.6	5.4	5.6	5.4	5.7
家禽及制品	Poultry and Poultry Products	5.7	6.1	7.0	6.7	6.5
水产品及制品	Aquatic Products	16.7	17.4	16.8	17.3	17.2
蛋类及蛋制品	Eggs and Related Products	17.7	18.5	21.5	20.0	20.2
# 鲜 蛋	Eggs	17.0	17.7	20.7	19.3	19.5
奶和奶制品	Milk and Dairy Products	18.6	17.0	16.8	17.2	17.3
鲜瓜果	Fresh Melons and Fruits	78.8	82.6	78.7	77.6	75.2

6-6 全市居民家庭年末每百户主要耐用消费品拥有量(2018—2022年)
Main Durable Goods Owned per 100 Whole Households at Year-end,2018-2022

商品名称	Item	2018	2019	2020	2021	2022
摩托车(辆)	Motorcycle(unit)	4.4	4.0	3.9	2.7	2.6
助力车(辆)	Electric Bicycle(unit)	45.8	50.3	51.6	57.3	58.1
家用汽车(辆)	Automobile(unit)	44.8	47.8	52.7	57.6	61.9
洗衣机(台)	Washing Machine(unit)	101.1	102.0	100.1	100.1	100.3
电冰箱、柜(台)	Refrigerator(unit)	103.3	104.4	104.1	104.6	105.0
彩色电视机(台)	Color TV Set(unit)	111.5	112.0	111.4	109.9	109.4
家用电脑(台)	Personal-computer(unit)	70.6	68.6	66.9	60.8	61.0
照相机(架)	Camera(unit)	20.7	19.3	18.5	12.8	12.9
微波炉(台)	Microwave Oven(unit)	71.9	71.6	69.5	70.8	72.0
空调器(台)	Air-conditioner(unit)	140.9	150.5	160.3	175.2	176.4
热水器(台)	Water Heater(unit)	96.4	96.1	98.3	96.2	96.6
固定电话(部)	Fixed Telephone(unit)	35.4	28.8	27.3	21.5	20.7
移动电话(部)	Mobile Telephone(unit)	233.1	235.7	235.8	239.1	239.5

6-7 城镇居民人均收支及增幅

Per Capita Income & Expenditures and Increase Rate of Urban Households

年 份 Year	人均可支配收入(元) Per Capita Annual Disposable Income (yuan)	人均消费支出(元) Per Capita Annual Consumption Expenditures (yuan)	人均可支配收入增幅(%) Increase Rate of per Capita Annual Disposable Income (%)	人均消费支出增幅(%) Increase Rate of per Capita Annual Consumption Expenditures (%)
1978	388	345		
1980	527	475	24.0	23.4
1985	876	771	20.3	28.5
1990	1639	1440	10.9	11.6
1995	4930	4064	23.8	23.1
2000	7946	6158	5.6	4.8
2001	8672	7045	9.1	14.4
2002	8968	7265	3.4	3.1
2003	9823	7964	9.5	9.6
2004	10831	8930	10.3	12.1
2005	11839	9813	9.3	9.9
2006	13266	10745	12.1	9.5
2007	15062	12280	13.5	14.3
2008	17726	13732	17.7	11.8
2009	19371	15174	9.3	10.5
2010	21800	17015	12.5	12.1
2011	24158	18928	10.8	11.2
2012	26586	20572	10.1	8.7
2013	28980	22306	9.0	8.4
2014	31506	24290	8.7	8.9
2015	34101	26230	8.2	8.0
2016	37110	28345	8.8	8.1
2017	40278	30284	8.5	6.8
2018	42976	32655	6.7	7.8
2019	46119	34811	7.3	6.6
2020	47659	30895	3.3	-11.2
2021	51486	36067	8.0	16.7
2022	53003	33824	2.9	-6.2

注：本表2013年及以后为一体化住户调查口径数据，2012年及以前年度数据为按可比口径回溯获得。表6-12同。

Note: The coverage of data in this table from 2013 was adjusted according to survey in integrated households. Data before 2012 were calculated by comparable coverage. Same as table 6-12.

6-8 城镇居民人均可支配收入及构成(2018—2022年)
Per Capita Disposable Income of Urban Households and Composition,2018-2022

项目	Item	2018	2019	2020	2021	2022
人均可支配收入(元)	**Per Capita Annual Disposable Income (yuan)**	**42976**	**46119**	**47659**	**51486**	**53003**
工资性收入	Wages and Salaries	27557	29588	30053	32679	34002
经营净收入	Net Business Income	2924	2697	2216	2638	2385
财产净收入	Net Income from Property	4150	4515	4824	5259	4921
转移净收入	Net Income from Transfer	8345	9319	10565	10910	11695
人均可支配收入构成(%)	**Composition of per Capita Annual Disposable Income (%)**	**100.0**	**100.0**	**100.0**	**100.0**	**100.0**
工资性收入	Wages and Salaries	64.1	64.2	63.1	63.5	64.2
经营净收入	Net Business Income	6.8	5.8	4.7	5.1	4.5
财产净收入	Net Income from Property	9.7	9.8	10.1	10.2	9.3
转移净收入	Net Income from Transfer	19.4	20.2	22.2	21.2	22.1

6-9 城镇居民人均消费支出(2018—2022年)
Per Capita Consumption Expenditures of Urban Households,2018-2022

项目	Item	2018	2019	2020	2021	2022
人均消费支出(元)	**Per Capita Annual Consumption Expenditures (yuan)**	**32655**	**34811**	**30895**	**36067**	**33824**
食品烟酒	Food, Tobacco and Liquor	9421	9719	9122	9708	9874
衣　着	Clothing and Footwear	2201	2195	1860	2037	1760
居　住	Housing	7037	7702	7770	8315	8175
生活用品及服务	Household Equipments, Furnishings and Services	1916	2051	1804	2105	1927
交通通信	Transport and Communications	4637	4596	4046	4736	4164
教育文化娱乐	Education, Culture and Recreation	3598	4062	2531	3784	2840
医疗保健	Health Care and Medical Services	2825	3179	2811	4021	3812
其他用品及服务	Miscellaneous Goods and Services	1020	1307	951	1360	1272

6-10 城镇居民人均食品消费量(2018—2022年)
Per Capita Consumption of Foods of Urban Households,2018-2022

单位：千克 (kg)

商品名称	Item	2018	2019	2020	2021	2022
粮　食	Grain	109.5	106.1	101.9	97.2	91.1
谷　物	Cereals	99.4	96.1	91.4	86.6	80.6
薯　类	Tuber	3.1	3.1	3.4	3.1	3.0
豆　类	Beans and Products	7.0	6.9	7.1	7.5	7.5
食用油	Edible Oil and Fats	9.4	8.1	9.0	7.5	7.4
蔬菜及食用菌	Vegetables and Edible Mushroom	118.5	116.4	119.6	116.2	114.3
# 鲜　菜	Fresh Vegetables	114.8	112.7	115.8	112.3	110.6
肉及制品	Meat and Meat Products	27.1	25.0	24.5	27.5	28.1
# 猪　肉	Pork	16.5	14.8	14.2	17.3	17.6
牛羊肉	Beef and Mutton	6.1	5.9	6.2	5.8	6.2
家禽及制品	Poultry and Poultry Products	6.0	6.4	7.2	6.8	6.7
水产品及制品	Aquatic Products	17.3	18.0	17.3	17.6	17.7
蛋类及蛋制品	Eggs and Related Products	18.2	18.8	21.6	19.9	20.3
# 鲜　蛋	Eggs	17.5	18.0	20.8	19.2	19.6
奶和奶制品	Milk and Dairy Products	20.2	18.4	18.2	18.6	18.9
鲜瓜果	Fresh Melons and Fruits	80.8	83.5	79.5	77.0	75.7

6-11 城镇居民家庭年末每百户主要耐用消费品拥有量(2018—2022年)
Main Durable Goods Owned per 100 Urban Households at Year-end,2018-2022

商品名称	Item	2018	2019	2020	2021	2022
摩托车(辆)	Motorcycle(unit)	1.9	1.7	1.7	1.0	1.3
助力车(辆)	Electric Bicycle(unit)	32.7	36.2	37.4	40.1	41.2
家用汽车(辆)	Automobile(unit)	46.0	48.5	54.0	60.1	64.4
洗衣机(台)	Washing Machine(unit)	101.4	101.9	99.7	99.2	99.4
电冰箱、柜(台)	Refrigerator(unit)	103.2	104.0	103.7	102.8	103.1
彩色电视机(台)	Color TV Set(unit)	109.6	110.4	109.7	107.9	107.5
家用电脑(台)	Personal-computer(unit)	77.4	75.2	73.1	65.9	65.9
照相机(架)	Camera(unit)	24.0	22.6	21.8	15.0	15.1
微波炉(台)	Microwave Oven(unit)	80.1	79.1	76.8	77.3	77.9
空调器(台)	Air-conditioner(unit)	146.6	156.9	165.7	178.5	178.7
热水器(台)	Water Heater(unit)	97.2	97.1	98.9	97.7	98.0
固定电话(部)	Fixed Telephone(unit)	33.6	27.3	25.9	20.7	19.9
移动电话(部)	Mobile Telephone(unit)	233.0	236.4	236.4	237.6	237.2

6-12 农村居民人均收支及增幅(2001—2022年)

Per Capita Income & Expenditures and Increase Rate of Rural Households,2001-2022

年 份 Year	人均可支配收入(元) Per Capita Annual Disposable Income (yuan)	人均消费支出(元) Per Capita Annual Consumption Expenditures (yuan)	人均可支配收入增幅(%) Increase Rate of per Capita Annual Disposable Income (%)	人均消费支出增幅(%) Increase Rate of per Capita Annual Consumption Expenditures (%)
2001	3911	2179	8.7	4.3
2002	4229	2334	8.1	7.2
2003	4502	2543	6.5	8.9
2004	4938	2945	9.7	15.8
2005	5475	3442	10.9	16.9
2006	6096	3850	11.3	11.9
2007	6845	4142	12.3	7.6
2008	7705	4550	12.6	9.9
2009	8441	5167	9.6	13.6
2010	9764	6072	15.7	17.5
2011	11941	8273	22.3	36.2
2012	13593	10254	13.8	24.0
2013	15353	12491	12.9	21.8
2014	17014	13739	10.8	10.0
2015	18482	14739	8.6	7.3
2016	20076	15912	8.6	8.0
2017	21754	16386	8.4	3.0
2018	23065	16863	6.0	2.9
2019	24804	17843	7.5	5.8
2020	25691	16844	3.6	-5.6
2021	27955	19285	8.8	14.5
2022	29018	18934	3.8	-1.8

6-13 农村居民家庭年末每百户主要耐用消费品拥有量(2018—2022年)

Main Durable Goods Owned per 100 Rural Households at Year-end,2018-2022

商品名称	Item	2018	2019	2020	2021	2022
摩托车(辆)	Motorcycle (unit)	17.7	16.0	14.9	11.8	9.7
助力车(辆)	Electric Bicycle(unit)	112.9	121.8	122.7	145.8	147.8
家用汽车(辆)	Automobile(unit)	42.5	44.5	46.3	44.7	48.2
洗衣机(台)	Washing Machine(unit)	100.8	102.3	102.0	104.6	105.4
电冰箱、柜(台)	Refrigerator(unit)	104.2	106.5	106.1	113.5	115.0
彩色电视机(台)	Color TV Set(unit)	121.1	120.4	120.0	120.2	119.7
家用电脑(台)	Personal-computer(unit)	35.9	35.2	35.9	34.5	35.2
照相机(架)	Camera(unit)	3.7	2.6	2.3	1.1	1.2
微波炉(台)	Microwave Oven(unit)	37.9	36.7	32.5	37.7	40.5
空调器(台)	Air-conditioner(unit)	111.6	121.2	132.9	157.8	164.4
热水器(台)	Water Heater(unit)	92.4	91.0	95.5	88.0	89.5
固定电话(部)	Fixed Telephone(unit)	44.9	36.8	34.3	25.6	25.0
移动电话(部)	Mobile Telephone(unit)	233.4	232.4	232.6	246.5	251.5

6-14 农村居民人均可支配收入和消费支出(2018—2022年)
Per Capita Disposable Income and Consumption Expenditures of Rural Households,2018-2022

单位：元(yuan)

项　目	Item	2018	2019	2020	2021	2022
人均可支配收入	**Per Capita Annual Disposable Income**	**23065**	**24804**	**25691**	**27955**	**29018**
工资性收入	Wages and Salaries	13568	14750	14385	15749	16278
经营净收入	Net Business Income	5335	4985	5568	6162	6679
财产净收入	Net Income from Property	921	1034	1451	1280	1146
转移净收入	Net Income from Transfer	3241	4035	4287	4764	4914
人均消费支出	**Per Capita Annual Consumption Expenditures**	**16863**	**17843**	**16844**	**19285**	**18934**
食品烟酒	Food, Tobacco and Liquor	4984	5499	5622	6385	6534
衣　着	Clothing and Footwear	992	1074	1002	1073	989
居　住	Housing	3415	3367	3528	3678	3963
生活用品及服务	Household Equipments, Furnishings and Services	1357	1510	1026	1145	1106
交通通信	Transport and Communications	2595	2532	2504	2720	2522
教育文化娱乐	Education, Culture and Recreation	1237	1322	932	1386	1090
医疗保健	Health Care and Medical Services	1975	2104	1858	2427	2286
其他用品及服务	Miscellaneous Goods and Services	308	435	372	472	445

6-15 农村居民人均食品消费量(2018—2022年)
Per Capita Consumption of Foods of Rural Households,2018-2022

单位：千克 (kg)

商品名称	Item	2018	2019	2020	2021	2022
粮　食	Grain	159.7	158.2	155.0	155.8	151.5
谷　物	Cereals	148.4	145.2	141.8	141.6	138.6
薯　类	Tuber	3.4	3.8	4.0	4.1	3.6
豆　类	Beans and Products	7.9	9.2	9.3	10.1	9.3
食用油	Edible Oil and Fats	12.2	11.6	12.8	13.3	12.4
蔬菜及食用菌	Vegetables and Edible Mushroom	108.7	103.5	105.5	116.7	109.9
#鲜　菜	Fresh Vegetables	105.9	100.2	102.1	112.9	106.6
肉及制品	Meat and Meat Products	25.8	23.2	20.5	27.1	29.5
#猪　肉	Pork	18.2	16.1	13.7	19.2	21.8
牛羊肉	Beef and Mutton	3.2	2.9	2.7	3.2	3.4
家禽及制品	Poultry and Poultry Products	4.7	5.1	6.3	6.4	5.5
水产品及制品	Aquatic Products	13.9	15.0	14.7	15.8	14.8
蛋类及蛋制品	Eggs and Related Products	15.3	17.1	20.9	20.2	19.7
#鲜　蛋	Eggs	14.9	16.5	20.3	19.6	19.1
奶和奶制品	Milk and Dairy Products	11.0	10.2	10.4	10.6	9.8
鲜瓜果	Fresh Melons and Fruits	69.2	78.1	74.9	80.5	72.5

主要统计指标解释

城乡一体化住户调查

从 2012 年四季度起，国家统计局对分别进行的城乡住户调查实施了一体化改革，统一了城乡居民收入指标名称、分类和统计标准，建立了城乡统一的一体化住户调查，并据此获得居民有关数据。自 2013 年起发布一体化住户调查新口径收支数据。天津市住户调查样本涉及全市 16 个区的 400 个调查小区的 4000 个调查户。

常住成员

指住户成员中，经常在家居住或者调查期内居住时间超过一半的人员，以及本住户供养的学生。常住成员是住户调查的对象。

可支配收入

指调查户在调查期内获得的、可用于最终消费支出和储蓄的总和，即调查户可以用来自由支配的收入。可支配收入既包括现金，也包括实物收入。按照收入的来源，可支配收入包含四项，分别为：工资性收入、经营净收入、财产净收入和转移净收入。

工资性收入

指就业人员通过各种途径得到的全部劳动报酬和各种福利，包括受雇于单位或个人、从事各种自由职业、兼职和零星劳动得到的全部劳动报酬和福利。

经营净收入

指住户或住户成员从事生产经营活动所获得的净收入，是全部经营收入中扣除经营费用、生产性固定资产折旧和生产税之后得到的净收入，包括第一、二、三产业经营净收入。

财产净收入

指住户或住户成员将其所拥有的金融资产、住房等非金融资产和自然资源交由其他机构单位、住户或个人支配而获得的回报并扣除相关的费用之后得到的净收入。包括利息净收入、红利收入、储蓄性保险净收益、转让承包土地经营权租金净收入、出租房屋净收入、出租其他资产净收入和自有住房折算净租金等。

转移净收入

计算公式为：转移净收入=转移性收入-转移性支出

转移性收入

指国家、单位、社会团体对住户的各种经常性转移支付和住户之间的经常性收入转移。包括养老金或退休金、社会救济和补助、政策性生产补贴、政策性生活补贴、经常性捐赠和赔偿、报销医疗费、住户之间的赡养收入，以及本住户非常住成员寄回带回的收入等。

转移性支出

指调查户对国家、单位、住户或个人的经常性或义务性转移支付。包括缴纳的税款、各项社会保障支出、赡养支出、经常性捐赠和赔偿支出以及其他经常转移支出等。

消费支出

指住户用于满足家庭日常生活消费需要的全部支出，包括用于消费品的支出和用于服务性消费的支出。根据用途不同，消费支出可划分为食品烟酒、衣着、居住、生活用品及服务、交通通信、教育文化娱乐、医疗保健、其他用品及服务八大类。根据来源不同，消费支出可划分为现金消费支出、实物消费支出（含自产自用、来自单位、来自政府和其他社会组织）。

食品烟酒：指用于各种食品和烟草、酒类的支出，包括食品和烟酒两个中类。

衣着：指与居民穿着有关的支出，包括服装、服装材料、鞋类、其他衣类及配件、衣着相关加工服务的支出。

居住：指与居住有关的支出，包括房租、水、电、燃料、物业管理等方面的支出，也包括自有住房折算租金。

生活用品及服务：指家庭及个人的各类生活品及家庭服务。包括家具及室内装饰品、家用器具、家用纺织品、家庭日用杂品、个人用品和家庭服务。

交通通信：指用于交通和通信工具及相关的各种服务费、维修费和车辆保险等支出。

教育文化娱乐：指用于教育和文化娱乐方面的支出。

医疗保健：指用于医疗和保健的药品、用品和服务的总费用。包括医疗器具及药品，以及医疗服务。

其他用品及服务：指无法直接归入上述各类支出的其他用品与服务支出。

Explanatory Notes on Main Statistical Indicators

The Integration of Urban and Rural Household Survey

In the fourth quarter of 2012, the National Bureau of Statistics launched its reform on the household survey programme, to develop an integrated survey, instead of two separate urban and rural household surveys. The reform integrated the concepts, classifications and standards, implemented the integrated household survey, and collected household data thereafter. Integrated household survey data in new scope has been published since 2013. There were 400 survey drawing area, 4000 households involved in Tianjin.

Permanent Members

refers to household members who stay at home regularly or for over the half of the survey period, also including the students supported by family. Permanent members are the respondents of the household survey.

Disposable Income

refers to the income of households for purpose of final expenditure and savings. It includes income both in cash and in kind. By sources of income, disposable income includes four categories: income from wages and salaries, net business income, net income from properties and net income from transfers.

Wages and Salaries

refers to remuneration and benefits of all kinds of employed persons, including those employed by other units or individuals, freelance workers, part-time jobs, and sporadic workers.

Net Business Income

refers to the net income earned by households and their members engaged in production and business activities. It refers to the net income of operating revenue minus operating costs, depreciation of productive fixed assets and production tax, and including the first, second and tertiary industry business net income.

Net Income from Properties

refers to the net income received as returns by households or members through lending of their financial assets, non-financial assets such as housing, to other institutions, households or individuals, minus relevant costs. It includes net income of interest, bonus income, net income of saving insurance, net income from transferring management right of contract land, income from lending of housing, income from lending other assets, net converted rents of self-owned housing.

Net Income from Transfer

The formula is: Net income from transfer = income from transfer - expenditure from transfer

Income from Transfer

refers to the regular transfer received from governments, institutions, social organizations to households and between households. It includes old-age and retirement pension, regular donation and compensation, reimbursement of medical fees, supporting income between households, income from non-resident members of households, etc.

Expenditure from Transfer

refers to regular or obligatory transfer paid to government, institutions, households or individuals. It includes tax payment, expenditure on all kinds of social security, supporting expenditure, regular donation, compensation payment and other regular transfer expenditure.

Consumption Expenditures

refers to total expenditures of the households for living expenditure to satisfy family daily living, which include for consumer goods and service consumer expenditures. According to different purposes, it is classified into 8 categories: food, tobacco and liquor ; clothing and footwear; housing; household equipments, furnishings and services; transport and communications; education, culture and recreation; health care and medical services; and miscellaneous goods and services. According to different sources, it can be divided into expenditure in cash and in kind (including produce their own, from units, from government and other social organizations).

Food, Tobacco and Liquor: refers to expenditure for food, tobacco and liquor of all kinds, including food and tobacco classes.

Clothing and Footwear: refers to expenditure related to clothing, including clothes, clothing materials, footwear, other clothing and accessories, processing services related to clothing.

Housing: refers to expenditure related to housing, including rents, water, electricity, fuel, property management, as well as imputed rent on owner-occupied dwellings.

Household Equipments, Furnishings and Services: refers to expenditure of households and individuals on equipments, furnishings and articles for living purpose and on household services. It includes furniture and interior decorations, home appliances, home textiles, household miscellaneous daily articles, personal articles, and household services.

Transport and Communications: refers to expenditure on transport and communication and related services, maintenance and repairs, and vehicle insurance.

Education, Culture and Recreation: refers to expenditure on educational, cultural and recreational activities.

Health Care and Medical Services: refer to expenditure on drugs, supplies and services of medical and health care. It includes medical appliances and drugs, and medical services.

Miscellaneous Goods and Services: refers to expenditure on all other articles and services which can not be classified into the above categories.

第七篇 财 政

Chapter 7 Government Finance

7-1 财政收支(1994—2022年)
Finance Revenue & Expenditure,1994-2022

单位：亿元(100 million yuan)

年 份 Year	一般公共预算收入 General Public Budget Revenue	# 增值税 Value-added Tax	# 企业所得税 Income Tax of Enterprises	# 个人所得税 Individual Income Tax	一般公共预算支出 General Public Budget Expenditure
1994	46.83	14.26	11.21	2.41	69.00
1995	58.94	16.66	12.67	3.77	90.37
1996	76.02	17.25	19.06	5.30	110.19
1997	89.91	17.30	21.48	6.49	122.78
1998	101.40	18.99	20.34	7.91	137.93
1999	112.81	20.83	24.02	8.86	157.41
2000	133.61	26.12	29.25	11.34	187.05
2001	163.64	34.87	39.38	16.58	234.67
2002	171.83	38.73	26.24	13.20	265.21
2003	204.53	45.19	23.80	12.53	312.08
2004	246.18	35.17	32.12	15.98	375.02
2005	331.85	64.24	41.11	18.82	442.12
2006	417.05	80.67	53.20	21.21	543.12
2007	540.44	94.81	76.41	29.36	674.33
2008	675.62	109.68	103.70	32.17	867.72
2009	821.99	99.08	95.56	35.66	1124.28
2010	1068.81	119.20	125.89	42.96	1376.84
2011	1455.13	141.32	182.95	52.01	1796.33
2012	1760.02	149.87	187.70	49.56	2143.21
2013	2079.07	225.88	204.38	58.31	2549.21
2014	2390.35	252.92	234.91	71.98	2884.70
2015	2667.11	252.04	260.00	81.77	3232.35
2016	2723.50	455.80	278.46	96.78	3699.43
2017	2310.36	649.05	310.14	116.51	3282.54
2018	2106.24	698.46	319.53	129.78	3103.16
2019	2410.41	727.13	323.91	96.47	3555.71
2020	1923.11	650.26	310.58	103.40	3151.35
2021	2141.06	672.84	337.35	129.04	3152.55
2022	1846.69	511.17	306.64	113.58	2729.83

资料来源：本篇数据来自天津市财政局。
Source: Data in this chapter are from Tianjin Municipal Finance Bureau.
注：2002年开始中央与地方实施所得税收入分享改革，所得税中央与地方分享比例2002年为5：5，2003年以来为6：4，下表同。
Note: The income tax revenue sharing reformed between the central and local government shared in 2002, and the income tax sharing ratio between the central and local government is 5：5, while since 2003 it is 6：4. Same as the following table.

7-2 财政收支增长速度(1995—2022年)

Increase Rate over Preceding Year of Finance Revenue & Expenditure,1995-2022

单位：%(%)

年 份 Year	一般公共预算收入 General Public Budget Revenue	# 增值税 Value-added Tax	# 企业所得税 Income Tax of Enterprises	# 个人所得税 Individual Income Tax	一般公共预算支出 General Public Budget Expenditure
1995	16.0	28.8	13.0	56.5	31.0
1996	29.0	3.6	50.4	40.4	21.9
1997	18.3	0.3	12.7	22.5	11.4
1998	12.8	9.8	-5.3	21.9	6.9
1999	11.3	9.7	18.1	12.1	14.1
2000	18.4	25.4	21.8	27.9	17.1
2001	22.5	33.5	34.6	46.2	27.3
2002	16.9	11.1	9.6	23.1	13.0
2003	24.8	16.7	13.6	18.7	17.8
2004	28.9	16.7	34.8	27.5	20.2
2005	28.2	21.8	27.8	17.5	17.9
2006	25.7	25.6	29.8	12.7	22.8
2007	29.7	17.5	44.4	38.4	24.2
2008	25.1	15.7	36.2	9.6	25.4
2009	21.6	-9.7	-8.4	10.8	21.3
2010	30.1	20.3	32.6	20.5	23.1
2011	36.1	18.6	45.3	21.1	28.2
2012	21.0	6.1	2.7	-4.7	19.2
2013	18.1	50.7	8.9	17.6	18.9
2014	15.0	11.9	15.1	23.5	15.2
2015	11.6	-0.3	10.7	13.6	12.0
2016	10.0	36.4	7.1	18.4	6.3
2017	-10.4	32.8	11.4	20.4	-11.3
2018	-8.8	6.7	3.1	11.4	-5.4
2019	14.4	0.6	4.3	-25.7	13.1
2020	-10.2	-10.6	-4.1	7.2	-11.4
2021	11.3	3.5	8.6	24.8	
2022	-5.8	0.8	-9.1	-12.0	-13.4

注：本表中增长速度均按可比口径计算。
Note: Increase rate in this table are calculated on the basis of constant coverage.

7-3 财政收入
Government Revenue

单位：亿元(100 million yuan)

项　目	Item	2021	2022	2022比2021年增长(%) Increase Rate in 2022 over 2021(%)
一、一般公共预算收入	**General Public Budget Revenue**	**2141.06**	**1846.69**	**-5.8**
按科目分	**By Subject**			
税收收入	Revenue from Taxes	1621.89	1346.94	-6.4
# 增值税(50%)	Value-added Tax (50%)	672.84	511.17	0.8
企业所得税	Income Tax of Enterprises	337.35	306.64	-9.1
个人所得税	Individual Income Tax	129.04	113.58	-12.0
非税收入	Non-tax Income	519.17	499.75	-3.7
专项收入	Special Project Income	129.47	119.45	-7.7
行政事业性收费收入	Income from Administrative Fees	30.08	24.43	-18.8
罚没收入	Penalty and Confiscatory Income	38.85	110.72	185.0
国有资本经营收入	State-owned Capital Operation Income	11.87	0.79	-93.4
国有资源(资产)有偿使用收入	Paid Use of State-owned Resources (assets) Income	248.65	197.21	-20.7
政府住房基金收入	Government Housing Fund Receipts	32.40	30.44	-6.0
其他收入	Others	27.85	16.72	-40.0
按级次分	**By Level**			
市级一般公共预算收入	General Public Budget Revenue at City Level	890.67	739.68	-6.6
区级一般公共预算收入	General Public Budget Revenue at District Level	1250.39	1107.01	-5.2
二、政府性基金收入	**Governmental Fund Revenue**	**1119.53**	**423.66**	**-62.4**
市级政府性基金收入	Governmental Fund Revenue at City Level	533.08	183.66	-66.0
区级政府性基金收入	Governmental Fund Revenue at District Level	586.45	240.00	-59.1

注：一般公共预算收入、税收收入和增值税的增速为剔除留抵退税因素按可比口径计算的数据。
Note: Increase rate of general public budget revenue, revenue from taxes and value-added tax are calculated on the basis of constant coverage, excluding the factors of VAT credit refund.

7-4 财政支出
Government Expenditure

单位：亿元(100 million yuan)

项 目	Item	2021	2022	2022比2021年增长(%) Increase Rate in 2022 over 2021(%)
一、一般公共预算支出	**General Public Budget Expenditure**	**3152.55**	**2729.83**	**-13.4**
按科目分	**By Subject**			
# 一般公共服务	General Public Service	234.40	215.89	-7.9
公共安全	Public Safety	215.69	202.42	-6.2
教 育	Education	479.25	478.94	-0.1
科学技术	Science and Technology	103.97	62.16	-40.2
文化旅游体育与传媒	Culture,Tourism, Sports and Media	36.97	29.78	-19.4
社会保障和就业	Social Security and Employment	597.96	546.38	-8.6
卫生健康	Health and Wellness	182.59	176.61	-3.3
节能环保	Energy Conservation and Environmental Protection	47.14	29.06	-38.4
城乡社区	Urban & Rural Community Affairs	459.59	272.22	-40.8
农林水	Agriculture, Forestry and Water Conservancy Affairs	148.01	110.30	-25.5
交通运输	Transportation	92.18	81.57	-11.5
住房保障	Housing Security Spending	72.48	55.84	-23.0
按级次分	**By Level**			
市级一般公共预算支出	General Public Budget Expenditure at City Level	1097.80	1042.67	-5.0
区级一般公共预算支出	General Public Budget Expenditure at District Level	2054.75	1687.16	-17.9
二、政府性基金支出	**Governmental Fund Expenditure**	**1683.85**	**1119.57**	**-33.5**
市级政府性基金支出	Governmental Fund Expenditure at City Level	474.12	222.17	-53.1
区级政府性基金支出	Governmental Fund Expenditure at District Level	1209.73	897.39	-25.8

7-5 区级财政收入(2022年)
Finance Revenue at District Level,2022

单位：万元(10 000 yuan)

地 区	Region	一般公共预算收入 General Public Budget Revenue	税收收入 Revenue from Taxes	增值税 Value-added Tax	企业所得税 Income Tax of Enterprises	个人所得税 Individual Income Tax
总 计	**Total**	**11070054**	**8152834**	**2243244**	**1889408**	**514547**
和平区	Heping District	339734	294989	80029	44438	17210
河东区	Hedong District	331069	218514	65249	43462	9151
河西区	Hexi District	505688	416687	112745	56903	19308
南开区	Nankai District	339361	232797	48274	32264	20703
河北区	Hebei District	215743	182593	53298	39350	4648
红桥区	Hongqiao District	159608	111104	21913	10927	5552
东丽区	Dongli District	505243	356012	85392	43978	11036
西青区	Xiqing District	671457	453172	112598	75208	15274
津南区	Jinnan District	503806	271969	66432	43755	10663
北辰区	Beichen District	528682	331337	100929	64463	11478
武清区	Wuqing District	883603	459479	91806	86983	44836
宝坻区	Baodi District	301877	156052	40525	26141	11387
滨海新区	Binhai New Area	5054146	4205699	1236283	1268811	316126
宁河区	Ninghe District	145371	91670	23339	14897	2934
静海区	Jinghai District	379293	275316	78510	29614	10564
蓟州区	Jizhou District	205373	95444	25922	8214	3677

7-5续表1 *Continued*

单位：万元(10 000 yuan)

地　区	Region	城市维护建设税 Tax on Urban Maintenance and Construction	土地增值税 Land Value Added Tax	契　税 Deed Tax	其他各项税收收入 Other Kinds of Taxes	非税收入 Non-tax Income
总　计	**Total**	**864850**	**431773**	**644548**	**1564464**	**2917220**
和平区	Heping District	29775	18746	31760	73031	44745
河东区	Hedong District	21908	8809	25654	44281	112555
河西区	Hexi District	39434	51289	58150	78858	89001
南开区	Nankai District	18723	12803	35410	64620	106564
河北区	Hebei District	9404	29569	15131	31193	33150
红桥区	Hongqiao District	8817	11546	28622	23727	48504
东丽区	Dongli District	56697	38362	40073	80474	149231
西青区	Xiqing District	38533	39211	75094	97254	218285
津南区	Jinnan District	25122	27524	42904	55569	231837
北辰区	Beichen District	34398	2827	38991	78251	197345
武清区	Wuqing District	48437	53355	39034	95028	424124
宝坻区	Baodi District	16420	2994	19337	39248	145825
滨海新区	Binhai New Area	463682	106008	150028	664761	848447
宁河区	Ninghe District	13246	5780	5529	25945	53701
静海区	Jinghai District	29950	19221	27091	80366	103977
蓟州区	Jizhou District	10304	3729	11740	31858	109929

7-5续表2 *Continued*

单位：万元(10 000 yuan)

地　区	Region	专项收入 Special Project Income	行政事业性收费收入 Income from Administrative Fees	罚没收入 Penalty and Confiscatory Income	国有资源(资产)有偿使用及经营 Paid Use of State-owned Resources (assets) Income	其他各项非税收入 Other Kinds of Non-tax Income
总　计	**Total**	**931615**	**67573**	**151943**	**1668137**	**97952**
和平区	Heping District	27407	1955	5627	3980	5776
河东区	Hedong District	21228	3921	9074	77438	894
河西区	Hexi District	35858	4459	11217	37085	382
南开区	Nankai District	28484	5309	4717	56127	11927
河北区	Hebei District	8422	2768	6401	15423	136
红桥区	Hongqiao District	8081	1312	2926	27304	8881
东丽区	Dongli District	55993	3008	6206	83870	154
西青区	Xiqing District	85696	5457	12265	109458	5409
津南区	Jinnan District	38382	4499	6243	182075	638
北辰区	Beichen District	40204	5003	9506	142177	455
武清区	Wuqing District	107375	4715	10255	295240	6539
宝坻区	Baodi District	28956	5034	9655	101928	252
滨海新区	Binhai New Area	373293	10729	31134	389234	44057
宁河区	Ninghe District	10621	1760	8062	25011	8247
静海区	Jinghai District	45614	2957	5409	47052	2945
蓟州区	Jizhou District	16001	4687	13246	74735	1260

7-6 区级财政支出(2022年)
Finance Expenditure at District Level,2022

单位：万元(10 000 yuan)

地　区	Region	一般公共预算支出 General Public Budget Expenditure	一般公共服务 General Public Service	公共安全 Public Safety	教　育 Education	科学技术 Science and Technology
总　计	**Total**	**16871552**	**1630503**	**1019969**	**3529933**	**476367**
和平区	Heping District	539644	64478	50803	154487	2358
河东区	Hedong District	590009	51772	53659	162226	2392
河西区	Hexi District	868807	93183	62984	190163	7029
南开区	Nankai District	531106	59539	65769	161958	1831
河北区	Hebei District	425325	46173	44088	140329	1919
红桥区	Hongqiao District	380329	46923	36411	122778	2471
东丽区	Dongli District	672260	72263	58310	138000	1776
西青区	Xiqing District	1045109	145915	78311	193779	10503
津南区	Jinnan District	747124	99795	54823	172452	7043
北辰区	Beichen District	683317	78963	65784	169219	3689
武清区	Wuqing District	1191942	156231	69798	311173	4485
宝坻区	Baodi District	444729	58424	36910	237890	576
滨海新区	Binhai New Area	6845871	456795	231067	826226	427556
宁河区	Ninghe District	339793	39164	19210	119238	705
静海区	Jinghai District	733836	78342	41375	187588	997
蓟州区	Jizhou District	832351	82543	50667	242427	1037

7-6续表1 *Continued*

单位：万元(10 000 yuan)

地　　区	Region	文化旅游体育与传媒 Culture,Tourism, Sports and Media	社会保障和就业 Social Security and Employment	卫生健康 Health and Wellness	节能环保 Energy Conservation and Environmental Protection
总　　计	**Total**	**129546**	**2093251**	**1271635**	**142773**
和平区	Heping District	9176	122329	39729	2346
河东区	Hedong District	3265	183218	63331	1538
河西区	Hexi District	6502	205561	95655	3204
南开区	Nankai District	3328	118956	51315	1648
河北区	Hebei District	2454	94278	56905	1956
红桥区	Hongqiao District	3007	81416	37103	1866
东丽区	Dongli District	9670	135615	58233	15450
西青区	Xiqing District	12441	123366	106211	12225
津南区	Jinnan District	4086	120078	94853	5319
北辰区	Beichen District	4867	91905	61733	3386
武清区	Wuqing District	10282	208119	121249	8990
宝坻区	Baodi District	3011	3016	8856	1677
滨海新区	Binhai New Area	41816	298560	285788	46767
宁河区	Ninghe District	2482	19331	25921	8963
静海区	Jinghai District	5714	124392	71486	10750
蓟州区	Jizhou District	7445	163111	93267	16688

7-6续表2 *Continued*

单位：万元(10 000 yuan)

地　区	Region	城乡社区 Urban & Rural Community Affairs	农林水、自然海洋气象和粮油物资储备等事务 Agriculture, Forestry and Water Conservancy, Land,Sea and Meteorology, Reserves of Cereals, Oils and Material	资源勘探信息、商业服务业、金融监管、交通运输等事务 Resource Exploration and Power Information, Business Services, Financial Supervision, Transportation	其他各项支出 Other Kinds of Expenditure
总　计	**Total**	**2035637**	**736334**	**2828534**	**977070**
和平区	Heping District	41510	347	1257	50824
河东区	Hedong District	49525	716	3998	14369
河西区	Hexi District	88640	785	3798	111303
南开区	Nankai District	46295	39	1058	19370
河北区	Hebei District	29180	730	421	6892
红桥区	Hongqiao District	31342	435	3938	12639
东丽区	Dongli District	50942	38315	27236	66450
西青区	Xiqing District	236081	59564	39699	27014
津南区	Jinnan District	45715	31563	78364	33033
北辰区	Beichen District	121615	41450	12394	28312
武清区	Wuqing District	99313	137578	20383	44341
宝坻区	Baodi District	6531	63529	8602	15707
滨海新区	Binhai New Area	1087714	146953	2593559	403070
宁河区	Ninghe District	8928	33377	11183	51291
静海区	Jinghai District	74227	85646	10390	42929
蓟州区	Jizhou District	18079	95307	12254	49526

主要统计指标解释

一般公共预算收入

包括城市维护建设税（不含铁道部门、各银行总行、各保险公司总公司集中缴纳的部分），房产税，城镇土地使用税，土地增值税，车船税，耕地占用税，契税，烟叶税，印花税（不含证券交易印花税），增值税 50%部分，纳入共享范围的企业所得税 40%部分，个人所得税 40%部分，海洋石油资源税以外的其他资源税，地方非税收入等。

税收收入 包括增值税、消费税、营业税、企业所得税、企业所得税退税、个人所得税、资源税、固定资产投资方向调节税、城市维护建设税、房产税、印花税、城镇土地使用税、土地增值税、车船税、耕地占用税、契税、烟叶税和其他税收收入。

一般公共预算支出

指根据政府在经济和社会活动中的不同职责，划分中央和地方政府的责权，按照政府的责权划分确定的支出。地方一般公共预算支出包括一般公共服务，公共安全支出，地方统筹的各项社会事业支出等。

一般公共服务支出 指政府提供一般公共服务的支出。

科学技术支出 指用于科学技术方面的支出。

教育支出 指政府教育事务支出。有关具体教育事务包括教育行政管理、学前教育、小学教育、初中教育、普通高中教育、普通高等教育、初等职业教育、中专教育、技校教育、职业高中教育、高等职业教育、广播电视教育、留学生教育、特殊教育、干部继续教育、教育机关服务等。

文化旅游体育与传媒支出 指政府在文化、文物、旅游、体育、广播电视、新闻出版等方面的支出。

卫生健康支出 指地方财政一般预算内支出中的医疗卫生与健康支出项目等方面的支出。

城乡社区支出 指政府城乡社区事务支出。具体包括:城乡社区管理事务支出、城乡社区规划与管理支出、城乡社区公共设施支出、城乡社区住宅支出、城乡社区环境卫生支出、建设市场管理与监督支出等。

社会保障和就业支出 指政府在社会保障与就业方面的支出。有关事项包括社会保障与就业管理事务、民政管理事务、财政对社会保险基金的补助、补充全国社会保障基金、行政事业单位离退休、企业改革补助、就业补助、抚恤、退役安置、社会福利、残疾人事业、城市居民最低生活保障、其他城镇社会救济、农村社会救济、自然灾害生活补助、红十字事务等。

Explanatory Notes on Main Statistical Indicators

General Public Budget Revenue

includes city maintenance and construct tax (excluding the part of the Ministry of Railways, head offices of banks, head offices of insurance company, which are handed over to the government in a centralized way), house property tax, urban land use tax, land appreciation tax, tax on vehicles and boat operation, farm land occupation tax, deed tax, and tobacco leaf tax, stamp tax (not including stamp tax on security exchange), 50% of the value-added tax, 40% the share part of the corporate income tax, 40% of individual income tax, resource tax other than the tax on offshore petroleum resources, local non-tax revenue, etc.

Revenue from Taxes includes value-added tax, consumption tax, business tax, corporate income tax, corporate income tax rebate, individual income tax, resource tax, fixed asset investment direction adjustment tax, city maintenance and construction tax, house property tax, stamp tax, urban land use tax, land appreciation tax, tax on vehicles and boat operation, farm land occupation tax, deed tax, and tobacco leaf tax and other tax revenue.

General Public Budget Expenditure

according to the different functions of governments in economic and social activities, the rights of administration are demarcated between those of the Central Government and those of local governments; and the classification of the expenditure between the governments are made on the basis of the classification of the rights administration between them. The general public budget expenditure of the local governments includes mainly the expenditure for general public services, expenditure for public security, and expenditures for social development which are planed by local governments, etc.

General Public Service Expenditure refers to government expenditure on providing general public services.

Science and Technology Expenditure refers to government expenditure on science and technology.

Education Expenditure refers to government expenditure on education affairs, which include education administration, preschool education, regular primary education, junior secondary education, senior secondary education, higher education, junior vocational education, secondary vocational education, skilled workers education, senior secondary vocational education, higher vocational education, radio and television education, foreign students, special education, continuing education, educational institution services, etc.

Cultural, Tourism, Sports and Media Expenditure refers to government expenditures on culture, cultural relics, tourism, sports, radio and television, news and publications.

Health and Wellness Expenditure refers to government expenditure on medical care and health expenditure items.

Urban and Rural Community Affairs Expenditure refers to government expenditure on urban and rural community affairs. It includes urban and rural community management affairs expenditure, planning and management expenditure, public facilities expenditure, housing expenditure, environmental sanitation expenditure, construction market management and supervision expenditure, etc.

Social Security and Employment Expenditure refers to government expenditure on social security and employment. It includes social security and employment management affairs, civil management affairs, financial subsidies to social insurance funds, supplementary national social security funds, retirement and enterprise reform subsidies, employment subsidies, pensions, retirement from the military resettlement, social welfare, affairs for the disabled, minimum living security for urban residents, other urban social relief, rural social relief, natural disaster living allowance, Red Cross affairs, etc..

第八篇　资源环境和公共设施

Chapter 8 Resources Environment and Public Facilities

8-1 各月份气象资料(2022年)

Meteorological Data of Each Month,2022

月 份 Month	平均气温 Average Temperature (℃)	最高气温 Highest Temperature (℃)	最低气温 Lowest Temperature (℃)	平均相对湿度 Average Relative Humidity (%)	日照时数(小时) Hours of Sunshine (hour)	降水量(毫米) Precipitation (mm)	一日最大降水量(毫米) Largest Precipitation in One Day (mm)	平均风速(米/秒) Average Wind Speed (m/sec)
全 年 Year	**13.4**	**40.7**	**-17.0**	**58.2**	**2724.6**	**589.9**	**140.3**	**2.2**
一 月 January	-2.2	9.8	-12.9	58.8	195.0	6.1	6.6	1.8
二 月 February	-1.3	17.1	-17.0	47.3	219.5	5.2	6.3	2.2
三 月 March	7.2	23.1	-8.2	54.7	212.1	18.1	10.8	2.5
四 月 April	16.0	31.7	0.0	47.8	261.0	5.2	5.3	2.7
五 月 May	21.3	36.9	3.9	48.8	295.1	14.3	11.9	2.5
六 月 June	25.3	40.7	10.9	66.5	235.1	93.9	58.3	2.4
七 月 July	27.5	37.3	18.3	75.8	231.0	190.6	140.3	2.1
八 月 August	26.3	37.5	9.8	72.6	211.7	173.6	124.0	2.0
九 月 September	22.8	33.5	6.4	60.7	297.2	3.2	6.3	2.0
十 月 October	13.8	27.3	-0.8	59.5	195.1	43.4	58.6	2.0
十一月 November	7.5	18.2	-13.3	66.2	150.2	36.2	29.4	2.0
十二月 December	-3.2	10.4	-15.0	39.2	221.6	0.0	0.0	2.1

资料来源：天津市气象局，表8-2同。
Source: Tianjin Meteorological Service. Same as table 8-2.

8-2 各区气象资料(2022年)

Meteorological Data by Region,2022

地 区 Region	全年平均气温 Annual Average Temperature (℃)	平均相对湿度 Average Relative Humidity (%)	日照时数(小时) Hours of Sunshine (hour)	降水量(毫米) Precipitation (mm)	大雾天数(天) Great Foggy Days (day)	轻雾天数(天) Thin Foggy Days (day)
中心城区 Central Districts	14.9	51	2499.9	618.6	6	169
东丽区 Dongli District	14.1	55	2790.4	600.1	10	183
西青区 Xiqing District	13.6	58	2721.1	618.2	26	196
津南区 Jinnan District	13.5	60	2842.2	720.7	14	224
北辰区 Beichen District	13.3	58	2635.0	643.1	32	188
武清区 Wuqing District	13.2	56	2649.1	450.4	26	184
宝坻区 Baodi District	12.7	58	2765.6	625.0	23	192
滨海新区 Binhai New Area	13.5	60	2774.9	580.9	18	212
宁河区 Ninghe District	12.6	64	2794.5	662.5	38	211
静海区 Jinghai District	13.9	56	2723.2	484.4	15	229
蓟州区 Jizhou District	11.9	60	2674.0	503.0	26	207

8-3 城市建成区及城市现状建设用地(2019—2022年)
Urban Built-up Areas and City Status Construction Land,2019-2022

单位：平方公里(sq.km)

项　目	Item	2019	2020	2021	2022
总　计	**Total**	**998.14**	**1040.63**	**1079.27**	**1088.48**
按行政区域分	**By Administrative Area**				
和平区	Heping District	9.79	9.60	9.60	9.55
河东区	Hedong District	30.75	34.16	35.05	34.64
河西区	Hexi District	34.23	34.68	44.36	44.52
南开区	Nankai District	37.06	37.07	40.17	40.15
河北区	Hebei District	24.16	26.60	26.60	26.52
红桥区	Hongqiao District	17.15	19.32	21.06	21.08
东丽区	Dongli District	68.93	80.62	88.10	96.99
# 天津滨海国际机场	Tianjin Binhai International Airport		2.53	2.55	5.85
西青区	Xiqing District	75.81	89.26	90.07	92.36
津南区	Jinnan District	35.86	40.23	43.12	43.74
北辰区	Beichen District	74.03	69.13	70.15	70.11
武清区	Wuqing District	76.00	71.88	75.73	76.92
宝坻区	Baodi District	68.99	69.28	62.27	63.27
滨海新区	Binhai New Area	365.34	374.66	386.91	380.67
宁河区	Ninghe District	21.56	21.98	24.75	25.65
静海区	Jinghai District	30.79	33.80	37.35	38.11
蓟州区	Jizhou District	27.69	28.36	23.98	24.20
按建设用途分	**By Use of Construction**				
居住用地	Dwelling	263.32	289.37	302.24	312.00
公共管理与公共服务用地	Public Facilities of Management and Service	75.82	81.37	86.53	87.54
商业服务业设施用地	Facilities for Business Services	79.51	86.80	93.26	95.11
工业用地	Industry	237.71	238.79	256.54	262.47
物流仓储用地	Warehouse	55.22	51.18	51.90	54.33
交通设施用地	Facilities for Traffic	151.92	165.52	167.64	158.80
公用设施用地	Public Facilities of Administration	20.16	20.36	19.61	20.23
绿　地	Green Land	114.49	107.24	101.54	98.00

资料来源：天津市规划和自然资源局。
Source: Tianjin Municipal Bureau of Planning and Natural Resources.

8-4 水资源情况(2001—2022年)

Water Resources,2001-2022

年 份 Year	水资源总量 (亿立方米) Total Amount of Water Resources (100 million cu.m)	地表水 Surface Water	地下水 Underground Water	地表水与地下水资源重复量 Duplicated Measurement of Surface and Underground	人均水资源量 (立方米／人) Per Capita Water Resources (cu.m/person)
2001	5.66	3.53	2.41	0.28	56.45
2002	3.67	1.85	2.09	0.27	36.49
2003	10.60	6.15	4.82	0.37	105.03
2004	14.31	9.79	5.16	0.64	140.64
2005	10.63	7.13	4.44	0.94	102.87
2006	10.11	6.62	4.46	0.97	95.47
2007	11.31	7.50	4.76	0.95	103.29
2008	18.30	13.61	5.91	1.22	159.76
2009	15.24	10.59	5.60	0.95	126.80
2010	9.20	5.58	4.45	0.83	70.81
2011	15.38	10.89	5.22	0.73	116.52
2012	32.92	26.54	7.62	1.24	242.15
2013	14.64	10.80	5.01	1.17	105.02
2014	11.37	8.33	3.67	0.63	80.10
2015	12.82	8.70	4.87	0.75	89.40
2016	18.92	14.10	6.08	1.26	131.30
2017	13.01	8.80	5.54	1.33	91.20
2018	17.58	11.76	7.33	1.51	125.89
2019	8.09	5.12	4.16	1.19	58.45
2020	13.30	8.60	5.76	1.07	95.95
2021	39.77	30.50	10.95	1.68	288.23
2022	16.65	11.02	6.79	1.16	121.71

资料来源：天津市水务局，表8-5、8-7同。
Source: Tianjin Municipal Water Conservancy Bureau. Same as table 8-5 and 8-7.

8-5 供水用水情况(2001—2022年)
Water Supply and Water Use,2001-2022

单位：万立方米(10 000 cu.m)

年份 地区	Year Region	供水总量 Water Supply	# 地表水 Surface Water	# 地下水 Underground Water	农业用水 Agricultural Use
2001		188141	111738	76403	99056
2002		199610	117421	82189	106244
2003		205118	133713	71405	114072
2004		219623	148932	70691	121529
2005		225193	160224	64969	135267
2006		224996	161001	63995	133965
2007		230060	164917	65143	138408
2008		214274	154793	59481	120603
2009		229204	172135	57069	128400
2010		217258	161585	55673	109653
2011		224569	169420	55149	115500
2012		212920	161926	50994	107793
2013		237560	180653	56907	121667
2014		240869	159382	53396	114012
2015		256750	178580	49235	123188
2016		272307	190734	47270	120490
2017		274905	189926	46085	107199
2018		284235	194633	44065	100011
2019		284483	191558	39072	92416
2020		278204	192259	30096	102988
2021		323406	237906	27274	92847
2022		335510	248017	27043	100064
东丽区	Dongli District	10852	8188	55	1827
西青区	Xiqing District	13965	8108	345	3558
津南区	Jinnan District	13254	9406	23	3188
北辰区	Beichen District	11799	7388	249	2057
武清区	Wuqing District	31099	21890	5601	17113
宝坻区	Baodi District	42852	35912	4993	37347
滨海新区	Binhai New Area	56115	31540	2443	4208
宁河区	Ninghe District	26313	20443	2927	15424
静海区	Jinghai District	25193	13821	599	8421
蓟州区	Jizhou District	17667	5466	9801	6921

8-6 城市市政设施情况(2020—2022年) Municipal Facilities in City,2020-2022

指标	Item	单位	Unit	2020	2021	2022
年末实有道路	**Road (year-end)**					
铺装道路长度	Length of Paved Roads	公里	km	9234	9387	9669
铺装道路面积	Area of Paved Roads	万平方米	10 000 sq.m	17510	18000	18687
# 人行道面积	Area of Footway	万平方米	10 000 sq.m	4081	4224	4282
人均拥有道路面积	Per Capita Area of Paved Roads	平方米	sq.m	14.91	15.44	16.11
年末实有桥梁	**Bridges (year-end)**					
桥梁座数	Number of Bridges	座	unit	1196	1247	1312
# 立交桥	Flyovers	座	unit	141	150	181
年末实有路灯盏数	**Number of Road Lamps (year-end)**	**万盏**	**10 000 units**	**39.64**	**41.91**	**43.46**
排泄污水能力	**Capacity of Sewage Drainage**					
污水年排放量	Annual Volume of Sewage Drainage	万吨	10 000 tons	112734	118750	114459
排水管道长度	Length of Drainpipe	公里	km	22338	23402	23910
污水处理厂	Sewage Treatment Works	座	set	44	44	46
污水处理厂能力	Disposal Capacity of Sewage Treatment Works	万吨/日	10 000 tons/day	338.5	342.5	344.5
建成区排水管道密度	Density of Drainpipe in Developed Area	公里/平方公里	km/sq.km	19.09	18.54	18.56
污水处理率	**Percentage of Disposed Sewage Treatment**	**%**	**%**	**96.4**	**96.8**	**98.5**

资料来源：天津市城市管理委员会、天津市水务局。
Source: Tianjin Municipal Commission of Urban Management,Tianjin Municipal Water Conservancy Bureau.

8-7 城市自来水(2020—2022年) Urban Tap Water,2020-2022

指标	Item	单位	Unit	2020	2021	2022
综合生产能力	Production Capacity	万立方米/日	10 000 cu.m/day	430.10	432.50	480.00
供水管道	Length of Water Supply Pipelines	公里	km	21598	22035	22517
供水总量	Total Annual Volume of Water Supply	万立方米	10 000 cu.m	90328	94731	98912
售水总量	Total Annual Volume of Water Sold	万立方米	10 000 cu.m	76313	80317	84116
# 生活用水	For Residential Use	万立方米	10 000 cu.m	46100	47681	52000
生产用水	For Productive Use	万立方米	10 000 cu.m	26679	29745	31744
用水人口	Number of Residents with Access to Tap Water	万人	10 000 persons	1174	1165	1160
人均日生活用水量	Per Capita Daily Living Consumption of Tap Water	升	liter	115.69	121.31	122.81

8-8 城市燃气基本情况(2020—2022年)
Basic Statistics on Gas in City,2020-2022

项　　目	Item	2020	2021	2022
液化石油气	**Liquefied Petroleum Gas**			
储气能力(吨)	Storage Capacity(ton)	4901	4614	3038
销售量(吨)	Volume of Gas Sold(ton)	59891	87899	102224
工业用	For Industrial Use	20748	43417	56923
民　用	For Residential Use	39142	44482	45301
用气户数(万户)	Gas Users(10 000 households)	33.59	34.31	44.62
工业用	For Industrial Use	0.53	1.73	3.11
民　用	For Residential Use	33.06	32.58	41.51
天然气	**Natural Gas**			
储气能力(万立方米)	Storage Capacity(10 000 cu.m)	1149	1189	722
管道长度(公里)	Length of Pipelines(km)	46447	51721	52608
销售量(万立方米)	Volume of Gas Sold(10 000 cu.m)	589362	664135	670400
居民家庭	Households	93414	110393	116070
集中供热	Centralized Heating	159628	175997	188110
燃气汽车	Compressed Natural Gas Vehicle	29041	31571	26960
其　他	Others	307278	346174	339260
用气户数(万户)	Gas Users(10 000 households)	640.38	660.47	626.86
# 居民家庭	Households	575.48	607.99	590.99
用气普及率(%)	**Percentage of Population with Access to Gas(%)**	**100**	**100**	**100**

资料来源：天津市城市管理委员会，表8-9、8-11至8-13同。
Source:Tianjin Municipal Commission of Urban Management. Same as table 8-9,8-11 to 8-13.
注：工业用液化石油气数据含福利、商业和其他用。
Note: Volume of liquefied petroleum gas sold for industrial use include those for welfare, commerce and other use.

8-9 城市集中供热(2020—2022年)
Heating in City,2020-2022

项　目	Item	单　位	Unit	2020	2021	2022
供热能力	**Heating Capacity**					
蒸　汽	Steam	吨/小时	ton/hour	1875	1875	1875
热　水	Hot Water	兆瓦/小时	MW/hour	31269	31714	32282
供热总量	**Volume Supplied**					
蒸　汽	Steam	万吉焦/年	10 000 GJ/year	1014	958	873
热　水	Hot Water	万吉焦/年	10 000 GJ/year	17125	15846	16845
管道长度	**Length of Pipelines**	**公　里**	**km**	**33687**	**35145**	**36244**
供热面积	**Heating Area**	**万平方米**	**10 000 sq.m**	**55336**	**56716**	**58648**
# 住　宅	Residential Buildings	万平方米	10 000 sq.m	42826	43908	45477

8-10 城市公共交通(2020—2022年)
Public Traffic in City,2020-2022

指　标	Item	单　位	Unit	2020	2021	2022
公共汽车	**Public Transportation Vehicles**					
运营车辆	Operation Vehicles	辆	unit	12399	13258	11653
线路条数	Number of Routes	条	route	1002	1011	1015
线路长度	Length of Routes	公 里	km	27140	27713	27865
客运总量	Volume of Passengers	万人次	10 000 person-times	61391	69100	44546
日均乘客人数	Average Daily Passengers	万人次	10 000 person-times	168	189	122
每万人拥有公共交通车辆	Number of Public Transportation Vehicles per 10 000 Persons	标 台	unit	8.9	10.6	9.6
营运出租汽车	**Operating Taxis**	**辆**	**unit**	**31779**	**31779**	**31779**
轨道交通	**Subway**					
地　铁	Metro					
运营车辆	Operation Vehicles	节	car	1068	1272	1404
运营线路长度	Length of Operation Lines	公 里	km	178.7	211.8	233.8
客运总量	Volume of Passengers	万人次	10 000 person-times	26655	41698	28731
津滨轻轨	Binhai Mass Trains					
运营车辆	Operation Vehicles	节	car	152	152	152
运营线路长度	Length of Operation Lines	公 里	km	52.2	52.2	52.2
客运总量	Volume of Passengers	万人次	10 000 person-times	3595	4762	3217

资料来源：天津市交通运输委员会。
Source: Tianjin Municipal Transportation Commission.

8-11 城市环境卫生事业发展情况(2020—2022年)
Development of Urban Environmental Sanitation,2020-2022

指　标	Item	单　位	Unit	2020	2021	2022
清运垃圾粪便工作量	**Volume of Garbage, Excrement and Urine Disposal**					
道路清扫保洁面积	Area of Road Cleaned	万平方米	10 000 sq.m	13256	13523	14111
生活垃圾清运量	Volume of Living Garbage Disposal	万 吨	10 000 tons	290	310	287
粪便清运量	Volume of Excrement and Urine Disposal	万 吨	10 000 tons	21	20	13
垃圾无害化处理量	Volume of Garbage Innocuous Disposal	万 吨	10 000 tons	290	310	287
生活垃圾无害化处理率	**Innocuous Disposal Rate of Living Garbage**	**%**	**%**	**100**	**100**	**100**
环境卫生设施	**Environmental Sanitation Facilities**					
公共厕所	Lavatories	座	unit	4120	4208	4563
垃圾无害化处理厂	Garbage Innocuous Disposal Plant	座	unit	17	15	13
无害化处理厂能力	Capacity of Innocuous Disposal Plant	吨/日	ton/day	20050	18300	18200
环卫职工人数	**Number of Environment Sanitation Staff & Workers**	**人**	**person**	**27353**	**27353**	**27075**

8-12 城市绿化情况(2020—2022年)
Green Area in City,2020-2022

指　　标	Item	2020	2021	2022
公　园(个)	Parks(unit)	134	162	168
花　圃(个)	Gardens(unit)	7	7	6
建成区绿地面积(公顷)	Total Area of Green Area in Developed Area(hectare)	40326	43693	44880
公园绿地	Park Green Area	11432	11198	11273
防护绿地	Protection Green Area	4150	4868	5224
广场绿地	Square Green Area	75	82	112
附属绿地	Accessorial Green Area	19359	20986	22156
区域绿地	Area Green Space	5309	6558	6115
年末实有树木(万株)	Trees(year-end)(10 000 trees)	10883.94	10771.64	11098.61
# 行道树	Roadside Trees	118.71	113.90	119.18
建成区绿化覆盖率(%)	Coverage Rate of Afforestation in Developed Area(%)	37.6	38.3	38.4
建成区绿地率(%)	Coverage Rate of Green Area in Developed Area(%)	34.5	35.3	35.5
人均公园面积(平方米)	Per Capita Area of Parks(sq.m)	10.3	9.7	10.0

8-13 公园分布(2022年)
Distribution of Parks,2022

地　区	Region	公园个数(个) Number of Parks (unit)	地　区	Region	公园面积(公顷) Area of Parks (hectare)
合　　计	**Total**	**168**	**合　　计**	**Total**	**3437**
和平区	Heping District	5	和平区	Heping District	5
河东区	Hedong District	12	河东区	Hedong District	80
河西区	Hexi District	22	河西区	Hexi District	164
南开区	Nankai District	8	南开区	Nankai District	281
河北区	Hebei District	14	河北区	Hebei District	102
红桥区	Hongqiao District	7	红桥区	Hongqiao District	73
东丽区	Dongli District	5	东丽区	Dongli District	77
西青区	Xiqing District	12	西青区	Xiqing District	375
津南区	Jinnan District	4	津南区	Jinnan District	86
北辰区	Beichen District	9	北辰区	Beichen District	31
武清区	Wuqing District	9	武清区	Wuqing District	425
宝坻区	Baodi District	7	宝坻区	Baodi District	69
滨海新区	Binhai New Area	41	滨海新区	Binhai New Area	1448
宁河区	Ninghe District	4	宁河区	Ninghe District	52
静海区	Jinghai District	4	静海区	Jinghai District	10
蓟州区	Jizhou District	5	蓟州区	Jizhou District	159

8-14 水、大气、声、生态环境情况(2020—2022年)
Water, Atmospheric, Acoustic and Ecological Environment,2020-2022

指　　标　　Item	2020	2021	2022
水 环 境			
Water Environment Conditions			
城市集中式饮用水水源地水质达标率(%)			
Urban Centralized Drinking Water Sources Quality Rate (%)	100	100	100
近岸海域优良水质比例(%)			
Inshore Area Good Water Quality Rate (%)	70.4	58.3	71.7
大气环境			
Atmospheric Environment Conditions			
可吸入颗粒物(毫克/立方米)			
(PM_{10}) Particulate Matters (mg/cu.m)	0.068	0.069	0.065
细颗粒物(毫克/立方米)			
($PM_{2.5}$) Fine Particulate Matters (mg/cu.m)	0.048	0.039	0.037
二氧化硫(毫克/立方米)			
(SO_2) Sulphur Dioxide (mg/cu.m)	0.008	0.008	0.009
二氧化氮(毫克/立方米)			
(NO_2) Nitrogen Dioxide (mg/cu.m)	0.039	0.037	0.032
空气质量优良天数(天)			
Days of Air Quality Equal to or Above Grade Ⅱ (day)	245	264	267
空气质量优良天数比例(%)			
Proportion of Days of Air Quality Equal to or Above Grade Ⅱ in the Whole Year (%)	66.9	72.3	73.2
声 环 境(分贝)			
Acoustic Environment Conditions(decibel)			
道路交通噪声平均声级			
Equivalent Sound Level of City Traffic Noise	65.0	65.3	64.2
全市区域环境噪声平均声级			
Equivalent Sound Level of City Environmental Noise	52.8	53.1	53.1
生态环境			
Ecological Environment Conditions			
自然保护区(个)			
Nature Reserves(unit)	8	8	8
# 国家级自然保护区			
State-level Nature Reserves	3	3	3
自然保护区面积(万公顷)			
Nature Reserves Area(10 000 hectares)	9.04	9.04	9.04

资料来源：天津市生态环境局，表8-15至8-17同。
Source: Tianjin Ecology and Environment Bureau. Same as table 8-15 to 8-17.
注：表中2022年数据为初步统计数据，表8-15至8-17同。
Note: Data in 2022 are preliminary statistical data. Same as table 8-15 to 8-17.

8-15 水环境保护(2020—2022年)
Water Environment Protection,2020-2022

指 标 Item	2020	2021	2022
废水排放总量(万吨)			
Volume of Waste Water Discharged (10 000 tons)	**47129.2**	**53583.0**	**53344.7**
工业源			
Industrial Source	11160.3	11014.9	9715.9
生活源			
Residential Source	35920.1	42506.6	43576.5
集中式治理设施			
Centralized Treatment Facilities	48.8	61.5	52.3
化学需氧量排放量(吨)			
COD of Waste Water Discharged (ton)	**156341.7**	**155237.4**	**152046.8**
工业源			
Industrial Source	2820.7	2779.6	2300.9
生活源			
Residential Source	33600.0	33624.6	26404.8
农业源			
Agricultural Source	119889.1	118787.6	123324.8
集中式治理设施			
Centralized Treatment Facilities	31.9	45.7	16.3
氨氮排放量(吨)			
Emission of Ammonia and Nitrogen (ton)	**2565.3**	**2487.0**	**2115.5**
工业源			
Industrial Source	96.3	82.2	51.1
生活源			
Residential Source	1302.1	1235.2	876.8
农业源			
Agricultural Source	1162.7	1161.6	1185.0
集中式治理设施			
Centralized Treatment Facilities	4.2	8.1	2.6

注：废水排放中生活源包括城镇生活与农村生活污染排放情况；农业源包括规模化畜禽养殖场和养殖户、种植业、水产养殖业污染排放情况。

Note: The residential sources of wastewater discharge included urban life and rural life pollution discharge. Agricultural sources include large-scale livestock and poultry farms and farmers, plantations, aquaculture pollution emissions.

8-16 大气环境保护(2020—2022年)
Atmospheric Environment Protection,2020-2022

指 标 Item	2020	2021	2022
二氧化硫排放量(吨)			
Sulphur Dioxide in Waste Gas (ton)	**10196.1**	**8510.0**	**6455.1**
工业源			
Industrial Source	9756.4	8137.7	6226.5
生活源			
Residential Source	416.6	345.4	209.5
集中式治理设施			
Centralized Treatment Facilities	23.1	26.9	19.1
氮氧化物排放量(吨)			
Emission of Nitrogen Oxides (ton)	**116979.7**	**107247.2**	**88416.2**
工业源			
Industrial Source	29167.3	24821.0	21223.3
生活源			
Residential Source	3458.0	3697.5	3026.2
机动车			
Automobiles	84270.0	78621.7	64040.3
集中式治理设施			
Centralized Treatment Facilities	84.4	107.0	126.4
颗粒物排放量(吨)			
Volume of Particulate Matter (ton)	**15559.8**	**12840.0**	**9032.1**
工业源			
Industrial Source	10053.1	8188.9	6070.1
生活源			
Residential Source	4428.1	3743.3	2338.4
机动车			
Automobiles	1068.9	897.2	618.1
集中式治理设施			
Centralized Treatment Facilities	9.7	10.6	5.5

注：废气排放中工业源统计重点调查工业企业排放情况。
Note: Only the emissions of key surveyed industrial enterprises were counted in industrial source of emissions.

8-17 工业固体废物利用与处置情况(2020—2022年)
Utilization and Disposal of Industrial Waste Residue,2020-2022

单位：万吨(10 000 tons)

指　　标　　Item	2020	2021	2022
一般工业固体废物产生量			
Amount of Industrial Waste Residue Produced	1738.8	1927.5	1946.1
一般工业固体废物综合利用量			
Volume of Comprehensive Utilization of Industrial Waste Residue	1731.5	1920.8	1935.6
一般工业固体废物处置量			
Volume of Industrial Solid Waste Disposed	5.8	5.1	9.8
一般工业固体废物综合利用率(%)			
Rate of Comprehensive Utilization of Industrial Waste Residue (%)	99.5	99.6	99.4
一般工业固体废物处置率(%)			
Disposal Rate of Industrial Waste Residue (%)	0.3	0.3	0.5
危险废物产生量			
Amount of Hazardous Waste Produced	63.7	71.6	82.7
危险废物利用处置量			
Volume of Utilization and Disposal of Hazardous Waste	63.8	71.7	82.8
危险废物利用处置率(%)			
Utilization and Disposal Rate of Hazardous Waste (%)	99.6	99.4	99.7

注：表中数据仅统计重点调查工业企业情况。
Note: Only the key surveyed industrial enterprises were counted in data.

8-18 自然灾害损失情况(2018-2022年)
Losses Caused by Natural Disasters,2018-2022

指 标 Item	单位 Unit	2018	2019	2020	2021	2022
灾害事件总数	件					
Number of Disaster Events	case	5		4	11	8
受灾人口	人					
Population Affected	person	109288		128846	44760	5375
# 因灾死亡人口	人					
Deaths Due to Disasters	person					
# 因灾失踪人口	人					
Missing Due to Disasters	person					
农作物受灾面积	公 顷					
Affected Areas of Farm Crops	hectare	14335		17195	6431	4713
# 农作物成灾面积	公 顷					
Disaster Areas of Farm Crops	hectare	7140		14808	2522	3974
# 农作物绝收面积	公 顷					
Unharvested Areas of Farm Crops	hectare	800		8368	529	1
房屋倒塌	间					
Houses Collapsed	room	77			18	38
房屋严重损坏	间					
Houses Seriously Damaged	room	143			30	21
房屋一般损坏	间					
Houses Generally Damaged	room	1141		6		6
直接经济损失	万 元					
Direct Economic Losses	10 000 yuan	10186.5		54571.3	54232.7	2708.0

资料来源：天津市应急管理局。
Source: Bureau of Emergency Management of Tianjin.

主要统计指标解释

建成区

指城市行政区内实际已成片开发建设、市政公用设施和公共设施基本具备的区域。对核心城市，它包括集中连片的部分以及分散的若干个已经成片建设起来，市政公用设施和公共设施基本具备的地区；对一城多镇来说，它包括由几个连片开发建设起来的，市政公用设施和公共设施基本具备的地区组成。因此建成区范围，一般是指建成区外轮廓线所能包括的地区，也就是这个城市实际建设用地所达到的范围。

水资源总量

一定区域内的水资源总量指当地降水形成的地表和地下产水总量，即地表产流量与降水入渗补给地下水量之和。

化学需氧量（COD）

测量有机和无机物质化学分解所消耗氧的质量浓度的水污染指数。

工业固体废物产生量

系指未被列入《国家危险废物名录》或者根据国家规定的危险废物鉴别标准（GB5085）、固体废物浸出毒性浸出方法（GB5086）及固体废物浸出毒性测定方法（GB/T 15555）鉴别方法判定不具有危险特性的工业固体废物。计算公式是：

工业固体废物产生量=（工业固体废物综合利用量-综合利用往年贮存量）+工业固体废物贮存量+（工业固体废物处置量-处置往年贮存量）+工业固体废物倾倒丢弃量

工业固体废物综合利用量

指报告期内企业通过回收、加工、循环、交换等方式，从固体废物中提取或者使其转化为可以利用的资源、能源和其他原材料的固体废物量（包括当年利用往年的工业固体废物贮存量）。如用作农业肥料、生产建筑材料、筑路等。综合利用量由产生固体废物的单位统计。

工业固体废物综合利用率

指工业固体废物综合利用量占工业固体废物产生量（包括综合利用往年贮存量）的百分率。计算公式为：

$$工业固体废物综合利用率=\frac{工业固体废物综合利用量}{工业固体废物产生量+综合利用往年贮存量}\times100\%$$

Explanatory Notes on Main Statistical Indicators

Developed Area

refers to the land in administrative areas having been developed concentratedly with municipal public facilities. For core city, developed areas include concentrated areas and decentralized areas having basic perfect municipal public facilities; for the city with several towns, developed areas are composed of several concentrated areas with municipal public facilities. Therefore, the scope of developed areas refers to actual construction land of a city.

Total Water Resources

refer to the total volume of surface and underground water formed by precipitation in the local region, which equals to the sum of surface runoff and the infiltration supplement of underground water from precipitation.

Chemical Oxygen Demand (COD)

refers to the water pollution index of measuring the mass concentration of oxygen consumed in the chemical decomposition of organic and inorganic matter.

Industrial Solid Wastes Produced

refers to the industrial solid wastes that are not listed in the *National Catalogue of Hazardous Wastes*, or not regarded as hazardous according to the national hazardous waste identification standards (GB5085), solid waste-Extraction procedure for leaching toxicity (GB5086) and solid waste-Extraction procedure for leaching toxicity (GB/T 15555). The calculation formula is as followed:

Common Industrial Solid Wastes Produced = (common industrial solid wastes utilized-the proportion of utilized stock of previous years) + common industrial solid waste stock + (common industrial solid wastes disposed-the proportion of disposed stock of previous years) + common industrial solid wastes discharged.

Industrial Solid Wastes Comprehensively Utilized

refers to volume of solid wastes from which useful materials can be extracted or which can be converted into usable resources, energy or other materials by means of reclamation, processing, recycling and exchange (including utilizing in the year the stocks of industrial solid wastes of the previous year) during the report period, e.g. being used as agricultural fertilizers, building materials or as material for paving road. Examples of such utilization include fertilizers, building materials and road materials. The information shall be collected by the producing units of the wastes.

Ratio of Comprehensive Utilization of Industrial Waste Residue

refers to the percentage of industrial solid wastes utilized over industrial solid wastes produced (including stocks of the previous years). It is calculated as:

$$\textit{Ratio of Comprehensive Utilization of Industrial Waste Residue} = \frac{\textit{Volume of Industrial Solid Wastes Utilized}}{\textit{Industrial Solid Wastes Produced} + \textit{Stock of Previous Years}} \times 100\%$$

第九篇 能源生产和消费

Chapter 9 Energy Production and Consumption

9-1 一次能源生产量及构成(1990—2022年)
Primary Energy Production and Composition,1990-2022

年 份 Year	一次能源生产量 (万吨标准煤) Total Primary Energy Production (10 000 tons of SCE)	占一次能源生产总量的比重(%) As Percentage of Total Primary Energy Production (%)		
		原 油 Crude Oil	天然气 Natural Gas	其 他 Others
1990	719.41	93.23	6.77	
1991	726.45	93.39	6.61	
1992	757.45	92.75	7.25	
1993	790.99	93.38	6.62	
1994	936.65	89.84	10.16	
1995	978.82	90.61	9.39	
1996	1036.17	89.15	10.85	
1997	1014.77	90.93	9.07	
1998	1079.73	91.46	8.54	
1999	1084.63	90.45	9.55	
2000	1201.94	90.81	9.19	
2001	1494.84	92.73	7.27	
2002	1844.92	94.16	5.84	
2003	1983.56	94.80	5.20	
2004	2171.94	95.12	4.88	
2005	2663.93	95.61	4.39	
2006	2915.55	95.21	4.79	
2007	2926.45	93.94	6.06	
2008	3034.76	93.86	6.14	
2009	3471.63	94.52	5.48	
2010	5007.63	95.08	4.57	0.36
2011	4833.38	94.40	5.10	0.50
2012	4708.80	94.00	5.29	0.71
2013	4634.41	93.85	5.38	0.77
2014	4726.73	92.93	5.95	1.12
2015	5338.18	93.58	5.12	1.30
2016	5017.52	93.20	5.22	1.58
2017	4870.52	91.00	5.87	3.13
2018	4989.24	88.35	9.05	2.60
2019	5106.83	87.05	9.09	3.86
2020	5318.13	87.10	9.08	3.82
2021	5546.36	87.76	9.36	2.88
2022	5881.95	86.84	9.31	3.85

9-2 能源终端消费量(2016—2022年)
Final Consumption of Energy,2016-2022

单位：万吨标准煤(10 000 tons of SCE)

年 份 Year	能源终端消费量 Final Consumption of Energy	农、林、牧、渔业 Farming, Forestry, Animal Husbandry and Fishery	工业和建筑业 Industry and Construction	服务业 Service Industry	生活消费 Living Consumption
2016	7875.03	110.18	5368.22	1336.63	1060.00
2017	7687.75	116.68	5101.45	1366.86	1102.76
2018	7917.81	107.81	5263.17	1355.01	1191.83
2019	8261.29	107.00	5538.91	1413.37	1202.00
2020	8206.70	105.22	5517.91	1346.66	1236.91
2021	8193.51	107.75	5328.96	1480.69	1276.11
2022	8233.97	107.21	5320.09	1511.15	1295.52

注：本表服务业为《国民经济行业分类》(GB/T4754-2017)附录中的门类F批发和零售业至T国际组织，不包括行业大类05农、林、牧、渔业及辅助性活动、11开采专业及辅助性活动、43金属制品、机械和设备修理业。

Note: The service industries in this table refers to the sector F wholesale and retail trade to T international organizations in the Appendix of National Economical Industry Classification (GB/T4754-2017), excluding industry categories 05 farming, forestry, animal husbandry, fishery industry and auxiliary activities, 11 professional and support activities for mining and 43 metal products, machine and equipment repair.

9-3 能源消耗基本情况(2016—2022年)
Basic Statistics on Energy Consumption,2016-2022

年 份 Year	能源消耗(万吨标准煤) Energy Consumption (10 000 tons of SCE)	#工 业 Industry	电力消耗(亿千瓦小时) Electricity Power Consumption (100 million kWh)	#工 业 Industry
2016	8078.28	5359.73	861.60	585.73
2017	7831.72	5033.38	857.00	557.94
2018	7973.29	5111.58	939.23	620.16
2019	8240.70	5304.75	964.30	628.90
2020	8104.60	5199.31	972.76	625.67
2021	8205.69	5120.97	1025.87	650.24
2022	8121.77	4995.43	1057.17	645.35

注：能源消耗指标采用等价值计量。

Note: Indicators of energy consumption are converted into same value.

9-4 人均生活能源消费量(2016—2022年)
Annual per Capita Energy Consumption for Non-production Purpose,2016-2022

年 份 Year	平均每人生活消费能源(千克标准煤) Annual per Capita Consumption for Non-production Purpose(kg of SCE)	煤 炭(千克) Coal (kg)	电 力(千瓦小时) Electricity (kWh)	液化石油气(千克) LPG (kg)	天然气和煤气(立方米) Natural Gas and Coal Gas(cu.m)
2016	736	51	644	8	39
2017	773	44	699	7	47
2018	853	32	799	7	70
2019	868	28	825	6	71
2020	892	17	910	5	88
2021	925	16	971	6	94
2022	947	11	1120	7	72

9-5 综合能源平衡表(标准量)
Overall Energy Balance Sheet(Standard Equivalent)

单位：万吨标准煤(10 000 tons of SCE)

项 目	Item	2021	2022
可供本地区消费的能源量	**Volume of Energy Available for Consumption**	**8205.89**	**8121.80**
年初库存量	Stock at the Beginning of the Year	432.53	474.31
一次能源生产量	Primary Energy Output	5546.36	5881.95
外省(区、市)调入量	Inflow from Other Provinces(Regions, Cities)	15048.25	15334.31
进口量	Import	74.52	2.70
境内飞机和轮船在境外加油量	Our Steamship and Plane Oiled Abroad		
本市调出量(－)	Outflow to Other Provinces(Regions, Cities)(－)	12417.69	12991.24
出口量(－)	Export(－)		0.47
境外飞机和轮船在境内加油量(－)	Foreign Steamship and Plane Oiled in Tianjin(－)	3.13	2.25
年末库存量(－)	Stock at Year-end(－)	474.94	577.50
加工转换投入(-)产出(+)量	**Input(－) or Output(+) of Processing and Transformation**	**179.92**	**191.21**
火力发电	Thermal Power		
供 热	Heating	-184.68	-224.78
煤炭洗选	Separation Coal		
炼 焦	Coke Making	-17.56	-16.85
炼油及煤制油	Oil Refining	501.30	398.90
# 油品再投入量(－)	Input of Oil(－)	567.49	420.14
制 气	Gas Making	13.31	16.49
# 再投入量(－)	Input of Coke(－)	25.14	25.94
天然气液化	Liquefaction of Natural Gas		
煤制品加工	Processing of Coal Products		
回收能	Recovery of Energy	460.17	463.53
损失量	**Loss Volume**	**192.09**	**79.01**
终端消费量	**Final Consumption**	**8193.51**	**8233.97**
农、林、牧、渔业	Agriculture, Forestry, Animal Husbandry & Fishery Industry	107.75	107.21
工 业	Industry	5108.78	5107.62
建筑业	Construction	220.18	212.47
交通运输、仓储和邮政业	Transportation, Storage and Post Services	590.15	609.03
批发和零售业、住宿和餐饮业	Wholesale & Retail Trade, Accommodation & Catering Services	292.36	291.01
其 他	Others	598.18	611.11
生活消费	Living Consumption	1276.11	1295.52
平衡差额	**Balance**	**0.20**	**0.03**
消费量合计	**Total Consumption**	**8205.69**	**8121.77**

9-6 电力平衡表(2018—2022年)
Electricity Balance Sheet,2018-2022

单位：亿千瓦小时(100 million kWh)

项 目 Item	2018	2019	2020	2021	2022
可 供 量					
Total Energy Available for Consumption	**939.23**	**964.30**	**972.76**	**1025.87**	**1057.17**
生产量					
Output	723.63	735.42	773.69	799.73	764.89
火力发电					
Thermal Power	707.35	709.04	743.12	761.85	715.72
水电、核电、风电及其他					
Hydropower, Nuclear Power, Wind Power and Others	16.28	26.38	30.57	37.88	49.17
外省(区、市)调入量					
Inflow from Other Provinces (Regions, Cities)	217.17	231.03	200.78	227.43	293.07
本市调出量(-)					
Outflow to Other Provinces (Regions, Cities) (-)	1.57	2.15	1.71	1.29	0.79
消 费 量					
Total Energy Consumption	**939.23**	**964.30**	**972.76**	**1025.87**	**1057.17**
在消费量中					
Consumption by Sector					
农、林、牧、渔业					
Farming, Forestry, Animal Husbandry & Fishery Industry	15.16	17.84	14.47	15.08	14.98
工 业					
Industry	620.16	628.90	625.67	650.24	645.35
建筑业					
Construction	11.52	13.14	14.14	14.28	11.69
交通运输、仓储和邮政业					
Transportation, Storage and Post Services	46.49	49.70	44.74	48.00	63.39
批发和零售业、住宿和餐饮业					
Wholesale & Retail Trade, Accommodation & Catering Services	27.83	29.44	32.29	40.38	39.87
其 他					
Others	106.45	111.09	115.35	123.93	128.61
生活消费					
Living Consumption	111.62	114.19	126.10	133.96	153.28
在消费量中					
Consumption by Usage					
终端消费					
Final Consumption	884.40	911.73	933.16	987.76	1030.36
# 工 业					
Industry	565.33	576.33	586.07	612.13	618.54
输配电损失量					
Losses in Transmission	54.83	52.57	39.60	38.11	26.81
平衡差额					
Balance					

9-7 能源消费量(2018—2022年)
Energy Consumption,2018-2022

品 种 Item	单 位 Unit	2018	2019	2020	2021	2022
合 计	**万吨标准煤**					
Total	**10 000 tons of SCE**	**7973.29**	**8240.70**	**8104.60**	**8205.69**	**8121.77**
煤 炭	万 吨					
Coal	10 000 tons	3832.89	3766.11	3745.28	3723.27	3609.57
焦 炭	万 吨					
Coke	10 000 tons	867.23	903.99	929.37	752.06	704.72
原 油	万 吨					
Crude Oil	10 000 tons	1688.23	1693.35	1394.16	1722.47	1660.88
燃料油	万 吨					
Fuel Oil	10 000 tons	46.99	50.00	52.61	47.23	52.08
汽 油	万 吨					
Gasoline	10 000 tons	273.65	284.46	284.73	291.12	269.19
煤 油	万 吨					
Kerosene	10 000 tons	108.92	110.58	85.32	93.83	75.62
柴 油	万 吨					
Diesel Oil	10 000 tons	326.06	316.92	325.05	338.18	340.15
天然气	亿立方米					
Natural Gas	100 million cu.m	101.92	108.49	117.03	123.45	127.52
电 力	亿千瓦小时					
Electricity	100 million kWh	939.23	964.30	972.76	1025.87	1057.17

9-8 生活能源消费量(2018—2022年)
Energy Consumption for Non-production Purpose,2018-2022

品 种 Item	单 位 Unit	2018	2019	2020	2021	2022
合 计	**万吨标准煤**					
Total	**10 000 tons of SCE**	**1191.83**	**1202.00**	**1236.91**	**1276.11**	**1295.52**
煤 炭	万 吨					
Coal	10 000 tons	44.55	38.16	23.24	22.00	15.05
液化石油气	万 吨					
LPG	10 000 tons	9.55	7.76	7.53	8.46	9.43
天然气和煤气	亿立方米					
Natural Gas and Coal Gas	100 million cu.m	9.72	9.80	12.14	13.02	9.85
热 力	万百万千焦					
Heat	10 000 million kJ	10866.90	10791.50	9813.42	9706.65	10936.57
电 力	亿千瓦小时					
Electricity	100 million kWh	111.62	114.19	126.10	133.96	153.28

9-9 工业行业主要能源终端消费量(2022年)

The Final Consumption of Main Energy by Industrial Sector,2022

行业	Sector	煤炭(万吨) Coal (10 000 tons)	焦炭(万吨) Coke (10 000 tons)	原油(万吨) Crude Oil (10 000 tons)
总计	**Total**	**473.83**	**704.55**	**9.78**
煤炭开采和洗选业	Mining and Washing of Coal			
石油和天然气开采业	Extraction of Petroleum and Natural Gas			8.90
黑色金属矿采选业	Mining and Processing of Ferrous Metal Ores		28.78	
有色金属采矿业	Mining and Processing of Non-ferrous Metal Ores			
非金属矿采选业	Mining and Processing of Nonmetal Ores			
开采专业及辅助性活动	Professional and Support Activities for Mining			
其他采矿业	Other Mining			
农副食品加工业	Processing of Food from Agricultural Products			
食品制造业	Manufacture of Foods			
酒、饮料和精制茶制造业	Manufacture of Alcohol, Beverages and Refined Tea			
烟草制品业	Manufacture of Tobacco			
纺织业	Manufacture of Textile			
纺织服装、服饰业	Manufacture of Textile Wearing Apparel			
皮革、毛皮、羽毛及其制品和制鞋业	Manufacture of Leather, Fur, Feather and Related Products, Footware			
木材加工和木、竹、藤、棕、草制品业	Processing of Timber, Manufacture of Wood, Bamboo, Rattan, Palm and Straw Products			
家具制造业	Manufacture of Furniture			
造纸及纸制品业	Manufacture of Paper and Paper Products			
印刷和记录媒介复制业	Printing, Reproduction of Recording Media			
文教、工美、体育和娱乐用品制造业	Manufacture of Articles for Culture, Education and Industrial Arts, Sport and Entertainment Activities			
石油煤炭及其他燃料加工业	Processing of Petroleum, Coal and Other Fuel	0.17		0.88
化学原料和化学制品制造业	Manufacture of Raw Chemical Materials and Chemical Products	149.65		
医药制造业	Manufacture of Medicines		0.10	
化学纤维制造业	Manufacture of Chemical Fibers			
橡胶和塑料制品业	Manufacture of Rubber and Plastic			
非金属矿物制品业	Manufacture of Non-metallic Mineral Products	8.44		
黑色金属冶炼和压延加工业	Smelting and Pressing of Ferrous Metals	311.59	675.10	
有色金属冶炼和压延加工业	Smelting and Pressing of Non-ferrous Metals			
金属制品业	Manufacture of Metal Products	1.37		
通用设备制造业	Manufacture of General Purpose Machinery			
专用设备制造业	Manufacture of Special Purpose Machinery			
汽车制造业	Manufacture of Motorcar			
铁路、船舶、航空航天和其他运输设备制造业	Manufacture of Railway, Watercraft, Aerospace and Other Transport Equipment			
电气机械和器材制造业	Manufacture of Electrical Machinery and Equipment			
计算机、通信和其他电子设备制造业	Manufacture of Computers, Communication and Other Electronic Equipment			
仪器仪表制造业	Manufacture of Measuring Instruments			
其他制造业	Other Manufacturing			
废弃资源综合利用业	Comprehensive Recycling of Waste	1.69	0.57	
金属制品、机械和设备修理业	Metal Products, Machine and Equipment Repair			
电力、热力的生产和供应业	Production and Supply of Electric Power and Heat Power	0.92		
燃气生产和供应业	Production and Supply of Gas			
水的生产和供应业	Production and Supply of Water			

9-9续表1 *Continued*

行业	Sector	汽油(万吨) Gasoline (10 000 tons)	柴油(万吨) Diesel Oil (10 000 tons)	燃料油(万吨) Fuel Oil (10 000 tons)
总计	**Total**	**4.70**	**31.23**	**6.71**
煤炭开采和洗选业	Mining and Washing of Coal			
石油和天然气开采业	Extraction of Petroleum and Natural Gas	0.10	4.75	
黑色金属矿采选业	Mining and Processing of Ferrous Metal Ores			
有色金属采矿业	Mining and Processing of Non-ferrous Metal Ores			
非金属矿采选业	Mining and Processing of Nonmetal Ores	0.02	0.03	
开采专业及辅助性活动	Professional and Support Activities for Mining	0.37	17.63	
其他采矿业	Other Mining			
农副食品加工业	Processing of Food from Agricultural Products	0.05	0.05	0.01
食品制造业	Manufacture of Foods	0.08	0.10	
酒、饮料和精制茶制造业	Manufacture of Alcohol, Beverages and Refined Tea	0.03	0.05	
烟草制品业	Manufacture of Tobacco			
纺织业	Manufacture of Textile	0.02	0.01	
纺织服装、服饰业	Manufacture of Textile Wearing Apparel	0.03		
皮革、毛皮、羽毛及其制品和制鞋业	Manufacture of Leather, Fur, Feather and Related Products, Footware			
木材加工和木、竹、藤、棕、草制品业	Processing of Timber, Manufacture of Wood, Bamboo, Rattan, Palm and Straw Products	0.02	0.04	
家具制造业	Manufacture of Furniture	0.02	0.04	
造纸及纸制品业	Manufacture of Paper and Paper Products	0.07	0.53	
印刷和记录媒介复制业	Printing, Reproduction of Recording Media	0.08	0.05	
文教、工美、体育和娱乐用品制造业	Manufacture of Articles for Culture, Education and Industrial Arts, Sport and Entertainment Activities	0.05	0.01	
石油煤炭及其他燃料加工业	Processing of Petroleum, Coal and Other Fuel	0.02	0.22	0.14
化学原料和化学制品制造业	Manufacture of Raw Chemical Materials and Chemical Products	0.29	0.37	
医药制造业	Manufacture of Medicines	0.07	0.17	
化学纤维制造业	Manufacture of Chemical Fibers			
橡胶和塑料制品业	Manufacture of Rubber and Plastic	0.17	0.28	
非金属矿物制品业	Manufacture of Non-metallic Mineral Products	0.22	2.30	6.42
黑色金属冶炼和压延加工业	Smelting and Pressing of Ferrous Metals	0.14	1.31	
有色金属冶炼和压延加工业	Smelting and Pressing of Non-ferrous Metals	0.08	0.29	
金属制品业	Manufacture of Metal Products	0.35	0.62	
通用设备制造业	Manufacture of General Purpose Machinery	0.48	0.19	
专用设备制造业	Manufacture of Special Purpose Machinery	0.32	0.29	
汽车制造业	Manufacture of Motorcar	0.27	0.32	
铁路、船舶、航空航天和其他运输设备制造业	Manufacture of Railway, Watercraft, Aerospace and Other Transport Equipment	0.22	0.52	0.14
电气机械和器材制造业	Manufacture of Electrical Machinery and Equipment	0.27	0.14	
计算机、通信和其他电子设备制造业	Manufacture of Computers, Communication and Other Electronic Equipment	0.20	0.04	
仪器仪表制造业	Manufacture of Measuring Instruments	0.08		
其他制造业	Other Manufacturing	0.02		
废弃资源综合利用业	Comprehensive Recycling of Waste	0.03	0.20	
金属制品、机械和设备修理业	Metal Products, Machine and Equipment Repair	0.03	0.05	
电力、热力的生产和供应业	Production and Supply of Electric Power and Heat Power	0.29	0.52	
燃气生产和供应业	Production and Supply of Gas	0.14	0.08	
水的生产和供应业	Production and Supply of Water	0.07	0.03	

9-9续表2 *Continued*

行 业	Sector	天然气（亿立方米）Natural Gas(100 million cu.m)	热 力（万百万千焦）Heat (10 000 million kJ)	电 力（亿千瓦时）Electricity (100 million kWh)
总 计	**Total**	**34.20**	**11449.69**	**618.54**
煤炭开采和洗选业	Mining and Washing of Coal			
石油和天然气开采业	Extraction of Petroleum and Natural Gas	2.13	19.75	45.00
黑色金属矿采选业	Mining and Processing of Ferrous Metal Ores			
有色金属采矿业	Mining and Processing of Non-ferrous Metal Ores			
非金属矿采选业	Mining and Processing of Nonmetal Ores	0.02	128.89	0.49
开采专业及辅助性活动	Professional and Support Activities for Mining	0.30	37.67	
其他采矿业	Other Mining			0.30
农副食品加工业	Processing of Food from Agricultural Products	0.46	609.55	6.36
食品制造业	Manufacture of Foods	0.77	367.25	7.59
酒、饮料和精制茶制造业	Manufacture of Alcohol, Beverages and Refined Tea	0.20	89.22	1.91
烟草制品业	Manufacture of Tobacco	0.02		0.27
纺织业	Manufacture of Textile	0.20	4.13	3.72
纺织服装、服饰业	Manufacture of Textile Wearing Apparel	0.01	1.27	1.91
皮革、毛皮、羽毛及其制品和制鞋业	Manufacture of Leather, Fur, Feather and Related Products, Footware	0.01		0.44
木材加工和木、竹、藤、棕、草制品业	Processing of Timber, Manufacture of Wood, Bamboo, Rattan, Palm and Straw Products	0.01	0.16	1.38
家具制造业	Manufacture of Furniture	0.06	0.24	3.09
造纸及纸制品业	Manufacture of Paper and Paper Products	0.45	1073.74	18.90
印刷和记录媒介复制业	Printing, Reproduction of Recording Media	0.11	25.53	2.00
文教、工美、体育和娱乐用品制造业	Manufacture of Articles for Culture, Education and Industrial Arts, Sport and Entertainment Activities	0.04	4.21	2.08
石油煤炭及其他燃料加工业	Processing of Petroleum, Coal and Other Fuel	1.98	1243.51	4.45
化学原料和化学制品制造业	Manufacture of Raw Chemical Materials and Chemical Products	5.42	6150.08	84.67
医药制造业	Manufacture of Medicines	0.51	171.24	7.30
化学纤维制造业	Manufacture of Chemical Fibers			0.51
橡胶和塑料制品业	Manufacture of Rubber and Plastic	0.96	102.08	19.93
非金属矿物制品业	Manufacture of Non-metallic Mineral Products	5.00	9.75	16.06
黑色金属冶炼和压延加工业	Smelting and Pressing of Ferrous Metals	7.10	214.65	99.06
有色金属冶炼和压延加工业	Smelting and Pressing of Non-ferrous Metals	1.42	37.92	9.51
金属制品业	Manufacture of Metal Products	3.21	40.89	45.18
通用设备制造业	Manufacture of General Purpose Machinery	0.27	34.95	17.11
专用设备制造业	Manufacture of Special Purpose Machinery	0.13	44.26	6.43
汽车制造业	Manufacture of Motorcar	1.15	213.65	25.48
铁路、船舶、航空航天和其他运输设备制造业	Manufacture of Railway, Watercraft, Aerospace and Other Transport Equipment	0.41	35.72	8.59
电气机械和器材制造业	Manufacture of Electrical Machinery and Equipment	0.75	33.17	30.59
计算机、通信和其他电子设备制造业	Manufacture of Computers, Communication and Other Electronic Equipment	0.60	53.28	21.82
仪器仪表制造业	Manufacture of Measuring Instruments		6.41	0.98
其他制造业	Other Manufacturing		7.18	32.11
废弃资源综合利用业	Comprehensive Recycling of Waste	0.08	17.78	1.92
金属制品、机械和设备修理业	Metal Products, Machine and Equipment Repair		2.39	0.62
电力、热力的生产和供应业	Production and Supply of Electric Power and Heat Power	0.05	650.92	78.43
燃气生产和供应业	Production and Supply of Gas	0.37		1.64
水的生产和供应业	Production and Supply of Water		18.25	10.71

主要统计指标解释

能源生产总量

指一定时期内全市一次能源生产量的总和。该指标是观察全市能源生产水平、规模、过程、构成和发展速度的总量指标。一次能源生产量包括原煤、原油、天然气、水电、核能及其他动力能（如风能、地热能等）发电量，不包括低热值燃料生产量、生物质能、太阳能等的利用和由一次能源加工转换而成的二次能源产量。

能源消费总量

指全市国民经济各行业和居民家庭在一定时期消费的各种能源的总和。能源消费总量分为三部分，即终端能源消费量、能源加工转换损失量和损失量。

终端能源消费量

指一定时期内全市各行业和居民生活消费的各种能源在扣除了用于加工转换二次能源消费量和损失量以后的数量。

能源加工转换损失量

指一定时期内全市投入加工转换的各种能源数量之和与产出各种能源产品之和的差额。该指标是观察能源在加工转换过程中损失量变化的指标。

能源损失量

指一定时期内能源在输送、分配、储存过程中发生的损失和由客观原因造成的各种损失量，不包括各种气体能源放空、放散量。

Explanatory Notes on Main Statistical Indicators

Total Energy Production

refers to the total production of primary energy by all energy producing enterprises in the city in a given period of time. It is a comprehensive indicator to show the capacity, scale, process, composition and development of energy production of the country. The production of primary energy includes that of coal, crude oil, natural gas, hydropower and electricity generated by nuclear energy and other means such as wind power and geothermal power. However, it excludes the production of fuels of low calorific value, bio-energy, solar energy and the secondary energy converted from the primary energy.

Total Energy Consumption

refers to the total consumption of energy of various kinds of national economy industries and residents in the city in a given period of time. Total energy consumption can be divided into three parts: final energy consumption, loss during the process of energy conversion, and energy loss.

Final Consumption of Energy

refers to the total energy consumption by various industries and households in the city in a given period of time, but excludes the consumption in conversion of the primary energy into the secondary energy and the loss in the process of energy conversion.

Loss During the Process of Energy Conversion

refers to the total input of various kinds of energy for conversion, minus the total output of various kinds of energy in the city in a given period of time. It is an indicator to show the loss that occurs during the process of energy conversion.

Energy Loss

refers to the total of the loss of energy during the course of energy transport, distribution and storage and the loss caused by any objective reason in a given period of time. The loss of various kinds of gas due to gas discharges and stocktaking is excluded.

第十篇 固定资产投资和房地产

Chapter 10 Investment in Fixed Assets and Real Estate

10-1 固定资产投资(不含农户)比上年增长情况(2020—2022年)
Increase Rate over Preceding Year of Investment in Fixed Assets(Non-agricultural),2020-2022

单位：% (%)

项　　目	Item	2020	2021	2022
固定资产投资	**Total Investment in Fixed Assets**	**3.0**	**4.8**	**-9.9**
按三次产业分	**Grouped by Three Strata of Industry**			
第一产业	Primary Industry	83.0	-45.8	-1.1
第二产业	Secondary Industry	1.6	7.8	1.7
第三产业	Tertiary Industry	2.6	4.9	-13.9
按隶属关系分	**Grouped by Administrative Relationship**			
中　央	Central Government	10.1	-36.3	4.9
地　方	Local Government	1.9	12.2	-11.5
按建设性质分	**Grouped by Type of Construction**			
# 新　建	New Construction	13.8	14.4	9.4
改、扩建及其他	Expansion, Reconstruction and Others	5.4	-15.3	-15.5
按构成分	**Grouped by Composition of Use**			
建筑安装工程	Construction	1.7	5.6	-7.9
设备工器具购置	Purchases of Equipment and Instruments	2.7	16.9	-8.6
其他费用	Others	4.8	0.2	-12.9
按登记注册类型分	**Grouped by Registered Status**			
内资企业	Domestic-funded Enterprises	3.5	-3.2	-9.4
国　有	State-owned Enterprises	19.5	-9.0	-2.2
集　体	Collective-owned Enterprises	-22.8	10.5	-63.6
股份合作	Cooperative Enterprises			2450.3
私营企业	Private Enterprises	-2.9	14.3	-21.0
股份有限公司	Share Holding Corporations Ltd.	9.4	-46.2	13.3
有限责任公司	Limited Liability Corporations	1.3	1.1	-8.4
# 国有独资公司	Sole State-funded Corporations	-30.5	47.1	-3.9
联营企业	Joint Ownership Enterprises			98.0
其　他	Others	103.8	-32.8	-69.8
港澳台商投资企业	Enterprises with Investment from Hong Kong, Macao and Taiwan	33.6	229.0	-5.7
外商投资企业	Foreign Funded Enterprises	-15.2	23.4	-23.1
个体经营	Self-employed Enterprises	-75.6	178.6	205.8

注：表中按建设性质分组数据不含房地产开发投资，表10-10同。
Note: Investment grouped by type of construction of this table excludes real estate development. Same as table 10-10.

10-2 按行业分固定资产投资(不含农户)比上年增长情况(2020—2022年)

Increase Rate over Preceding Year of Investment in Fixed Assets (Non-agricultural) by Sector,2020-2022

单位：% (%)

行　业　Sector	2020	2021	2022
总　计 **Total**	**3.0**	**4.8**	**-9.9**
农、林、牧、渔业 Farming, Forestry, Animal Husbandry and Fishery	73.6	-44.0	6.6
采矿业 Minerals Mining	-3.1	9.1	12.5
制造业 Manufacturing	0.6	13.8	-1.2
电力、热力、燃气及水生产和供应业 Production and Supply of Electricity, IIcat, Gas and Watcr	8.3	-3.7	-4.5
建筑业 Construction		-24.0	2549.7
批发和零售业 Wholesale and Retail Trade	-5.3	-40.3	-26.3
交通运输、仓储和邮政业 Transportation, Storage and Post Services	37.6	5.0	-2.9
住宿和餐饮业 Accommodation and Catering Services	-50.6	516.5	28.1
信息传输、软件和信息技术服务业 Information Transmitting, Software and Information Technology Services	62.2	74.2	-33.5
金融业 Finance Intermediation	-58.9	32.8	-7.1
房地产业 Real Estate	-4.2	5.7	-22.2
租赁和商务服务业 Leasing and Business Services	0.5	-17.4	-16.0
科学研究和技术服务业 Scientific Research and Technical Services	-2.4	53.5	-2.3
水利、环境和公共设施管理业 Management for Water Conservancy, Environment and Public Facilities	16.4	-1.2	45.2
居民服务、修理和其他服务业 Resident Services, Repair and Other Services	-30.4	-14.6	-25.1
教　育 Education	13.9	9.0	-16.1
卫生和社会工作 Health Care and Social Work	-0.5	30.5	23.9
文化、体育和娱乐业 Culture, Sports and Recreational Services	85.8	-43.9	-29.2
公共管理、社会保障和社会组织 Public Management, Social Security and Social Organizations	-15.2	64.5	-25.4

10-3 按行业分民间固定资产投资(不含农户)比上年增长情况(2020—2022年)
Increase Rate over Preceding Year of Private Investment in Fixed Assets (Non-agricultural) by Sector,2020-2022

单位：% (%)

行　业　　Sector	2020	2021	2022
总　计 **Total**	**-7.2**	**-0.8**	**-23.1**
农、林、牧、渔业 Farming, Forestry, Animal Husbandry and Fishery	12.3	1.7	57.9
采矿业 Minerals Mining			
制造业 Manufacturing	-18.8	60.3	11.5
电力、热力、燃气及水生产和供应业 Production and Supply of Electricity, Heat, Gas and Water	-62.8	33.1	15.3
建筑业 Construction		-24.0	131.8
批发和零售业 Wholesale and Retail Trade	-70.5	67.7	-32.6
交通运输、仓储和邮政业 Transportation, Storage and Post Services	68.1	21.8	-28.5
住宿和餐饮业 Accommodation and Catering Services	83.9	635.7	17.2
信息传输、软件和信息技术服务业 Information Transmitting, Software and Information Technology Services	277.8	309.9	-40.9
金融业 Finance Intermediation	35.9	364.1	
房地产业 Real Estate	-1.6	-7.3	-31.1
租赁和商务服务业 Leasing and Business Services	-32.6	-49.1	-4.8
科学研究和技术服务业 Scientific Research and Technical Services	2.1	67.3	-7.2
水利、环境和公共设施管理业 Management for Water Conservancy, Environment and Public Facilities	-6.6	90.2	-35.2
居民服务、修理和其他服务业 Resident Services, Repair and Other Services	-85.7	6106.1	-64.9
教　育 Education	53.2	-62.7	-33.7
卫生和社会工作 Health Care and Social Work	15.0	35.8	-20.7
文化、体育和娱乐业 Culture, Sports and Recreational Services	-49.6	-62.3	390.3
公共管理、社会保障和社会组织 Public Management, Social Security and Social Organizations	-23.5	50.5	-69.2

10-4 按行业分制造业固定资产投资(不含农户)比上年增长情况

Increase Rate over Preceding Year of Investment in Fixed Assets (Non-agricultural) of Manufacturing by Sector

单位：% (%)

行　业	Sector	2021	2022
总　计	**Total**	**13.8**	**-1.2**
农副食品加工业	Processing of Food from Agricultural Products	120.8	-31.2
食品制造业	Manufacturing of Food	77.8	-14.4
酒、饮料和精制茶制造业	Manufacturing of Alcohol, Beverage and Refined Tea	148.5	-2.2
烟草制品业	Manufacturing of Tobacco		9.6
纺织业	Manufacturing of Textile	82.5	-84.8
纺织服装、服饰业	Manufacturing of Textile Wearing and Apparel	-2.2	-26.2
皮革、皮毛、羽毛及其制品和制鞋业	Manufacturing of Leather, Fur, Feather and Related Products, Footwear		
木材加工和木、竹、藤、棕、草制品业	Processing of Timber, Manufacturing of Wood, Bamboo, Rattan, Palm and Straw Products	-76.4	-62.1
家具制造业	Manufacturing of Furniture	-63.5	233.0
造纸和纸制品业	Manufacturing of Paper and Paper Products	169.1	-43.3
印刷和记录媒介的复制业	Printing, Reproduction of Recording Media	1.5	46.2
文教、工美、体育和娱乐用品制造业	Manufacturing of Articles for Culture, Education and Industrial Arts, Sport and Entertainment Activities	-5.6	7.8
石油煤炭及其他燃料加工业	Processing of Petroleum, Coal and Other Fuel	-55.8	-37.9
化学原料和化学制品制造业	Manufacturing of Raw Chemical Materials and Chemical Products	-19.5	50.6
医药制造业	Manufacturing of Medicines	-3.5	18.2
化学纤维制造业	Manufacturing of Chemical Fibers		
橡胶和塑料制品业	Manufacturing of Rubber and Plastic	65.8	20.5
非金属矿物制品业	Manufacturing of Non-metallic Mineral Products	25.4	-56.1
黑色金属冶炼和压延加工业	Smelting and Pressing of Ferrous Metals	118.4	10.7
有色金属冶炼和压延加工业	Smelting and Pressing of Non-Ferrous Metals	-32.0	-28.8
金属制品业	Manufacturing of Metal Products	61.5	29.8
通用设备制造业	Manufacturing of General Purpose Machinery	20.1	21.5
专用设备制造业	Manufacturing of Special Purpose Machinery	61.0	-13.3
汽车制造业	Manufacturing of Motorcar	9.2	-22.8
铁路、船舶、航空航天和其他运输设备制造业	Manufacturing of Railway, Watercraft, Aerospace and Other Transport Equipment	3.9	2.1
电气机械和器材制造业	Manufacturing of Electrical Machinery and Equipment	92.2	-37.0
计算机、通信和其他电子设备制造业	Manufacturing of Computers, Communication and Other Electronic Equipment	23.0	10.7
仪器仪表制造业	Manufacturing of Measuring Instruments	142.0	52.6
其他制造业	Other Manufacturing	-31.1	-62.5
废弃资源综合利用业	Comprehensive Recycling of Waste	124.6	-41.1
金属制品、机械和设备修理业	Metal Products, Machine and Equipment Repair	-55.7	396.6

10-5 按行业分固定资产投资资金来源(不含农户)比上年增长情况(2022年)

行 业 Sector	上年末结余资金 Balance of Funds Brought Forward from Preceding Year	本年实际到位资金 Subtotal of the Sources of Funds in Current Year	国家预算资金 State Budgetary Appropriation
总 计 **Total**	**-16.9**	**-20.9**	**16.1**
农、林、牧、渔业 Farming, Forestry, Animal Husbandry and Fishery	-54.3	-1.1	22.3
采矿业 Minerals Mining		12.8	
制造业 Manufacturing	28.0	5.2	-92.0
电力、热力、燃气及水生产和供应业 Production and Supply of Electricity, Heat, Gas and Water	-4.5	-14.6	62.0
建筑业 Construction			
批发和零售业 Wholesale and Retail Trade	-95.4	-35.8	
交通运输、仓储和邮政业 Transportation, Storage and Post Services	101.4	-5.6	-10.1
住宿和餐饮业 Accommodation and Catering Services	-57.2	49.2	
信息传输、软件和信息技术服务业 Information Transmitting, Software and Information Technology Services	-2.1	-33.9	-7.8
金融业 Finance Intermediation	-64.9	-75.9	
房地产业 Real Estate	-20.8	-35.6	11.8
租赁和商务服务业 Leasing and Business Services	-76.0	-8.5	858.3
科学研究和技术服务业 Scientific Research and Technical Services	93.1	-21.1	9.6
水利、环境和公共设施管理业 Management for Water Conservancy, Environment and Public Facilities	114.9	54.0	66.7
居民服务、修理和其他服务业 Resident Services, Repair and Other Services		-52.6	-76.6
教 育 Education	-4.3	-4.4	-2.4
卫生和社会工作 Health Care and Social Work	-24.0	38.3	39.6
文化、体育和娱乐业 Culture, Sports and Recreational Services	-0.2	-36.7	-54.5
公共管理、社会保障和社会组织 Public Management, Social Security and Social Organizations	-65.2	-5.7	-5.3

Increase Rate over Preceding Year of Source of Funds for Investment in Fixed Assets (Non-agricultural) by Sector,2022

单位：% (%)

# 中 央 预算资金 Central Budgetary Appropriation	国内贷款 Domestic Loans	债 券 Bonds	利用外资 Foreign Investment	自筹资金 Fundraising	其他资金来源 Others
-88.1	**-10.9**	**402.3**	**-28.8**	**-16.9**	**-35.7**
-76.0	53.4			-46.9	70.8
			-0.6	13.7	
	26.8		-63.9	7.4	-7.5
	-23.5	283.2		-9.4	-23.3
	-77.8			-26.6	
-98.1	-14.7		-59.4	25.9	-77.4
	9.1			17.3	265.9
	-32.0		-82.3	-20.6	-86.2
				-75.9	
	-27.5			-39.2	-35.9
	71.9			-45.9	
-95.4	40766.0			-21.4	-97.0
-66.8	548.4	20805.5		38.5	-43.8
				-10.8	-37.5
-93.3				3.6	-45.4
54.0				39.4	-48.1
-92.6				-35.2	106.3
-95.1				-48.6	-18.8

10-6 能源工业固定资产投资(不含农户)比上年增长情况
Increase Rate over Preceding Year of Investment in Fixed Assets (Non-agricultural) of Energy Industry

单位：% (%)

行　业	Sector	2021	2022
总　计	**Total**	**-1.6**	**2.1**
石油和天然气开采业	Petroleum and Natural Gas Extraction	10.2	11.6
电力、热力生产和供应业	Production and Supply of Electric Power and Heat Power	-0.1	-5.9
燃气生产和供应业	Production and Supply of Gas	39.0	-15.9
水的生产和供应业	Production and Supply of Water	-60.7	50.4
石油煤炭及其他燃料加工业	Processing of Petroleum, Coal and Other Fuel	-55.8	-37.9

10-7 基础设施固定资产投资比上年增长情况
Increase Rate over Preceding Year of Infrastructure Investment in Fixed Assets

单位：% (%)

行　业	Sector	2021	2022
总　计	**Total**	**1.7**	**6.8**
电力、热力、燃气及水生产和供应业	**Production and Supply of Electricity, Heat, Gas and Water**	**-3.7**	**-4.5**
电力、热力生产和供应业	Production and Supply of Electric Power and Heat Power	-0.1	-5.9
燃气生产和供应业	Production and Supply of Gas	39.0	-15.9
水的生产和供应业	Production and Supply of Water	-60.7	50.4
交通运输和邮政业	**Transportation and Post Services**	**2.7**	**-3.1**
铁路运输业	Railway Transport	-13.1	10.4
道路运输业	Highway Transport	1.6	2.3
水上运输业	Waterway Transport	-15.1	-18.6
航空运输业	Air Transport	40.7	-94.6
管道运输业	Pipeline Transport	62.3	-47.8
装卸搬运业	Loading,Unloading and Storage	4.4	
邮政业	Post Services	680.8	-64.1
信息传输和信息技术服务业	**Information Transmitting and Information Technology Services**	**47.4**	**-24.0**
电信、广播电视和卫星传输服务	Telecommunication, Broadcast Television and Satellite Transmission Services	-6.2	-4.4
互联网和相关服务	Internet and Relative Services	318.6	-46.3
水利、生态环境和公共设施管理	**Management for Water Conservancy, Ecological Environment and Public Facilities**	**-0.1**	**45.8**
水利管理业	Management for Water Conservancy	-1.0	-6.1
生态保护和环境治理业	Ecological Protection and Management for Environment	-43.9	197.4
公共设施管理业	Management for Public Facilities	15.6	24.6

10-8 全社会房屋施工和竣工面积
Floor Space of Buildings under Construction and Completed

单位：万平方米(10 000 sq.m)

项　目	Item	2021	2022	2022比2021年增长(%) Increase Rate in 2022 over 2021(%)
房屋施工面积	**Floor Space of Building under Construction**	**12670.88**	**11118.45**	**-12.3**
# 住　宅	Residential Buildings	8820.92	7762.57	-12.0
# 农村农户	Rural Area	43.10	33.36	-22.6
# 住　宅	Residential Buildings	39.17	29.02	-25.9
房屋竣工面积	**Floor Space of Building Completed**	**1933.40**	**1532.85**	**-20.7**
# 住　宅	Residential Buildings	1482.67	1111.87	-25.0
# 农村农户	Rural Area	40.58	29.20	-28.1
# 住　宅	Residential Buildings	37.07	25.74	-30.6

10-9 固定资产投资(不含农户)资金来源比上年增长情况
Increase Rate over Preceding Year of Source of Funds for Investment in Fixed Assets(Non-agricultural)

单位：% (%)

项　目	Item	2021	2022
上年末结余资金	**Balance of Funds Brought Forward from Preceding Year**	**-8.6**	**-16.9**
本年实际到位资金	**Subtotal of the Sources of Funds in Current Year**	**5.2**	**-20.9**
国家预算资金	State Budgetary Appropriation	-17.9	16.1
国内贷款	Domestic Loans	-11.5	-10.9
债　券	Bonds	208.6	402.3
利用外资	Foreign Investment	-3.7	-28.8
自筹资金	Fundraising	16.2	-16.9
其他资金来源	Others	6.6	-35.7

10-10 地方固定资产投资(不含农户)比上年增长情况

Increase Rate over Preceding Year of Local Investment in Fixed Assets(Non-agricultural)

单位：% (%)

项 目	Item	2021	2022
总 计	**Total**	**12.2**	**-11.5**
按构成分	**Grouped by Composition of Use**		
建筑安装工程	Construction	20.5	-9.8
设备工器具购置	Purchases of Equipment and Instruments	20.4	-2.1
其他费用	Others	2.2	-16.0
按建设性质分	**Grouped by Type of Construction**		
# 新 建	New Construction	22.4	6.2
扩 建	Expansion	30.6	-18.2
改 建	Reconstruction	40.6	1.4
其 他	Others	-8.4	-15.1
按行业分	**Grouped by Sector**		
农、林、牧、渔业	Farming, Forestry, Animal Husbandry & Fishery	-44.0	6.4
采矿业	Minerals Mining	54731.3	15.1
制造业	Manufacturing	28.3	-1.4
电力、热力、燃气及水生产和供应业	Production and Supply of Electricity,Heat, Gas and Water	-9.5	-14.9
建筑业	Construction	-24.0	912.1
批发和零售业	Wholesale and Retail Trade	-38.2	-29.5
交通运输、仓储和邮政业	Transportation, Storage and Post Services	13.3	-17.2
住宿和餐饮业	Accommodation and Catering Services	516.5	28.1
信息传输、软件和信息技术服务业	Information Transmitting, Software and Information Technology Services	220.8	-51.6
金融业	Finance Intermediation	83.3	-12.5
房地产业	Real Estate	5.7	-22.3
租赁和商务服务业	Leasing and Business Services	-28.1	4.7
科学研究和技术服务业	Scientific Research and Technology Service	40.0	9.8
水利、环境和公共设施管理业	Management for Water Conservancy, Environment and Public Facilities	-4.5	45.6
居民服务、修理和其他服务业	Resident Services, Repair and Other Services	-14.7	-27.2
教 育	Education	-10.5	-10.4
卫生和社会工作	Health Care and Social Work	30.4	24.4
文化、体育和娱乐业	Culture, Sports and Recreational Services	-44.4	-30.5
公共管理、社会保障和社会组织	Public Management, Social Security and Social Organizations	60.1	-24.3

10-11 房地产开发投资、建设情况(2000—2022年)

Investment and Construction of Real Estate Development,2000-2022

单位：亿元(100 million yuan)

年 份 Year	本年完成投资额 Investment Completed in Current Year	住 宅 Residential Buildings	办公楼 Office Buildings	商业营业用房 Buildings for Business Use	其 他 Others
2000	133.93	90.02	3.13	7.18	33.60
2001	161.27	96.40	4.52	15.65	44.70
2002	175.84	103.18	7.51	14.72	50.43
2003	211.39	150.93	7.78	24.26	28.43
2004	263.92	175.24	15.75	28.24	44.69
2005	327.54	234.92	11.95	41.74	38.92
2006	402.32	311.34	23.74	35.66	31.58
2007	505.30	342.82	34.55	63.76	64.17
2008	653.72	459.33	30.97	79.87	83.55
2009	735.18	494.86	32.83	97.32	110.18
2010	866.64	565.39	77.18	127.35	96.72
2011	1080.04	689.08	109.84	176.79	104.33
2012	1260.00	843.05	85.70	155.31	175.94
2013	1480.82	986.28	99.91	165.29	229.34
2014	1699.65	1122.26	123.58	217.93	235.88
2015	1871.55	1251.53	107.70	249.01	263.31
2016	2300.01	1598.27	124.64	252.44	324.66
2017	2233.39	1559.70	92.58	189.39	391.72
2018	2458.49	1887.23	65.37	161.63	344.26
2019	2727.82	2200.01	58.10	168.99	300.72
2020	2608.54	2084.80	50.24	175.29	298.20
2021	2769.98	2168.35	54.75	190.18	356.70
2022	2127.94	1682.49	45.01	141.70	258.74

10-11续表 *Continued*

单位：万平方米(10 000 sq.m)

年　份 Year	施工面积 Floor Space of Building under Construction	# 住　宅 Residential Buildings	竣工面积 Floor Space of Building Completed	# 住　宅 Residential Buildings
2000	1783.00	1582.15	583.51	532.63
2001	1863.48	1590.62	690.48	626.63
2002	2135.56	1746.13	746.44	673.00
2003	2314.43	1953.50	911.27	750.67
2004	2865.55	2352.98	1108.13	1014.46
2005	3470.57	2827.87	1479.22	1270.96
2006	4142.60	3396.45	1520.24	1308.95
2007	4836.49	3744.87	1704.36	1398.61
2008	5704.27	4306.33	1799.37	1492.54
2009	6052.16	4517.83	1902.06	1580.82
2010	7160.75	5117.60	2098.55	1603.65
2011	9233.98	6623.95	2102.79	1645.10
2012	9864.22	6923.52	2542.75	1913.97
2013	10892.17	7562.48	2805.37	2117.66
2014	10652.37	7204.46	2924.82	2130.25
2015	10230.22	6968.75	2903.57	2182.99
2016	9349.76	6311.70	2914.25	2189.14
2017	8795.82	5911.03	2023.41	1433.24
2018	10541.39	7382.25	2135.57	1559.27
2019	11453.43	8156.94	1655.50	1186.69
2020	12034.51	8518.17	1634.47	1256.43
2021	12627.78	8781.75	1892.82	1445.60
2022	11085.10	7733.55	1503.65	1086.13

10-12 房地产开发投资情况
Investment in Real Estate Development

单位：亿元(100 million yuan)

项　目	Item	2021	2022	2022比2021年增长(%) Increase Rate in 2022 over 2021(%)
本年完成投资额	**Investment Completed in Current Year**	**2769.98**	**2127.94**	**-23.2**
按隶属关系分	**Grouped by Administrative Relationship**			
中　央	Central Government			
地　方	Local Government	2769.98	2127.94	-23.2
按登记注册类型分	**Grouped by Registered Status**			
内资企业	Domestic-funded Enterprises	2642.48	2043.65	-22.7
国　有	State-owned Enterprises	164.18	180.48	9.9
集　体	Collective-owned Enterprises	0.77	0.34	-56.0
股份合作	Cooperative Enterprises			
联营企业	Joint Ownership Enterprises			
有限责任公司	Limited Liability Corporations	1566.09	1187.57	-24.2
# 国有独资公司	Sole State-funded Corporations	202.08	150.67	-25.4
股份有限公司	Share Holding Corporations Ltd.	83.93	96.30	14.7
私营企业	Private Enterprises	810.88	575.32	-29.0
其　他	Others	16.64	3.65	-78.1
港澳台商投资企业	Enterprises with Investment from Hong Kong, Macao and Taiwan	96.11	43.39	-54.9
外商投资企业	Foreign Funded Enterprises	31.38	40.89	30.3
按构成分	**Grouped by Composition of Use**			
建筑工程	Construction	1001.10	786.59	-21.4
安装工程	Installation	25.68	16.55	-35.5
设备工器具	Equipment and Instruments	5.46	2.72	-50.1
其他费用	Others	1737.75	1322.08	-23.9
按工程用途分	**Grouped by Use of Projects**			
住　宅	Residential Buildings	2168.35	1682.49	-22.4
办公楼	Office Buildings	54.75	45.01	-17.8
商业营业用房	Houses for Business Use	190.18	141.70	-25.5
其　他	Others	356.70	258.74	-27.5
本年新增固定资产	**Newly Increased Fixed Assets in Current Year**	**988.03**	**770.21**	**-22.0**

10-13 房地产开发建设情况
Construction of Real Estate Development

项　目	Item	2021	2022	2022比2021年增长(%) Increase Rate in 2022 over 2021(%)
施工房屋面积(万平方米)	**Floor Space of Buildings under Construction (10 000 sq.m)**	**12627.78**	**11085.10**	**-12.2**
住　宅	Residential Buildings	8781.75	7733.55	-11.9
办公楼	Office Buildings	516.61	403.38	-21.9
商业营业用房	Buildings for Business Use	1171.01	1039.69	-11.2
其　他	Others	2158.40	1908.47	-11.6
竣工房屋面积(万平方米)	**Floor Space of Buildings Completed(10 000 sq.m)**	**1892.82**	**1503.65**	**-20.6**
住　宅	Residential Buildings	1445.60	1086.13	-24.9
办公楼	Office Buildings	29.79	24.14	-19.0
商业营业用房	Buildings for Business Use	65.00	86.01	32.3
其　他	Others	352.44	307.37	-12.8
竣工房屋价值(亿元)	**Value of Buildings Completed(100 million yuan)**	**768.39**	**593.05**	**-22.8**
住　宅	Residential Buildings	612.42	438.09	-28.5
办公楼	Office Buildings	18.18	12.22	-32.8
商业营业用房	Buildings for Business Use	26.26	55.40	111.0
其　他	Others	111.53	87.33	-21.7
上年末结余资金	**Balance of Funds Brought Forward from Preceding Year**	**2531.75**	**1988.76**	**-21.4**
本年实际到位资金	**Subtotal of the Sources of Funds in Current Year**	**4012.73**	**2563.59**	**-36.1**
国内贷款	Domestic Loans	525.52	379.25	-27.8
利用外资	Foreign Investment			
自筹资金	Fundraising	1223.44	735.53	-39.9
定金及预收款	Deposit and Advance Payment	1759.07	1143.20	-35.0
个人按揭贷款	Personal Mortgage Loans	346.08	197.13	-43.0
其他资金	Others	158.62	108.49	-31.6

10-14 房地产销售情况

Basic Statistics on Real Estate Sales

项　目	Item	2021	2022	2022比2021年增长(%) Increase Rate in 2022 over 2021(%)
商品房销售面积（万平方米）	**Floor Space of Commercial Houses Sold(10 000 sq.m)**	**1435.42**	**973.77**	**-32.2**
住　宅	Residential Buildings	1333.97	895.54	-32.9
办公楼	Office Buildings	28.20	14.66	-48.0
商业营业用房	Buildings for Business Use	50.64	47.46	-6.3
其　他	Others	22.61	16.12	-28.7
商品房销售额（亿元）	**Total Sales of Commercial Houses(100 million yuan)**	**2322.76**	**1516.37**	**-34.7**
住　宅	Residential Buildings	2183.74	1421.55	-34.9
办公楼	Office Buildings	47.38	17.56	-62.9
商业营业用房	Buildings for Business Use	71.65	64.35	-10.2
其　他	Others	19.98	12.91	-35.4

10-15 房地产物业管理情况(2019—2022年)

Basic Statistics on Real Estate Property Management,2019-2022

指　标　Item	2019	2020	2021	2022
企业总数(个) Number of Enterprises(unit)	1123	1077	1492	1597
物业管理项目个数(个) Number of Projects Managed(unit)	4267	4401	4533	3714
房屋建筑面积(万平方米) Floor Space of Buildings(10 000 sq.m)	43602	44932	47669	40618
住　宅 Residential Buildings	35209	36483	38278	33977
办公用房 Office Buildings	3279	2890	2987	1955
商业营业用房 Buildings for Business Use	2047	2102	3116	2604
工业仓储用房 Buildings for Industry and Storage	1426	1406	1721	1053
其　他 Others	1641	2052	1567	1029
从业人员(人) Employment Personnel(person)	189215	131803	129600	87202
# 管理人员 Administrative Personnel	45857	18423	16894	10349
年经营收入(亿元) Annual Income(100 million yuan)	126.79	141.92	145.27	107.05
从业人员报酬(亿元) Remuneration of Employment Personnel(100 million yuan)	70.67	56.63	46.27	37.67

资料来源：天津市住房和城乡建设委员会。
Source:Tianjin Housing and Urban-Rural Construction Commission.

主要统计指标解释

固定资产投资（不含农户）

是以货币形式表现的在一定时期内建造和购置固定资产的工作量以及与此有关的费用的总称。

房地产开发投资

指各种登记注册类型的房地产开发法人单位统一开发的包括统代建、拆迁还建的住宅、厂房、仓库、饭店、宾馆、度假村、写字楼、办公楼等房屋建筑物，配套的服务设施，土地开发工程（如道路、给水、排水、供电、供热、通讯、平整场地等基础设施工程）和土地购置的投资；不包括单纯的土地开发和交易活动。

民间固定资产投资

指具有集体、私营、个人性质的内资调查单位以及由其控股（包括绝对控股和相对控股）的调查单位在中华人民共和国境内建造或购置固定资产的投资。

固定资产投资的资金来源

指在报告期收到的，用于在建项目投资的各种货币资金。包括国家预算资金、国内贷款、债券、利用外资、自筹资金和其他资金。

国家预算资金 指各级政府用于固定资产投资的财政资金，包括中央预算资金和地方预算资金。

国家预算包括一般预算、政府性基金预算、国有资本经营预算和社保基金预算。各类预算中用于固定资产投资的资金全部作为国家预算资金填报，其中一般预算中用于固定资产投资的部分包括基建投资、车购税、灾后恢复重建基金和其他财政投资。各级政府债券、政府专项债也应归入国家预算资金。

国内贷款 指报告期向银行及非银行金融机构借入用于在建项目投资的各种国内借款，包括银行利用自有资金及吸收存款发放的贷款、上级拨入的国内贷款、国家专项贷款，地方财政专项资金安排的贷款、国内储备贷款、周转贷款等。

债券 指企业或金融机构为筹集用于固定资产投资的资金向投资者出具的承诺按一定发行条件还本付息的债务凭证，包括金融债券和企业债券。

利用外资 指报告期收到的境外（包括外国及港澳台地区）资金（包括设备、材料、技术在内）。包括对外借款（外国政府贷款、国际金融组织贷款、出口信贷、外国银行商业贷款、对外发行债券和股票）、外商直接投资、外商其他投资（包括补偿贸易、加工装配由外商提供的设备价款、国际租赁，外商投资收益的再投资资金）。不包括我国自有外汇资金（包括国家外汇、地方外汇、留成外汇、调剂外汇和中国境内银行自有资金发放的外汇贷款等）。各类外资按报告期的外汇牌价（中间价）折成人民币计算。

自筹资金 指在报告期内筹集的用于在建项目投资的资金。包括自有资金、股东投入资金和借入资金，但不包括各类财政性资金、从各类金融机构借入资金和国外资金。

其他资金来源 指在报告期收到的除以上各种资金之外的用于固定资产投资的资金。包括社会集资、个人资金、无偿捐赠的资金及其他单位拨入的资金等。

固定资产投资按构成分

建筑工程 指各种房屋、建筑物的建造工程。这部分投资额必须兴工动料，通过施工活动才能实现，是固定资产投资额的重要组成部分。包括各种房屋的建造；设备基础及各种窑炉的砌筑工程和金属结构工程；为施工而进行的建筑场地布置、工程地质勘探、平整场地、施工临时用水、电、气、路和清理绿化等；矿井的开凿，铁路、公路、桥梁等；水利及防空、地下建筑等特殊工程。

安装工程 指各种设备、装置的安装工程。在安装工程投资额中，不包括被安装设备本身价值。安装工程包括生产、动力、起重、运输、传动和医疗、试验等各种需要安装设备的装配和安装，与设备相连的工作台、梯子、栏杆装设工程，附属于被安装设备的管线敷设工程，被安装设备的绝缘、防腐、保温、油漆等工作；为测定安装工程质量，对单个设备、系统设备进行单机试运、系统联动无负荷试运工作（投料试运工作不包括在内）。

设备工器具购置 指报告期内购置或自制的，达到固定资产标准的设备、工具、器具的价值。

设备是指各种动力设备、传导设备、运输设备等。工具、器具是指具有独立用途的各种生产用具、工作工具和仪器。如维修用的切削工具、铆焊工具等，以及达到固定资产标准的包装容器等。

其他费用 指在项目建设过程中发生的，除建筑安装工程和设备、工器具购置投资完成额以外的费用，不指经营中财务上的其他费用。用于项目建设的贷款的利息支出，在项目建设期应纳入统计，项目建成投产后不应纳入。

固定资产投资按建设性质分

新建 指从无到有“平地起家”开始建设的项目。现有企业、事业、行政单位投资的项目一般不属于新建。但如有的单位原有基础很小，经过建设后新增的固定资产价值超过该企业、事业、行政单位原有固定资产价值（原值）三倍以上的，也应作为新建。

扩建 指为扩大原有产品的生产能力（或效益）或增加

新的产品生产能力，而增建的生产车间（或主要工程）、分厂、独立的生产线等项目。行政、事业单位在原单位增建业务性用房（如学校增建教学用房、医院增建门诊部、病房等）也作为扩建。

现有调查单位为扩大原有主要产品生产能力或增加新的产品生产能力，增建一个或几个主要生产车间（或主要工程）、分厂，同时进行一些更新改造工程的，也应作为扩建。

改建和技术改造 指对原有设施进行技术改造或更新（包括相应配套的辅助性生产、生活福利设施）的建设项目。改建项目包括调查单位为适应市场变化的需要，而改变的主要产品种类（如军工企业转民用产品等）的建设项目；原有产品生产作业线由于各工序（车间）之间能力不平衡，为填平补齐充分发挥原有生产能力而增建但不增加主要产品生产能力的建设项目。

技术改造是指调查单位在现有基础上用先进的技术代替落后的技术，用先进的工艺和装备代替落后的工艺和装备，以改变企业落后的技术经济面貌，实现以内涵为主的扩大再生产，达到提高产品质量、促进产品更新换代、节约能源、降低消耗、扩大生产规模、全面提高社会经济效益的目的。技术改造具体包括以下内容：机器设备和工具的更新改造；生产工艺改革、节约能源和原材料的改造；厂房建筑和公共设施的改造；保护环境进行的“三废”治理改造；劳动条件和生产环境的改造等。

新增固定资产

指报告期内已经完成建造和购置过程，并已交付生产或使用单位的固定资产价值。包括已经建成投入生产或交付使用的工程投资和达到固定资产标准的设备、工具、器具的投资以及有关应摊入的费用。属于增加固定资产价值的其他建设费用，应随同交付使用的工程一并计入新增固定资产。

商品房销售面积

指报告期内出售商品房屋的合同总面积（即双方签署的正式买卖合同中所确定的建筑面积）。由现房销售建筑面积和期房销售建筑面积两部分组成。

商品房销售额

指报告期内出售商品房屋的合同总价款（即双方签署的正式买卖合同中所确定的合同总价）。该指标与商品房销售面积同口径，由现房销售额和期房销售额两部分组成。

Explanatory Notes on Main Statistical Indicators

Investment in Fixed Assets (Excluding Rural Households)

refers to the total amount of construction and acquisition of fixed assets completed in a monetary form and the total amount of costs associated with it during a given period.

Investment in Real Estate Development

refers to investment by real estate development companies, commercialized buildings construction companies and other real estate development units of various types of ownership in the construction of buildings, such as residential buildings, factory buildings, warehouses, hotels, guesthouses, holiday villages, office buildings, the complementary service facilities and land development projects, such as roads, water supply, water drainage, power supply, heating supply, telecommunications, land leveling and other infrastructural projects. It does not include activities in pure land development and transactions.

Private Fixed Asset Investment

refers to the domestic investigation unit and institutions of collective or private or individual, as well as its holding (including absolute holding and relative holding) units within the territory of PRC construction or purchase of fixed assets investment.

Source of Funds for Investment in Fixed Assets

refers to the received funds for construction project investment in report period, included the state budget, domestic loans, bonds, foreign investment, self-raised funds, and others.

State Budgetary Appropriation refers to the financial funds used by governments at all levels for investment in fixed assets, including central budgetary appropriation and local budgetary appropriation. National budget includes the general budget, government fund budget, state-owned capital management budget and social security funds. In various types of budget, funds used for investment in fixed assets are all calculated as state budgetary appropriation. And general budget used for investment in fixed assets includes infrastructure investment, vehicle purchase tax, post-earthquake recovery and reconstruction funds and other financial investments. Government bonds and special government bonds of all levels are also included in the state budgetary appropriation.

Domestic Loans refer to loans of various forms borrowed from banks and non-bank financial institutions during the reference period for the purpose of investment in projects under construction, including the bank loans of its own funds and deposits, the domestic loans appropriated by the superior competent department, the national special loans (including coal oil loans, the special loans for reform-through-labour coal mine), the loans of local financial special funds, the domestic bank loans, revolving credits, etc.

Bonds refer to the voucher issued enterprise (company) or financial institutions in order to raise funds with commit of payback with interests according to certain conditions, including the financial bonds and enterprise bonds (approved by the National Development and Reform Commission and the China Securities Regulatory Commission).

Foreign Investment refers to overseas (foreign regions, Hong Kong, Macao and Taiwan) funds received during the reference period (covering equipment, materials and technology), including foreign borrowings (loans from foreign governments and international financial institutions, export credit, commercial loans from foreign banks, issue of bonds and stocks overseas), foreign direct investment and other foreign investments (includes compensation trade, equipment price provided by foreign investors, international leasing, and Reinvestment funds of foreign investment income). Excluded from this category is capital in foreign exchanges owned by China (foreign exchanges owned by the central and local governments, foreign exchanges retained by enterprises, foreign exchanges by enterprises through the regulating mechanism, loans in foreign exchanges issued by the banks within China with its own fund, etc.). In calculating the utilization of foreign capital, foreign currencies are converted into Chinese RMB applying the current exchange rate during the reference period.

Fundraising refer to funds raised for investment in projects under construction during the reference period, including self-raised funds of enterprises and institutions, funds invested and borrowed by shareholders, excluding government financial capital, funds borrowed from various financial institutions and foreign funds. Compared with the original fundraising concept, the biggest change is that the local finance all belong to the state budget funds and the fundraising do not contain financial funds.

Other Sources of Funding refer to funds for investment in fixed assets received from sources other than those listed above, including funds raised from individuals and through social donations, and funds transferred from other units.

Investment in Fixed Assets by Composition of Use

Construction refers to the construction of various houses and buildings, it also is called the work volume of construction. It is an important part of fixed assets investment, including construction of various houses, equipment foundations and industrial kilns, pits and stoves, preparation works for project construction, and clearing up works post project construction, geological examination, land-leveling, water, electricity, gas road-cleaning, planting trees, drilling of mines, pavement of railways and roads, highway, bridge, construction of projects of water conservancy, construction of underground air-raid shelters and construction of other special projects.

Installation refers to the installation of various kinds of equipment and instruments (work volume of installation). The value of equipment installed is excluded in the value of installation projects. Including various kinds of equipment, i.e. production, power-driven, lifting, transport, transmission, medical experiment etc. and working table, stepladder, railing installation project, pipeline laying project attached to the installed equipment, insulation, anti-corrosion, heat preservation, painting and other work of the installed equipment, in order to measure the quality of the installation project, rot-proofing, try operation of individual equipment and system equipment (excluding put in material try operation).

Purchases of Equipment and Instruments refer to the total value of equipment, tools, and vessels purchased or self-produced by construction units, enterprises or institutions, within the reference period, which come up to standards for fixed assets.

Equipment refers to various power equipment, conduction equipment, transportation equipment, etc. Instruments refer to various production tools, work tools and instruments with independent purposes. Such as cutting tools for maintenance, riveting and welding tools, packaging containers that meet the standard of fixed assets, etc.

Other Expenses refer to investment in projects under construction excluded in above items, but does not refer to any other financial expenses. Interest expenses on loans used shall be included in the statistics during the project construction period, and shall not be included after the project is completed.

Investment in Fixed Assets by Type of Construction

New Construction refers to newly constructed units. Projects invested by existing enterprises, institutions and administrative units generally do not belong to new construction. However, in which the value of the original fixed assets of the unit is quite small, and the value of newly added fixed assets exceeds the original ones by three times, the expansion construction is considered as new construction.

Expansion Construction refers to construction of new major production workshop(or main projects) or independent production line within a factory or in other locations, or construction of branch factories so as to increase the production capacity of the original products. Newly constructed business houses in institutions and administrative organizations are also classified as expansion, such as added teaching rooms in schools, added outpatient departments or wards in hospitals, etc.

In order to expand the production capacity of the original or new products, the existing investigation unit builds one or more main production workshops (or main projects), branch factories, and carries out renovation projects at the same time, it should also be used as expansion construction.

Reconstruction and Technical Innovation refers to construction of technical innovation and transformation of the existing equipment and technical conditions undertaken by enterprises and institutions, (including accessory facilities for production and living purposes). Reconstruction includes construction projects of major product types (such as military industrial enterprises to civilian products, etc.) changed in order to meet the needs of market changes; construction projects that supply the original production capacity but does not increase the production capacity of main products due to the unbalanced capacity among various processes (workshops).

Technical Innovation refers to replace the backward technology and equipment with advanced technology and equipment on the basis, so as to achieve the purpose of changing the backward appearance, expanding reproduction, improving product quality, promoting product upgrading, saving energy, reducing consumption, expanding production scale and improving social and economic benefits. It includes renewal and innovation of machinery equipment and tools, innovation of production technology, energy saving and raw materials, innovation of factory buildings and public facilities, innovation of the "three wastes" for environmental protection, innovation of working conditions and production environment, etc.

Newly Increased Fixed Assets

refers to the newly increased value of fixed assets finished construction and purchase in the reference period and delivered to the production or use units, including the value of projects completed and put into production, the value of equipment, tools, and vessels considered as fixed assets, as well as the relevant expenses as investment in fixed assets. Other construction expenses to increase the volume in fixed assets should be calculated into newly increased fixed assets with the project put in use.

Floor Space of Commercial Houses Sold

refers to total contracted area of commercialized housing (the area of floor space as designated in the formal contracts signed by both sides) during the reference time. It is constituted by floor space of completed housing and floor space of future housing.

Sales of Commercial Houses

refer to the total contracted value (the value of sales/purchase for selling/purchase of commercialized housing as designated in the contract signed by both sides) during the reference time. This indicator has the same coverage as the area of commercialized housing sold, which is constituted by floor space of completed housing and floor space of housing yet to be completed.

第十一篇 对外经济贸易

Chapter 11 Foreign Trade, Economic Cooperation

11-1 对外贸易进出口总额(1981—2022年)
Total Value of Imports and Exports in Foreign Trade,1981-2022

年 份 Year	绝对数(亿美元) Absolute Value(USD 100 million)			增长速度(%)(比上年) Increase Rate(%)(Over Preceding Year)		
	进出口总额 Imports & Exports	出口总额 Exports	进口总额 Imports	进出口总额 Imports & Exports	出口总额 Exports	进口总额 Imports
1981	16.83	15.37	1.47	-7.9	-0.4	-48.5
1982	15.37	14.24	1.13	-8.7	-7.3	-22.8
1983	15.78	14.27	1.51	2.7	0.2	33.3
1984	14.67	12.34	2.34	-7.0	-13.6	55.0
1985	14.86	11.53	3.33	1.3	-6.6	43.9
1986	16.64	12.55	4.09	12.0	8.9	21.6
1987	20.13	15.17	4.96	21.0	20.9	21.2
1988	22.78	16.83	5.96	13.2	10.9	20.2
1989	22.14	16.86	5.28	-2.8	0.2	-11.3
1990	22.10	17.86	4.24	-0.2	5.9	-19.7
1991	20.20	16.06	4.14	-8.6	-10.0	-2.5
1992	23.76	17.52	6.23	17.6	9.1	50.7
1993	27.77	19.42	8.34	16.9	10.8	33.8
1994	33.12	24.00	9.13	19.3	23.6	9.4
1995	65.46	29.98	35.47	97.6	24.9	288.7
1996	82.97	40.49	42.48	26.8	35.0	19.8
1997	100.23	50.18	50.05	20.8	23.9	17.8
1998	106.16	54.99	51.17	5.9	9.6	2.3
1999	126.05	63.32	62.73	18.7	15.2	22.6
2000	171.57	86.29	85.28	36.1	36.3	36.0
2001	181.86	95.02	86.85	6.0	10.1	1.8
2002	228.27	115.95	112.32	25.5	22.0	29.3
2003	293.71	143.74	149.97	28.7	24.0	33.5
2004	420.19	208.65	211.54	43.2	45.4	41.4
2005	533.87	274.15	259.72	27.1	31.4	22.8
2006	645.73	335.40	310.33	21.0	22.3	19.5
2007	715.50	381.61	333.89	10.8	13.8	7.6
2008	805.39	422.29	383.10	12.6	10.7	14.7
2009	639.44	299.85	339.59	-20.6	-29.0	-11.4
2010	822.01	375.17	446.84	28.8	25.5	31.7
2011	1033.91	444.98	588.93	25.9	18.7	32.0
2012	1156.23	483.14	673.09	11.8	8.6	14.3
2013	1285.28	490.25	795.03	11.2	1.5	18.1
2014	1339.12	525.97	813.16	4.2	7.3	2.3
2015	1143.47	511.83	631.64	-14.6	-2.7	-22.3
2016	1026.51	442.86	583.65	-10.2	-13.4	-7.6
2017	1129.45	435.65	693.81	10.0	-1.6	18.8
2018	1225.11	487.96	737.16	8.5	12.0	6.3
2019	1066.45	437.94	628.51	-13.0	-10.3	-14.8
2020	1059.31	443.60	615.71	-0.7	1.3	-2.0
2021	1325.65	599.66	725.99	24.7	35.2	17.1
2022	1267.58	571.85	695.73	-4.4	-4.6	-4.2

注：1.自1998年始使用天津海关数据。2.2022年进出口总额为初步统计数据，表11-2、11-4、11-5同。

Note: a) From 1998, data of this table are provided by Tianjin Customs. b) Total value of imports and exports in 2022 are preliminary statistical data. Same as table 11-2, 11-4 and 11-5.

11-2 天津口岸进出口总额(1981—2022年)
Total Value of Imports and Exports in Tianjin Port,1981-2022

年 份 Year	按美元计算(亿美元) Calculated by USD (USD 100 million)			按人民币计算(亿元) Calculated by RMB (100 million yuan)		
	进出口总额 Imports & Exports	出口总额 Exports	进口总额 Imports	进出口总额 Imports & Exports	出口总额 Exports	进口总额 Imports
1981	57.84	22.74	35.10	96.62	37.99	58.63
1982	58.36	25.80	32.56	108.21	47.84	60.70
1983	60.55	22.92	37.63	119.42	45.19	74.23
1984	69.35	21.77	47.58	154.21	48.06	106.15
1985	96.18	20.07	76.11	283.30	59.13	224.17
1986	96.82	26.37	70.45	338.13	92.11	246.02
1987	89.98	32.85	57.13	334.91	122.27	212.64
1988	102.77	38.78	63.99	388.00	146.00	242.00
1989	106.30	39.70	66.60	399.69	149.27	250.42
1990	85.95	42.53	43.42	410.84	203.29	207.55
1991	91.37	46.48	44.89	486.98	239.59	247.39
1992	104.61	54.60	50.01	572.23	298.68	273.55
1993	125.04	66.03	59.01	726.48	383.63	342.85
1994	161.67	86.81	74.86	1397.96	750.65	647.31
1995	217.46	127.81	89.65	1821.23	1070.41	750.82
1996	216.85	122.89	93.96	1804.19	1022.44	781.75
1997	215.62	131.24	84.38	1787.55	1088.02	699.53
1998	223.19	134.84	88.35	1852.48	1119.17	733.31
1999	248.29	139.18	109.11	2055.34	1152.13	903.21
2000	298.03	165.29	132.74	2479.60	1375.20	1104.40
2001	323.71	178.13	145.58	2679.30	1474.40	1204.90
2002	365.35	190.55	174.80	3025.46	1577.94	1447.52
2003	461.67	259.57	202.10	3831.86	2154.43	1677.43
2004	677.66	384.80	292.86	5608.66	3184.80	2423.86
2005	819.29	446.83	372.46	6711.38	3660.30	3051.08
2006	1018.85	571.24	447.61	8122.07	4553.81	3568.26
2007	1290.00	752.87	537.13	9616.05	5612.12	4003.93
2008	1631.02	940.98	690.04	11137.09	6425.29	4711.80
2009	1242.24	612.04	630.20	8484.50	4180.23	4304.27
2010	1641.10	794.41	846.69	10935.57	5293.60	5641.97
2011	1972.49	959.19	1013.29	12497.50	6077.33	6420.10
2012	2042.52	980.13	1062.40	12838.26	6160.61	6677.72
2013	2148.15	997.14	1151.01	13189.64	6122.44	7067.20
2014	2285.04	1097.98	1187.06	14037.81	6744.73	7293.09
2015	1874.29	994.30	879.99	11622.68	6162.81	5459.87
2016	1702.35	873.68	828.68	11233.21	5754.27	5478.94
2017	1872.46	902.18	970.28	12681.95	6117.09	6564.86
2018	2097.80	1004.73	1093.07	13846.04	6616.24	7229.80
2019	2010.07	918.73	1091.34	13845.06	6326.51	7518.55
2020	1909.06	882.24	1026.82	13214.53	6107.66	7106.87
2021	2577.52	1288.27	1289.25	16655.70	8322.50	8333.20
2022	3014.34	1589.09	1425.26	20106.35	10606.04	9500.31

资料来源：天津海关，表11-4和11-5同。
Source: Tianjin Customs. Same as table 11-4 and 11-5.

11-3 利用外资情况(1981—2022年)
Utilization of Foreign Capital,1981-2022

年 份 Year	直接利用外资合同额 Foreign Direct Investment Contracted		实际使用外资金额 Actual Use of Foreign Capital		实际借用国外资金 Actually Used Foreign Loans	
	绝对数 (万美元) Absolute Value (USD 10 000)	增长速度 (比上年)(%) Increase Rate (Over Preceding Year) (%)	绝对数 (万美元) Absolute Value (USD 10 000)	增长速度 (比上年)(%) Increase Rate (Over Preceding Year) (%)	绝对数 (万美元) Absolute Value (USD 10 000)	增长速度 (比上年)(%) Increase Rate (Over Preceding Year) (%)
1981	204	-60.1	40	-85.2		
1982	150	-26.5	578	1345.0		
1983	555	270.0	40	-93.1	251	
1984	6290	1033.3	1190	2875.0	933	271.7
1985	5452	-13.3	4409	270.5	2098	124.9
1986	6583	20.7	4287	-2.8	11229	435.2
1987	1417	-78.5	5491	28.1	18547	65.2
1988	8931	530.3	2395	-56.4	42878	131.2
1989	8452	-5.4	8134	239.6	3517	-18.0
1990	16367	93.6	8315	2.7	25122	-28.6
1991	19656	20.1	9388	12.9	38711	54.1
1992	121927	520.3	23138	146.5	59922	54.8
1993	225567	85.0	54120	133.9	39112	-34.7
1994	350234	55.3	101499	87.5	75985	94.3
1995	385053	9.9	152064	49.8	58924	-22.5
1996	392431	1.9	200587	31.9	97771	65.9
1997	385066	-1.9	251135	25.2	91166	-6.8
1998	363729	-5.5	251803	0.3	53984	-40.8
1999	362034	-0.5	253203	0.6	21332	-60.5
2000	460000	27.1	256000	1.1	26467	24.1
2001	463000	0.7	322000	25.8	7688	-71.0
2002	581220	25.5	380591	18.2	6310	-17.9
2003	351297	74.3	163325	62.9	7225	14.5
2004	558855	59.1	247243	51.4	22993	218.2
2005	732281	31.0	332885	34.6	31688	37.8
2006	811156	10.8	413077	24.1	23819	-24.8
2007	1151856	42.0	527776	27.8	18257	-23.4
2008	1325629	15.1	741978	40.6	17701	-22.9
2009	1383817	4.4	901985	21.6	6933	-60.8
2010	1529569	10.5	1084872	20.3	20983	202.7
2011	1683700	10.1	1305602	20.4	18378	-12.4
2012	1858541	10.4	1501633	15.0	14867	-19.1
2013	2073332	11.6	1682897	12.1	41791	181.1
2014	2281979	10.1	1886676	12.1	152250	264.3
2015	3135740	37.4	2113444	12.0	123549	-18.9
2016	3082564	-1.7	1010045	12.2	753599	510.0
2017	2642295	-14.3	1060784	5.0	1673238	122.0
2018	2464851	-6.7	485104			
2019	3159446	28.2	473161	3.0		
2020	3624782	14.7	473536	0.1		
2021	3049032	-15.9	538886	13.8		
2022	1492491	-51.1	595009	10.4		

资料来源：天津市商务局，表11-6至11-11同。

Source: Tianjin Municipal Bureau of Commerce. Same as table 11-6 to 11-11.

注：2013、2016、2018、2019年实际使用外资统计口径依商务部统计制度进行了调整，增速为可比口径，表11-8和11-10同。

Note: The statistics coverage of actual use of foreign capital was adjusted by statistics system of the Ministry of Commerce in 2013,2016,2018 and 2019, the increase rate is comparable coverage. Same as table 11-8 and 11-10.

11-4 对外贸易进出口总额(2022年)
Total Value of Imports and Exports in Foreign Trade,2022

单位：亿元(100 million yuan)

项　　目	Item	进出口总额 Imports & Exports	出口总额 Exports	进口总额 Imports
合　　计	**Total**	**8448.52**	**3803.59**	**4644.93**
按经营单位分	**By Managing Unit**			
# 国有企业	State-owned Enterprises	827.68	391.22	436.47
集体企业	Collective-owned Enterprises	27.72	25.77	1.95
私营企业	Private Enterprises	3617.66	1741.47	1876.19
外资企业	Foreign Funded Enterprises	3957.54	1644.39	2313.15
中外合资企业	Joint Venture Enterprises	10.34	1.41	8.92
中外合作企业	Cooperative Operation Enterprises	1354.61	581.19	773.42
外商独资企业	Foreign-funded Sole Enterprises	2592.59	1061.78	1530.81
按贸易性质分	**By Way of Trade**			
# 一般贸易	General Trade	4814.14	2274.00	2540.15
加工贸易	Processing Trade	1896.68	1126.59	770.09
进料加工	Processing Using Import Material	241.42	24.57	216.85
来料加工	Processing Using Provided Material	1655.26	1102.02	553.24
外商投资企业作为投资进口的设备、物品	Equipment and Goods Imported by Foreign-invested Enterprises	4.06		4.06
对外承包工程出口货物	Merchandise Exports of Contracted Foreign Projects	44.26	44.26	
租赁贸易	Leasing Trade	22.41	1.04	21.37
海关保税监管场所进出境货物	Customs Bonded Cargo Entry and Exit Monitoring Sites	208.01	74.13	133.88
海关特殊监管区域物流货物	Special Customs Supervision Areas of Goods Logistics	1428.03	277.53	1150.50
按商品类别分	**By Category of Commodities**			
# 机电产品	Mechanical and Electronic Products	4835.14	2304.16	2530.98
# 高新技术产品	High & New Technology Products	2157.54	839.71	1317.83

注：机电产品、高新技术产品进出口数据来自天津市商务局。
Note: The source of data of mechanical and electronic products and high & new technology products is Tianjin Municipal Bureau of Commerce.

11-5 对外贸易分国别(地区)进出口总额(2022年)
Total Value of Imports and Exports in Foreign Trade by Country(Region),2022

单位：亿元(100 million yuan)

国别(地区)	Country(Region)	进出口总额 Imports & Exports	出口总额 Exports	进口总额 Imports
合　计	**Total**	**8448.52**	**3803.59**	**4644.93**
亚　洲	**Asia**	**3674.88**	**1838.09**	**1836.79**
# 中国香港	Hong Kong,China	217.42	214.85	2.58
印　度	India	153.31	117.11	36.20
印度尼西亚	Indonesia	201.84	119.68	82.16
伊　朗	Iran	31.52	7.01	24.51
日　本	Japan	672.39	228.66	443.74
马来西亚	Malaysia	252.08	111.67	140.41
菲律宾	The Philippines	80.89	41.42	39.47
新加坡	Singapore	226.56	125.83	100.72
韩　国	Republic of Korea	750.00	251.10	498.90
泰　国	Thailand	126.98	77.66	49.32
越　南	Vietnam	202.21	136.31	65.90
中国台湾	Taiwan,China	232.72	77.76	154.96
非　洲	**Africa**	**218.73**	**159.55**	**59.18**
# 阿尔及利亚	Algeria	4.12	4.09	0.03
安哥拉	Angola	4.73	4.68	0.05
埃　及	Egypt	16.91	15.48	1.43
加　纳	Ghana	9.39	7.99	1.40
尼日利亚	Nigeria	17.93	15.18	2.75
南　非	South Africa	49.38	23.93	25.45

11-5续表 *Continued*

单位：亿元(100 million yuan)

国别(地区)	Country(Region)	进出口总额 Imports & Exports	出口总额 Exports	进口总额 Imports
欧　洲	**Europe**	**2319.35**	**872.24**	**1447.11**
# 英　国	United Kingdom	164.38	55.20	109.18
德　国	Germany	684.42	141.46	542.96
法　国	France	351.49	79.91	271.59
意大利	Italy	105.35	51.46	53.90
荷　兰	Netherlands	76.52	58.11	18.41
俄罗斯	Russia	118.02	84.87	33.15
乌克兰	Ukraine	4.67	3.33	1.34
捷克共和国	The Czech Republic	30.03	20.62	9.41
斯洛伐克共和国	The Slovak Republic	92.08	9.81	82.27
比利时	Belgium	39.68	33.50	6.18
丹　麦	Denmark	222.47	65.28	157.20
葡萄牙	Portugal	9.80	7.40	2.40
西班牙	Spain	60.56	27.36	33.20
奥地利	Austria	47.41	4.30	43.11
匈牙利	Hungary	32.04	22.03	10.02
拉丁美洲	**Latin America**	**719.64**	**306.41**	**413.22**
# 阿根廷	Argentina	50.99	14.79	36.20
巴　西	Brazil	318.42	86.15	232.27
北美洲	**North America**	**1133.41**	**510.30**	**623.11**
# 加拿大	Canada	100.67	53.34	47.33
美　国	United States	1030.42	455.33	575.09
大洋洲及太平洋岛屿	**Oceania and Pacific Islands**	**380.95**	**116.99**	**263.96**
# 澳大利亚	Australia	262.00	98.14	163.86
新西兰	New Zealand	109.16	9.52	99.63
其　他	**Others**	**1.57**		**1.57**

11-6 本市在境外设立企业和机构情况(2020—2022年)
Municipal Overseas Enterprises and Agencies,2020-2022

项　目	Item	2020	2021	2022
企业机构总计(个)	Number of Enterprises and Agencies (unit)	99	100	119
投资总额(万美元)	Total Investment (USD 10 000)	622917	591798	621427
# 中方投资额	Chinese Investment	164769	228703	241185
中方投资占比(%)	Proportion of Chinese Investment (%)	26.5	38.7	38.8
投资国家和地区(个)	Number of Countries and Regions Invested (unit)	30	33	33

11-7 直接利用外资签约情况(2020—2022年)
Utilization of Foreign Direct Investment,2020-2022

单位：万美元 (USD 10 000)

项　目	Item	2020	2021	2022
合 同 数(个)	**Number of Contracts (item)**	**570**	**744**	**496**
# 合资企业	Joint Venture Enterprises	95	220	154
合作企业	Cooperative Operation Enterprises			
独资企业	Sole Foreign-funded Enterprises	376	326	225
合同外资金额	**Foreign Investment Contracted**	**3624782**	**3049032**	**1492491**
# 合资企业	Joint Venture Enterprises	275950	469268	192669
合作企业	Cooperative Operation Enterprises	5335		
独资企业	Sole Foreign-funded Enterprises	1469036	1296017	786577

11-8 实际使用外资情况(2020—2022年)
Actual Use of Foreign Capital,2020-2022

单位：万美元 (USD 10 000)

项 目	Item	2020	2021	2022
总 计	**Total**	**473536**	**538886**	**595009**
# 合资企业	Joint Venture Enterprises	119148	87208	69173
合作企业	Cooperative Operation Enterprises	5079	70931	5606
独资企业	Sole Foreign-funded Enterprises	212355	264749	393199

11-9 对外经济合作(2020—2022年)
Economic Cooperation with Foreign Countries or Regions,2020-2022

项 目	Item	2020	2021	2022
对外承包工程	**Contracted Foreign Projects**			
签订合同金额(万美元)	Contracted Value(USD 10 000)	591928	665387	796068
完成营业额(万美元)	Fulfilling Value(USD 10 000)	566535	594201	458776
年末在外劳动人数(人)	Number of Outside Labours at Year-end(person)	13115	15760	6377

11-10 外商及港澳台商投资企业投资情况(2022年)
Investment of Foreign-funded and Hong Kong, Macao and Taiwan Funded Enterprises,2022

项 目 Item	新设外商投资企业(家) Newly Established Foreign-invested Enterprises(unit)		合同外资额(万美元) Foreign Investment Contracted (USD 10 000)		实际使用外资金额(万美元) Actual Use of Foreign Capital (USD 10 000)	
	2022	至2022年底累计 Accumulated by the End of 2022	2022	至2022年底累计 Accumulated by the End of 2022	2022	至2022年底累计 Accumulated by the End of 2022
总 计						
Total	**496**	**31449**	**1492491**	**42576563**	**595009**	**19794946**
按投资方式分						
By Mode of Investment						
# 合资企业						
Joint Venture Enterprises	154	10946	192669	8721236	69173	5736973
合作企业						
Cooperative Operation Enterprises		692		1100049	5606	660343
独资企业						
Sole Foreign-funded Enterprises	225	19305	786577	27916285	393199	12608548
按行业分						
By Sector						
# 农、林、牧、渔业						
Farming, Forestry, Animal Husbandry and Fishery		187		153966	800	84929
制造业						
Manufacturing	28	12606	126724	8620817	94949	8370461
建筑业						
Construction	6	449	3069	420211		159277
批发和零售贸易						
Wholesale, Retail Trade	96	7858	68027	3394312	24083	1382449
交通运输、仓储业和邮政业						
Transportation, Storage and Post Services	10	635	41478	1887399	8863	1038383
房地产业						
Real Estate	9	1039	52456	3176582	33732	2089818
租赁和商务服务业						
Leasing and Business Services	134	3368	612114	9470206	176144	2435788

11-10续表 *Continued*

项　目 Item	新设外商投资企业(家) Newly Established Foreign-invested Enterprises(unit)		合同外资额(万美元) Foreign Investment Contracted (USD 10 000)		实际使用外资金额(万美元) Actual Use of Foreign Capital Contracted (USD 10 000)	
	2022	至2022年底累计 Accumulated by the End of 2022	2022	至2022年底累计 Accumulated by the End of 2022	2022	至2022年底累计 Accumulated by the End of 2022
按国别(地区)分 **By Country (Region)**						
# 中国香港 Hong Kong,China	235	11831	1087495	28118344	423424	9913413
日　本 Japan	11	2354	45075	1595953	44221	1445700
美　国 United States	34	3817	38211	2440695	15577	1095044
韩　国 Republic of Korea	43	3782	6996	1536403	4724	1435785
新加坡 Singapore	31	1113	44440	1429058	36124	1118149
中国台湾 Taiwan,China	22	2346	3629	705372	562	459299
德　国 Germany	10	467	53958	565614	17144	401971
英　国 United Kingdom	27	487	173419	882464	25745	306783
法　国 France	2	247	619	136780	110	117750
意大利 Italy	1	178	1	94174	700	46801

11-11　服务外包情况
Statistics on Service Outsourcing

单位：亿美元(USD 100 million)

项　目	Item	2021	2022	2022比2021年增长(%) Increase Rate in 2022 over 2021(%)
接包合同额	**Contracted Value of Service Outsourcing**	**97.7**	**104.1**	**6.6**
# 离岸接包合同额	Contracted Value of Offshore Service Outsourcing	68.9	63.7	-7.5
接包执行额	**Actual Value of Service Outsourcing**	**54.1**	**60.1**	**11.2**
# 离岸接包执行额	Actual Value of Offshore Service Outsourcing	32.9	37.4	13.6

11-12 外省市在津投资情况
Domestic Capital from Other Provinces and Municipalities

地 区	Region	项目数(个) Number of Contracts(unit)		实际利用内资额(万元) Domestic Capital Actually Used (10 000 yuan)	
		2021	2022	2021	2022
总 计	**Total**	**3573**	**3763**	**33781847**	**36999744**
北京市	Beijing	1076	1180	13698016	18530613
河北省	Hebei	751	760	1406246	1363334
山西省	Shanxi	65	44	153538	154603
内蒙古自治区	Inner Mongolia	52	60	101057	82822
辽宁省	Liaoning	57	65	258543	379621
吉林省	Jilin	71	63	469078	348811
黑龙江省	Heilongjiang	151	103	196518	182824
上海市	Shanghai	195	196	5350022	4008766
江苏省	Jiangsu	111	142	712985	1513344
浙江省	Zhejiang	93	98	659673	574077
安徽省	Anhui	56	81	245440	179251
福建省	Fujian	75	85	763094	641950
江西省	Jiangxi	33	36	453582	108794
山东省	Shandong	193	190	921667	607138
河南省	Henan	130	104	226558	166747
湖北省	Hubei	48	64	194425	386190
湖南省	Hunan	42	47	259903	292894
广东省	Guangdong	172	215	3381047	4789122
广西壮族自治区	Guangxi	8	9	42834	54478
海南省	Hainan	12	43	277365	292314
重庆市	Chongqing	20	18	727267	496889
四川省	Sichuan	49	46	1242390	569380
贵州省	Guizhou	8	13	952976	9438
云南省	Yunnan		3		6901
陕西省	Shaanxi	42	34	79749	95758
甘肃省	Gansu	23	26	530077	765500
青海省	Qinghai	3	3	877	4603
宁夏回族自治区	Ningxia	14	7	150535	33378
新疆维吾尔自治区	Xinjiang	16	19	254952	329770
西藏自治区	Tibet	7	9	71433	30434

资料来源：天津市人民政府合作交流办公室，表11-13同。
Source: Cooperation and Exchange Office of Tianjin Municipal People's Government. Same as table 11-13.

11-13 实际利用内资额(2018—2022年)
Domestic Capital Actually Used,2018-2022

单位：亿元(100 million yuan)

地　区	Region	2018	2019	2020	2021	2022
全市总计	**Total**	**2657.06**	**2882.44**	**2926.18**	**3378.18**	**3699.97**
中心城区	**Central Districts**	**486.81**	**523.03**	**363.03**	**487.61**	**550.21**
和平区	Heping District	100.01	106.00	24.95	69.23	71.07
河东区	Hedong District	70.18	74.19	44.38	67.77	70.14
河西区	Hexi District	100.28	108.00	115.50	129.00	136.44
南开区	Nankai District	100.00	106.05	62.29	81.87	121.21
河北区	Hebei District	70.10	74.14	74.21	93.30	101.87
红桥区	Hongqiao District	46.24	54.65	41.71	46.45	49.47
滨海新区	**Binhai New Area**	**823.55**	**929.91**	**1153.18**	**1419.30**	**1790.59**
其他区	**Other Districts**	**1346.70**	**1429.50**	**1366.97**	**1471.27**	**1359.18**
东丽区	Dongli District	160.21	169.19	174.53	189.25	200.51
西青区	Xiqing District	205.20	217.61	181.67	220.31	225.37
津南区	Jinnan District	205.08	217.72	228.02	239.56	149.32
北辰区	Beichen District	205.31	217.51	169.69	176.51	184.45
武清区	Wuqing District	205.41	217.80	238.51	254.42	260.85
宝坻区	Baodi District	205.01	217.78	185.51	167.83	91.54
宁河区	Ninghe District	70.26	75.14	81.50	96.82	108.63
静海区	Jinghai District	70.12	75.10	84.18	100.72	110.53
蓟州区	Jizhou District	20.09	21.65	23.36	25.85	27.98
其　他	**Others**			**43.00**		

主要统计指标解释

外贸进出口总额

指海关统计中按经营单位即进出口企业在海关注册地的行政区域口径统计的数据，它反映的是天津行政辖区内各类具有进出口经营权企业（外贸企业）的进出口。它不包含外省市外贸企业途经天津口岸由天津海关结关放行及统计的进出口商品，但包含天津外贸企业经由非天津口岸进出口结关放行及统计的商品。

口岸进出口总额

指由海关统计的天津口岸实际进出的货物总金额。包括天津经营单位和其他省市经营单位经天津口岸实现的进出口货物总额。我国规定出口货物按离岸价格统计，进口货物按到岸价格统计。

合同外资金额

指外商投资企业（机构）的外方投资者认缴的注册资本、营运资金和投资股权转让的溢折价。包括新设立企业合同外资和原有企业的增资/减资，增资/减资不对企业（项目）个数进行调整。

实际使用外资金额

指合同外资金额的实际执行数，包括境外投资者实际缴付的注册资本、运营资金，以及受让境内投资者股权实际支付的交易对价。

Explanatory Notes on Main Statistical Indicators

Total Value of Imports and Exports in Foreign Trade

is offered by Customs authorities, covering the operations units, or the enterprises involved in import and export, that have registered in the administrative regions where the Customs operate. It reflects the import and export of all the enterprises with import and export rights (foreign trade enterprises) under the administration of Tianjin Municipality. It excludes those commodities of foreign trade enterprises from out of town that underwent customs clearance at Tianjin ports but includes commodities of foreign trade enterprises of Tianjin that underwent customs clearance in non-Tianjin ports.

Total Value of Imports and Exports in Port

is offered by customs authorities, refer to the value of commodities imported into and exported from Tianjin Port. It includes the value of commodities imported into and exported from Tianjin Port of Tianjin business units and business units of other provinces (municipalities). In accordance with the stipulation of the Chinese government, imports are calculated at CIF, while exports are calculated at FOB.

Contracted Amount of Foreign Capital

refers to enterprises (institutions) with foreign investment of foreign investors subscribed registered capital, working capital and investment of the equity transfer at a discount. It includes the newly established enterprise's contractual foreign capital and the original enterprise's capital increase or decrease, the number of enterprises (projects) will not be adjusted.

Actual Use of Foreign Capital

refers to the actual execution of the amount of foreign capital in the contract, including the registered capital and operating funds actually paid by foreign investors, and the transaction consideration actually paid by the equity of the domestic investors.

第十二篇 农 业

Chapter 12 Agriculture

12-1 农村经济主要指标

Major Indicators of Rural Economy

项　　目	Item	2021	2022	2022比2021年增长(%) Increase Rate in 2022 over 2021(%)
农林牧渔业总产值(亿元)	**Gross Output Value of Farming, Forestry, Animal Husbandry and Fishery (100 million yuan)**	**509.26**	**521.43**	**2.9**
农　业	Farming	258.39	276.80	6.9
林　业	Forestry	9.50	8.86	2.7
牧　业	Animal Husbandry	142.48	147.23	-2.1
渔　业	Fishery	80.93	70.46	-1.0
农林牧渔服务业	FFAF Services	17.95	18.09	1.0
农业机械及灌溉	**Agricultural Machinery and Irrigation**			
农机总动力(万千瓦)	Total Power of Agricultural Machinery (10 000 kW)	372.48	370.77	-0.5
大中型拖拉机(台)	Large and Medium-sized Tractors (set)	13398	10229	-23.7
小型拖拉机(万台)	Mini-tractors (10 000 sets)	0.34	0.21	-38.2
年末实有机电井(眼)	Motor-pumped Well (year-end) (unit)	24401	23669	-3.0
有效灌溉面积(万公顷)	Effective Irrigated Area (10 000 hectares)	29.51	29.40	-0.4
水库总容量(万立方米)	Total Capacity of Reservoir (10 000 cu.m)	256622	251223	-2.1
# 大型水库	Large Reservoir	223900	220600	-1.5
中型水库	Medium Reservoir	29973	28174	-6.0
年末实有常用耕地面积(万公顷)	**Cultivated Area (year-end) (10 000 hectares)**	**34.71**	**34.07**	**-1.8**
农作物总播种面积(万公顷)	**Total Sown Areas of Farm Crops (10 000 hectares)**	**43.70**	**44.35**	**1.5**
# 粮　食	Grain	37.35	37.67	0.9
蔬　菜	Vegetables	5.23	5.55	6.1
农产品产量(万吨)	**Yield of Farm Crops (10 000 tons)**			
# 粮　食	Grain	249.87	256.21	2.5
蔬　菜	Vegetables	238.98	256.44	7.3

资料来源：本篇农业机械指标数据来自天津市农业机械局，灌溉、水库指标数据来自天津市水务局，林业生产指标数据来自天津市规划和自然资源局，渔业生产指标数据来自天津市农业农村委员会。

Source: The agricultural machinery index data in this chapter are from Tianjin Agricultural Machinery Bureau, irrigation and reservoir index data are from Tianjin Municipal Water Conservancy Bureau, forestry production index data are from Tianjin Municipal Bureau of Planning and Natural Resources, and fishery production index data are from Tianjin Municipal Agriculture and Rural Affairs Committee.

注：农林牧渔业总产值增长速度按可比价格计算，表12-4同。

Note: Increase rate of gross output value of farming, forestry, animal husbandry and fishery is calculated based on constant prices. Same as table 12-4.

12-1续表 *Continued*

项 目	Item	2021	2022	2022比2021年增长(%) Increase Rate in 2022 over 2021(%)
园林水果产量(万吨)	**Output of Fruits in Orchards (10 000 tons)**	**30.25**	**30.36**	**0.4**
当年造林面积(万公顷)	**Afforested Area in Current Year (10 000 hectares)**	**0.05**	**0.03**	**-40.0**
畜牧业生产	**Production of Animal Husbandry**			
生猪年末存栏(万头)	Pigs in Hand (year-end) (10 000 heads)	171.18	158.78	-7.2
生猪当年出栏(万头)	Number of Slaughtered Pigs (10 000 heads)	203.87	200.51	-1.6
牛年末存栏(万头)	Cattle in Hand (year-end) (10 000 heads)	29.06	30.06	3.4
# 乳 牛	Cows	10.38	10.37	-0.1
牛当年出栏(万头)	Number of Slaughtered Cattle (10 000 heads)	14.94	15.68	5.0
羊年末存栏(万只)	Sheep & Goats in Hand (year-end) (10 000 heads)	49.98	50.69	1.4
羊当年出栏(万只)	Number of Slaughtered Sheep and Goats (10 000 heads)	40.89	41.33	1.1
家禽年末存栏(万只)	Poultry in Hand (year-end) (10 000 heads)	2150.90	2176.55	1.2
# 产蛋鸡	Hens	1448.88	1483.21	2.4
家禽当年出栏(万只)	Number of Slaughtered Poultry (10 000 heads)	5717.73	5475.30	-4.2
畜禽产品产量(万吨)	**Output of Animal and Poultry (10 000 tons)**			
肉类总产量	Output of Meat	30.50	29.50	-3.3
# 猪 肉	Pork	17.07	16.68	-2.3
牛羊肉	Beef and Mutton	3.83	3.97	3.7
禽 肉	Poultry	9.43	8.71	-7.6
禽蛋产量	Output of Poultry Eggs	19.15	20.22	5.6
奶类产量	Output of Milk	51.81	51.13	-1.3
渔业生产	**Production of Fishery**			
水产养殖面积(万公顷)	Culture Areas of Aquatic Products (10 000 hectares)	2.27	2.34	3.1
# 淡 水	Fresh Water	2.18	2.24	2.8
水产品产量(万吨)	Output of Aquatic Products (10 000 tons)	27.34	28.12	2.9
# 淡 水	Fresh Water	23.00	24.02	4.4

12-2 农业生产条件情况(2000—2022年)
Conditions of Agricultural Production,2000-2022

单位：万公顷(10 000 hectares)

年 份 Year	年末实有 常用耕地面积 Cultivated Area (year-end)	当年造林面积 Afforested Area in Current Year	水产养殖面积 Culture Area of Aquatic Products	有 效 灌溉面积 Effective Irrigated Area
2000	42.43	0.93	3.64	35.32
2001	42.39	0.50	3.67	35.43
2002	42.28	0.85	3.82	35.44
2003	41.85	0.69	3.83	35.41
2004	41.53	0.53	4.04	35.34
2005	41.45	0.36	4.17	35.52
2006		0.30	4.34	34.96
2007	40.60	0.51	4.19	34.93
2008	40.44	1.50	4.08	34.80
2009	40.26	1.62	4.31	34.76
2010	39.88	1.81	4.16	34.46
2011	39.65	0.86	4.04	33.80
2012	39.54	0.57	4.13	33.70
2013	39.25	0.74	4.12	30.89
2014	38.88	0.71	4.06	30.89
2015	38.96	0.80	3.99	30.89
2016	39.08	0.93	3.84	30.66
2017	37.14	0.96	3.33	30.53
2018	35.39	0.87	3.06	30.47
2019	35.46	1.65	2.39	30.48
2020	35.57	0.39	2.37	29.91
2021	34.71	0.05	2.27	29.51
2022	34.07	0.03	2.34	29.40

12-2续表 *Continued*

年 份 Year	农用机械总动力 (万千瓦) Total Power of Agricultural Machinery (10 000 kW)	机耕面积 (万公顷) Cultivated Area Using Machinery (10 000 hectares)	机播面积 (万公顷) Sown Area Using Machinery (10 000 hectares)	化肥施用量 (折纯)(万吨) Consumption of Chemical Fertilizers (Pureness) (10 000 tons)
2000	593.40	39.62	25.73	16.64
2001	603.32	37.26	24.11	17.31
2002	612.72	38.17	23.95	17.59
2003	601.66	37.05	23.57	17.80
2004	608.13	37.35	27.66	22.85
2005	611.94	37.62	28.94	23.29
2006	603.39	37.74	29.91	
2007	604.90	37.71	34.32	25.82
2008	596.60	36.04	36.31	25.88
2009	595.00	36.14	36.69	25.96
2010	587.79	37.65	40.23	25.54
2011	583.87	37.53	41.78	24.39
2012	568.13	37.07	41.98	24.45
2013	554.18	36.23	41.90	24.34
2014	552.41	38.19	41.91	23.30
2015	546.92	37.21	40.79	21.78
2016	470.00	31.65	38.86	21.36
2017	464.65	32.36	37.77	18.01
2018	347.98	30.84	39.71	16.95
2019	359.84	30.21	37.95	16.24
2020	365.08	31.52	37.79	15.29
2021	372.48	32.70	39.78	15.66
2022	370.77	32.79	40.29	15.52

12-3 农林牧渔业总产值(1981—2022年)
Gross Output Value of Farming, Forestry, Animal Husbandry and Fishery,1981-2022

单位：亿元(100 million yuan)

年 份 Year	合 计 Total	农 业 Farming	林 业 Forestry	牧 业 Animal Husbandry	渔 业 Fishery	农林牧渔服务业 FFAF Services
1981	8.34	6.11	0.05	1.95	0.23	
1982	12.56	10.17	0.11	1.90	0.37	
1983	12.68	9.58	0.16	2.47	0.47	
1984	16.68	12.17	0.25	3.70	0.56	
1985	20.44	13.81	0.27	5.10	1.25	
1986	26.93	18.80	0.31	5.67	2.14	
1987	32.93	22.47	0.37	7.22	2.87	
1988	42.34	29.39	0.72	7.94	4.29	
1989	49.08	34.71	0.33	10.09	3.95	
1990	51.72	34.71	0.45	11.54	5.02	
1991	54.55	36.68	0.34	12.88	4.65	
1992	58.50	39.24	0.45	13.44	5.37	
1993	66.32	44.28	0.44	15.82	5.78	
1994	88.74	57.71	0.60	22.91	7.52	
1995	125.44	85.25	0.85	28.76	10.58	
1996	133.53	90.17	0.96	30.27	12.13	
1997	140.47	89.77	1.00	33.99	15.71	
1998	156.16	98.83	1.19	38.09	18.05	
1999	150.11	91.58	1.42	38.95	18.16	
2000	156.30	83.42	1.37	51.75	19.76	
2001	169.51	86.73	1.46	60.76	20.56	
2002	181.07	86.06	1.52	69.21	24.28	
2003	193.44	88.20	1.61	77.22	26.41	
2004	221.35	95.29	1.66	92.55	31.85	
2005	238.34	97.49	1.89	102.71	36.25	
2006	225.04	110.05	2.01	70.52	35.32	7.14
2007	235.40	114.18	2.08	75.64	35.49	8.01
2008	256.40	120.35	2.22	83.18	42.27	8.38
2009	263.21	127.86	2.22	79.45	45.04	8.64
2010	289.41	149.52	2.36	81.78	46.79	8.97
2011	311.83	155.20	2.46	90.55	53.59	10.03
2012	327.44	164.19	2.79	94.90	55.38	10.18
2013	351.12	176.63	3.09	96.53	64.58	10.29
2014	367.75	182.23	3.22	102.74	68.87	10.69
2015	378.44	182.51	7.74	108.70	68.42	11.08
2016	395.57	181.89	8.35	118.99	74.39	11.95
2017	382.07	183.17	8.98	107.96	69.81	12.15
2018	390.50	197.21	12.73	95.76	71.13	13.67
2019	414.35	202.91	24.92	100.39	71.42	14.71
2020	476.44	228.75	15.73	145.47	68.09	18.40
2021	509.26	258.39	9.50	142.48	80.93	17.95
2022	521.43	276.80	8.86	147.23	70.46	18.09

12-4 农林牧渔业总产值增长速度(1981—2022年)
Increase Rate of Farming, Forestry, Animal Husbandry and Fishery,1981-2022

单位：%(%)

年份 Year	合计 Total	农业 Farming	林业 Forestry	牧业 Animal Husbandry	渔业 Fishery	农林牧渔服务业 FFAF Services
1981	-10.3	-13.0	-24.9	3.3	-13.1	
1982	20.9	26.5	9.1	2.7	16.7	
1983	1.3	-3.3	25.0	16.9	18.4	
1984	27.7	25.7	73.5	33.9	18.9	
1985	12.7	6.5	-15.0	36.1	12.0	
1986	11.4	15.9	0.2	-4.3	41.3	
1987	9.2	7.6	1.7	4.1	37.0	
1988	6.1	-0.5	77.3	15.8	17.3	
1989	11.2	15.4	-48.1	5.3	11.5	
1990	6.7	6.6	17.4	7.4	5.0	
1991	6.7	7.0	-16.3	10.2	-0.2	
1992	4.1	4.5	21.5	3.0	3.4	
1993	4.3	5.6	-12.3	7.8	-9.6	
1994	7.3	4.3	4.1	14.3	8.4	
1995	13.0	13.5	-1.0	5.1	33.4	
1996	7.5	8.5	10.3	3.5	10.6	
1997	7.6	5.1	2.6	10.5	15.7	
1998	11.8	8.2	39.7	15.4	21.2	
1999	0.4	-6.3	15.1	13.7	3.1	
2000	4.2	-4.4	-5.7	19.6	6.1	
2001	8.0	4.1	7.2	15.9	3.0	
2002	6.0	-8.9	13.7	14.9	36.2	
2003	6.6		3.8	13.6	6.7	
2004	5.2	3.1	2.6	5.8	10.5	
2005	4.8	0.2	13.6	7.5	10.6	
2006	3.6	4.0	4.6	2.9	4.8	1.4
2007	1.5	2.1	4.6	-1.1	4.0	3.7
2008	3.3	3.1	6.2	3.5	3.4	2.0
2009	3.7	4.8	1.3	3.0	2.2	2.1
2010	3.5	4.6	3.1	2.4	2.2	2.8
2011	4.2	5.5	4.0	2.0	2.9	9.0
2012	3.2	1.8	8.2	6.6	2.3	0.4
2013	3.8	4.4	2.8	2.4	5.4	0.4
2014	3.0	3.3	3.5	2.9	2.2	2.0
2015	2.6	4.2	8.7	0.5	1.2	2.3
2016	3.3	5.5	7.9	-1.3	3.2	7.5
2017	2.1	3.2	7.5	2.6	-2.1	1.6
2018	0.9	-0.8	41.8	-5.2	7.7	12.6
2019	0.6	3.2	95.8	-16.5	-2.1	7.6
2020	1.4	4.8	-34.1	0.6	2.4	13.8
2021	2.1	1.8	-47.3	9.8	-0.1	-4.4
2022	2.9	6.9	2.7	-2.1	-1.0	1.0

12-5 农林牧渔业总产值结构(2000—2022年)

Structure of Gross Output Value of Farming, Forestry, Animal Husbandry and Fishery,2000-2022

单位：%(%)

年 份 Year	合 计 Total	农 业 Farming	林 业 Forestry	牧 业 Animal Husbandry	渔 业 Fishery	农林牧渔服务业 FFAF Services
2000	100	53.4	0.9	33.1	12.6	
2001	100	51.2	0.9	35.8	12.1	
2002	100	47.5	0.8	38.3	13.4	
2003	100	45.6	0.8	39.9	13.7	
2004	100	43.1	0.7	41.8	14.4	
2005	100	40.9	0.8	43.1	15.2	
2006	100	48.9	0.9	31.3	15.7	3.2
2007	100	48.5	0.9	32.1	15.1	3.4
2008	100	46.9	0.9	32.4	16.5	3.3
2009	100	48.6	0.8	30.2	17.1	3.3
2010	100	51.7	0.8	28.2	16.2	3.1
2011	100	49.8	0.8	29.0	17.2	3.2
2012	100	50.1	0.9	29.0	16.9	3.1
2013	100	50.3	0.9	27.5	18.4	2.9
2014	100	49.6	0.9	27.9	18.7	2.9
2015	100	48.2	2.1	28.7	18.1	2.9
2016	100	46.0	2.1	30.1	18.8	3.0
2017	100	47.9	2.3	28.3	18.3	3.2
2018	100	50.5	3.3	24.5	18.2	3.5
2019	100	49.0	6.0	24.2	17.2	3.6
2020	100	48.0	3.3	30.5	14.3	3.9
2021	100	50.7	1.9	28.0	15.9	3.5
2022	100	53.1	1.7	28.2	13.5	3.5

12-6 农作物播种面积(2000—2022年)
Sown Areas of Farm Crops,2000-2022

单位：万公顷(10 000 hectares)

年 份 Year	合 计 Total	粮 食 Grain	棉 花 Cotton	油 料 Oil-bearing Crops	蔬 菜 Vegetables	其他农作物 Others
2000	53.31	34.59	1.51	2.63	12.83	1.75
2001	54.45	32.85	4.50	2.05	12.95	2.10
2002	52.28	31.13	4.48	1.89	12.84	1.94
2003	50.15	25.81	7.06	1.58	13.46	2.24
2004	50.43	26.35	8.69	0.61	13.19	1.59
2005	49.94	28.77	6.12	0.51	12.97	1.57
2006	42.98	28.43	6.89	0.20	6.38	1.08
2007	42.98	29.21	6.68	0.17	5.99	0.93
2008	43.73	29.37	6.79	0.17	6.44	0.96
2009	44.09	30.68	5.40	0.19	6.80	1.02
2010	43.93	31.14	4.99	0.20	6.74	0.86
2011	44.33	31.07	5.73	0.20	6.54	0.79
2012	44.99	32.29	5.24	0.17	6.30	0.99
2013	44.21	33.39	3.67	0.16	6.01	0.98
2014	44.43	34.67	2.80	0.14	5.70	1.12
2015	43.47	35.21	1.73	0.11	5.14	1.28
2016	44.37	36.20	1.29	0.56	4.69	1.63
2017	43.95	35.14	2.07	0.56	4.93	1.25
2018	42.93	35.02	1.71	0.21	4.97	1.02
2019	41.03	33.93	1.41	0.11	4.83	0.75
2020	41.92	35.02	0.78	0.08	5.29	0.75
2021	43.70	37.35	0.37	0.09	5.23	0.66
2022	44.35	37.67	0.25	0.12	5.55	0.76

12-7 主要农产品产量情况(1981—2022年)
Yield of Major Farm Crops,1981-2022

单位：万吨(10 000 tons)

年 份 Year	粮 食 Grain	# 小 麦 Wheat	# 玉 米 Corn	棉 花 Cotton	油 料 Oil-bearing Crops	蔬 菜 Vegetables
1981	110.00	20.80	55.53	0.23	4.50	111.25
1982	122.51	18.83	68.02	0.45	4.43	129.29
1983	110.87	32.89	47.07	1.14	3.09	128.07
1984	131.30	32.79	56.21	3.29	5.52	147.77
1985	140.52	43.52	55.12	2.38	6.84	151.52
1986	157.60	46.10	64.20	1.33	5.86	193.95
1987	167.67	47.52	69.64	1.28	5.22	202.48
1988	158.30	52.36	52.72	1.01	3.45	215.44
1989	169.80	57.30	63.50	1.10	4.42	260.51
1990	188.75	64.74	74.00	1.53	4.68	268.14
1991	198.50	62.00	79.90	2.55	4.50	282.56
1992	198.74	62.00	76.04	1.63	3.96	310.41
1993	199.82	59.07	80.80	0.76	4.45	354.34
1994	190.33	50.76	77.65	0.93	4.03	407.86
1995	207.46	65.40	80.50	1.12	4.01	434.17
1996	207.00	67.35	75.41	0.51	3.13	452.71
1997	206.16	77.41	65.45	0.39	3.01	486.23
1998	210.12	76.06	75.51	0.63	3.76	505.35
1999	174.85	71.60	56.30	0.57	2.34	486.07
2000	124.05	59.91	40.95	1.75	3.31	530.60
2001	143.33	45.09	75.19	6.36	3.90	564.50
2002	137.82	44.11	71.05	6.24	3.40	584.31
2003	119.29	35.91	64.81	9.47	3.08	602.78
2004	125.27	37.81	70.71	12.03	1.55	585.43
2005	137.50	47.42	73.16	8.36	1.29	542.74
2006	141.90	49.90	79.70	9.50	0.50	275.50
2007	147.41	50.42	85.12	9.22	0.45	261.11
2008	149.46	52.12	84.37	8.14	0.46	284.53
2009	157.13	53.49	88.87	6.89	0.51	322.23
2010	160.56	52.62	92.93	6.04	0.60	343.94
2011	163.16	53.31	94.62	6.90	0.60	336.68
2012	163.56	54.66	92.73	5.44	0.50	332.59
2013	177.44	55.96	102.50	4.54	0.51	321.72
2014	178.19	57.21	101.80	3.54	0.45	309.63
2015	184.48	58.06	107.82	2.35	0.36	282.72
2016	200.40	58.90	118.69	2.10	1.34	274.43
2017	212.27	62.41	119.29	2.48	1.26	269.61
2018	209.69	57.13	110.55	1.83	0.72	253.98
2019	223.25	60.47	115.18	1.81	0.41	242.78
2020	228.18	62.86	109.70	1.02	0.31	266.47
2021	249.87	72.16	118.28	0.40	0.31	238.98
2022	256.21	72.96	123.82	0.32	0.41	256.44

12-7续表 *Continued*

单位：万吨(10 000 tons)

年 份 Year	肉 类 Meat	# 猪 肉 Pork	# 牛羊肉 Beef and Mutton	禽 蛋 Poultry Eggs	奶 类 Milk	水产品 Aquatic Products
1981	7.14	6.77	0.10	1.91	2.61	2.69
1982	5.90	5.30	0.16	2.63	2.92	3.59
1983	5.50	4.88	0.18	4.49	3.37	4.11
1984	6.54	5.47	0.45	7.19	3.90	4.45
1985	7.12	5.85	0.47	10.62	4.30	4.87
1986	7.57	6.14	0.67	10.65	4.71	6.73
1987	7.14	5.73	0.61	10.88	5.31	8.13
1988	7.76	6.03	0.67	10.83	6.07	9.15
1989	8.23	6.37	0.73	12.18	6.63	10.38
1990	9.13	7.07	0.84	13.01	7.40	10.83
1991	9.89	7.19	1.05	15.01	8.41	10.81
1992	11.31	7.43	1.24	14.95	9.10	11.10
1993	11.47	7.26	1.61	15.08	9.14	11.39
1994	13.69	8.32	2.37	17.48	9.43	12.83
1995	15.86	9.59	3.09	16.94	10.47	15.35
1996	16.94	10.50	3.30	16.65	10.69	16.99
1997	18.70	11.77	3.44	17.71	12.13	18.98
1998	21.74	13.88	3.74	22.68	11.69	21.38
1999	23.53	14.59	4.24	23.56	12.94	23.03
2000	29.49	17.96	4.76	25.60	16.52	24.22
2001	36.40	21.92	5.97	26.00	24.06	26.46
2002	44.88	26.09	7.39	24.47	33.59	28.56
2003	52.41	30.56	8.53	24.25	43.23	29.83
2004	53.73	33.05	8.73	24.38	54.24	31.00
2005	57.78	35.63	9.28	23.47	63.41	33.81
2006	36.69	21.78	5.22	18.98	62.81	31.40
2007	33.58	20.35	5.24	19.21	65.18	32.50
2008	36.74	23.23	5.10	19.39	65.60	33.67
2009	38.86	25.26	4.99	19.16	62.28	34.17
2010	41.69	27.38	4.55	18.18	62.97	34.49
2011	41.82	26.91	4.55	17.98	63.01	35.21
2012	44.32	28.29	4.66	17.83	56.46	36.50
2013	44.81	28.73	4.69	17.92	56.77	39.86
2014	44.57	28.78	4.83	18.28	57.31	40.80
2015	43.51	27.85	4.88	18.87	50.03	40.12
2016	43.07	27.67	4.95	19.13	50.04	32.66
2017	36.14	22.59	4.81	18.99	52.05	32.33
2018	33.88	21.24	4.03	19.41	48.04	32.64
2019	30.43	15.64	3.38	19.36	47.37	26.22
2020	29.61	15.35	3.55	20.83	50.07	28.48
2021	30.50	17.07	3.83	19.15	51.81	27.34
2022	29.50	16.68	3.97	20.22	51.13	28.12

12-8 林业生产、果园面积及产量(2018—2022年)
Forestry Production, Orchard Areas and Output,2018-2022

项　目　Item	2018	2019	2020	2021	2022
当年造林面积(万公顷)					
Afforested Areas in Current Year (10 000 hectares)	0.87	1.65	0.39	0.05	0.03
育苗面积(万公顷)					
Areas Used for Cultivating Sapling (10 000 hectares)	1.38	1.31	1.01	1.12	1.02
年末实有果园面积(万公顷)					
Areas of Orchards (year-end) (10 000 hectares)	2.87	2.66	2.40	2.24	1.89
干果产量(吨)					
Output of Dry Fruits (ton)	3778	3750	8081	10319	10513
# 核　桃					
Walnuts	1945	1886	6883	7419	7543
栗　子					
Chestnuts	1833	1742	1196	2900	2969
园林水果产量(吨)					
Output of Fruits in Orchards (ton)	398311	357685	317215	302506	303629
# 苹　果					
Apples	36146	34462	28463	25487	25586
梨					
Pears	84099	72813	49933	70410	63578
桃					
Peaches	79656	92374	95617	77366	89082
鲜　枣					
Fresh Jujubes	71264	28931	33747	33350	32014
葡　萄					
Grapes	101703	100514	87732	70062	60699
柿　子					
Persimmons	14229	13704	9949	11998	15098

主要统计指标解释

农林牧渔业总产值

指以货币表现的农林牧渔业的全部产品总量和对农林牧渔业生产活动进行的各种支持性服务活动的价值。它反映一定时期内农林牧渔业生产总规模和总成果，是观察农林牧渔业生产水平和发展速度，研究农林牧渔业内部比例关系、农林牧渔业与工业、农林牧渔业与国家建设、人民生活比例关系的重要指标，同时也是计算农林牧渔业劳动生产率和农林牧渔业增加值的基础资料。

农作物播种面积

指本年度内收获农作物在全部土地（耕地或非耕地）上的播种或移植面积。凡是本年内收获的农作物，无论是本年还是上年播种，都算为播种面积，但不包括本年播种、下年收获的农作物面积。移植的农作物面积按移植后的面积计算，不计算移植前的秧田、畦田等面积。多年生作物，即播种后可连续生长多年的缩根性草本植物，如有些麻类、中药等作物的播种面积，按本年新增面积加往年的连续累计面积计算。如果因灾害等原因，应该收获却未能收获，也要按原播种面积计算，新补或改种，并在本年收获的，要按复种作物计算面积。间种、混种的作物面积按比例折算各个作物的面积，如果完全混合、同步生长、收获的作物，按混合面积平均分配。复种、套种的作物，按次数计算面积，每种一次计算一次。再生稻、再生高粱、再生烟等，因其没有经过播种或移植，不算入播种面积。

农用化肥施用量（折纯）

指本年内实际用于农业生产的化肥数量，包括氮肥、磷肥、钾肥和复合肥。化肥施用量要求按折纯量计算数量。折纯量是指把氮肥、磷肥、钾肥分别按含氮、含五氧化二磷、含氧化钾的百分之百成份进行折算后的数量。复合肥指含有两种或两种以上营养元素的化肥，按其所含主要成分折算。具体公式为：

某种化肥折纯量=该种化肥实际施用量×折纯率（某种化肥有效成份含量的百分比），具体折纯率以化肥包装标识为准，也可参考农业农村部官网发布的《化肥折纯量参考计算表》。

农业机械总动力

指主要用于农、林、牧、渔业的各种动力机械的动力总和，包括耕作机械、农用排灌机械、收获机械、植保机械、林业机械、畜牧机械、渔业机械、农产品加工机械、农用运输机械、其他农业机械。按能源又分为柴油、汽油、电力和其他动力。总动力按法定计算单位千瓦计算。

有效灌溉面积

指具有一定的水源，地块比较平整，灌溉工程或设备已经配套，在一般年景下能够进行正常灌溉的耕地面积。

当年造林面积

指报告期内在荒山、荒地等立地条件较好的土地上，采用人工分殖、植苗等方法新植成片林，经过检查验收成活率达85%以上（含85%）的面积。

肉类总产量

指调查期内各种牲畜及家禽、兔等动物肉产量总计。猪、牛、羊、马、驴、骡、骆驼肉产量按去掉头蹄下水后带骨肉的胴体重量计算，兔禽肉产量按屠宰后去毛和内脏后的重量计算。

水产品产量

指渔业（捕捞和养殖）生产活动的最终有效成果，包括全部海水和淡水鱼类、甲壳类（虾、蟹）、贝类、头足类、藻类和其他类渔业产品的最终产量。不包括渔业生产过程中的中间成果，如鱼苗、鱼种、亲鱼、转塘鱼、存塘鱼和自用作饵料的产品等。水产品在上岸前已经腐烂变质，不能供人食用或加工成其他制品的，不统计在水产品产量中。

园林水果产量

指本年度内在专业性果园、林地及零星种植果树（藤）上生产的水果产量。包括苹果、梨、柑橘类、热带及亚热带水果和其他园林水果（如桃、葡萄、红枣等）五类，不包括采集的野生水果。按实收的鲜果计算产量。经脱水、晾干等处理的干果，如干枣、葡萄干、柿饼、桔饼等一律折合成鲜果计算。

Explanatory Notes on Main Statistical Indicators

Gross Output Value of Farming, Forestry, Animal Husbandry and Fishery

refers to the total value of products of farming, forestry, animal husbandry and fishery, and total value of services rendered to support farming, forestry, animal husbandry and fishery activities. It reflects the total scale and results of agricultural production during a given period. It is an important indicator to observe the production level and development speed of farming, forestry, animal husbandry and fishery, study the internal proportional relationship between farming, forestry, animal husbandry and fishery, the relationship between farming, forestry, animal husbandry and fishery and industry, national construction and people's living. At the same time, it is also the basic data for calculating the labour productivity and added value of farming, forestry, animal husbandry and fishery.

Sown Area of Farm Crops

refers to the sown or transplanted area of harvested crops on all land (arable or non-arable) in the current year. Whether sown this year or the previous year, all crops harvested in this year are counted as sown area, but do not include the area of crops sown this year and harvested next year. The area of transplanted crops is calculated according to the area after transplantation, and the area of seedling fields and border fields before transplantation is not calculated. The sown area of perennial crops, that is, shrinking-rooted crops that can grow continuously for many years after sowing, such as some hemp, traditional Chinese medicine and other crops, is calculated by adding the newly added area of this year to the continuous cumulative area of previous years. Not harvested due to disasters and other reasons, the area should be calculated according to the original sown area. Newly replenished or replanted and harvested in this year, the area should be calculated according to the multi-cropping crop. The area of intercropped and mixed crops is converted to the area of each crop in proportion. The area of crops that are mixed and grown and harvested at the same time are distributed evenly by the mixed area. The crop area for multiple cropping and interplanting is calculated once for each type. Regenerated rice, regenerated sorghum and regenerated tobacco are not included in the sown area because they have not been sown or transplanted.

Consumption of Chemical Fertilizers in Agriculture (Pureness)

refers to the quantity of chemical fertilizers applied in agriculture in the year, including nitrogenous fertilizer, phosphate fertilizer, potash fertilizer, and compound fertilizer. The consumption of chemical fertilizers is calculated in terms of volume of effective components by means of converting the gross weight of the respective fertilizers into weight containing effective component (e.g. nitrogen content in nitrogenous fertilizer, phosphorous pentoxide contents in phosphate fertilizer, and potassium oxide contents in potash fertilizer). Compound fertilizer is converted in regard to its major components. The formula is:

Volume of Effective Component of Certain Chemical Fertilizer = the Actual Application Amount of Certain Chemical Fertilizer × Effective Component of Certain Chemical Fertilizer (%)

Total Power of Agricultural Machinery

refers to the total power of various power machinery mainly used in agriculture, forestry, animal husbandry and fishery. It includes farming machinery, agricultural irrigation and drainage machinery, harvesting machinery, plant protection machinery, forestry machinery, animal husbandry machinery, fishing machinery, agricultural product processing machinery, agricultural transportation machinery, and other agricultural machinery. It is divided into diesel, gasoline, electricity and other power according to energy. The total power is calculated according to the legal calculation unit kilowatt.

Effective Irrigated Area

refers to area of land that are effectively irrigated, i.e. relatively level land, where there are water sources or complete sets of irrigation facilities to lift and move adequate water for irrigation purpose under normal conditions.

Afforested Areas in Current Year

refer to the area in which the forest was newly planted by artificial division and planting of seedlings on the land with good site conditions such as barren hills and wasteland during the reporting period, and the survival rate after inspection and acceptance reached more than 85% (including 85%).

Output of Meat

refers to the total output of various livestock, poultry, rabbits and other animal meat during the investigation period. The meat output of pigs, cattle, sheep, horses, donkeys, mules and camels shall be calculated according to the carcass weight with bone meat after the head and hooves are removed. The meat output of rabbit and poultry shall be calculated by the weight after slaughtering and eviscerating.

Output of Aquatic Products

refers to the final effective result of fishery (fishing and aquaculture) production activities. It includes final production of marine and freshwater fish, crustaceans (shrimp, crab), shellfish, cephalopods, algae and others. It does not include intermediate results in the fishery production process, such as fry, fingerlings, broodstock, transfer pond fish, pond fish and self-use as bait products. Aquatic products that have rotted and deteriorated before going ashore and cannot be used for human consumption or processed into other products shall not be counted in the output of aquatic products.

Yield of Fruits in Orchards

refers to the output of fruits harvested from professional orchards, woodlands and sporadic planted fruit trees (vines) in the current year, including apples, pears, citrus, tropical and subtropical fruits and other garden fruits (such as peaches, grapes, red dates, etc.), excluding wild fruits. It is calculated based on the actual harvested fresh fruit. Dried fruits that have been dehydrated and dried shall be converted into fresh fruits for calculation.

第十三篇　工　业

Chapter 13 Industry

13-1 规模以上工业企业主要经济效益指标

Main Indicators on Economic Benefit of Industrial Enterprises above Designated Size

年 份 Year	资产负债率 (%) Ratio of Liabilities to Assets (%)	流动资产周转率 (次) Turnover of Current Assets (time)	总资产贡献率(%) Ratio of Total Assets to Industrial Output Value (%)	营业收入利润率 (%) Ratio of Profits to Business Revenue (%)	产销率 (%) Proportion of Products Sold (%)	每百元资产实现的营业收入(元) Business Revenue on Assets per 100 yuan(yuan)
1978		3.0		17.3	93.7	
1980		3.8		14.7	94.8	
1985		4.2		13.7	98.2	
1990		1.9		3.7	88.8	
1995		1.6	9.6	4.3	86.4	63.6
2000		1.8	8.9	6.2	98.4	66.4
2001		1.7	9.3	6.2	96.7	70.8
2002		1.8	8.7	5.4	99.1	78.4
2003		2.1	9.9	5.7	98.9	90.8
2004	56.4	2.3	12.8	7.0	99.0	107.5
2005	58.5	2.3	14.5	7.7	100.6	112.3
2006	57.8	2.6	15.9	7.9	99.2	123.4
2007	60.1	2.6	15.0	7.5	99.7	122.2
2008	60.8	2.5	12.1	5.6	98.4	122.7
2009	62.5	2.1	12.1	6.3	98.2	105.0
2010	60.5	2.3	17.3	9.0	98.9	118.8
2011	62.5	2.2	18.0	9.2	99.3	125.1
2012	63.5	2.2	17.6	8.9	98.9	104.5
2013	63.6	2.2	17.4	8.3	98.1	124.6
2014	61.7	2.2	15.7	8.0	97.7	105.3
2015	62.8	2.1	14.6	7.9	97.2	97.4
2016	61.4	2.1	14.6	7.9	97.3	106.8
2017	59.6	1.6	9.3	6.6	99.3	81.5
2018	58.2	1.7	10.3	6.9	98.9	86.4
2019	57.9	1.8	9.4	6.6	99.3	87.6
2020	55.3	1.8	7.7	5.1	100.0	87.7
2021	54.6	1.9	9.8	6.5	99.6	98.1
2022	54.3	1.8	10.7	7.0	99.6	93.8

注：1.本表统计范围1998年以前为街乡及以上工业；1998-2010年为全部国有及年产品销售收入500万元及以上的其他工业企业；2011年起为规模以上工业，规模以上标准为年主营业务收入2000万元及以上工业企业。2.根据国家统一规定，2018年开始，用"营业收入""营业成本""税金及附加"三个指标代替之前年度的"主营业务收入""主营业务成本""主营业务税金及附加"三个指标。主营业务收入利润率、每百元资产实现的主营业务收入等指标同步调整。

Note: a) Data in this table covered enterprises at and above the township level before 1998; Data from 1998 to 2010 refer to state-owned industry enterprises and other industrial enterprises with annual business revenue over 5 million yuan; and data from 2011 adopt coverage of industry above designated size, which refers to industrial enterprises with annual revenue from principal business over 20 million yuan.

b) According to the National Bureau of Statistics, indicators named 'Revenue from Principal Business', 'Costs on Revenue from Principal Business' and 'Business Tax and Surcharges of Principal Business' become 'Business Revenue', 'Business Cost' and 'Business Tax and Surcharges' in 2018, related indicators are adjusted synchronously.

13-2 规模以上国有经济工业企业主要经济效益指标
Main Indicators on Economic Benefit of State-Owned Industrial Enterprises above Designated Size

年 份 Year	资 产 负债率 (%) Ratio of Liabilities to Assets (%)	流动资产周转率 (次) Turnover of Current Assets (time)	总资产贡献率 (%) Ratio of Total Assets to Industrial Output Value (%)	营业收入利润率(%) Ratio of Profits to Business Revenue (%)	产销率 (%) Proportion of Products Sold (%)	每百元资产实现的营业收入(元) Business Revenue on Assets per 100 yuan (yuan)
1978						
1980				17.1	95.3	
1985				13.8	98.2	
1990		1.9		3.0	92.1	
1995		1.3	6.5	0.5	107.5	
2000		1.0	1.3	-2.8	100.0	36.8
2001		1.1	2.4	-3.3	99.0	38.1
2002		1.0	2.4	-1.7	100.5	69.1
2003		1.4	4.2	1.6	100.2	50.0
2004		1.6	3.3	2.5	101.0	59.3
2005		1.3	3.7	1.5	102.0	52.9
2006		1.7	7.1	2.6	99.9	64.8
2007		1.9	6.9	3.4	99.5	70.0
2008	73.1	2.1	5.4	1.5	97.2	83.1
2009	70.7	1.6	5.6	0.1	100.0	70.5
2010	67.0	2.0	8.2	1.4	99.2	87.5
2011	66.3	1.9	7.5	1.0	98.1	91.3
2012	66.8	1.8	6.6	0.9	97.4	87.8
2013	66.3	1.5	7.2	1.4	96.5	86.8
2014	60.1	1.5	6.4	0.2	94.5	78.7
2015	62.2	1.3	6.8	1.8	96.4	66.9
2016	60.6	1.2	14.3	2.6	96.7	60.3
2017	59.8	1.2	6.8	3.3	96.2	56.6
2018	66.3	0.8	0.8	-2.4	94.5	39.9
2019	62.2	1.1	3.3	1.9	95.7	48.5
2020	61.2	1.0	2.4	-0.4	100.5	40.9
2021	58.2	1.2	2.9	0.9	99.9	51.4
2022	58.5	0.8	4.1	1.9	100.0	40.8

注：国有经济包括登记注册类型中内资部分的国有、国有独资和国有联营企业(下同)。
Note: State-owned economy including state-owned, sole state-funded, state-owned joint enterprises of domestic-funded in status of registration (Same as follows).

13-3 规模以上工业企业主要经济指标(2022年)

项　目	Item	企业单位数(个) Number of Enterprises (unit)	平均用工人数(人) Annual Average Employees (person)
全市总计	**Total**	**5812**	**958939**
按企业规模分	**Grouped by Size of Enterprises**		
大　型	Large-sized	122	337259
中　型	Medium-sized	460	236887
小　型	Small-sized	4358	369785
微　型	Mini-sized	872	15008
按登记注册类型分	**Grouped by Registered Status**		
内资企业	Domestic-funded Enterprises	4691	629732
#国　有	State-owned Enterprises	38	6319
集　体	Collective-owned Enterprises	12	1009
股份合作	Cooperative Enterprises	19	2019
私营企业	Private Enterprises	3464	292083
股份有限公司	Share-holding Corporations Ltd.	198	80647
有限责任公司	Limited Liability Corporations	960	247655
#国有独资公司	Sole State-funded Corporations	89	58171
港澳台商投资企业	Enterprises with Investment from Hong Kong, Macao and Taiwan	220	76576
外商投资企业	Foreign Funded Enterprises	901	252631
按隶属关系分	**Grouped by Administrative Relationship**		
中　央	Central Industry	88	85020
地　方	Local Industry	5724	873919
按企业控股情况分	**Grouped by Company Holding Types**		
国有及国有控股企业	State-owned and State-holding Enterprises	502	205575
民营及民营控股企业	Private and Private Holding Enterprises	4326	468845
外商及港澳台商控股企业	Hong Kong, Macao,Taiwan and Foreign Funded Holding Enterprises	984	284519

Main Economic Indicators of Industrial Enterprises above Designated Size,2022

单位：万元(10 000 yuan)

资产总计 Total Assets	流动资产合计 Total Current Assets	应收账款 Accounts Receivable	负债合计 Total Liabilities	利税总额 Total Pre-tax Profits	# 利润总额 Total Profits
257974029	**131855495**	**36802464**	**140202423**	**26261021**	**16856186**
121096467	48908305	13139536	62465363	18908135	12635573
52362357	29507376	8420897	27877566	3246007	1780725
80013912	50531619	14171679	46761198	3952176	2358975
4501293	2908195	1070352	3098296	154703	80913
168875292	87425004	22045896	96483367	8046237	2848668
3657019	2191032	447354	3359814	539740	77673
56765	47381	11498	29470	1820	269
204242	130090	45066	106605	4698	828
48640056	30932766	8806158	30334698	2206038	1014724
34558488	15402433	2870207	13473289	3145774	984924
81758722	38721302	9865613	49179491	2148168	770251
20628344	10479672	1303691	10839587	348182	112081
32025570	9756393	3639790	17835280	11547540	9355598
57073168	34674098	11116778	25883776	6667244	4651920
34277957	11344213	2956384	17410488	2622416	-97213
223696073	120511282	33846080	122791936	23638605	16953399
100578436	42539005	10022218	55508516	6530386	2256844
88695540	54128097	14538548	50982075	3958252	2089096
68700053	35188394	12241699	33711832	15772383	12510245

13-4 按行业分规模以上工业企业主要经济指标(2022年)

行 业	Sector	企业单位数(个) Number of Enterprises (unit)	平均用工人数(人) Annual Average Employees (person)
总 计	**Total**	**5812**	**958939**
# 石油和天然气开采业	Extraction of Petroleum and Natural Gas	2	19732
非金属矿采选业	Mining and Processing of Nonmetal Ores	2	4341
开采专业及辅助性活动	Mining Professional and Auxiliary Activities	5	30145
农副食品加工业	Processing of Food from Agricultural Products	145	15198
食品制造业	Manufacture of Food	140	25910
酒、饮料和精制茶制造业	Manufacture of Alcohol, Beverages and Refined Tea	34	7395
纺织业	Manufacture of Textile	51	6208
纺织服装、服饰业	Manufacture of Textile Wearing and Apparel	42	3981
皮革、毛皮、羽毛及其制品和制鞋业	Manufacture of Leather, Fur, Feather and Related Products, Footwear	21	4300
木材加工和木、竹、藤、棕、草制品业	Processing of Timber, Manufacture of Wood, Bamboo, Rattan, Palm and Straw Products	36	1399
家具制造业	Manufacture of Furniture	53	15664
造纸和纸制品业	Manufacture of Paper and Paper Products	142	13608
印刷和记录媒介复制业	Printing, Reproduction of Recording Media	90	10239
文教、工美、体育和娱乐用品制造业	Manufacture of Articles for Culture, Education and Industrial Arts, Sport and Entertainment Activities	81	10349
石油、煤炭及其他燃料加工业	Processing of Petroleum, Coal and Other Fuel	38	11725
化学原料和化学制品制造业	Manufacture of Raw Chemical Materials and Chemical Products	319	39011
医药制造业	Manufacture of Medicines	127	43679
化学纤维制造业	Manufacture of Chemical Fibers	2	264
橡胶和塑料制品业	Manufacture of Rubber and Plastic	323	36535
非金属矿物制品业	Manufacture of Non-metallic Mineral Products	359	30627
黑色金属冶炼和压延加工业	Smelting and Pressing of Ferrous Metals	329	57662
有色金属冶炼和压延加工业	Smelting and Pressing of Non-ferrous Metals	119	11642
金属制品业	Manufacture of Metal Products	681	62683
通用设备制造业	Manufacture of General Purpose Machinery	525	63708
专用设备制造业	Manufacture of Special Purpose Machinery	385	53935
汽车制造业	Manufacture of Motorcar	371	108500
铁路、船舶、航空航天和其他运输设备制造业	Manufacture of Railway, Watercraft, Aerospace and Other Transport Equipment	303	46644
电气机械和器材制造业	Manufacture of Electrical Machinery and Equipment	340	62247
计算机、通信和其他电子设备制造业	Manufacture of Computers, Communication and Other Electronic Equipment	254	93558
仪器仪表制造业	Manufacture of Measuring Instruments	103	11536
其他制造业	Other Manufacturing	32	2524
废弃资源综合利用业	Comprehensive Recycling of Waste	51	2710
金属制品、机械和设备修理业	Metal Products, Machine and Equipment Repair	37	7808
电力、热力生产和供应业	Production and Supply of Electric Power and Heat Power	153	26539
燃气生产和供应业	Production and Supply of Gas	52	7450
水的生产和供应业	Production and Supply of Water	62	7911

Main Economic Indicators of Industrial Enterprises above Designated Size by Sector,2022

单位：万元(10 000 yuan)

资产总计 Total Assets	流动资产合计 Total Current Assets	应收账款 Accounts Receivable	负债合计 Total Liabilities	利税总额 Total Pre-tax Profits	# 利润总额 Total Profits
257974029	**131855495**	**36802464**	**140202423**	**26261021**	**16856186**
20067557	2481632	1158720	10226126	11089361	8746663
4451164	1903777	13564	799679	44171	27477
4147766	2406405	461994	1989023	96397	35823
3950303	2597561	380495	2565710	177867	118666
3954826	2416848	665696	2067949	360867	234255
1074148	615866	226778	527054	109442	49719
1416164	674774	104855	819981	43210	31831
165209	133888	26363	116776	7063	3099
144241	106075	43274	71677	6830	3580
128109	86388	23074	83636	967	-1933
804304	399965	96992	401348	50881	25213
2449557	1282688	454593	1022819	120918	74039
1170781	512143	168332	463425	61051	36036
958152	597401	92663	408511	51250	37004
6742185	2562380	651209	3567731	1448525	-93751
17828587	7545152	1678011	9360955	671383	296872
13111230	7812105	1292201	4294627	1178074	825792
48607	23615	5049	23627	5208	3940
5051929	2891580	860756	2558491	211603	113965
6563264	4529273	2353662	4019509	260770	115363
15583887	7819517	437618	10740629	84545	-145927
8907593	5116582	1070732	6878105	92941	-289380
8260457	5624195	1875633	4442621	433940	256998
9852403	6850278	2328012	5418565	826864	616002
13832614	9407221	2334015	6875987	969062	754321
22456435	12892956	4942851	12097772	3986601	2697265
7602237	4813469	1292529	5143060	335389	188573
14974373	9936484	3858805	8154985	716636	527101
22351318	14250490	4311915	9045983	1492752	1270700
1626468	1351104	435402	696479	177084	145490
164964	96084	31349	92851	9163	3919
881984	501630	156388	555361	13138	-2061
515232	365357	130125	333534	22398	10150
24658502	7198442	1610601	16239293	243517	-164603
5205593	1541496	589475	3641524	126573	67423
6327025	2189126	534724	4035046	210961	158500

13-5 规模以上工业企业主要经济效益指标(2022年)

项　目	Item	资产负债率(%) Ratio of Liabilities to Assets(%)	总资产贡献率(%) Ratio of Total Assets to Industrial Output Value (%)
全市总计	**Total**	**54.3**	**10.7**
按企业规模分	**Grouped by Size of Enterprises**		
大　型	Large-sized	51.6	16.0
中　型	Medium-sized	53.2	6.8
小微型	Small&Mini-sized	59.0	5.4
按登记注册类型分	**Grouped by Registered Status**		
内资企业	Domestic-funded Enterprises	57.1	5.4
# 国　有	State-owned Enterprises	91.9	15.7
集　体	Collective-owned Enterprises	51.9	3.3
股份合作	Cooperative Enterprises	52.2	2.6
私营企业	Private Enterprises	62.4	5.3
股份有限公司	Share-holding Corporations Ltd.	39.0	9.5
有限责任公司	Limited Liability Corporations	60.2	3.3
# 国有独资公司	Sole State-funded Corporations	52.5	2.0
港澳台商投资企业	Enterprises with Investment from Hong Kong, Macao and Taiwan	55.7	36.2
外商投资企业	Foreign Funded Enterprises	45.4	11.9
按隶属关系分	**Grouped by Administrative Relationship**		
中　央	Central Industry	50.8	8.0
地　方	Local Industry	54.9	11.1
按企业控股情况分	**Grouped by Company Holding Types**		
国有及国有控股企业	State-owned and State-holding Enterprises	55.2	7.1
民营及民营控股企业	Private and Private Holding Enterprises	57.5	5.1
外商及港澳台商控股企业	Hong Kong, Macao,Taiwan and Foreign Funded Holding Enterprises	49.1	23.2

Main Economic Benefit Indicators of Industrial Enterprises above Designated Size,2022

每百元资产实现的营业收入(元) Business Revenue on Assets per 100 yuan (yuan)	流动资产周转率(次) Turnover of Current Assets (time)	人均营业收入(万元/人) Business Revenue per Capita (10 000 yuan/person)	营业收入利润率(%) Ratio of Profits to Business Revenue (%)	百元营业收入成本(元) Costs on Business Revenue per 100 yuan (yuan)	产销率(%) Proportion of Products Sold (%)
93.8	**1.8**	**252.4**	**7.0**	**85.0**	**99.6**
90.4	2.2	324.4	11.5	80.6	98.5
95.8	1.7	211.8	3.5	87.3	100.3
97.5	1.5	214.2	3.0	89.6	100.6
87.1	1.7	233.5	1.9	89.7	99.6
67.9	1.1	392.8	3.1	75.1	99.7
145.6	1.7	81.9	0.3	98.2	101.3
73.1	1.1	73.9	0.6	90.5	99.9
125.1	2.0	208.3	1.7	91.8	98.8
70.7	1.6	302.9	4.0	80.8	100.1
72.2	1.5	238.4	1.3	91.8	100.2
36.0	0.7	127.6	1.5	91.5	100.0
86.0	2.8	359.5	34.0	58.9	99.0
118.3	1.9	267.1	6.9	85.5	99.8
82.5	2.5	332.8	-0.3	87.8	99.6
95.6	1.8	244.6	7.9	84.7	99.6
70.7	1.7	345.7	3.2	88.9	99.9
104.9	1.7	198.5	2.2	90.3	99.3
113.4	2.2	273.8	16.1	75.2	99.6

13-6 分行业规模以上工业企业主要经济效益指标(2022年)

行业	Sector	资产负债率(%) Ratio of Liabilities to Assets (%)	总资产贡献率(%) Ratio of Total Assets to Industrial Output Value (%)
总计	**Total**	**54.3**	**10.7**
# 石油和天然气开采业	Extraction of Petroleum and Natural Gas	51.0	55.2
非金属矿采选业	Mining and Processing of Nonmetal Ores	18.0	1.1
开采专业及辅助性活动	Mining Professional and Auxiliary Activities	48.0	1.9
农副食品加工业	Processing of Food from Agricultural Products	64.9	5.1
食品制造业	Manufacture of Food	52.3	9.5
酒、饮料和精制茶制造业	Manufacture of Alcohol, Beverages and Refined Tea	49.1	10.2
纺织业	Manufacture of Textile	57.9	5.7
纺织服装、服饰业	Manufacture of Textile Wearing and Apparel	70.7	4.5
皮革、毛皮、羽毛及其制品和制鞋业	Manufacture of Leather, Fur, Feather and Related Products, Footwear	49.7	5.1
木材加工和木、竹、藤、棕、草制品业	Processing of Timber, Manufacture of Wood, Bamboo, Rattan, Palm and Straw Products	65.3	1.4
家具制造业	Manufacture of Furniture	49.9	6.8
造纸和纸制品业	Manufacture of Paper and Paper Products	41.8	5.2
印刷和记录媒介复制业	Printing, Reproduction of Recording Media	39.6	5.6
文教、工美、体育和娱乐用品制造业	Manufacture of Articles for Culture, Education and Industrial Arts, Sport and Entertainment Activities	42.6	5.6
石油、煤炭及其他燃料加工业	Processing of Petroleum, Coal and Other Fuel	52.9	21.9
化学原料和化学制品制造业	Manufacture of Raw Chemical Materials and Chemical Products	52.5	4.8
医药制造业	Manufacture of Medicines	32.8	8.9
化学纤维制造业	Manufacture of Chemical Fibers	48.6	10.6
橡胶和塑料制品业	Manufacture of Rubber and Plastic	50.6	4.6
非金属矿物制品业	Manufacture of Non-metallic Mineral Products	61.2	4.3
黑色金属冶炼和压延加工业	Smelting and Pressing of Ferrous Metals	68.9	1.7
有色金属冶炼和压延加工业	Smelting and Pressing of Non-ferrous Metals	77.2	3.5
金属制品业	Manufacture of Metal Products	53.8	5.7
通用设备制造业	Manufacture of General Purpose Machinery	55.0	8.7
专用设备制造业	Manufacture of Special Purpose Machinery	49.7	7.4
汽车制造业	Manufacture of Motorcar	53.9	17.9
铁路、船舶、航空航天和其他运输设备制造业	Manufacture of Railway, Watercraft, Aerospace and Other Transport Equipment	67.7	5.0
电气机械和器材制造业	Manufacture of Electrical Machinery and Equipment	54.5	5.0
计算机、通信和其他电子设备制造业	Manufacture of Computers, Communication and Other Electronic Equipment	40.5	6.8
仪器仪表制造业	Manufacture of Measuring Instruments	42.8	11.0
其他制造业	Other Manufacturing	56.3	6.1
废弃资源综合利用业	Comprehensive Recycling of Waste	63.0	2.0
金属制品、机械和设备修理业	Metal Products, Machine and Equipment Repair	64.7	4.4
电力、热力生产和供应业	Production and Supply of Electric Power and Heat Power	65.9	1.9
燃气生产和供应业	Production and Supply of Gas	70.0	3.2
水的生产和供应业	Production and Supply of Water	63.8	4.0

Main Economic Benefit Indicators of Industrial Enterprises above Designated Size by Sector,2022

每百元资产实现的营业收入(元) Business Revenue on Assets per 100 yuan (yuan)	流动资产周转率(次) Turnover of Current Assets (time)	人均营业收入(万元/人) Business Revenue per Capita (10 000 yuan/person)	营业收入利润率(%) Ratio of Profits to Business Revenue (%)	百元营业收入成本(元) Costs on Business Revenue per 100 yuan (yuan)	产销率(%) Proportion of Products Sold (%)
93.8	**1.8**	**252.4**	**7.0**	**85.0**	**99.6**
81.9	6.6	832.5	53.2	36.8	97.8
9.6	0.2	98.5	6.4	83.7	381.7
78.7	1.4	108.2	1.1	95.5	104.8
218.7	3.3	568.5	1.4	95.0	100.8
101.1	1.7	154.4	5.9	81.1	105.1
105.2	1.8	152.8	4.4	77.4	97.8
72.0	1.5	164.3	3.1	87.4	97.4
99.9	1.2	41.5	1.9	87.2	102.3
135.8	1.8	45.6	1.8	86.0	100.8
114.8	1.7	105.1	-1.3	92.8	84.7
96.8	1.9	49.7	3.2	83.9	98.5
105.8	2.0	190.5	2.9	90.0	101.2
63.1	1.4	72.1	4.9	85.9	100.4
120.2	1.9	111.3	3.2	89.9	107.2
200.8	5.3	1154.5	-0.7	87.1	107.0
75.3	1.8	344.3	2.2	88.8	92.6
53.8	0.9	161.6	11.7	60.3	95.3
63.2	1.3	116.4	12.8	64.0	98.3
82.4	1.4	114.0	2.7	85.0	105.6
70.7	1.0	151.4	2.5	86.7	98.9
190.0	3.8	513.4	-0.5	97.1	96.9
119.1	2.1	911.6	-2.7	98.9	101.3
144.5	2.1	190.4	2.2	91.6	103.1
91.6	1.3	141.6	6.8	81.7	99.9
55.0	0.8	141.1	9.9	75.7	101.3
116.2	2.0	240.6	10.3	84.9	101.3
84.3	1.3	137.4	2.9	88.0	101.7
100.6	1.5	242.0	3.5	88.8	101.6
93.4	1.5	223.1	6.1	87.0	98.1
75.3	0.9	106.2	11.9	76.7	87.2
98.4	1.7	64.3	2.4	83.1	75.0
150.3	2.6	489.2	-0.2	98.8	88.8
75.2	1.1	49.6	2.6	88.1	81.2
45.6	1.6	423.5	-1.5	98.9	99.0
83.7	2.8	585.0	1.5	94.9	99.9
19.9	0.6	159.5	12.6	76.7	97.1

13-7 规模以上大中型工业企业主要经济效益指标(2022年)

项目	Item	资产负债率(%) Ratio of Liabilities to Assets (%)	总资产贡献率(%) Ratio of Total Assets to Industrial Output Value (%)
全市总计	**Total**	**52.1**	**13.2**
按登记注册类型分	**Grouped by Registered Status**		
内资企业	Domestic-funded Enterprises	53.5	6.0
#国有	State-owned Enterprises	86.5	74.4
私营企业	Private Enterprises	61.2	6.0
股份有限公司	Share-holding Corporations Ltd.	39.5	10.4
有限责任公司	Limited Liability Corporations	57.4	2.8
#国有独资公司	Sole State-funded Corporations	44.6	1.4
港澳台商投资企业	Enterprises with Investment from Hong Kong, Macao and Taiwan	57.1	40.7
外商投资企业	Foreign Funded Enterprises	44.9	13.3
按隶属关系分	**Grouped by Administrative Relationship**		
中央	Central Industry	47.4	8.3
地方	Local Industry	53.1	14.3
按企业规模分	**Grouped by Size of Enterprises**		
大型	Large-sized	51.6	16.0
中型	Medium-sized	53.2	6.8
按企业控股情况分	**Grouped by Company Holding Types**		
国有及国有控股企业	State-owned and State-holding Enterprises	50.9	8.0
民营及民营控股企业	Private and Private Holding Enterprises	57.2	5.4
外商及港澳台商控股企业	Hong Kong, Macao,Taiwan and Foreign Funded Holding Enterprises	49.2	27.8

Main Economic Benefit Indicators of Large and Medium-sized Industrial Enterprises above Designated Size,2022

每百元资产实现的营业收入(元) Business Revenue on Assets per 100 yuan (yuan)	流动资产周转率(次) Turnover of Current Assets (time)	人均营业收入(万元/人) Business Revenue per Capita (10 000 yuan/person)	营业收入利润率(%) Ratio of Profits to Business Revenue (%)	百元营业收入成本(元) Costs on Business Revenue per 100 yuan (yuan)	产销率(%) Proportion of Products Sold (%)
92.0	**2.0**	**278.0**	**9.0**	**82.7**	**99.1**
81.8	1.8	257.2	1.8	88.8	99.0
124.2	1.7	294.8	10.7	40.5	99.9
112.0	2.1	262.9	1.7	92.2	96.8
74.4	1.8	327.3	3.6	79.8	100.4
73.0	1.7	227.7	0.7	92.7	99.7
36.5	0.8	102.2	1.3	92.2	99.6
88.2	3.4	409.6	37.4	55.6	98.6
120.9	2.1	273.0	7.7	85.3	99.4
84.1	2.7	325.9	-0.6	87.5	99.5
93.7	1.9	270.2	10.9	81.7	99.0
90.4	2.2	324.4	11.5	80.6	98.5
95.8	1.7	211.8	3.5	87.3	100.3
72.8	1.8	333.1	3.4	88.1	99.6
99.6	1.9	224.2	2.2	90.1	98.3
113.5	2.5	286.5	19.7	71.8	99.1

13-8 分行业规模以上大中型工业企业主要经济效益指标(2022年)

行　业	Sector	资产负债率(%) Ratio of Liabilities to Assets (%)	总资产贡献率(%) Ratio of Total Assets to Industrial Output Value (%)
总　计	**Total**	**52.1**	**13.2**
# 石油和天然气开采业	Extraction of Petroleum and Natural Gas	51.0	55.2
非金属矿采选业	Mining and Processing of Nonmetal Ores	18.0	1.1
开采专业及辅助性活动	Mining Professional and Auxiliary Activities	47.1	2.0
农副食品加工业	Processing of Food from Agricultural Products	60.8	8.0
食品制造业	Manufacture of Food	48.8	10.4
酒、饮料和精制茶制造业	Manufacture of Alcohol, Beverages and Refined Tea	37.3	13.8
纺织业	Manufacture of Textile	29.7	32.4
纺织服装、服饰业	Manufacture of Textile Wearing and Apparel	84.7	2.2
皮革、毛皮、羽毛及其制品和制鞋业	Manufacture of Leather, Fur, Feather and Related Products, Footwear	30.5	8.9
家具制造业	Manufacture of Furniture	38.7	8.0
造纸和纸制品业	Manufacture of Paper and Paper Products	23.5	4.8
印刷和记录媒介复制业	Printing, Reproduction of Recording Media	48.3	7.4
文教、工美、体育和娱乐用品制造业	Manufacture of Articles for Culture, Education and Industrial Arts, Sport and Entertainment Activities	26.2	7.4
石油、煤炭及其他燃料加工业	Processing of Petroleum, Coal and Other Fuel	53.2	23.9
化学原料和化学制品制造业	Manufacture of Raw Chemical Materials and Chemical Products	56.3	3.0
医药制造业	Manufacture of Medicines	31.7	8.9
橡胶和塑料制品业	Manufacture of Rubber and Plastic	40.0	7.4
非金属矿物制品业	Manufacture of Non-metallic Mineral Products	47.8	6.3
黑色金属冶炼和压延加工业	Smelting and Pressing of Ferrous Metals	66.5	1.7
有色金属冶炼和压延加工业	Smelting and Pressing of Non-ferrous Metals	75.9	3.7
金属制品业	Manufacture of Metal Products	47.7	7.0
通用设备制造业	Manufacture of General Purpose Machinery	53.7	10.2
专用设备制造业	Manufacture of Special Purpose Machinery	45.4	6.3
汽车制造业	Manufacture of Motorcar	53.1	20.5
铁路、船舶、航空航天和其他运输设备制造业	Manufacture of Railway, Watercraft, Aerospace and Other Transport Equipment	60.4	5.9
电气机械和器材制造业	Manufacture of Electrical Machinery and Equipment	53.9	4.5
计算机、通信和其他电子设备制造业	Manufacture of Computers, Communication and Other Electronic Equipment	42.1	7.5
仪器仪表制造业	Manufacture of Measuring Instruments	59.9	3.4
金属制品、机械和设备修理业	Metal Products, Machine and Equipment Repair	74.1	1.0
电力、热力生产和供应业	Production and Supply of Electric Power and Heat Power	60.0	1.2
燃气生产和供应业	Production and Supply of Gas	66.9	-1.0
水的生产和供应业	Production and Supply of Water	68.1	3.3

Main Economic Benefit Indicators of Large and Medium-sized Industrial Enterprises above Designated Size by Sector,2022

每百元资产实现的营业收入(元) Business Revenue on Assets per 100 yuan (yuan)	流动资产周转率(次) Turnover of Current Assets (time)	人均营业收入(万元/人) Business Revenue per Capita (10 000 yuan/person)	营业收入利润率(%) Ratio of Profits to Business Revenue (%)	百元营业收入成本(元) Costs on Business Revenue per 100 yuan (yuan)	产销率(%) Proportion of Products Sold (%)
92.0	**2.0**	**278.0**	**9.0**	**82.7**	**99.1**
81.9	6.6	832.5	53.2	36.8	98.6
9.6	0.2	98.5	6.4	83.7	100.1
79.2	1.4	108.9	1.3	95.5	100.0
239.1	3.9	680.2	2.4	94.5	101.5
115.1	1.9	165.5	5.3	80.3	99.4
164.7	3.0	180.8	5.4	77.5	95.0
183.1	2.3	48.6	16.9	71.7	100.4
42.8	0.6	22.6	-0.4	69.0	79.8
202.4	2.6	33.2	3.1	83.7	102.7
98.6	2.6	47.4	4.5	84.3	98.7
84.1	1.8	235.4	4.1	89.4	101.3
75.5	1.5	89.0	5.1	85.7	102.1
65.0	0.8	47.4	8.3	78.3	105.7
207.1	7.0	1192.6	-1.2	86.8	99.5
60.4	1.8	430.1	0.3	91.2	100.0
57.9	1.0	169.5	10.6	61.2	97.8
83.3	1.8	109.8	6.6	82.4	104.5
84.2	1.5	144.9	4.4	84.9	101.3
175.7	4.3	507.7	-0.5	96.7	96.9
39.6	0.7	449.3	-9.6	99.6	93.4
114.3	1.8	189.3	3.9	88.7	100.4
93.2	1.4	167.4	8.7	81.1	102.5
43.4	0.7	136.9	11.2	74.4	103.1
119.8	2.1	282.9	11.6	84.6	100.8
83.4	1.3	150.1	4.2	87.2	101.0
100.9	1.6	276.1	3.3	89.4	99.8
100.9	1.6	218.6	6.3	87.2	96.2
118.9	1.3	107.7	1.7	82.4	97.2
99.2	1.7	33.5	-2.1	96.0	100.0
67.6	4.1	536.8	-2.8	99.4	100.0
69.9	2.8	330.0	-3.0	99.9	100.0
17.9	0.6	156.3	12.2	77.5	98.6

13-9 规模以上小微型工业企业主要经济效益指标(2022年)

项　目	Item	资产负债率(%) Ratio of Liabilities to Assets(%)	总资产贡献率(%) Ratio of Total Assets to Industrial Output Value (%)
全市总计	**Total**	**59.0**	**5.4**
按登记注册类型分	**Grouped by Registered Status**		
内资企业	Domestic-funded Enterprises	63.0	4.5
# 国　有	State-owned Enterprises	93.2	0.9
集　体	Collective-owned Enterprises	51.9	3.3
股份合作	Cooperative Enterprises	52.2	2.6
私营企业	Private Enterprises	63.3	4.7
股份有限公司	Share-holding Corporations Ltd.	36.9	5.4
有限责任公司	Limited Liability Corporations	65.7	4.4
# 国有独资公司	Sole State-funded Corporations	70.9	3.5
港澳台商投资企业	Enterprises with Investment from Hong Kong, Macao and Taiwan	46.7	8.2
外商投资企业	Foreign Funded Enterprises	46.4	8.4
按隶属关系分	**Grouped by Administrative Relationship**		
中　央	Central Industry	81.6	4.9
地　方	Local Industry	58.1	5.4
按企业规模分	**Grouped by Size of Enterprises**		
小　型	Small-sized	58.4	5.5
微　型	Mini-sized	68.8	3.9
按企业控股情况分	**Grouped by Company Holding Types**		
国有及国有控股企业	State-owned and State-holding Enterprises	68.3	4.1
民营及民营控股企业	Private and Private Holding Enterprises	57.8	4.7
外商及港澳台商控股企业	Hong Kong, Macao, Taiwan and Foreign Funded Holding Enterprises	48.6	9.0

Main Economic Benefit Indicators of Small and Mini-sized Industrial Enterprises above Designated Size,2022

每百元资产实现的营业收入(元) Business Revenue on Assets per 100 yuan (yuan)	流动资产周转率(次) Turnover of Current Assets (time)	人均营业收入(万元/人) Business Revenue per Capita (10 000 yuan/person)	营业收入利润率(%) Ratio of Profits to Business Revenue (%)	百元营业收入成本(元) Costs on Business Revenue per 100 yuan (yuan)	产销率(%) Proportion of Products Sold (%)
97.5	**1.5**	**214.2**	**3.0**	**89.6**	**100.6**
95.8	1.5	206.6	2.2	90.9	100.4
53.7	0.9	486.8	-1.3	95.3	99.7
145.6	1.7	81.9	0.3	98.2	101.3
73.1	1.1	73.9	0.6	90.5	99.9
135.6	1.9	182.9	1.7	91.5	100.3
54.1	0.9	207.1	7.0	86.8	96.7
70.8	1.3	263.7	2.6	90.2	101.2
34.9	0.6	321.2	1.9	90.0	103.1
72.4	1.2	187.1	8.4	83.5	102.0
111.6	1.6	252.2	4.6	86.1	101.0
67.9	1.4	436.8	2.1	90.5	98.6
98.8	1.5	211.2	3.0	89.5	100.7
96.2	1.5	208.2	3.1	89.3	100.6
120.7	1.9	362.1	1.5	93.4	101.0
64.1	1.3	399.0	2.4	91.6	100.9
110.5	1.6	178.9	2.3	90.5	100.3
113.0	1.7	241.0	5.0	85.6	101.1

13-10 分行业规模以上小微型工业企业主要经济效益指标(2022年)

行　业	Sector	资产负债率(%) Ratio of Liabilities to Assets (%)	总资产贡献率(%) Ratio of Total Assets to Industrial Output Value (%)
总　计	**Total**	**59.0**	**5.4**
# 开采专业及辅助性活动	Mining Professional and Auxiliary Activities	138.2	-12.7
农副食品加工业	Processing of Food from Agricultural Products	67.3	3.5
食品制造业	Manufacture of Food	56.9	8.3
酒、饮料和精制茶制造业	Manufacture of Alcohol, Beverages and Refined Tea	56.3	8.0
纺织业	Manufacture of Textile	59.0	4.6
纺织服装、服饰业	Manufacture of Textile Wearing and Apparel	64.8	5.4
皮革、毛皮、羽毛及其制品和制鞋业	Manufacture of Leather, Fur, Feather and Related Products, Footwear	60.2	3.0
木材加工和木、竹、藤、棕、草制品业	Processing of Timber, Manufacture of Wood, Bamboo, Rattan, Palm and Straw Products	65.3	1.4
家具制造业	Manufacture of Furniture	71.5	4.4
造纸和纸制品业	Manufacture of Paper and Paper Products	58.0	5.6
印刷和记录媒介复制业	Printing, Reproduction of Recording Media	35.4	4.8
文教、工美、体育和娱乐用品制造业	Manufacture of Articles for Culture, Education and Industrial Arts, Sport and Entertainment Activities	52.4	4.5
石油、煤炭及其他燃料加工业	Processing of Petroleum, Coal and Other Fuel	51.7	12.7
化学原料和化学制品制造业	Manufacture of Raw Chemical Materials and Chemical Products	43.7	8.9
医药制造业	Manufacture of Medicines	36.2	8.8
化学纤维制造业	Manufacture of Chemical Fibers	48.6	10.6
橡胶和塑料制品业	Manufacture of Rubber and Plastic	57.3	2.9
非金属矿物制品业	Manufacture of Non-metallic Mineral Products	67.3	3.4
黑色金属冶炼和压延加工业	Smelting and Pressing of Ferrous Metals	77.5	1.5
有色金属冶炼和压延加工业	Smelting and Pressing of Non-ferrous Metals	84.2	2.1
金属制品业	Manufacture of Metal Products	59.0	4.7
通用设备制造业	Manufacture of General Purpose Machinery	56.3	7.1
专用设备制造业	Manufacture of Special Purpose Machinery	56.3	9.0
汽车制造业	Manufacture of Motorcar	57.8	5.8
铁路、船舶、航空航天和其他运输设备制造业	Manufacture of Railway, Watercraft, Aerospace and Other Transport Equipment	82.4	3.1
电气机械和器材制造业	Manufacture of Electrical Machinery and Equipment	55.7	6.1
计算机、通信和其他电子设备制造业	Manufacture of Computers, Communication and Other Electronic Equipment	36.5	5.1
仪器仪表制造业	Manufacture of Measuring Instruments	38.9	12.8
其他制造业	Other Manufacturing	57.0	6.2
废弃资源综合利用业	Comprehensive Recycling of Waste	63.0	2.0
金属制品、机械和设备修理业	Metal Products, Machine and Equipment Repair	59.3	6.4
电力、热力生产和供应业	Production and Supply of Electric Power and Heat Power	72.5	2.7
燃气生产和供应业	Production and Supply of Gas	72.2	6.4
水的生产和供应业	Production and Supply of Water	58.4	4.9

Main Economic Benefit Indicators of Small and Mini-sized Industrial Enterprises above Designated Size by Sector,2022

每百元资产实现的营业收入(元) Business Revenue on Assets per 100 yuan (yuan)	流动资产周转率(次) Turnover of Current Assets (time)	人均营业收入(万元/人) Business Revenue per Capita (10 000 yuan/person)	营业收入利润率(%) Ratio of Profits to Business Revenue (%)	百元营业收入成本(元) Costs on Business Revenue per 100 yuan (yuan)	产销率(%) Proportion of Products Sold (%)
97.5	**1.5**	**214.2**	**3.0**	**89.6**	**100.6**
27.3	0.4	38.1	-50.7	101.6	100.0
207.1	3.0	513.0	0.7	95.3	101.7
82.9	1.3	137.6	6.9	82.6	104.6
68.8	1.2	124.5	3.0	77.2	100.6
67.6	1.5	220.6	1.6	89.0	100.0
123.7	1.4	47.1	2.2	89.8	101.8
99.5	1.4	77.8	0.5	88.5	102.9
114.8	1.7	105.1	-1.3	92.8	98.8
93.3	1.3	55.1	0.7	83.2	97.1
125.2	2.2	171.0	2.1	90.4	101.4
57.2	1.4	64.5	4.7	86.0	98.8
153.1	3.0	169.0	1.9	92.9	106.7
172.4	2.3	984.3	2.3	88.9	99.9
109.6	1.8	274.9	4.6	85.9	102.4
41.2	0.6	134.1	16.3	56.6	94.7
63.2	1.3	116.4	12.8	64.0	109.3
81.9	1.3	116.8	0.3	86.7	100.4
64.5	0.9	155.6	1.4	87.7	100.3
239.9	2.8	528.6	-0.4	98.4	99.8
558.8	7.6	1525.6	-0.1	98.6	102.7
170.3	2.3	191.0	1.1	93.3	100.7
89.9	1.2	121.9	4.9	82.3	100.7
72.5	0.9	145.1	8.8	76.8	100.4
99.1	1.7	128.9	2.8	87.0	101.4
86.1	1.5	117.8	0.4	89.5	97.4
100.1	1.4	190.8	4.0	87.3	102.0
75.2	1.1	239.1	5.3	86.3	97.8
65.2	0.8	105.5	16.2	74.3	98.3
93.5	1.6	67.0	2.5	82.5	102.8
150.3	2.6	489.2	-0.2	98.8	99.6
61.2	0.8	91.1	7.1	80.7	97.8
20.7	0.5	238.2	3.6	97.1	99.6
94.0	2.9	1019.8	4.1	92.1	100.0
22.5	0.6	162.7	12.9	75.9	97.5

13-11 分行业规模以上国有及国有控股工业企业主要经济效益指标(2022年)

行　业	Sector	资产负债率(%) Ratio of Liabilities to Assets (%)	总资产贡献率(%) Ratio of Total Assets to Industrial Output Value(%)
总　计	**Total**	**55.2**	**7.1**
# 非金属矿采选业	Mining and Processing of Nonmetal Ores	18.0	1.1
开采专业及辅助性活动	Mining Professional and Auxiliary Activities	46.9	2.0
农副食品加工业	Processing of Food from Agricultural Products	63.7	3.8
食品制造业	Manufacture of Food	62.2	4.8
酒、饮料和精制茶制造业	Manufacture of Alcohol, Beverages and Refined Tea	90.5	9.4
纺织业	Manufacture of Textile	63.3	4.7
造纸和纸制品业	Manufacture of Paper and Paper Products	35.0	5.7
印刷和记录媒介复制业	Printing, Reproduction of Recording Media	21.6	1.8
文教、工美、体育和娱乐用品制造业	Manufacture of Articles for Culture, Education and Industrial Arts, Sport and Entertainment Activities	44.4	1.9
石油、煤炭及其他燃料加工业	Processing of Petroleum, Coal and Other Fuel	51.2	25.2
化学原料和化学制品制造业	Manufacture of Raw Chemical Materials and Chemical Products	61.9	2.4
医药制造业	Manufacture of Medicines	30.0	4.4
橡胶和塑料制品业	Manufacture of Rubber and Plastic	57.6	8.0
非金属矿物制品业	Manufacture of Non-metallic Mineral Products	67.2	1.4
黑色金属冶炼和压延加工业	Smelting and Pressing of Ferrous Metals	70.3	2.9
有色金属冶炼和压延加工业	Smelting and Pressing of Non-ferrous Metals	111.5	5.9
金属制品业	Manufacture of Metal Products	61.1	3.5
通用设备制造业	Manufacture of General Purpose Machinery	78.3	0.5
专用设备制造业	Manufacture of Special Purpose Machinery	51.4	3.0
汽车制造业	Manufacture of Motorcar	45.5	28.1
铁路、船舶、航空航天和其他运输设备制造业	Manufacture of Railway, Watercraft, Aerospace and Other Transport Equipment	81.7	1.7
电气机械和器材制造业	Manufacture of Electrical Machinery and Equipment	56.3	1.3
计算机、通信和其他电子设备制造业	Manufacture of Computers, Communication and Other Electronic Equipment	47.1	5.2
仪器仪表制造业	Manufacture of Measuring Instruments	35.3	3.6
其他制造业	Other Manufacturing	15.4	34.3
废弃资源综合利用业	Comprehensive Recycling of Waste	35.4	10.0
金属制品、机械和设备修理业	Metal Products, Machine and Equipment Repair	71.2	5.8
电力、热力生产和供应业	Production and Supply of Electric Power and Heat Power	65.5	1.8
燃气生产和供应业	Production and Supply of Gas	63.8	2.5
水的生产和供应业	Production and Supply of Water	64.6	3.8

Main Economic Benefit Indicators of State-owned and State-holding Industrial Enterprises above Designated Size by Sector,2022

每百元资产实现的营业收入(元) Business Revenue on Assets per 100 yuan (yuan)	流动资产周转率(次) Turnover of Current Assets (time)	人均营业收入(万元/人) Business Revenue per Capita (10 000 yuan/person)	营业收入利润率(%) Ratio of Profits to Business Revenue (%)	百元营业收入成本(元) Costs on Business Revenue per 100 yuan (yuan)	产销率(%) Proportion of Products Sold (%)
70.7	**1.7**	**345.7**	**3.2**	**88.9**	**99.9**
9.6	0.2	98.5	6.4	83.7	100.1
79.0	1.4	108.8	1.3	95.5	100.0
228.5	3.3	1397.3	1.0	97.8	101.8
86.1	1.6	143.4	3.1	86.5	99.9
65.7	1.0	132.6	2.3	77.8	110.5
59.8	1.3	408.7	1.9	89.6	105.3
64.7	1.8	82.1	3.7	71.8	110.1
21.9	0.9	44.9	4.8	92.5	94.2
22.9	0.2	43.3	3.8	72.7	90.8
211.9	7.2	1319.2	-1.1	86.5	99.6
63.1	1.9	538.5	-1.2	94.4	99.7
27.0	0.6	89.2	10.7	57.4	94.4
61.3	1.3	86.5	0.8	85.7	96.2
48.8	0.8	169.6	-2.4	88.9	99.5
117.2	2.8	387.6	-0.4	94.1	98.7
966.7	12.4	3747.1		98.3	103.1
109.2	1.7	308.5	1.0	93.5	98.6
28.6	0.6	105.0	-4.0	86.1	92.7
30.6	0.5	158.9	5.1	81.5	96.5
115.9	1.9	565.6	16.8	84.0	100.8
30.4	0.5	111.4	-0.9	81.3	100.8
52.3	0.7	170.6	1.0	89.3	97.8
47.7	0.8	249.3	8.8	77.0	97.8
53.6	0.7	98.4	1.8	73.9	97.6
85.9	2.2	129.7	33.4	52.7	104.9
46.8	1.1	138.5	12.3	73.6	98.2
102.6	1.2	42.6	2.9	90.4	100.0
47.9	1.7	450.0	-1.9	98.7	99.9
92.3	3.8	619.4	0.7	96.7	100.0
19.0	0.6	163.0	12.8	76.8	97.7

13-12 分行业规模以上民营及民营控股工业企业主要效益指标(2022年)

Main Benefit Indicators of Private and Private Holding Enterprises above Designated Size by Sector,2022

行业	Sector	资产负债率(%) Ratio of Liabilities to Assets (%)	营业收入利润率(%) Ratio of Profits to Business Revenue (%)	总资产贡献率(%) Ratio of Total Assets to Industrial Output Value (%)	产销率(%) Proportion of Products Sold (%)
总计	**Total**	**57.5**	**2.2**	**5.1**	**99.3**
# 农副食品加工业	Processing of Food from Agricultural Products	60.9	0.3	3.0	103.3
食品制造业	Manufacture of Food	58.1	4.1	7.8	96.0
酒、饮料和精制茶制造业	Manufacture of Alcohol, Beverages and Refined Tea	61.9	3.2	8.6	97.7
纺织业	Manufacture of Textile	48.0	-1.1	2.0	98.4
纺织服装、服饰业	Manufacture of Textile Wearing and Apparel	73.2	1.7	4.2	97.6
皮革、毛皮、羽毛及其制品和制鞋业	Manufacture of Leather, Fur, Feather and Related Products, Footwear	54.3	-1.6		101.9
木材加工和木、竹、藤、棕、草制品业	Processing of Timber, Manufacture of Wood, Bamboo, Rattan, Palm and Straw Products	65.8	-1.3	1.5	98.3
家具制造业	Manufacture of Furniture	51.2	2.6	5.6	97.3
造纸和纸制品业	Manufacture of Paper and Paper Products	55.4	2.3	5.0	103.1
印刷和记录媒介复制业	Printing, Reproduction of Recording Media	55.8	1.3	4.8	99.9
文教、工美、体育和娱乐用品制造业	Manufacture of Articles for Culture, Education and Industrial Arts, Sport and Entertainment Activities	44.9	2.9	5.6	107.0
石油、煤炭及其他燃料加工业	Processing of Petroleum, Coal and Other Fuel	75.7	0.2	1.6	96.7
化学原料和化学制品制造业	Manufacture of Raw Chemical Materials and Chemical Products	37.8	4.8	5.9	103.3
医药制造业	Manufacture of Medicines	31.7	16.7	9.7	97.1
橡胶和塑料制品业	Manufacture of Rubber and Plastic	57.0	4.2	5.5	102.2
非金属矿物制品业	Manufacture of Non-metallic Mineral Products	64.5	2.2	4.1	101.1
黑色金属冶炼和压延加工业	Smelting and Pressing of Ferrous Metals	69.0	-0.6	1.3	97.4
有色金属冶炼和压延加工业	Smelting and Pressing of Non-ferrous Metals	76.4	-4.3	3.4	97.2
金属制品业	Manufacture of Metal Products	56.7	1.8	5.5	101.3
通用设备制造业	Manufacture of General Purpose Machinery	57.0	3.8	5.5	102.9
专用设备制造业	Manufacture of Special Purpose Machinery	45.1	13.4	9.8	103.7
汽车制造业	Manufacture of Motorcar	75.9	0.1	3.0	99.4
铁路、船舶、航空航天和其他运输设备制造业	Manufacture of Railway, Watercraft, Aerospace and Other Transport Equipment	62.5	3.7	8.1	99.3
电气机械和器材制造业	Manufacture of Electrical Machinery and Equipment	55.1	2.3	3.9	100.3
计算机、通信和其他电子设备制造业	Manufacture of Computers, Communication and Other Electronic Equipment	38.7	4.7	5.6	98.0
仪器仪表制造业	Manufacture of Measuring Instruments	41.3	23.6	16.0	95.6
其他制造业	Other Manufacturing	61.6	2.2	5.5	105.1
废弃资源综合利用业	Comprehensive Recycling of Waste	67.0	-0.1	1.9	99.6
金属制品、机械和设备修理业	Metal Products, Machine and Equipment Repair	68.1	-0.9	1.6	100.0
电力、热力生产和供应业	Production and Supply of Electric Power and Heat Power	77.2	2.3	2.2	99.9
燃气生产和供应业	Production and Supply of Gas	88.0	3.0	4.8	100.0
水的生产和供应业	Production and Supply of Water	58.5	0.6	2.5	100.0

13-13 分行业规模以上外商及港澳台商控股工业企业主要效益指标(2022年)

Main Benefit Indicators of Hong Kong, Macao,Taiwan and Foreign Funded Holding Industrial Enterprises above Designated Size by Sector,2022

行业	Sector	资产负债率(%) Ratio of Liabilities to Assets (%)	营业收入利润率(%) Ratio of Profits to Business Revenue (%)	总资产贡献率(%) Ratio of Total Assets to Industrial Output Value (%)	产销率(%) Proportion of Products Sold (%)
总计	**Total**	**49.1**	**16.1**	**23.2**	**99.6**
# 农副食品加工业	Processing of Food from Agricultural Products	68.0	2.3	7.3	100.6
食品制造业	Manufacture of Food	47.1	7.3	11.4	104.0
酒、饮料和精制茶制造业	Manufacture of Alcohol, Beverages and Refined Tea	35.7	5.1	11.1	96.5
纺织业	Manufacture of Textile	28.0	13.4	17.8	100.2
纺织服装、服饰业	Manufacture of Textile Wearing and Apparel	46.7	2.7	7.0	99.0
皮革、毛皮、羽毛及其制品和制鞋业	Manufacture of Leather, Fur, Feather and Related Products, Footwear	27.2	16.0	24.3	108.4
木材加工和木、竹、藤、棕、草制品业	Processing of Timber, Manufacture of Wood, Bamboo, Rattan, Palm and Straw Products	60.8	-1.9	0.8	103.8
家具制造业	Manufacture of Furniture	43.1	4.9	13.1	100.7
造纸和纸制品业	Manufacture of Paper and Paper Products	32.2	3.4	5.4	99.9
印刷和记录媒介复制业	Printing, Reproduction of Recording Media	44.9	10.6	12.4	103.1
文教、工美、体育和娱乐用品制造业	Manufacture of Articles for Culture, Education and Industrial Arts, Sport and Entertainment Activities	23.3	5.0	8.4	105.0
石油、煤炭及其他燃料加工业	Processing of Petroleum, Coal and Other Fuel	39.9	3.2	19.0	99.4
化学原料和化学制品制造业	Manufacture of Raw Chemical Materials and Chemical Products	38.2	6.5	11.9	101.6
医药制造业	Manufacture of Medicines	36.4	7.4	10.1	97.7
橡胶和塑料制品业	Manufacture of Rubber and Plastic	34.8	-0.8	2.2	102.3
非金属矿物制品业	Manufacture of Non-metallic Mineral Products	34.1	8.0	10.1	99.8
黑色金属冶炼和压延加工业	Smelting and Pressing of Ferrous Metals	60.9	0.7	5.7	100.7
有色金属冶炼和压延加工业	Smelting and Pressing of Non-ferrous Metals	53.7	0.9	2.9	101.0
金属制品业	Manufacture of Metal Products	39.8	4.4	7.6	98.2
通用设备制造业	Manufacture of General Purpose Machinery	47.4	9.3	13.4	101.5
专用设备制造业	Manufacture of Special Purpose Machinery	58.4	7.8	10.7	102.8
汽车制造业	Manufacture of Motorcar	51.6	7.1	14.3	101.3
铁路、船舶、航空航天和其他运输设备制造业	Manufacture of Railway, Watercraft, Aerospace and Other Transport Equipment	48.9	2.6	3.7	102.4
电气机械和器材制造业	Manufacture of Electrical Machinery and Equipment	52.3	5.1	9.1	101.4
计算机、通信和其他电子设备制造业	Manufacture of Computers, Communication and Other Electronic Equipment	38.6	6.3	8.3	95.7
仪器仪表制造业	Manufacture of Measuring Instruments	48.6	1.2	3.1	100.6
其他制造业	Other Manufacturing	60.1	-5.3	-0.3	95.1
废弃资源综合利用业	Comprehensive Recycling of Waste	52.9	-3.6	-2.0	100.0
金属制品、机械和设备修理业	Metal Products, Machine and Equipment Repair	25.5	13.7	12.8	92.4
电力、热力生产和供应业	Production and Supply of Electric Power and Heat Power	55.6	17.2	4.9	100.0
燃气生产和供应业	Production and Supply of Gas	77.5	5.4	4.8	100.0
水的生产和供应业	Production and Supply of Water	50.6	16.3	9.0	100.0

13-14 工业战略性新兴产业增加值比重(2017—2022年)
Proportion of Industrial Strategic Emerging Industry Added Value,2017-2022

单位：%(%)

项 目 Item	增加值占规模以上工业比重 Proportion of Added Value to Industry above Designated Size					
	2017	2018	2019	2020	2021	2022
全 市 总 计						
Total	**20.8**	**23.5**	**22.1**	**26.9**	**25.3**	**23.2**
按产业分						
Grouped by Industry						
新一代信息技术产业						
New Generation of Information Technology Industry	6.4	6.9	5.3	6.4	6.1	5.2
高端装备制造业						
High-end Equipment Manufacturing Industry	3.2	2.9	3.2	3.8	3.7	3.5
新材料产业						
New Materials Industry	2.6	4.5	3.6	4.5	4.0	3.3
生物产业						
Bio-industry	5.3	5.6	5.5	5.9	6.2	5.9
新能源汽车产业						
New Energy Auto Industry	0.3	0.2	0.5	0.8	0.8	1.0
新能源产业						
New Energy Industry	1.3	1.6	2.0	3.1	2.4	2.5
节能环保产业						
Energy Saving and Environmental Protection Industry	1.8	1.7	1.9	2.2	1.9	1.7
数字创意产业						
Digital Creative Industry		0.1	0.1	0.1		
相关服务业						
Related Service Industry						

注：战略性新兴产业为全国统一标准，具体内容详见本篇指标解释；2017-2022年执行的分类标准是《战略性新兴产业分类(2018)》。
Note: Strategic emerging industry adopt relevant national standards, and the specific content is in the explanatory notes on main statistical indicators. The classification standard in 2017-2022 is *Classification of Strategic Emerging Industry (2018)*.

13-15 工业战略性新兴产业基本情况(2022年)
Basic Statistics of Industrial Strategic Emerging Industry,2022

项　目　Item	企业单位数(个) Number of Enterprises (unit)	增加值 Added Value	
		2022比2021年增长(%) Increase Rate in 2022 over 2021 (%)	产业比重(%) Proportion (%)
全市总计			
Total	**1606**	**-1.2**	**100.0**
按产业分			
Grouped by Industry			
新一代信息技术产业			
New Generation of Information Technology Industry	175	-9.5	22.4
高端装备制造业			
High-end Equipment Manufacturing Industry	327	-0.5	15.2
新材料产业			
New Materials Industry	407	-4.8	14.4
生物产业			
Bio-industry	202	6.9	25.6
新能源汽车产业			
New Energy Auto Industry	77	3.3	4.1
新能源产业			
New Energy Industry	136	6.6	10.9
节能环保产业			
Energy Saving and Environmental Protection Industry	277	-5.1	7.3
数字创意产业			
Digital Creative Industry	5	51.2	0.1
相关服务业			
Related Service Industry			

13-16 高技术产业(制造业)增加值比重(2017—2022年)
Proportion of High Technology Industry (Manufacturing) Added Value,2017-2022

单位：%(%)

项 目 Item	增加值占规模以上工业比重 Proportion of Added Value to Industry above Designated Size					
	2017	2018	2019	2020	2021	2022
全 市 总 计						
Total	**14.0**	**13.4**	**14.0**	**15.4**	**15.5**	**14.2**
按技术领域分						
Grouped by Technical Field						
医药制造业						
Medical and Pharmaceutical Product	3.6	4.4	5.2	5.6	5.6	5.7
航空、航天器及设备制造业						
Aviation and Aircraft Equipment Manufacturing	0.3	0.3	0.3	0.2	0.2	0.2
电子及通信设备制造业						
Electron and Communicate Equipment	7.8	5.9	5.8	6.7	7.4	5.8
计算机及办公设备制造业						
Manufacture of Computers and Office Equipment	1.5	1.9	1.8	1.7	1.1	1.2
医疗仪器设备及仪器仪表制造业						
Medical Treatment Instrument and Meter Manufacturing Industry	0.6	0.8	0.9	1.2	1.2	1.4
信息化学品制造						
Information Chemicals Manufacturing	0.2	0.1				

注：高技术产业(制造业)为全国统一标准，具体内容详见本篇指标解释。
Note: Hightech industry (manufacturing) adopt relevant national standards, and the specific content is in the explanatory notes on main statistical indicators.

13-17 高技术产业(制造业)基本情况(2022年)

Basic Statistics of High Technology Industry (Manufacturing),2022

项 目 Item	企业单位数(个) Number of Enterprises (unit)	增加值占规模以上工业比重(%) Proportion of Added Value to Industry above Designated Size (%)	营业收入利润率(%) Ratio of Profits to Business Revenue (%)	成本费用利润率(%) Ratio of Profits to Industrial Cost (%)
全市总计				
Total	**598**	**14.2**	**7.3**	**7.9**
按技术领域分				
Grouped by Technical Field				
医药制造业				
Medical and Pharmaceutical Product	127	5.7	11.7	13.4
航空、航天器及设备制造业				
Aviation and Aircraft Equipment Manufacturing	31	0.2	2.1	2.1
电子及通信设备制造业				
Electronic and Communicate Equipment Manufacturing	260	5.8	5.0	5.2
计算机及办公设备制造业				
Manufacture of Computers and Office Equipment	35	1.2	5.9	6.2
医疗仪器设备及仪器仪表制造业				
Medical Treatment Instrument and Meter				
Manufacturing Industry	145	1.4	16.7	19.4

13-18 高新技术产业主要经济效益指标(2022年)

行　业	Sector	资产负债率(%) Ratio of Liabilities to Assets (%)	总资产贡献率(%) Ratio of Total Assets to Industrial Output Value (%)
全市总计	**Total**	**49.1**	**5.9**
按企业规模分	**Grouped by Size of Enterprises**		
大　型	Large-sized	44.5	5.5
中　型	Medium-sized	52.8	5.6
小微型	Small&Mini-sized	50.8	6.5
按登记注册类型分	**Grouped by Registered Status**		
内资企业	Domestic-funded Enterprises	53.2	5.4
#国　有	State-owned Enterprises	96.8	1.3
股份合作	Cooperative Enterprises	59.5	3.2
私营企业	Private Enterprises	53.2	7.6
股份有限公司	Share-holding Corporations Ltd.	35.4	6.4
有限责任公司	Limited Liability Corporations	61.9	4.0
#国有独资公司	Sole State-funded Corporations	51.5	1.6
港澳台商投资企业	Enterprises with Investment from Hong Kong, Macao and Taiwan	45.2	6.2
外商投资企业	Foreign Funded Enterprises	41.2	7.0
按技术领域分	**Grouped by Technical Field**		
电子信息	Electronics and Information	41.7	6.8
航空航天	Aviation and Spaceflight	59.4	1.9
光机电一体化	Photoelectric Mechanical Electron Incorporated	55.6	6.5
生物技术和医药	Biology Technology and Pharmaceutical	34.4	10.0
新材料	New Materials	48.4	2.4
新能源和节能材料	New Energy and Energy Saving Materials	70.2	0.9
环境保护	Environmental Protection	52.3	5.0

注：高新技术产业为天津地方标准。
Note: High & new technology industry adopt Tianjin municipal standards.

Main Economic Benefit Indicators of High & New Technology Industry,2022

每百元资产实现的营业收入(元) Business Revenue on Assets per 100 yuan (yuan)	流动资产周转率(次) Turnover of Current Assets (time)	人均营业收入(万元/人) Business Revenue per Capita (10 000 yuan/person)	营业收入利润率(%) Ratio of Profits to Business Revenue (%)	百元营业收入成本(元) Costs on Business Revenue per 100 yuan (yuan)	产销率(%) Proportion of Products Sold (%)
73.2	**1.2**	**207.5**	**5.4**	**83.9**	**101.2**
84.6	1.5	239.2	4.9	85.5	99.6
65.2	1.1	186.0	4.9	83.3	104.5
67.5	1.1	191.5	6.6	82.4	100.9
62.2	1.0	179.4	5.3	83.0	98.6
33.6	0.6	224.9	-0.4	89.8	98.3
87.2	1.1	68.6	0.7	81.2	101.1
94.6	1.4	152.2	5.4	82.0	97.5
40.7	0.7	188.0	12.3	73.9	90.3
65.5	1.1	195.1	2.6	87.1	104.2
29.0	0.6	89.0	1.7	83.1	82.5
59.7	1.2	216.6	8.4	83.8	100.3
100.6	1.6	260.1	5.0	85.2	104.1
90.6	1.4	213.5	6.1	86.6	97.8
38.4	0.6	83.8	2.0	80.1	107.2
71.3	1.0	168.2	6.2	83.4	98.1
59.1	1.0	165.0	12.7	62.7	100.3
98.4	2.1	512.7	0.1	93.9	122.4
61.3	1.5	289.0	-2.3	94.4	100.8
22.9	0.6	131.3	13.9	70.0	96.0

13-19 装备制造业主要效益指标(2022年)
Main Benefit Indicators of Equipment Manufacture Industry,2022

项目 Item	企业单位数(个) Number of Enterprises (unit)	营业收入占规模以上工业比重(%) Proportion of Business Revenue to Industry above Designated Size (%)	营业收入利润率(%) Ratio of Profits to Business Revenue (%)	成本费用利润率(%) Ratio of Profits to Industrial Cost (%)
全市总计 Total	**2962**	**40.6**	**6.6**	**7.0**
按行业分 Grouped by Sector				
金属制品业 Manufacture of Metal Products	681	4.9	2.2	2.2
通用设备制造业 Manufacture of General Purpose Machinery	525	3.7	6.8	7.3
专用设备制造业 Manufacture of Special Purpose Machinery	385	3.1	9.9	11.0
汽车制造业 Manufacture of Motorcar	371	10.8	10.3	11.4
铁路、船舶、航空航天和其他运输设备制造业 Manufacture of Railway, Watercraft, Aerospace and Other Transport Equipment	303	2.6	2.9	3.0
电气机械和器材制造业 Manufacture of Electrical Machinery and Equipment	340	6.2	3.5	3.6
计算机、通信和其他电子设备制造业 Manufacture of Computers, Communication and Other Electronic Equipment	254	8.6	6.1	6.5
仪器仪表制造业 Manufacture of Measuring Instruments	103	0.5	11.9	12.5

注：装备制造业为全国统一分类标准，具体内容详见本篇指标解释。
Note: Equipment manufacture industry adopt the national unified classification standards, and the specific content is in the explanatory notes on main statistical indicators.

13-20 消费品制造业主要效益指标(2022年)
Main Benefit Indicators of Consumption Goods Manufacture,2022

项 目 Item	企业单位数(个) Number of Enterprises (unit)	营业收入占规模以上工业比重(%) Proportion of Business Revenue to Industry above Designated Size (%)	营业收入利润率(%) Ratio of Profits to Business Revenue (%)	成本费用利润率(%) Ratio of Profits to Industrial Cost (%)
全 市 总 计				
Total	**929**	**11.7**	**5.4**	**5.8**
按行业分				
Grouped by Sector				
# 农副食品加工业				
Processing of Food from Agricultural Products	145	3.6	1.4	1.4
食品制造业				
Manufacture of Food	140	1.7	5.9	6.2
酒、饮料和精制茶制造业				
Manufacture of Alcohol, Beverages and Refined Tea	34	0.5	4.4	4.7
纺织业				
Manufacture of Textile	51	0.4	3.1	3.2
纺织服装、服饰业				
Manufacture of Textile Wearing and Apparel	42	0.1	1.9	1.9
皮革、毛皮、羽毛及其制品和制鞋业				
Manufacture of Leather, Fur, Feather and Related Products, Footwear	21	0.1	1.8	1.9
家具制造业				
Manufacture of Furniture	53	0.3	3.2	3.4
造纸和纸制品业				
Manufacture of Paper and Paper Products	142	1.1	2.9	2.9
印刷和记录媒介复制业				
Printing, Reproduction of Recording Media	90	0.3	4.9	4.9
文教、工美、体育和娱乐用品制造业				
Manufacture of Articles for Culture, Education and Industrial Arts, Sport and Entertainment Activities	81	0.5	3.2	3.3
医药制造业				
Manufacture of Medicines	127	2.9	11.7	13.4
化学纤维制造业				
Manufacture of Chemical Fibers	2		12.8	14.8

注：消费品制造业为全国统一分类标准，具体内容详见本篇指标解释。

Note: Manufacture of consumption goods adopt the national unified classification standards, and the specific content is in the explanatory notes on main statistical indicators.

13-21　现代工业产业体系主要经济效益指标(2022年)

项　　目	Item	资产负债率(%) Ratio of Liabilities to Assets (%)	总资产贡献率(%) Ratio of Total Assets to Industrial Output Value (%)
全 市 总 计	**Total**	**53.1**	**12.3**
按产业分	**Grouped by Industry**		
电子信息产业	Electronic Information Industry	40.2	6.5
生物医药产业	Biomedical Industry	34.4	10.4
新能源产业	New Energy Industry	56.4	3.5
新材料产业	New Materials Industry	58.6	4.7
装备制造业	Equipment Manufacturing Industry	54.1	6.4
汽车产业	The Automotive Manufacturing	54.6	17.8
石油化工产业	Petrochemical Industry	53.6	34.0
航空航天产业	Aerospace Industry	59.2	1.9
现代冶金产业	Modern Metallurgical Industry	68.9	1.7
现代轻纺产业	Modern Light Textile Industry	53.5	10.0

注：现代工业产业体系为天津地方标准。
Note: Modern industrial system adopt Tianjin municipal standards.

13-22　现代工业产业体系主要经济指标占全市规模以上工业比重(2022年)

项　　目	Item	企业单位数比重 Proportion of Enterprise Number	平均用工人数比重 Proportion of Annual Average Employees
全 市 总 计	**Total**	**92.7**	**92.8**
按产业分	**Grouped by Industry**		
电子信息产业	Electronic Information Industry	4.5	9.7
生物医药产业	Biomedical Industry	3.8	6.1
新能源产业	New Energy Industry	3.8	3.6
新材料产业	New Materials Industry	23.3	14.6
装备制造业	Equipment Manufacture Industry	24.2	17.6
汽车产业	The Automotive Manufacturing	6.7	11.5
石油化工产业	Petrochemical Industry	1.8	7.6
航空航天产业	Aerospace Industry	0.5	0.8
现代冶金产业	Modern Metallurgical Industry	5.7	6.0
现代轻纺产业	Modern Light Textile Industry	18.4	15.1

Main Economic Benefit Indicators of Modern Industrial System,2022

每百元资产实现的营业收入(元) Business Revenue on Assets per 100 yuan (yuan)	流动资产周转率(次) Turnover of Current Assets (time)	人均营业收入(万元/人) Business Revenue per Capita (10 000 yuan/person)	营业收入利润率(%) Ratio of Profits to Business Revenue (%)	百元营业收入成本(元) Costs on Business Revenue per 100 yuan (yuan)	产销率(%) Proportion of Products Sold (%)
102.1	**1.9**	**247.9**	**7.6**	**84.1**	**99.2**
83.8	1.3	198.4	6.6	85.7	97.3
61.4	1.0	169.5	12.6	63.6	102.0
62.4	1.2	222.3	2.7	88.0	98.2
106.4	1.8	273.8	1.1	92.1	104.8
83.8	1.2	161.2	5.1	85.1	99.6
115.9	2.0	238.4	10.2	84.9	101.4
96.6	3.8	507.8	23.8	65.4	95.6
38.3	0.6	85.7	2.1	80.4	106.9
190.0	3.8	513.4	-0.5	97.1	96.9
136.2	2.3	174.1	3.5	87.9	99.0

Proportion of Main Economic Indicators of Modern Industrial System to Municipal Industry above Designated Size,2022

单位：%(%)

资产总计比重 Proportion of Total Assets	负债合计比重 Proportion of Total Liabilities	营业收入比重 Proportion of Business Revenue	营业成本比重 Proportion of Business Costs	利税总额比重 Proportion of Total Pre-tax Profits
83.8	**81.8**	**91.1**	**90.2**	**97.0**
8.5	6.3	7.6	7.7	5.4
6.3	4.0	4.1	3.1	6.4
4.8	5.0	3.2	3.3	1.4
14.0	15.1	15.9	17.2	5.1
12.6	12.6	11.3	11.3	7.4
8.8	8.8	10.9	10.9	15.2
14.8	14.6	15.3	11.7	49.1
0.7	0.8	0.3	0.3	0.1
6.0	7.7	12.2	14.0	0.3
7.2	7.1	10.4	10.8	6.7

13-23 各区规模以上工业企业主要效益指标(2022年)
Main Benefit Indicators of Industrial Enterprises above Designated Size by Region,2022

地 区	Region	资 产 负债率 (%) Ratio of Liabilities to Assets (%)	流动资产周转率 (次) Turnover of Current Assets (time)	总资产贡献率 (%) Ratio of Total Assets to Industrial Output Value (%)	营业收入利润率(%) Ratio of Profits to Business Revenue (%)	产销率 (%) Proportion of Products Sold (%)
全市总计	**Total**	**54.3**	**1.8**	**10.7**	**7.0**	**99.6**
和平区	Heping District	72.4	1.0	1.3	1.5	99.5
河东区	Hedong District	61.4	1.1	4.1	5.9	99.2
河西区	Hexi District	49.3	0.8	5.4	12.9	99.9
南开区	Nankai District	49.7	1.4	7.8	11.0	107.3
河北区	Hebei District	46.1	4.8	2.8	1.1	100.1
红桥区	Hongqiao District	27.0	0.6	5.9	4.4	114.0
东丽区	Dongli District	65.3	1.7	7.9	2.1	99.0
西青区	Xiqing District	49.1	1.5	7.2	5.5	100.3
津南区	Jinnan District	48.8	1.8	5.3	3.2	91.2
北辰区	Beichen District	49.1	1.9	7.3	3.7	102.6
武清区	Wuqing District	62.0	1.1	5.4	1.7	98.6
宝坻区	Baodi District	66.2	1.4	4.4	2.5	99.0
滨海新区	Binhai New Area	51.8	1.8	15.0	11.1	99.6
宁河区	Ninghe District	63.8	3.3	5.2	1.2	100.2
静海区	Jinghai District	64.6	2.9	4.1	0.9	100.1
蓟州区	Jizhou District	68.1	1.3	3.2	0.3	101.9

13-24 规模以上工业主要产品产量(1981—2022年)

Output of Major Industrial Products above Designated Size,1981-2022

年 份 Year	布(万米) Cloth (10 000 m)	纱(万吨) Yarn (10 000 tons)	机制纸及纸板(万吨) Machine-made Paper and Paperboards (10 000 tons)	合成洗涤剂(万吨) Synthetic Detergents (10 000 tons)	饮料酒(万千升) Alcoholic Beverage (10 000 kiloliters)	农用化肥(万吨) Chemical Fertilizer (10 000 tons)
1981	42427	10.73	21.25	3.19	5.86	4.78
1982	45831	11.50	22.82	3.53	5.76	5.85
1983	46803	11.95	23.04	3.70	6.75	7.05
1984	44865	11.67	26.27	4.12	7.46	7.66
1985	44043	11.95	24.60	5.04	8.40	5.56
1986	43798	12.22	26.45	5.39	9.79	4.09
1987	43885	12.57	27.92	5.56	10.60	6.56
1988	43410	12.67	27.10	5.88	10.96	7.61
1989	41729	11.30	28.31	7.36	9.47	7.79
1990	49194	11.69	26.75	8.54	9.28	7.21
1991	46790	11.23	27.18	9.34	10.75	7.85
1992	43031	10.86	33.32	10.56	10.88	7.84
1993	39259	11.59	36.84	10.00	11.40	10.61
1994	41437	13.19	31.01	9.68	11.09	15.75
1995	49803	12.35	41.42	11.95	12.34	9.74
1996	39662	10.51	45.89	12.07	10.72	11.31
1997	49845	13.61	40.56	10.28	13.73	10.91
1998	33326	8.37	33.64	9.65	15.25	10.26
1999	27308	8.45	25.50	8.75	14.21	26.82
2000	29217	8.80	25.18	7.19	15.75	17.04
2001	25861	8.13	20.63	5.68	20.71	14.91
2002	27082	9.18	27.98	5.41	20.64	16.03
2003	25114	7.47	17.76	5.09	24.72	16.40
2004	30805	7.51	36.03	5.04	23.65	15.96
2005	25850	7.32	18.89	1.40	20.81	16.94
2006	28346	7.62	26.71	0.74	29.80	16.33
2007	27783	7.28	33.90	0.58	35.27	21.62
2008	28934	4.95	41.38	0.83	31.62	16.16
2009	25819	4.32	33.06	0.67	41.02	15.19
2010	26352	3.81	91.82	0.58	43.57	1.49
2011	27792	3.08	125.86	0.62	41.82	6.35
2012	19854	3.05	222.80	1.38	33.20	11.84
2013	21221	5.05	241.66	21.49	31.04	15.95
2014	23100	8.51	249.72	48.48	31.86	16.37
2015	24946	10.72	249.26	58.30	35.61	13.06
2016	24279	12.64	285.00	49.08	37.67	13.43
2017	8243	1.84	286.43	54.04	40.39	13.61
2018	8160	1.33	279.95	63.37	38.39	15.02
2019	37363	1.29	261.97	48.27	33.29	16.44
2020	3852	0.89	266.70	36.96	24.19	14.78
2021	4023	0.59	281.75	33.38	23.17	55.95
2022	2404	0.65	248.52	33.57	22.15	47.77

13-24续表 *Continued*

年 份 Year	天然原油 （万吨） Crude Petroleum Oil (10 000 tons)	发电量 （亿千瓦小时） Electricity (100 million kWh)	粗 钢 （万吨） Crude Steel (10 000 tons)	水 泥 （万吨） Cement (10 000 tons)	硫 酸 （万吨） Sulfuric Acid (10 000 tons)	烧 碱 （万吨） Caustic Soda (10 000 tons)
1981	303.84	72.96	125.15	75.71	12.41	19.19
1982	302.24	75.01	124.56	81.80	13.53	21.21
1983	310.41	77.34	133.86	82.68	13.22	21.27
1984	320.81	79.57	132.49	90.52	12.00	21.97
1985	374.63	80.65	111.93	105.11	11.72	23.36
1986	413.33	78.38	150.32	112.41	10.33	23.97
1987	453.01	81.09	162.96	120.19	11.30	24.73
1988	462.79	91.07	156.44	129.37	8.32	25.18
1989	470.43	96.60	151.57	127.84	8.09	24.90
1990	469.50	94.85	166.74	122.14	7.70	25.23
1991	474.90	90.27	175.43	137.24	8.31	27.25
1992	491.76	98.62	183.45	144.58	8.15	27.99
1993	517.00	126.65	221.98	152.39	7.36	28.27
1994	589.00	122.47	188.55	177.00	7.79	29.28
1995	620.82	133.65	171.57	200.62	5.58	32.57
1996	646.60	146.04	200.99	207.88	8.11	50.75
1997	645.90	166.53	236.79	209.00	11.33	44.15
1998	691.28	172.51	255.27	250.00	10.36	39.90
1999	686.72	182.56	317.69	240.51	11.47	47.04
2000	763.99	211.49	356.76	267.81	11.17	49.28
2001	970.29	217.43	395.30	338.99	11.27	49.39
2002	1215.94	268.83	482.58	377.75	12.15	63.65
2003	1316.30	319.95	565.95	449.31	10.96	79.89
2004	1446.21	339.76	788.48	520.52	9.99	81.14
2005	1782.89	365.70	955.28	519.15	11.95	80.45
2006	1943.09	359.24	1285.34	607.33	13.76	88.86
2007	1924.28	393.13	1602.13	611.44	26.90	134.49
2008	1993.86	382.12	1686.40	549.72	19.70	146.47
2009	2296.96	415.77	2124.20	690.87	29.16	109.32
2010	3332.73	589.08	2162.11	809.71	32.34	123.30
2011	3187.78	619.08	2295.75	765.53	39.60	129.63
2012	3098.30	589.70	2124.25	784.26	30.88	113.87
2013	3044.53	624.01	2305.06	971.50	28.06	127.53
2014	3074.84	624.66	2287.13	957.93	24.48	106.06
2015	3496.77	621.68	2068.91	777.59	19.08	96.77
2016	3273.26	616.09	1798.93	788.61	20.52	75.27
2017	3102.42	609.28	1812.55	418.56	17.08	79.95
2018	3085.55	699.30	1808.79	653.84	21.22	93.09
2019	3111.89	715.43	2194.77	687.74	19.23	86.56
2020	3242.22	755.13	2171.82	551.50	21.59	82.32
2021	3407.02	775.20	1825.25	632.03	21.51	68.84
2022	3575.26	739.76	1738.30	529.46	20.70	84.07

13-25 规模以上工业主要产品产量
Output of Major Industrial Products above Designated Size

产品名称	Product	单 位	Unit	2021	2022
天然原油	Crude Petroleum Oil	万 吨	10 000 tons	3407.02	3575.26
原油加工量	Crude Oil Processed	万 吨	10 000 tons	1700.08	1649.16
发电量	Electricity	亿千瓦小时	100 million kWh	775.20	739.76
天然气	Natural Gas	亿立方米	100 million cu.m	39.02	41.17
原 盐	Salt	万 吨	10 000 tons	181.75	173.00
精制食用植物油	Edible Vegetable Oil	万 吨	10 000 tons	261.81	240.21
饮料酒	Alcoholic Beverage	万千升	10 000 kiloliters	23.17	22.15
# 啤 酒	Beer	万千升	10 000 kiloliters	13.53	12.04
方便面	Staple Food	万 吨	10 000 tons	34.34	35.19
软饮料	Soft Drinking	万 吨	10 000 tons	293.40	302.10
纱	Yarn	万 吨	10 000 tons	0.59	0.65
布	Cloth	万 米	10 000 m	4023	2404
机制纸及纸板	Machine-made Paper & Paperboards	万 吨	10 000 tons	281.75	248.52
焦 炭	Coke	万 吨	10 000 tons	153.64	157.21
硫 酸	Sulfuric Acid	万 吨	10 000 tons	21.51	20.70
纯 碱	Soda Ash	万 吨	10 000 tons	55.23	65.93
烧 碱	Caustic Soda	万 吨	10 000 tons	68.84	84.07
乙 烯	Ethene	万 吨	10 000 tons	149.04	137.32
农用化肥	Chemical Fertilizer	万 吨	10 000 tons	55.95	47.77
涂 料	Paint	万 吨	10 000 tons	47.32	42.70
初级形态塑料	Primary form of Plastic	万 吨	10 000 tons	367.58	368.64
合成洗涤剂	Synthetic Detergents	万 吨	10 000 tons	33.38	33.57
中成药	Traditional Chinese Medicines	吨	ton	20172	18738
合成橡胶	Synthetic Rubber	万 吨	10 000 tons	7.63	7.75

13-25续表 *Continued*

产品名称	Product	单　位	Unit	2021	2022
水　泥	Cement	万 吨	10 000 tons	632.03	529.46
平板玻璃	Plate Glass	万重量箱	10 000 weight cases	3717.81	3453.06
生　铁	Pig Iron	万 吨	10 000 tons	1818.40	1772.84
粗　钢	Crude Steel	万 吨	10 000 tons	1825.25	1738.30
钢　材	Rolled Steel	万 吨	10 000 tons	5991.73	5543.70
# 无缝钢管	Seamless Steel Pipe	万 吨	10 000 tons	303.82	298.62
发动机	Internal Combustion Engines	万千瓦	10 000 kW	8442.34	8037.92
金属切削机床	Metal-cutting Machine	台	unit	1357	1169
电　梯	Elevator	万 台	10 000 units	7.08	6.58
医疗仪器设备及器械	Medical Equipment and Instrument	万 台	10 000 units	1256.45	1014.33
汽　车	Motor Vehicles	万 辆	10 000 units	74.04	60.32
# 轿　车	Cars	万 辆	10 000 units	49.91	33.98
自行车	Bicycles	万 辆	10 000 units	2682.60	1474.88
电动自行车	Electric Bicycles	万 辆	10 000 units	1493.87	1573.01
光　纤	Optical Fibre	万千米	10 000 km	2198.17	2259.44
光　缆	Optical Cable	万芯千米	10 000 core km	508.93	232.46
锂离子电池	Lithium-ion Battery	万 只	10 000 units	92123.97	106198.17
太阳能电池(光伏电池)	Solar Cell	万千瓦	10 000 kW	20.39	12.87
房间空气调节器	Air Conditioners	万 台	10 000 units	172.75	176.64
微波炉	Microwave Ovens	万 台	10 000 units	584.82	410.53
电子计算机整机	Computers	万 台	10 000 units	81.12	57.74
显示器	Display	万 台	10 000 units	563.05	431.92
移动通信手持机	Mobile Telephones	万 部	10 000 units	4.60	2.14
集成电路	Integrated Circuits	亿 块	100 million pieces	29.84	27.16
电子元件	Electronic Components	亿 只	100 million pieces	9910.35	5508.62
光电子器件	Optoelectronic Devices	亿只(片、套)	100 million pieces	272.91	42.44

13-26 新产品产量
Output of New Products

产品名称	Product	单 位	Unit	2021	2022
稀土磁性材料	Rare Earth Magnetic Materials	吨	ton	5945	5909
锂离子电池	Lithium-ion Battery	万 只	10 000 units	92123.97	106198.17
新能源汽车	New Energy Vehicles	辆	unit	25784	12654
城市轨道车辆	Urban Rail Vehicles	辆	unit	180	240
光 纤	Optical Fibre	万千米	10 000 km	2198.17	2259.44
光 缆	Optical Cable	万芯千米	10 000 core km	508.93	232.46
太阳能电池(光伏电池)	Solar Cell	万千瓦	10 000 kW	20.39	12.87
服务器	Servers	万 台	10 000 units	80.09	56.54
集成电路	Integrated Circuits	亿 块	100 million pieces	29.84	27.16

13-27 工业产能利用率(2015—2022年)
Industrial Capacity Utilization Rate,2015-2022

单位：%(%)

年 份 Year	全市总计 Total	采矿业 Minerals Mining	制造业 Manufacturing	电力、热力、燃气及水生产和供应业 Production and Supply of Electricity, Heat,Gas and Water
2015	75.1	75.8	74.9	77.6
2016	73.7	69.0	73.9	81.9
2017	77.1	88.3	76.3	79.7
2018	78.5	82.8	78.3	76.7
2019	78.2	86.9	77.5	77.5
2020	73.2	84.1	72.2	74.8
2021	75.6	85.2	74.9	75.6
2022	72.8	86.6	72.6	62.7

13-28 规模以上工业主要产品生产能力
Production Capacity of Major Industrial Products above Designated Size

产品名称	Product	单 位	Unit	年平均生产能力 Annual Average Production Capacity
2021年	**Year of 2021**			
天然原油	Crude Petroleum Oil	万 吨	10 000 tons	3338.51
发电量	Electricity	万千瓦	10 000 kW	1915.59
烧 碱	Caustic Soda	万 吨	10 000 tons	97.75
初级形态塑料	Primary Plastic	万 吨	10 000 tons	430.30
化学纤维	Chemical Fiber	万 吨	10 000 tons	10.20
水 泥	Cement	万 吨	10 000 tons	1293.12
平板玻璃	Plate Glass	万重量箱	10 000 weight cases	4016.00
生 铁	Pig Iron	万 吨	10 000 tons	1828.32
粗 钢	Crude Steel	万 吨	10 000 tons	1850.00
钢 材	Rolled Steel	万 吨	10 000 tons	7982.50
金属切削机床	Metal-cutting Machines	万 台	10 000 units	0.25
汽 车	Motor Vehicles	万 辆	10 000 units	112.65
# 乘用车	Passenger Cars	万 辆	10 000 units	112.50
# 新能源乘用车	New Energy Passenger Cars	万 辆	10 000 units	10.50
太阳能电池	Solar Cell	万千瓦	10 000 kW	109.35
房间空气调节器	Air Conditioners	万 台	10 000 units	250.00
2022年	**Year of 2022**			
天然原油	Crude Petroleum Oil	万 吨	10 000 tons	3924.98
发电量	Electricity	万千瓦	10 000 kW	1923.50
烧 碱	Caustic Soda	万 吨	10 000 tons	121.50
初级形态塑料	Primary Plastic	万 吨	10 000 tons	499.38
化学纤维	Chemical Fiber	万 吨	10 000 tons	10.21
水 泥	Cement	万 吨	10 000 tons	1343.10
平板玻璃	Plate Glass	万重量箱	10 000 weight cases	4024.00
生 铁	Pig Iron	万 吨	10 000 tons	1740.80
粗 钢	Crude Steel	万 吨	10 000 tons	1562.50
钢 材	Rolled Steel	万 吨	10 000 tons	7888.98
金属切削机床	Metal-cutting Machines	万 台	10 000 units	0.27
汽 车	Motor Vehicles	万 辆	10 000 units	105.00
# 乘用车	Passenger Cars	万 辆	10 000 units	105.00
# 新能源乘用车	New Energy Passenger Cars	万 辆	10 000 units	13.00
太阳能电池	Solar Cell	万千瓦	10 000 kW	28.63
房间空气调节器	Air Conditioners	万 台	10 000 units	275.00

主要统计指标解释

规模以上工业法人单位

指年主营业务收入 2000 万元及以上的工业法人单位。法人单位按照统计上相关单位划分规定标准进行界定。

大、中、小、微型企业

根据国家统计局制定的《统计上大中小微型企业划分办法（2017）》，以从业人员和营业收入两项指标为依据，将工业企业划分为大、中、小、微型。划分标准如下：

指标名称	计量单位	大型	中型	小型	微型
从业人员(X)	人	X≥1000	300≤X＜1000	20≤X＜300	X＜20
营业收入(Y)	万元	Y≥40000	2000≤Y＜40000	300≤Y＜2000	Y＜300

工业战略性新兴产业

战略性新兴产业是以重大技术突破和重大发展需求为基础，对经济社会全局和长远发展具有重大引领带动作用，知识技术密集、物质资源消耗少、成长潜力大、综合效益好的产业。根据《战略性新兴产业分类（2018）》，战略性新兴产业包括：新一代信息技术产业、高端装备制造产业、新材料产业、生物产业、新能源汽车产业、新能源产业、节能环保产业、数字创意产业、相关服务业等 9 大领域。第 9 领域“相关服务业”中没有工业行业，故工业战略性新兴产业包含前 8 大领域。

高技术产业（制造业）

指国民经济行业中 R&D 投入强度(即 R&D 经费支出占主营业务收入的比重）相对较高的制造业行业。根据《高技术产业（制造业）分类（2017）》，具体包括：医药制造，航空、航天器及设备制造业，电子及通信设备制造业，计算机及办公设备制造业，医疗仪器设备及仪器仪表制造业，信息化学品制造业等 6 大类。

装备制造业

为全国统一标准。包括制造业中 8 个行业大类，具体为：金属制品业，通用设备制造业，专用设备制造业，汽车制造业，电气机械及器材制造业，铁路船舶航空航天和其他运输设备制造业，计算机通信和其他电子设备制造业，仪器仪表制造业等。

消费品制造业

为全国统一标准。包括制造业中 13 个行业大类，具体为：农副食品加工业，食品制造业，酒、饮料和精制茶制造业，烟草制品业，纺织业，纺织服装、服饰业，皮革、毛皮、羽毛及其制品业和制鞋业，家具制造业，造纸及纸制品业，印刷和记录媒介复制业，文教、工美、体育和娱乐用品制造业，医药制造业，化学纤维制造业。

资产总计

指企业过去的交易或者事项形成的、由企业拥有或者控制的、预期会给企业带来经济利益的资源。资产一般按流动性（资产的变现或耗用时间长短）分为流动资产和非流动资产。其中流动资产可分为货币资金、交易性金融资产、应收票据、应收账款、预付款项、其他应收款、存货等；非流动资产可分为长期股权投资、固定资产、无形资产及其他非流动资产等。

流动资产合计 资产满足以下条件之一应归为流动资产：（1）预计在一个正常营业周期中变现、出售或耗用，主要包括存货、应收账款等；（2）主要为交易目的而持有；（3）预计在资产负债表日起一年内（含一年）变现；（4）自资产负债日起一年内，交换其他资产或清偿负债的能力不受限制的现金或现金等价物。包括货币资金、应收票据、应收账款、存货等项目。

负债合计

指企业过去的交易或者事项形成的，预期会导致经济利益流出企业的现时义务。包括银行贷款、借款、应付账款、应付职工工资、应付职工福利费、应交税金等企业负有偿还责任的债务。负债一般按偿还期长短分为流动负债和非流动负债。

执行企业会计准则或《小企业会计准则》的企业：负债合计=流动负债合计+非流动负债合计；执行其他企业会计制度的企业负债包括流动负债和长期负债。

营业收入

指企业从事销售商品、提供劳务和让渡资产使用权等生产经营活动形成的经济利益流入。

营业成本

指企业从事销售商品、提供劳务和让渡资产使用权等生产经营活动发生的实际成本。

税金及附加

指企业因从事生产经营活动按税法规定应缴纳的消费税、城市维护建设税、资源税、环境保护税、教育费附加、房产税、城镇土地使用税、车船税、印花税等相关税费。

利润总额

指企业在一定会计期间的经营成果，是生产经营过程中各种收入扣除各种耗费后的盈余，反映企业在报告期内实现的盈亏总额。利润总额为营业利润加上营业外收入，减去营业外支出后的金额。

利税总额

指利润总额、税金及附加及本期应交增值税之和。

应交增值税

指按照税法规定，以销售货物、服务、无形资产、不动产或提供加工、修理修配劳务的增值额和货物进口金额为计税依据而课征的一种流转税。应按权责发生制核算企业本期应负担的增值税，有两种计算方法，可选其一，一旦确定，原则上不得更改：

方法一：应交增值税（本期累计发生额）=销项税额-（进项税额-进项税额转出）-出口抵减内销产品应纳税额-减免税款+出口退税+简易计税

方法二：根据本期《增值税纳税申报表（一般纳税人适用）》主表，各期附表 4“税额抵减情况表”按照下述公式计算填报：

应交增值税（本期累计发生额）=销项税额-（进项税额-进项税额转出-免、抵、退应退税额）+简易计税办法计算的应纳税额+按简易计税办法计算的纳税检查应补缴税额-应纳税额减征额-加计抵减额

进项税额　指企业在报告期内购入货物或接受应税劳务而支付的、准予从销项税额中抵扣的增值税额。

销项税额　指企业在报告期内销售货物或提供应税劳务应收取的增值税额。

应收账款

指资产负债表日以摊余成本计量的、企业因销售商品、提供服务等经营活动应收取的款项。

平均用工人数

指报告期企业平均实际拥有的、参与本企业生产经营活动的人员数。

产销率

反映工业产品已实现销售的程度，是分析工业产销衔接情况，研究工业产品满足社会需求的指标。计算公式为：

$$\text{产品销售率}(\%)=\frac{\text{工业销售产值}}{\text{工业总产值（现价）}}\times 100\%$$

总资产贡献率

反映企业全部资产的获利能力，是企业经营业绩和管理水平的集中体现，是评价和考核企业盈利能力的核心指标。计算公式为：

$$\text{总资产贡献率}(\%)=\frac{\text{利润总额}+\text{税金总额}+(\text{利息费用}-\text{利息收入})}{\text{资产总额}}\times 100\%$$

公式中：税金总额为税金及附加与应交增值税之和

资产负债率

该指标既反映企业经营风险的大小，也反映企业利用债权人提供的资金从事经营活动的能力。计算公式为：

$$\text{资产负债率}(\%)=\frac{\text{负债总额}}{\text{资产总额}}\times 100\%$$

流动资产周转率

指一定时期内流动资产完成的周转次数，反映投入工业企业流动资金的周转速度。计算公式为：

$$\text{流动资产周转次数}=\frac{\text{营业收入}}{\text{全部流动资产平均余额}}$$

公式中：全部流动资产平均余额为期初和期末的流动资产之和的算术平均值。

营业收入利润率

该指标是评价企业经营效益的主要指标，反映企业业务的获利能力。计算公式为：

$$\text{营业收入利润率}(\%)=\frac{\text{利润总额}}{\text{营业收入}}\times 100\%$$

成本费用利润率

反映企业投入的生产成本及费用的经济效益，同时也反映企业降低成本所取得的经济效益。计算公式为：

$$\text{成本费用利润率}(\%)=\frac{\text{利润总额}}{\text{成本费用总额}}\times 100\%$$

公式中：成本费用总额为营业成本、销售费用、管理费用、财务费用和研发费用之和。

Explanatory Notes on Main Statistical Indicators

Industrial Legal Entities above Designated Size

refer to industrial legal entities as legal person with annual business revenue of over 20 million yuan. Legal entities adopt statistical relevant entities dividing standards.

Large, Medium, Small, Mini-sized Enterprises

Industrial enterprises are classified into large, medium, small, mini-sized enterprises according to employment personnel and business revenue in accordance with the regulation of Classification of Large, Medium, Small, Mini-sized Enterprises on Statistics in 2017. The standard of classification as following:

Indicator	*Unit*	*Large-sized*	*Medium-sized*	*Small-sized*	*Mini-sized*
Employment Personnel(X)	*person*	*X≥1 000*	*300≤X <1 000*	*20≤X<300*	*X<20*
Business Revenue(Y)	*10 000 yuan*	*Y≥40 000*	*2 000≤Y <40 000*	*300≤Y <2 000*	*Y<300*

Industrial Strategic Emerging Industry

refers to industry based on major technological breakthroughs and development needs, promoting long-term development of the economy and society. The industry has the characteristics of intensive knowledge and technology, less consumption of material resources, great potential of growth, good overall efficiency. The industry include new generation of information technology industry, high-end equipment manufacturing industry, new material industry, biotechnology industry, new energy powered automobile industry, new energy industry, energy conservation industry, digital creative industry and relevant services. Because relevant services excluding industry, industrial strategic emerging industry includes the first eight fields.

Hightech Industry (Manufacturing)

refers to the manufacturing with relatively high R&D input strength (the proportion of R&D expenses to the revenue from principal business) in the national economic industry. According to The Classification of Hightech Industry (Manufacturing) (2017), specific include: manufacture of medicines, manufacture of aviation, spacecraft and equipment, manufacture of electronic and communication equipment, manufacture of computer and office equipment, manufacture of medical instrument and equipment and measuring instrument, and manufacture of information chemicals.

Equipment Manufacturing

refers to the 8 major categories in the manufacturing sector, specific include: manufacture of metal products, manufacture of general purpose machinery, manufacture of special purpose machinery, manufacture of motorcar, manufacture of electrical machinery and equipment, manufacture of railway, watercraft, aerospace and other transport equipment, manufacture of computers, communication and other electronic equipment, and manufacture of measuring instruments.

Manufacture of Consumption Goods

refers to the 13 major categories in the manufacturing sector, specific include: processing of food from agricultural products, manufacture of food, manufacture of alcohol, beverages and refined tea, manufacture of tobacco, manufacture of textile, manufacture of textile wearing and apparel, manufacture of leather, fur, feather and related products, footwear, manufacture of furniture, manufacture of paper and paper products, printing, reproduction of recording media, manufacture of articles for culture, education and industrial arts, sport activity, amusement manufacturing, manufacture of medicines, manufacture of chemical fibers.

Total Assets

refer to all resources formed by transaction or other activities, which are owned or controlled by enterprises and expected to bring economic benefits to the enterprises. Classified by the degree of liquidity (the time of assets to be liquidated or consumed), total assets include working capitals and immovable assets. Working capitals can be classified into monetary assets, trading financial assets, notes receivable, accounts receivable, advanced payments, other prepaid money and inventories. Immovable assets can be divided into long-term equity investment, fixed assets, intangible assets and other immovable assets.

Current Assets

the assets should be classified into current assets if meeting one of the following conditions: (1) expected to be liquidated, sold or consumed in one normal operating cycle, mainly including inventory, account receivable, etc.; (2) owned for transaction purpose; (3) expected to be liquidated in one year (including one year) since balance sheet date; (4) cash or cash equivalent without limited ability of exchanging other assets or paying debts in one year from balance sheet date, including monetary funds, note receivable, accounts receivable, inventory and other items.

Total Liabilities

refer to payable liabilities of enterprises that accumulated from previous trades or transactions with expectation of economic profits leaking out, include bank loans, borrowings, accounts payable, employee wages payable, employee welfare fees payable, taxes payable and debts for which the enterprise is responsible. In terms of payment, it can be divided into current liabilities and non-current liabilities.

The enterprises which implement "Enterprise Accounting Standards" or "Small Enterprise Accounting Standards", *Total Liabilities = Total current liabilities + Total non-current liabilities*; The Liabilities of the enterprises which implement other enterprise accounting system include current liabilities and long-term liabilities.

Business Revenue

refers to total revenues recognized by selling goods, rendering labor services, alienating right to use assets, and other business of enterprises.

Business Cost

refers to total costs recognized by selling goods, rendering labor services, alienating right to use assets, and other business of enterprises.

Business Tax and Surcharges

refer to the tax and charges by enterprises in accordance with the tax law for the production and operation activities, including consumption tax, city maintenance and construction tax, resources tax, environmental protection tax, the additional cost of education, property tax, urban land use tax, vehicle and vessel use tax, stamp tax and etc.

Total Profits

refer to the business results of enterprises in certain accounting period, that is the profits gained from the revenues after deducting the costs, which means the final achievements in the reference period. Total profits equals to business profit add non-business revenue and minus non-business expenditures.

Total Pre-tax Profits

refers to the sum of the total profits, business tax and surcharges, and the value added tax payable of industrial enterprises.

Value-added Tax Payable

refers to a kind of turnover tax with added value and import value of goods in selling of goods, services, intangible assets, real estate, or providing processing, repairing, and replacement services as the tax basis according to tax law. The value-added tax that the enterprise should bear in the current period should be calculated according to the accrual basis. There are two calculation methods, which cannot be changed in principle after selecting one:

(1) *Value-added Tax Payable (The Accumulated Amount for the Period) =Tax on Sales – (Tax on Purchase –Transferred Tax on Purchase)-Exports Deduct Tax Payable on Domestic Sales-Tax Relief + The Export Tax Rebate + Simple Tax Calculation*

(2) Completing the calculation according to the main table of the <VAT payment return (general taxpayer application)> at the current period and the 'Table of tax credits' in the fourth schedule of each period:

Value-added Tax Payable (The Accumulated Amount for the Period) =Tax on Sales – (Tax on Purchase –Transferred Tax on Purchase – Refundable Tax for Tax Exemption, Offset and Refund of Goods) + Tax Payable under a Simplified Method + Overdue Tax Payable after Tax Inspection under a Simplified Method – Tax Reduction Amount of Tax Payable – Weighted Deduction

Tax on Purchase refers to the value-added tax payable by ent erprises that purchase goods or receiving taxable services during the reference period and this part of the tax is allowed to be ded ucted from the tax on sales.

Tax on Sales refers to the value-added tax chargeable by enterprises that sell goods or provide taxable services during the reference period.

Accounts Receivable

refer to obligatory right of enterprises formed from selling of goods, providing services and other business activities. Including payment for goods to customers, value-added tax, freight and miscellaneous expenses advanced for customers and etc.

Annual Average Employees

refer to the average number of persons engaged in the enterprise production and operation activities in this period, which are actually owned by the enterprise.

Proportion of Products Sold

reflects the actual sale of industrial products, analyzing the production-selling and supply-demand relations. It is calculated as:

$$\text{Proportion of Products Sold (\%)} = \frac{\text{Value of Industrial Sales}}{\text{Gross Industrial Output Value (Current Prices)}} \times 100\%$$

Ratio of Total Assets to Industrial Output Value

reflects the profit-making capability of all assets of the enterprise and is a key indicator manifesting the performance and management and evaluating the profit-making potential of the enterprise. It is calculated as follows:

$$\text{Ratio of Total Assets to Industrial Output Value (\%)} = \frac{\text{Total Pre-tax Profits} + \text{Total Taxes} + \text{(Interest Expenses-Interest Income)}}{\text{Total Assets}} \times 100\%$$

In the above formula, total taxes is the sum of business tax and surcharges and value-added tax payable.

Ratio of Liabilities to Assets

reflects both the operation risk and the capability of the enterprise in making use of the capital from the creditors. It is calculated as follows:

$$\text{Ratio of Liabilities to Assets } (\%) = \frac{\text{Total Liabilities}}{\text{Total Assets}} \times 100\%$$

Turnover of Current Assets

refers to the number of times of turnover of current assets in a given period of time, which reflects the speed of the turnover of current assets of industrial enterprises, and is calculated as follows:

$$\text{Turnover of Current Assets} = \frac{\text{Business Revenue}}{\text{Average Balance of Total Current Assets}}$$

In the above formula, average balance of total current assets refers to the arithmetic mean of the sum of circulating funds at the beginning and at the end of the reference period.

Ratio of Profits to Business Revenue

is the main index to evaluate the operating efficiency and reflects the profitability of the enterprise business. It is calculated as follows:

$$\text{Ratio of Profits to Business Revenue } (\%) = \frac{\text{Total Profits}}{\text{Business Revenue}} \times 100\%$$

Ratio of Profits to Costs

reflects economic benefits of production costs and expenses by the enterprise, also reflects economic benefits from reducing costs and is calculated as follows:

$$\text{Ratio of Profits to Costs } (\%) = \frac{\text{Total Profits}}{\text{Total Costs}} \times 100\%$$

Total Costs in the above formula is the sum of cost of products sold, marketing cost, management cost, financial cost, and development expenditure.

第十四篇 建筑业

Chapter 14 Construction

14-1 建筑企业基本情况
Basic Statistics on Construction Enterprises

年 份 Year	企业个数(个) Number of Enterprises (unit)	从事建筑业活动的平均人数(万人) Average Number of People Engaged in Construction Activities (10 000 persons)	建筑业总产值(亿元) Gross Output Value of Construction (100 million yuan)	房屋建筑施工面积(万平方米) Floor Space of Building under Construction (10 000 sq.m)	房屋建筑竣工面积(万平方米) Floor Space of Building Completed (10 000 sq.m)	# 住 宅 Residential Buildings
1978	45	16.71	8.78			
1980	77	21.40	11.64	693.43	332.80	
1985	88	21.76	26.17	1040.02	505.50	
1990	82	18.71	31.70	675.46	333.60	
1995	693	31.53	165.67	1604.10	640.25	328.40
2000	456	27.44	238.10	2253.99	1056.40	658.85
2001	420	25.96	288.68	2140.04	924.92	562.40
2002	925	34.56	406.16	2817.84	1332.10	726.87
2003	900	35.55	520.84	3395.94	1465.75	797.72
2004	1155	38.27	655.20	3547.76	1644.90	758.00
2005	1108	39.10	754.37	3940.56	1484.38	728.58
2006	1103	38.57	983.93	4555.08	1735.58	815.52
2007	1113	45.34	1221.94	5447.39	2101.38	1020.12
2008	1362	49.62	1453.79	5947.56	1643.66	687.62
2009	1371	59.31	1911.48	6572.69	2240.10	1010.85
2010	1448	65.47	2424.49	7564.29	2419.16	1168.62
2011	1494	65.38	2986.45	10058.78	2637.65	1352.95
2012	1648	49.75	3258.57	12484.91	2876.70	1526.04
2013	1731	82.01	3694.44	13000.83	3635.57	2196.16
2014	1774	91.20	4123.49	14158.77	3232.02	1864.61
2015	1774	90.64	4488.90	15644.62	3547.24	1981.99
2016	1740	99.36	4891.81	17036.16	3428.73	2228.32
2017	1840	95.45	4262.35	15081.16	3243.67	2144.16
2018	1991	96.24	3791.10	13379.88	2119.64	1363.55
2019	1964	97.25	4096.50	15616.89	2371.70	1404.52
2020	2208	112.13	4388.17	15234.45	2453.39	1651.40
2021	2559	88.51	4653.05	18022.62	2189.78	1328.06
2022	2719	81.70	4751.30	18808.39	2721.95	1617.20

14-2 建筑企业主要经济效益指标

Main Indicators of Economic Benefit of Construction Enterprises

年 份 Year	全员劳动生产率 (万元/人) All-personnel Labour Productivity (10 000 yuan/person)	平均每一从业人员竣工面积(平方米) Floor Space of Building Completed per Employment Personnel (sq.m)	产值利润率 (%) Ratio of Profit to Gross Output Value (%)	产值利税率 (%) Ratio of Pre-tax Profit to Gross Output Value (%)	按面积计算竣工率 (%) Percentage of Building Completed in Terms of Floor Space(%)
1980	0.56	16.1	7.0	7.5	48.0
1985	1.06	20.5	7.0	7.8	48.6
1990	1.59	16.7	-0.3	2.7	49.4
1995	5.25	19.6	0.6	3.4	39.9
2000	8.68	38.5	1.1	4.0	46.9
2001	11.12	35.6	1.3	4.2	43.2
2002	11.75	38.5	1.8	4.7	47.3
2003	14.65	41.2	1.9	4.8	43.2
2004	17.12	43.0	1.9	4.9	46.4
2005	19.29	38.0	2.3	5.3	37.7
2006	25.51	45.0	2.6	5.8	38.1
2007	26.95	46.3	3.1	6.3	38.6
2008	29.30	33.1	3.3	6.5	27.6
2009	32.23	37.8	2.8	6.0	34.1
2010	37.03	36.9	2.7	6.0	32.0
2011	45.68	40.3	2.7	5.8	26.2
2012	65.49	57.8	2.9	6.0	23.0
2013	45.05	44.3	3.9	7.1	28.0
2014	45.22	35.4	3.9	6.9	22.8
2015	49.53	39.1	3.6	6.3	22.7
2016	49.23	34.5	2.0	4.0	20.1
2017	44.65	34.0	1.7	3.5	21.5
2018	39.39	22.0	2.3	4.0	15.8
2019	42.12	24.4	2.6	4.3	15.2
2020	39.13	21.9	1.6	3.7	16.1
2021	52.57	24.7	1.8	3.7	12.2
2022	58.16	33.3	2.2	4.2	14.5

14-3 按登记注册类型和控股情况分建筑企业基本情况

Basic Statistics on Construction Enterprises by Registered Status and Holding Types

项目 Item	企业个数（个）Number of Enterprises (unit)		从事建筑业活动的平均人数(万人) Average Number of People Engaged in Construction Activities (10 000 persons)		建筑业总产值（亿元）Gross Output Value of Construction (100 million yuan)	
	2021	2022	2021	2022	2021	2022
总计 Total	**2559**	**2719**	**88.51**	**81.70**	**4653.05**	**4751.30**
按登记注册类型分 Grouped by Registered Status						
内资企业 Domestic-funded Enterprises	2548	2705	88.38	81.54	4642.46	4740.12
国有 State-owned Enterprises	26	28	0.67	1.77	33.09	464.15
集体 Collective-owned Enterprises	18	12	0.29	0.16	14.65	5.42
股份合作 Cooperative Enterprises	7	5	0.03	0.02	1.28	0.71
私营企业 Private Enterprises	1804	1986	32.95	31.67	785.32	770.29
股份有限公司 Share-holding Corporations Ltd.	55	54	2.03	1.51	127.75	169.05
有限责任公司 Limited Liability Corporations	632	614	52.39	46.38	3679.68	3328.52
#国有独资 Sole State-funded Corporations	49	49	10.92	6.20	1099.94	467.65
联营企业 Joint Ownership Enterprises	1	2		0.01	0.02	0.24
其他 Others	5	4	0.03	0.03	0.68	1.75
港澳台商投资企业 Enterprises with Investment from Hong Kong, Macao and Taiwan	5	7	0.04	0.08	2.52	2.97
外商投资企业 Foreign Funded Enterprises	6	7	0.09	0.08	8.07	8.21
按企业控股情况分 Grouped by Company Holding Types						
国有控股 State-holding Enterprises	223	230	39.52	38.19	3328.40	3589.96
集体控股 Collective-holding Enterprises	59	55	1.90	1.64	94.18	83.62
私人控股 Private-holding Enterprises	2210	2424	43.22	41.44	1061.36	1045.97
港澳台商控股 Hong Kong, Macao and Taiwan Holding Enterprises	4	3	0.10	0.02	2.60	0.76
外商控股 Foreign Funded Holding Enterprises	3	5	0.05	0.07	7.65	8.01
其他 Others	60	2	3.71	0.34	158.85	22.99

14-3续表 *Continued*

项　目　Item	竣工产值（亿元）Gross Output Value Completed (100 million yuan)		房屋建筑施工面积（万平方米）Floor Space of Building under Construction (10 000 sq.m)		房屋建筑竣工面积（万平方米）Floor Space of Building Completed (10 000 sq.m)		# 住　宅 Residential Buildings	
	2021	2022	2021	2022	2021	2022	2021	2022
总　计 Total	**1519.95**	**1611.13**	**18022.62**	**18808.39**	**2189.78**	**2721.95**	**1328.06**	**1617.20**
按登记注册类型分 Grouped by Registered Status								
内资企业 Domestic-funded Enterprises	1518.26	1609.32	18022.62	18808.39	2189.78	2721.95	1328.06	1617.20
国　有 State-owned Enterprises	14.08	34.00	51.70	77.49	1.25	0.61		
集　体 Collective-owned Enterprises	3.13	0.83	7.30	0.12	7.30	0.12		
股份合作 Cooperative Enterprises	0.25	0.26	0.92	0.92				
私营企业 Private Enterprises	203.93	233.37	1980.87	2315.63	428.41	763.56	232.04	398.56
股份有限公司 Share-holding Corporations Ltd.	73.71	55.82	94.76	77.10	7.88	31.19	1.26	22.93
有限责任公司 Limited Liability Corporations	1222.88	1284.54	15887.07	16331.50	1744.94	1921.61	1094.76	1195.64
# 国有独资 Sole State-funded Corporations	124.89	128.20	3176.06	1476.96	92.47	188.35	53.27	46.24
联营企业 Joint Ownership Enterprises								
其　他 Others	0.28	0.52		5.63		4.86		0.06
港澳台商投资企业 Enterprises with Investment from Hong Kong, Macao and Taiwan	0.06	1.23						
外商投资企业 Foreign Funded Enterprises	1.63	0.57						
按企业控股情况分 Grouped by Company Holding Types								
国有控股 State-holding Enterprises	1076.03	1171.42	13682.93	13887.40	1336.41	1401.63	914.14	860.38
集体控股 Collective-holding Enterprises	48.47	73.43	213.88	561.52	53.52	142.31	13.69	69.74
私人控股 Private Holding Enterprises	296.33	353.84	2425.09	3832.72	599.42	1140.11	323.07	667.12
港澳台商控股 Hong Kong, Macao and Taiwan Holding Enterprises	0.06	0.06						
外商控股 Foreign Funded Holding Enterprises	1.55	0.56						
其　他 Others	97.51	11.82	1700.72	526.75	200.43	37.91	77.16	19.97

14-4 按行业和资质等级分建筑企业基本情况

Basic Statistics on Construction Enterprises by Sector and Qualification Grade

项　目　Item	企业个数（个）Number of Enterprises (unit)		从事建筑业活动的平均人数(万人) Average Number of People Engaged in Construction Activities (10 000 persons)		建筑业总产值（亿元）Gross Output Value of Construction (100 million yuan)	
	2021	2022	2021	2022	2021	2022
按行业类别分						
Grouped by Sector						
房屋建筑业						
House Building	691	761	33.46	30.01	1588.09	1538.54
土木工程建筑业						
Civil Engineering	751	775	35.28	34.87	2422.53	2633.04
建筑安装业						
Building Installation	563	587	9.30	8.15	370.41	363.29
建筑装饰、装修和其他建筑业						
Building Decoration and Other Construction	554	596	10.47	8.67	272.02	216.44
按资质等级分						
Grouped by Qualification Grade						
施工总承包						
General Contractor	923	933	51.22	47.64	3827.41	3928.89
特　级						
Super Grade	14	17	20.06	21.40	2053.76	2371.43
一　级						
First Grade	133	126	23.07	18.05	1328.91	1107.97
二　级						
Second Grade	193	187	3.23	3.52	181.15	180.92
三级及以下						
Third Grade and Below	583	603	4.86	4.67	263.60	268.57
专业承包						
Specialized Contractor	1636	1786	37.29	34.06	825.63	822.42
一　级						
First Grade	213	228	4.52	4.11	272.11	294.77
二　级						
Second Grade	816	963	12.66	13.20	273.31	282.86
三级及以下						
Third Grade and Below	607	595	20.10	16.76	280.21	244.79

14-4续表 *Continued*

项　目　Item	竣工产值（亿元）Gross Output Value Completed (100 million yuan)		房屋建筑施工面积（万平方米）Floor Space of Building under Construction (10 000 sq.m)		房屋建筑竣工面积（万平方米）Floor Space of Building Completed (10 000 sq.m)		#住　宅 Residential Buildings	
	2021	2022	2021	2022	2021	2022	2021	2022
按行业类别分								
Grouped by Sector								
房屋建筑业								
House Building	701.32	803.06	13891.47	14249.21	1708.41	2194.01	1024.66	1404.18
土木工程建筑业								
Civil Engineering	599.07	631.76	3804.21	4265.61	308.27	420.79	170.35	184.59
建筑安装业								
Building Installation	144.44	129.47	202.86	177.94	116.95	88.26	89.45	22.75
建筑装饰、装修和其他建筑业								
Building Decoration and Other Construction	75.11	46.83	124.08	115.63	56.15	18.89	43.60	5.68
按资质等级分								
Grouped by Qualification Grade								
施工总承包								
General Contractor	1262.33	1416.57	16959.48	17421.55	1912.54	2264.30	1161.80	1396.62
特　级								
Super Grade	633.86	736.99	8699.52	10186.00	928.25	822.70	605.97	471.70
一　级								
First Grade	486.33	551.66	7676.34	6620.17	823.09	1229.01	523.46	879.17
二　级								
Second Grade	67.03	57.71	466.24	426.39	99.34	79.34	21.50	18.77
三级及以下								
Third Grade and Below	75.11	70.22	117.37	188.98	61.86	133.25	10.87	26.97
专业承包								
Specialized Contractor	257.62	194.56	1063.14	1386.85	277.24	457.65	166.26	220.58
一　级								
First Grade	120.03	85.73	177.51	151.50	121.20	54.08	87.15	12.87
二　级								
Second Grade	73.12	60.83	393.30	465.51	61.75	187.10	18.10	69.41
三级及以下								
Third Grade and Below	64.47	47.99	492.33	769.83	94.28	216.47	61.01	138.30

14-5 建筑企业主要财务指标(2022年)
Main Financial Indicators of Construction Enterprises,2022

单位：亿元(100 million yuan)

指　　标	Item	全市总计 Total	# 国有控股 State-holding	# 集体控股 Collective-holding
期末资产负债	**Assets and Liabilities at Year-end**			
流动资产合计	Total Current Assets	7130.33	5034.85	197.93
固定资产原价	Original Value of Fixed Assets	753.54	595.91	15.78
累计折旧	Accumulative Depreciation	456.42	375.83	8.40
在建工程	Projects under Construction	38.63	22.69	0.09
资产总计	Total Assets	9023.29	6719.89	221.36
流动负债合计	Total Current Liabilities	6635.43	5013.92	166.07
负债合计	Total Liabilities	7081.46	5385.52	167.48
所有者权益合计	Total Owner's Equity	1941.83	1334.37	53.89
损益及分配	**Profit, Loss and Distribution**			
主营业务收入	Revenue of Principal Business	5096.20	3829.13	112.92
主营业务成本	Costs of Principal Business	4658.99	3512.48	102.45
税金及附加	Tax and Extra Charges	17.51	11.47	0.44
# 主营业务税金及附加	Taxes & Extra Charges of Principal Business	12.45	7.19	0.38
其他业务利润	Other Profits from Business	8.19	6.90	0.17
销售费用	Selling Expenses	17.84	5.22	0.69
管理费用	Management Expenses	167.42	83.90	7.03
财务费用	Financial Expenses	30.47	21.09	0.04
利润总额	Total Profits	103.39	90.26	2.43
所得税费用	Income Taxes Expenses	14.86	10.70	0.67
应交增值税	Value-added Tax Payable	77.00	39.97	2.22
人工成本	**Wage and Welfare Expenses**			
应付职工薪酬	Total Remuneration Payable	474.97	249.16	14.38

14-5续表 *Continued*

单位：亿元(100 million yuan)

指　标	Item	# 私人控股 Private-holding	# 港澳台商控股 Hong Kong, Macao and Taiwan Holding	# 外商控股 Foreign Funded Holding
期末资产负债	**Assets and Liabilities at Year-end**			
流动资产合计	Total Current Assets	1800.34	2.98	11.13
固定资产原价	Original Value of Fixed Assets	140.50	0.65	0.58
累计折旧	Accumulative Depreciation	71.10	0.54	0.44
在建工程	Projects under Construction	15.85		
资产总计	Total Assets	1982.04	3.12	12.08
流动负债合计	Total Current Liabilities	1368.00	2.63	6.94
负债合计	Total Liabilities	1440.86	2.63	7.01
所有者权益合计	Total Owner's Equity	541.18	0.49	5.06
损益及分配	**Profit, Loss and Distribution**			
主营业务收入	Revenue of Principal Business	1116.91	1.08	9.04
主营业务成本	Costs of Principal Business	1010.73	0.95	6.93
税金及附加	Tax and Extra Charges	5.52		0.05
# 主营业务税金及附加	Taxes & Extra Charges of Principal Business	4.78		0.05
其他业务利润	Other Profits from Business	1.10		0.02
销售费用	Selling Expenses	11.62	0.02	0.29
管理费用	Management Expenses	74.98	0.17	0.80
财务费用	Financial Expenses	8.95		0.06
利润总额	Total Profits	9.82	-0.05	0.74
所得税费用	Income Taxes Expenses	3.40		0.11
应交增值税	Value-added Tax Payable	33.92	0.02	0.29
人工成本	**Wage and Welfare Expenses**			
应付职工薪酬	Total Remuneration Payable	208.86	0.28	1.33

14-6 建筑企业技术装备情况(2000—2022年)

Basic Statistics on Machinery and Equipment Owned by Construction Enterprises,2000-2022

年 份 Year	年末自有机械设备总台数(台) Number of Machinery and Equipment Owned (Year-end) (unit)	年末自有机械设备总功率(万千瓦) Total Capacity of Machinery and Equipment Owned (Year-end) (10 000 kW)	年末自有机械设备净值(亿元) Net Value of Machinery and Equipment Owned (Year-end) (100 million yuan)	全部职工技术装备率(元/人) Value of Machines per Labour (yuan/person)	全部职工动力装备率(千瓦/人) Power of Machines per Labour (kW/person)
2000	75579	157.27	21.77	10714	7.74
2001	71514	168.83	23.15	12881	9.39
2002	107138	221.56	52.98	19423	8.12
2003	105861	227.81	58.20	24203	9.47
2004	99495	258.80	62.28	27354	11.37
2005	100040	246.33	69.50	26064	9.24
2006	97767	297.62	78.28	25420	9.66
2007	92060	293.46	85.48	24470	8.40
2008	101041	316.85	110.40	30390	8.72
2009	116658	440.64	172.22	41336	10.58
2010	128525	418.90	198.05	41373	8.75
2011	118402	391.62	186.48	57483	12.07
2012	110896	502.04	294.22	91016	15.53
2013	114250	438.28	173.41	21146	5.34
2014	115392	442.66	175.14	21356	5.40
2015	142866	478.62	213.54	23559	5.28
2016	102699	521.86	308.79	31292	5.29
2017	100466	485.61	182.64	30620	8.14
2018	81618	482.35	180.31	28009	7.49
2019	79374	408.77	122.35	15090	5.04
2020	66474	360.59	87.09	13143	5.44
2021	62456	657.70	144.15	24903	11.36
2022	57189	258.20	129.82	24802	4.93

14-7 建筑企业经济效益指标(2022年)
Economic Benefit Indicators of Construction Enterprises,2022

指标 Item	全市 Total	#国有控股 State-holding	#地方 Local
全员劳动生产率(万元/人) All-personnel Labour Productivity (10 000 yuan/person)	58.16	94.00	55.00
房屋竣工率(%) Percentage of Buildings Completed (%)	14.47	10.09	15.82
平均每一从业人员竣工面积(平方米) Floor Space of Buildings Completed per Employment Personnel (sq.m)	33.32	36.70	24.64
每百元产值实现利税(元) Ratio of Pre-tax Profit to per 100 yuan Output Value (yuan)	4.17	3.95	4.86
百元产值占用流动资产(元) Ratio of Current Assets to per 100 yuan Output Value (yuan)	150.07	140.25	286.67

14-8 建筑企业房屋建筑完成情况
Building Construction of Construction Enterprises

单位：万平方米 (10 000 sq.m)

指标	Item	2021	2022
房屋建筑施工面积	**Floor Space of Buildings under Construction**	**18022.62**	**18808.39**
#本年新开工面积	New Floor Space of Buildings in Current Year	4580.40	3491.85
房屋建筑竣工面积	**Floor Space of Buildings Completed**	**2189.78**	**2721.95**
住宅房屋	Residential Buildings	1328.06	1617.20
商业及服务用房屋	Commercial and Service Buildings	132.62	250.52
办公用房	Office Buildings	31.70	82.27
科研、教育、医疗用房屋	Scientific Research, Education and Medical Buildings	166.18	168.95
文化、体育、娱乐用房屋	Cultural, Sports and Entertainment Buildings	23.22	8.71
厂房及建筑物	Factories and Buildings	372.50	412.94
仓库	Warehouse	34.98	31.65
其他	Others	100.53	149.71

主要统计指标解释

建筑业总产值

是以货币表现的建筑业企业在一定时期内生产的建筑业产品和服务的总和。建筑业总产值包括建筑工程产值、安装工程产值和其他产值三部分内容，不包括境外产值。

（1） 建筑工程产值：指列入建筑工程预算内的各种工程价值；

（2） 安装工程产值：指设备安装工程价值以及将预制部品部件安装成建筑工程产品的价值；

（3） 其他产值：建筑业总产值中除建筑工程、安装工程以外的产值。包括房屋构筑物修理产值、非标准设备制造产值、总包企业向分包企业收取的管理费以及不能明确划分的施工活动所完成的产值。

房屋施工面积

指在报告期内施工的全部房屋建筑面积，包括本期新开工的房屋建筑面积、上期跨入本期继续施工的房屋建筑面积、上期停缓建在本期恢复施工的房屋建筑面积、本期竣工的房屋建筑面积及本期施工后又停缓建的房屋建筑面积。多层建筑应填各层建筑面积之和。

房屋竣工面积

指在报告期内房屋建筑按照设计要求已全部完工，达到了住人和使用条件，经验收鉴定合格或达到竣工验收标准，可正式移交使用的各栋房屋建筑面积的总和。

Explanatory Notes on Main Statistical Indicators

Gross Output Value of Construction

refers to total Volume of construction products and services, expressed in monetary terms, completed by construction and installation enterprises during a given period of time. It includes output value of construction projects, installation projects and other output values, excludes foreign production values.

(1)Output value of construction projects, that is the value of projects covered by the project budgets;

(2)Output value of installation projects, those are the value of the installation of equipment and the value of installing prefabricated parts into construction engineering products.

(3)Other output values, that is the values excluding output value of construction projects and output value of installation projects, including output value of repair of buildings and structures, output value of manufactured non-standard equipment, management expenses received by head enterprises from subcontract enterprises and output value of construction activities completed but unclassified.

Floor Space of Buildings under Construction

refers to floor space of buildings under construction during the reference period, including newly started buildings, buildings started earlier and continued during the reference period, and buildings suspended earlier but restarted during the reference period, buildings completed during the reference period, and buildings under construction and then suspended during the reference period. A multistorey building should be calculated as the sum of each floor's area.

Floor Space of Buildings Completed

refers to the total floor space of buildings that are completed in the reference period in accordance with the requirements of the design, up to the standard for putting them into use, have been checked and accepted by concerned departments as qualified ones or reached the completed qualification standard, and can be transferred to use formally.

第十五篇 规模以上服务业

Chapter 15 Service Industry above Designated Size

15-1 战略性新兴产业(服务业)基本情况(2022年)
Basic Statistics of Strategic Emerging Industry (Service Industry),2022

指 标	Item	企业单位数(个) Number of Enterprises (unit)	营业收入 Business Revenue 2022比2021年增长(%) Increase Rate in 2022 over 2021 (%)	营业收入 Business Revenue 产业比重(%) Proportion (%)
全市总计	**Total**	**1128**	**-2.3**	**100.0**
按产业分	**Grouped by Industry**			
新一代信息技术产业	New Generation of Information Technology Industry	354	-9.2	41.5
高端装备制造业	High-end Equipment Manufacturing Industry	19	-10.1	1.6
新材料产业	New Material Industry	27	3.3	0.4
生物产业	Bio-industry	91	30.2	3.7
新能源汽车产业	New Energy Auto Industry	7	-30.4	0.2
新能源产业	New Energy Industry	25	2.3	1.0
节能环保产业	Energy Saving and Environmental Protection Industry	158	12.7	15.1
数字创意产业	Digital Creative Industry	267	-16.2	16.2
相关服务业	Related Service Industry	180	15.2	20.3

15-2 高技术产业(服务业)基本情况(2022年)
Basic Statistics of High Technology Industry (Service Industry),2022

指 标	Item	企业单位数(个) Number of Enterprises (unit)	营业收入 Business Revenue 2022比2021年增长(%) Increase Rate in 2022 over 2021 (%)	营业收入 Business Revenue 产业比重(%) Proportion (%)
全市总计	**Total**	**1155**	**1.7**	**100.0**
按产业分	**Grouped by Industry**			
信息服务	Information Services	416	-9.2	38.4
电子商务服务	E-commerce Services	53	-4.3	5.6
检验检测服务	Inspection and Testing Services	121	11.0	3.0
专业技术服务业的高技术服务	High-tech Service Industry of Special Technical Services	312	12.0	44.8
研发与设计服务	Research, Development and Design Sevices	101	7.9	5.0
科技成果转化服务	Science and Technology Achievements Transformation Services	103	19.0	2.4
知识产权及相关法律服务	Intellectual Property and Relevant Legal Services	18	-32.5	0.2
环境监测及治理服务	Environmental Monitoring and Treatment Services	31	12.9	0.6

15-3 规模以上服务业企业主要指标

Main Indicators of Service Enterprises above Designated Size

项　　目	Item	企业单位数(个) Number of Enterprises (unit)		期末用工人数(人) Number of Employees at Year-end (person)	
		2021	2022	2021	2022
全市总计	**Total**	**5281**	**5584**	**781776**	**832423**
按行业分	**Grouped by Sector**				
# 道路运输业	Highway Transport	491	493	66473	71547
水上运输业	Waterway Transport	95	102	9976	9932
航空运输业	Air Transport	34	44	8449	8327
管道运输业	Pipeline Transport	7	9	506	845
多式联运和运输代理业	Intermodality and Forwarding	741	852	20916	21734
装卸搬运和仓储业	Loading, Unloading and Storage	191	192	14924	14435
邮政业	Post Services	22	27	17321	19270
电信、广播电视和卫星传输服务	Telecommunication, Broadcast Television and Satellite Transmission Services	18	17	15198	14847
互联网和相关服务	Internet and Relative Services	145	140	19808	16337
软件和信息技术服务业	Software and Information Technology Services	309	305	76544	60362
物业管理(中类)	Property Management(middle class)	281	289	85147	85733
房地产中介服务(中类)	The Real Estate Intermediary Services(middle class)	75	68	12272	11401
房地产租赁经营(中类)	The Real Estate Leasing Operations(middle class)	254	295	9425	9126
租赁业	Leasing Services	129	165	5833	6194
商务服务业	Business Services	1104	1139	194343	260087
研究和试验发展	R&D	45	58	10605	12973
专业技术服务业	Special Technical Services	534	553	93411	90940
科技推广和应用服务业	Science and Technology Generalizing and Application Services	116	116	7107	6022
生态保护和环境治理业	Ecological Protection and Environmental Governance	14	15	1217	1408
公共设施管理业	Management for Public Facilities	69	59	18027	15653
土地管理业	Management for Land	12	11	770	823
居民服务业	Resident Services	33	35	2916	2890
机动车、电子产品和日用产品修理业	Motor Vehicle, Electronic Products and Household Products Repair Industry	44	52	1597	1532
其他服务业	Others	60	64	50344	51248
教　育	Education	55	57	11611	9590
卫　生	Health Care	109	126	15077	17213
新闻和出版业	News Publication	29	29	1830	1189
广播、电视、电影和录音制作业	Broadcast, TV, Movies, Video and Record Production Industry	131	127	3720	2498
文化艺术业	Culture and Art	30	24	1132	693
体　育	Sports	19	23	1428	1433
娱乐业	Recreational Services	62	69	1335	1999

15-3续表1 *Continued*

单位：亿元(100 million yuan)

项　　目	Item	资产总计 Total Assets		营业收入 Business Revenue	
		2021	2022	2021	2022
全 市 总 计	**Total**	**39022.89**	**44103.03**	**9536.77**	**10101.12**
按行业分	**Grouped by Sector**				
# 道路运输业	Highway Transport	6565.83	7304.68	1768.97	1916.90
水上运输业	Waterway Transport	1695.71	1804.58	266.07	250.02
航空运输业	Air Transport	554.75	526.42	92.22	71.82
管道运输业	Pipeline Transport	219.75	259.56	27.17	25.39
多式联运和运输代理业	Intermodality and Forwarding	362.18	378.54	1008.61	1090.23
装卸搬运和仓储业	Loading, Unloading and Storage	746.33	791.05	441.54	401.99
邮政业	Post Services	51.00	47.42	91.83	102.15
电信、广播电视和卫星传输服务	Telecommunication, Broadcast Television and Satellite Transmission Services	347.07	356.95	187.07	196.61
互联网和相关服务	Internet and Relative Services	976.38	972.53	747.36	632.23
软件和信息技术服务业	Software and Information Technology Services	1093.91	1104.03	597.26	476.29
物业管理(中类)	Property Management(middle class)	254.93	244.57	158.87	168.22
房地产中介服务(中类)	The Real Estate Intermediary Services(middle class)	60.40	53.75	75.82	50.17
房地产租赁经营(中类)	The Real Estate Leasing Operations(middle class)	5428.08	5639.82	157.01	189.22
租赁业	Leasing Services	963.98	842.28	112.09	127.77
商务服务业	Business Services	8069.90	14382.64	1647.58	2146.80
研究和试验发展	R&D	242.59	271.80	79.17	99.29
专业技术服务业	Special Technical Services	2324.31	2850.84	1359.46	1541.06
科技推广和应用服务业	Science and Technology Generalizing and Application Services	188.57	156.01	77.89	77.91
生态保护和环境治理业	Ecological Protection and Environmental Governance	35.15	306.53	10.65	21.61
公共设施管理业	Management for Public Facilities	5917.54	1619.81	137.01	78.56
土地管理业	Management for Land	1542.20	2652.50	37.37	24.93
居民服务业	Resident Services	21.84	23.26	18.77	17.23
机动车、电子产品和日用产品修理业	Motor Vehicle, Electronic Products and Household Products Repair Industry	14.23	13.71	16.08	11.25
其他服务业	Others	34.50	36.45	47.38	53.85
教　育	Education	50.45	47.16	76.90	30.99
卫　生	Health Care	54.20	77.68	68.91	91.82
新闻和出版业	News Publication	65.02	70.36	17.37	16.75
广播、电视、电影和录音制作业	Broadcast, TV, Movies, Video and Record Production Industry	316.28	250.16	107.27	81.77
文化艺术业	Culture and Art	73.56	51.12	12.60	8.51
体　育	Sports	32.15	36.64	3.08	3.80
娱乐业	Recreational Services	32.91	68.58	25.61	20.28

15-3续表2 *Continued*

单位：亿元(100 million yuan)

项　　目	Item	税金总额 Total Taxes		利润总额 Total Profits	
		2021	2022	2021	2022
全 市 总 计	**Total**	**364.22**	**323.25**	**221.84**	**379.57**
按行业分	**Grouped by Sector**				
# 道路运输业	Highway Transport	71.96	77.91	56.41	74.96
水上运输业	Waterway Transport	10.89	5.83	22.72	25.62
航空运输业	Air Transport	1.17	0.30	-346.11	-33.32
管道运输业	Pipeline Transport	2.91	3.80	13.17	10.14
多式联运和运输代理业	Intermodality and Forwarding	6.08	2.30	22.02	14.90
装卸搬运和仓储业	Loading, Unloading and Storage	10.76	6.63	21.18	21.82
邮政业	Post Services	0.57	0.79	-4.98	-3.28
电信、广播电视和卫星传输服务	Telecommunication, Broadcast Television and Satellite Transmission Services	7.05	3.34	3.91	8.19
互联网和相关服务	Internet and Relative Services	12.70	12.78	4.32	1.58
软件和信息技术服务业	Software and Information Technology Services	36.04	18.11	115.19	44.01
物业管理(中类)	Property Management(middle class)	8.72	5.28	6.68	5.61
房地产中介服务(中类)	The Real Estate Intermediary Services(middle class)	5.49	1.97	1.68	1.21
房地产租赁经营(中类)	The Real Estate Leasing Operations(middle class)	23.09	18.82	14.25	3.42
租赁业	Leasing Services	6.93	20.78	-11.07	-8.83
商务服务业	Business Services	86.31	99.59	110.33	84.49
研究和试验发展	R&D	2.21	1.91	14.83	16.24
专业技术服务业	Special Technical Services	40.91	24.89	103.02	100.07
科技推广和应用服务业	Science and Technology Generalizing and Application Services	3.01	2.00	7.31	4.60
生态保护和环境治理业	Ecological Protection and Environmental Governance	0.48	0.96	-4.09	-3.90
公共设施管理业	Management for Public Facilities	5.95	2.46	44.06	8.58
土地管理业	Management for Land	2.97	0.87	3.06	2.90
居民服务业	Resident Services	0.88	0.24	2.15	1.84
机动车、电子产品和日用产品修理业	Motor Vehicle, Electronic Products and Household Products Repair Industry	0.42	0.33	0.27	0.30
其他服务业	Others	2.81	3.07	1.37	1.16
教　育	Education	3.07	0.85	8.64	2.14
卫　生	Health Care	0.66	0.32	0.22	0.74
新闻和出版业	News Publication	0.65	0.37	2.06	3.21
广播、电视、电影和录音制作业	Broadcast, TV, Movies, Video and Record Production Industry	5.96	2.04	18.18	3.34
文化艺术业	Culture and Art	0.36	0.47	0.08	0.20
体　育	Sports	0.13	0.21	-2.17	1.19
娱乐业	Recreational Services	2.17	0.59	6.92	2.64

15-4 各区规模以上服务业企业主要指标
Main Indicators of Service Enterprises above Designated Size by Region

地 区	Region	企业单位数（个）Number of Enterprises (unit)		期末用工人数（人）Number of Employees at Year-end (person)		资产总计（亿元）Total Assets (100 million yuan)	
		2021	2022	2021	2022	2021	2022
和平区	Heping District	282	312	48073	49161	8251.05	6718.47
河东区	Hedong District	152	200	23205	23231	257.82	3117.20
河西区	Hexi District	378	433	39763	44283	2989.57	3196.52
南开区	Nankai District	256	279	79532	77082	1024.41	1066.53
河北区	Hebei District	116	114	16002	14938	2138.81	2431.42
红桥区	Hongqiao District	61	62	9970	12585	119.47	137.17
东丽区	Dongli District	182	217	32124	33444	492.45	1291.53
西青区	Xiqing District	274	286	43564	42934	1225.19	1337.48
津南区	Jinnan District	164	176	16597	17486	1094.12	1382.67
北辰区	Beichen District	150	166	28275	27231	1143.63	1247.99
武清区	Wuqing District	458	428	43406	35489	1066.17	1228.06
宝坻区	Baodi District	52	58	3573	4852	61.57	73.51
滨海新区	Binhai New Area	2627	2714	383994	438702	18749.33	19963.27
宁河区	Ninghe District	40	52	4066	3132	39.27	70.54
静海区	Jinghai District	49	50	3512	3413	69.29	276.61
蓟州区	Jizhou District	40	37	6120	4460	300.75	564.08

15-4续表 *Continued*

单位：亿元 (100 million yuan)

地 区	Region	营业收入 Business Revenue		税金总额 Total Taxes		利润总额 Total Profits	
		2021	2022	2021	2022	2021	2022
和平区	Heping District	392.49	448.49	3.27	8.56	53.68	22.04
河东区	Hedong District	204.18	261.78	5.45	-0.27	7.49	27.79
河西区	Hexi District	455.56	479.64	14.65	6.91	74.86	15.93
南开区	Nankai District	287.52	310.38	13.41	8.25	13.57	10.94
河北区	Hebei District	117.65	117.61	4.97	2.26	-3.17	-6.28
红桥区	Hongqiao District	64.82	67.21	1.56	1.25	1.98	4.22
东丽区	Dongli District	164.40	195.89	6.62	6.08	12.66	-4.65
西青区	Xiqing District	195.02	221.07	10.32	7.96	5.09	-0.13
津南区	Jinnan District	70.81	80.81	2.58	2.87	-1.15	-0.83
北辰区	Beichen District	451.17	458.33	10.93	5.91	28.65	23.50
武清区	Wuqing District	494.49	392.08	12.48	8.98	-7.04	-1.66
宝坻区	Baodi District	34.09	31.39	1.94	0.55	3.53	2.46
滨海新区	Binhai New Area	6463.69	6902.71	268.67	258.56	26.02	289.88
宁河区	Ninghe District	80.14	54.42	4.41	2.92	5.80	1.75
静海区	Jinghai District	36.45	42.13	2.00	0.97	0.82	-0.06
蓟州区	Jizhou District	24.30	37.19	0.96	1.48	-0.95	-5.31

主要统计指标解释

规模以上服务业法人单位

辖区内年营业收入 2000 万元及以上服务业法人单位。包括：交通运输、仓储和邮政业，信息传输、软件和信息技术服务业，水利、环境和公共设施管理业三个门类和卫生行业大类。

辖区内年营业收入 1000 万元及以上服务业法人单位。包括：租赁和商务服务业，科学研究和技术服务业，教育三个门类，以及物业管理、房地产中介服务、房地产租赁经营和其他房地产业四个行业小类。

辖区内年营业收入 500 万元及以上服务业法人单位。包括：居民服务、修理和其他服务业，文化、体育和娱乐业两个门类，以及社会工作行业大类。

战略性新兴产业（服务业）

根据《战略性新兴产业分类（2018）》，战略性新兴产业是以重大技术突破和重大发展需求为基础，对经济社会全局和长远发展具有重大引领带动作用，知识技术密集、物质资源消耗少、成长潜力大、综合效益好的产业，包括：新一代信息技术产业、高端装备制造产业、新材料产业、生物产业、新能源汽车产业、新能源产业、节能环保产业、数字创意产业、相关服务业等 9 大领域。

本篇中战略性新兴产业（服务业）统计范围为规模以上服务业法人单位。

高技术产业（服务业）

根据《高技术产业（服务业）分类（2018）》，指采用高技术手段为社会提供服务活动的集合，包括信息服务、电子商务服务、检验检测服务、专业技术服务业的高技术服务、研发与设计服务、科技成果转化服务、知识产权及相关法律服务、环境监测及治理服务和其他高技术服务等 9 大类。

本篇中高技术产业（服务业）统计范围为规模以上服务业法人单位。

Explanatory Notes on Main Statistical Indicators

Legal Entities of Service Industry above Designated Size

Legal Entities of Service Industry with annual business revenue of over 15 million yuan in every district in Tianjin Municipality include three categories: transport, storage and postal services, information transmission, software and information technology services, and management of Water Conservancy, Environment and Public Facilities and one major category: health.

Legal Entities of Service Industry with annual business revenue of over 10 million yuan in every district in Tianjin Municipality include three categories: leasing and business services, scientific research and technical services, and education and four classes: real estate agent services, real estate intermediary services, real estate leasing business, and other real estate.

Legal Entities of Service Industry with annual business revenue of over 5 million yuan in every district in Tianjin Municipality include two categories: households' service, repair and other services, culture, sports and entertainment services and one major category: social work.

Strategic Emerging Industry (Service Industry)

According to The Classification of Strategic Emerging Industry (2018), strategic emerging industry is based on major technological breakthroughs and development needs, promoting long-term development of the economy and society. The industry has the characteristics of intensive knowledge and technology, less consumption of material resources, great potential of growth, and good overall efficiency. The industry includes new generation of information technology industry, high-end equipment manufacturing industry, new material industry, biotechnology industry, new energy auto industry, new energy industry, energy saving and environmental protection industry, digital creative industry, and related service industry.

The statistical coverage of strategic emerging industry (service industry) in this chapter includes legal entities of service industry above designated size.

High-tech Industry (Service Industry)

According to The Classification of High-tech Industry (Service Industry) (2018), high-tech industry (service industry) refers to industry providing service activities for society through high-tech means, including information services, e-commerce services, inspection and testing services, high-tech service industry of special technical services, research, development and design services, science and technology achievements transformation services, intellectual property and relevant legal services, environmental monitoring and treatment services, and other high-tech services.

The statistical coverage of high-tech industry (service industry) in this chapter includes legal entities of service industry above designated size.

第十六篇 批发和零售业

Chapter 16 Wholesale and Retail Trade

16-1 限额以上批发和零售业商品购进、销售和库存(2001—2022年)
Purchases,Sales and Inventory of Wholesale and Retail Trade above Designated Size,2001-2022

单位：亿元(100 million yuan)

年 份 Year	商品购进额 Purchases	# 进 口 Imports	商品销售额 Sales	# 批 发 Wholesale	年末库存额 Inventory (year-end)
2001	1343.64	49.89	1408.13	1167.82	137.96
2002	1356.68	57.27	1438.33	1215.56	105.87
2003	1858.19	92.81	1915.05	1678.86	107.93
2004	3578.89	238.89	3636.22	3199.33	221.68
2005	4192.39	197.44	4316.01	3897.80	204.52
2006	4912.09	267.56	5109.00	4640.25	245.87
2007	6639.77	298.80	6061.70	5518.56	323.18
2008	9183.67	442.79	10216.70	9262.70	453.39
2009	8940.76	343.15	9718.19	8651.55	575.76
2010	12346.01	514.07	13642.49	12392.62	624.38
2011	17760.51	920.11	18618.70	17065.38	888.38
2012	22100.52	1375.40	23284.41	21326.17	1079.16
2013	27095.13	1385.86	28747.85	26306.12	1209.74
2014	30600.76	1781.61	32601.83	29881.67	1524.93
2015	30793.20	1857.95	33156.29	30319.67	1296.67
2016	32734.98	1648.74	35270.82	32185.01	1543.99
2017	28681.22	1616.60	30258.38	27858.39	1632.23
2018	26880.89	1538.83	28185.13	25880.94	1736.58
2019	28925.98	1233.15	30700.10	28346.83	1725.56
2020	32134.84	1183.30	33705.95	31335.95	1360.09
2021	42544.92	1110.08	44302.05	41584.31	1529.59
2022	43990.34	1142.28	45401.94	43046.71	1548.68

16-2 限额以上批发和零售业商品购进额
Purchases of Wholesale and Retail Trade above Designated Size

单位：亿元(100 million yuan)

项 目 Item	商品购进额 Purchases		# 进 口 Imports	
	2021	2022	2021	2022
总 计				
Total	**42544.92**	**43990.34**	**1110.08**	**1142.28**
按登记注册类型分				
Grouped by Registered Status				
内资企业				
Domestic-funded Enterprises	36062.28	36653.01	625.21	626.91
国 有				
State-owned Enterprises	542.96	856.79	2.36	6.59
集 体				
Collective-owned Enterprises	18.25	12.97	1.13	0.11
股份合作				
Cooperative Enterprises	61.28	32.50		
私营企业				
Private Enterprises	20887.37	20934.95	288.73	328.43
股份有限公司				
Share-holding Corporations Ltd.	851.78	1011.34	35.10	44.19
有限责任公司				
Limited Liability Corporations	13691.64	13798.76	297.88	247.58
# 国有独资公司				
Sole State-funded Corporations	1079.16	1089.45	5.97	4.06
联营企业				
Joint Ownership Enterprises	2.56	5.53		
# 国有联营				
State Joint Ownership Enterprises	1.80	5.42		
其 他				
Others	6.44	0.16		
港澳台商投资企业				
Enterprises with Investment from Hong Kong, Macao and Taiwan	1464.13	1439.97	122.74	67.70
外商投资企业				
Foreign Funded Enterprises	5018.51	5897.37	362.13	447.67
按企业控股情况分				
Grouped by Company Holding Types				
国有及国有控股企业				
State-owned and State-holding Enterprises	13096.96	14203.55	296.74	241.89
民营及民营控股企业				
Private and Private Holding Enterprises	26233.15	26510.05	327.77	385.60
外商及港澳台商控股企业				
Hong Kong, Macao, Taiwan and Foreign Funded Holding Enterprises	3214.81	3276.74	485.57	514.78

16-2续表 *Continued*

单位：亿元(100 million yuan)

项　目 Item	商品购进额 Purchases		#进　口 Imports	
	2021	2022	2021	2022
按国民经济行业分 Grouped by Sector				
批发业 Wholesale Trade	**40594.26**	**41958.87**	**1089.77**	**1105.98**
农、林、牧、渔产品批发 Farming, Forestry, Animal Husbandry and Fishery Products	1010.22	1287.98	54.85	24.23
食品、饮料及烟草制品批发 Food, Beverages and Tobaccos	2214.96	2364.74	164.80	183.15
纺织、服装及日用品批发 Textiles, Garments and Daily Articles	1186.23	1056.98	23.38	32.80
文化、体育用品及器材批发 Cultural and Sports Goods & Equipment	297.92	309.05	5.54	4.85
医药及医疗器械批发 Medicines and Medical Appliances	708.26	794.84	33.64	28.36
矿产品、建材及化工产品批发 Mineral Products, Building Material and Chemical Products	30581.63	32186.79	360.86	389.40
机械设备、五金交电及电子产品批发 Machinery Equipment, Hardware, Transport, Electric and Electronic Products	3263.49	3030.90	415.15	417.91
贸易经纪与代理 Trade Broker and Agent	173.87	67.23	18.13	0.35
其他批发 Others	1157.68	860.37	13.42	24.95
零售业 Retail Trade	**1950.65**	**2031.48**	**20.31**	**36.30**
综合零售 Comprehensive Retail	179.82	155.65	0.03	
食品、饮料及烟草制品专门零售 Special Retail of Food, Beverages and Tobaccos	38.29	45.61	0.06	0.42
纺织、服装及日用品专门零售 Special Retail of Textiles, Garments and Daily Articles	83.04	60.17	1.47	0.29
文化、体育用品及器材专门零售 Special Retail of Cultural and Sports Goods & Equipment	19.29	11.98	0.07	0.42
医药及医疗器械专门零售 Special Retail of Medicines and Medical Appliances	30.62	31.05		
汽车、摩托车、零配件和燃料及其他动力销售业 Special Retail of Automobiles, Autobikes, Parts, Fittings, Fuel and Other Powers	1064.10	1090.35	17.57	34.82
家用电器及电子产品专门零售 Special Retail of Household Appliances and Electronic Products	73.94	66.21	0.74	
五金、家具及室内装饰材料专门零售业 Special Retail of Hardware, Furniture and Decoration Materials for Indoors	16.25	15.08	0.15	0.14
货摊、无店铺及其他零售业 Booths, Non-shop and Other Retails	445.30	555.39	0.21	0.21

16-3 限额以上批发和零售业商品销售和库存额
Sales and Inventory of Wholesale and Retail Trade above Designated Size

单位：亿元(100 million yuan)

项 目 Item	商品销售额 Sales		# 批 发 Wholesale		年末库存额 Inventory(year-end)	
	2021	2022	2021	2022	2021	2022
总 计 Total	**44302.05**	**45401.94**	**41584.31**	**43046.71**	**1529.59**	**1548.68**
按登记注册类型分 Grouped by Registered Status						
内资企业 Domestic-funded Enterprises	37134.06	37532.93	35156.05	35695.18	1280.06	1285.47
国 有 State-owned Enterprises	626.78	921.56	619.44	916.09	17.62	33.59
集 体 Collective-owned Enterprises	19.59	14.41	8.96	4.15	0.70	0.40
股份合作 Cooperative Enterprises	63.08	33.61	60.62	31.32	1.19	1.29
私营企业 Private Enterprises	21455.92	21363.05	20253.66	20183.04	611.47	623.35
股份有限公司 Share-holding Corporations Ltd.	894.40	1043.34	818.49	991.66	32.50	33.40
有限责任公司 Limited Liability Corporations	14064.52	14150.21	13388.39	13568.71	616.42	593.39
# 国有独资公司 Sole State-funded Corporations	1089.45	1092.77	1042.24	1049.51	110.13	114.57
联营企业 Joint Ownership Enterprises	2.88	6.55	0.80		0.06	0.07
# 国有联营 State Joint Ownership Enterprises	2.08	6.41			0.05	0.06
其 他 Others	6.87	0.20	5.68	0.20	0.11	
港澳台商投资企业 Enterprises with Investment from Hong Kong, Macao and Taiwan	1724.31	1656.76	1317.17	1384.23	118.86	120.59
外商投资企业 Foreign Funded Enterprises	5443.68	6212.25	5111.09	5967.30	130.66	142.63
按企业控股情况分 Grouped by Company Holding Types						
国有及国有控股企业 State-owned and State-holding Enterprises	13461.87	14435.51	12809.71	14010.24	492.57	512.84
民营及民营控股企业 Private and Private Holding Enterprises	27022.26	27180.34	25460.31	25590.90	807.94	790.89
外商及港澳台商控股企业 Hong Kong, Macao, Taiwan and Foreign Funded Holding Enterprises	3817.92	3786.09	3314.29	3445.56	229.08	244.95

16-3续表 *Continued*

单位：亿元(100 million yuan)

项 目 Item	商品销售额 Sales		#批 发 Wholesale		年末库存额 Inventory(year-end)	
	2021	2022	2021	2022	2021	2022
按国民经济行业分 Grouped by Sector						
批发业 Wholesale Trade	**42134.77**	**43254.03**	**41438.87**	**42840.26**	**1390.19**	**1385.61**
农、林、牧、渔产品批发 Farming, Forestry, Animal Husbandry and Fishery Products	1066.79	1306.63	1064.45	1299.99	103.96	117.30
食品、饮料及烟草制品批发 Food, Beverages and Tobaccos	2552.11	2697.21	2511.11	2670.41	164.20	188.90
纺织、服装及日用品批发 Textiles, Garments and Daily Articles	1364.25	1182.15	1231.23	1070.76	138.27	116.04
文化、体育用品及器材批发 Cultural and Sports Goods & Equipment	311.31	310.90	308.13	305.07	21.44	23.18
医药及医疗器械批发 Medicines and Medical Appliances	813.14	870.47	810.61	866.96	109.02	68.23
矿产品、建材及化工产品批发 Mineral Products, Building Material and Chemical Products	31130.68	32709.81	30866.74	32548.52	641.37	618.14
机械设备、五金交电及电子产品批发 Machinery Equipment, Hardware, Transport, Electric and Electronic Products	3482.40	3231.84	3371.52	3143.72	177.42	211.30
贸易经纪与代理 Trade Broker and Agent	179.76	70.11	176.63	68.80	6.28	4.39
其他批发 Others	1234.34	874.91	1098.44	866.02	28.23	38.14
零售业 Retail Trade	**2167.28**	**2147.91**	**145.44**	**206.45**	**139.39**	**163.07**
综合零售 Comprehensive Retail	211.07	194.19	1.98	7.79	18.64	17.16
食品、饮料及烟草制品专门零售 Special Retail of Food, Beverages and Tobaccos	56.67	64.51	5.93	10.07	3.52	3.66
纺织、服装及日用品专门零售 Special Retail of Textiles, Garments and Daily Articles	117.13	88.40	8.79	5.59	8.27	6.76
文化、体育用品及器材专门零售 Special Retail of Cultural and Sports Goods & Equipment	27.58	17.23	3.14	0.61	6.68	5.23
医药及医疗器械专门零售 Special Retail of Medicines and Medical Appliances	36.14	37.56	1.66	1.27	4.62	5.11
汽车、摩托车、零配件和燃料及其他动力销售业 Special Retail of Automobiles, Autobikes, Parts, Fittings, Fuel and Other Powers	1134.72	1082.17	80.07	102.02	79.64	100.01
家用电器及电子产品专门零售 Special Retail of Household Appliances and Electronic Products	78.78	71.77	22.55	20.27	4.79	4.99
五金、家具及室内装饰材料专门零售业 Special Retail of Hardware, Furniture and Decoration Materials for Indoors	22.36	19.15	1.54	1.70	3.36	3.37
货摊、无店铺及其他零售业 Booths, Non-shop and Other Retails	482.84	572.93	19.78	57.14	9.88	16.78

16-4 限额以上国有及国有控股批发和零售业主要指标(2022年)
Main Indicators of State-owned & State-holding Wholesale and Retail Trade above Designated Size,2022

单位：亿元(100 million yuan)

项 目 Item	机 构(个) Organizations (unit)	商品购进额 Purchases	商品销售额 Sales
总 计			
Total	**561**	**14203.55**	**14435.51**
批发业			
Wholesale Trade	**418**	**13751.34**	**13971.03**
农、林、牧、渔产品批发			
Farming, Forestry, Animal Husbandry and Fishery Products	28	391.13	381.75
食品、饮料及烟草制品批发			
Food, Beverages and Tobaccos	48	692.52	772.60
纺织、服装及日用品批发			
Textiles, Garments and Daily Articles	28	274.97	277.53
文化、体育用品及器材批发			
Cultural and Sports Goods & Equipment	13	140.08	143.38
医药及医疗器械批发			
Medicines and Medical Appliances	37	448.15	472.15
矿产品、建材及化工产品批发			
Mineral Products, Building Material and Chemical Products	194	11204.69	11333.40
机械设备、五金交电及电子产品批发			
Machinery Equipment, Hardware, Transport, Electric and Electronic Products	45	455.21	449.70
贸易经纪与代理			
Trade Broker and Agent	6	11.78	12.38
其他批发			
Others	19	132.80	128.15
零售业			
Retail Trade	**143**	**452.21**	**464.48**
# 综合零售			
Comprehensive Retail	11	15.47	18.55
食品、饮料及烟草制品专门零售			
Special Retail of Food, Beverages and Tobaccos	9	9.47	11.63
纺织、服装及日用品专门零售			
Special Retail of Textiles, Garments and Daily Articles	5	5.68	8.72
文化、体育用品及器材专门零售			
Special Retail of Cultural and Sports Goods & Equipment	20	3.62	3.99
医药及医疗器械专门零售			
Special Retail of Medicines and Medical Appliances	9	9.14	10.31
汽车、摩托车、燃料及零配件专门零售			
Special Retail of Automobiles, Autobikes, Parts, Fittings and Fuel	84	406.19	408.07
无店铺及其他零售			
Non-shop and Other Retails	5	2.64	3.21

16-5 按登记注册类型分限额以上批发和零售企业财务状况(2022年)

项　　目	Item	营业收入 Business Revenue	营业成本 Business Cost
总　　计	**Total**	**402725763**	**389600290**
批发企业	**Wholesale Trade**	**382854551**	**372041205**
# 国有及国有控股企业	State-owned and State-holding Enterprises	122000106	120076194
内资企业	Domestic-funded Enterprises	317849060	310189208
国　有	State-owned Enterprises	8206152	7739726
集　体	Collective-owned Enterprises	38201	37383
股份合作	Cooperative Enterprises	279167	272394
联营企业	Joint Ownership Enterprises		
有限责任公司	Limited Liability Corporations	119716221	116867095
股份有限公司	Share-holding Corporations Ltd.	8755876	8515653
私营企业	Private Enterprises	180851537	176755084
其他企业	Others	1905	1873
港澳台商投资企业	Enterprises with Investment from Hong Kong, Macao and Taiwan	13586544	11970358
外商投资企业	Foreign Funded Enterprises	51418948	49881640
零售企业	**Retail Trade**	**19871211**	**17559085**
# 国有及国有控股企业	State-owned and State-holding Enterprises	4379652	3987575
内资企业	Domestic-funded Enterprises	15309714	13578997
国　有	State-owned Enterprises	44976	39699
集　体	Collective-owned Enterprises	90541	80748
股份合作	Cooperative Enterprises	19792	16286
联营企业	Joint Ownership Enterprises	58025	49483
有限责任公司	Limited Liability Corporations	4320341	3703943
股份有限公司	Share-holding Corporations Ltd.	688799	658405
私营企业	Private Enterprises	10087239	9030433
其他企业	Others		
港澳台商投资企业	Enterprises with Investment from Hong Kong, Macao and Taiwan	1722080	1431544
外商投资企业	Foreign Funded Enterprises	2839417	2548544

Main Financial Indicators of Enterprises above Designated Size of Wholesale and Retail Trade by Registered Status,2022

单位：万元(10 000 yuan)

税　金 及附加 Taxes and Other Charge	利润总额 Total Profits	资产总计 Total Assets	# 流动资产 Current Assets	负债合计 Total Liabilities	所有者 权益合计 Total Owner's Equity
982200	**3280953**	**170252373**	**125270418**	**130994213**	**39198568**
925371	**3363909**	**159106512**	**117507035**	**121048250**	**38007795**
315198	742345	32221473	27528927	24629770	7661367
490417	2610620	139331736	99442792	106686969	32525317
166271	172276	3603800	3118721	2265970	1337829
48	98	47771	30151	22817	24954
292	-318	136379	124694	88097	48282
182513	906678	42614274	36741117	36769429	5880572
8562	573638	8209162	3427300	3019082	5190080
132731	958232	84719676	56000135	64521573	20042926
	17	674	674		674
36255	301816	9432800	8622103	6550062	2951721
398700	451474	10341977	9442140	7811220	2530757
56829	**-82957**	**11145860**	**7763383**	**9945963**	**1190773**
11326	-52466	2408011	944200	1439641	967603
44034	-24184	8483103	6511281	7411996	1067666
74	-424	30227	25382	22153	8074
125	3388	40539	35332	10695	19845
58	1464	11041	9972	5299	5742
130	5813	18852	13579	3485	15367
21059	-31127	3370670	2371085	3147955	228500
1450	-24582	334989	105785	171565	163163
21138	21285	4676785	3950145	4050845	626975
5882	20013	1092574	740407	1345091	-258200
6914	-78786	1570183	511695	1188876	381307

16-6 按行业分限额以上批发和零售业财务状况(2022年)

项　目	Item	营业收入 Business Revenue	营业成本 Business Cost
总　计	**Total**	**402725763**	**389600290**
批发企业	**Wholesale Trade**	**382854551**	**372041205**
农、林、牧、渔产品批发	Wholesale of Farming, Forestry, Animal Husbandry and Fishery Products	12190302	11981004
食品、饮料及烟草制品批发业	Wholesale of Food, Beverages and Tobaccos	22723535	20563491
纺织、服装及日用品批发业	Wholesale of Textiles, Garments and Daily Articles	10830757	9611494
文化、体育用品及器材批发业	Wholesale of Culture, Sports Appliances and Equipment	2904928	2742047
医药及医疗器材批发业	Wholesale of Medicines and Medical Appliances	7971932	7019584
矿产品、建材及化工产品批发业	Wholesale of Mineral Products, Building Materials and Chemical Products	289098855	285228142
机械设备、五金交电及电子产品批发业	Wholesale of Machinery, Hardware, Transport, Electric and Electronic Equipment	28366294	26421897
贸易经纪与代理	Trade Broker and Agent	651079	623259
其他批发业	Other Wholesales	8116870	7850287
零售企业	**Retail Trade**	**19871211**	**17559085**
综合零售业	Comprehensive Retail	1709864	1358611
食品、饮料及烟草制品专门零售业	Special Retail of Food, Beverages and Tobaccos	581597	427632
纺织、服装及日用品专门零售业	Special Retail of Textiles, Garments and Daily Articles	756160	496826
文化、体育用品及器材专门零售业	Special Retail of Culture, Sports Appliances and Equipment	168359	130977
医药及医疗器材专门零售业	Special Retail of Medicines and Medical Appliances	362798	290281
汽车、摩托车、零配件和燃料及其他动力销售业	Special Retail of Automobiles, Autobikes, Parts, Fittings, Fuel and Other Powers	10223758	9502361
家用电器及电子产品专门零售业	Special Retail of Household Electric Appliances and Electronic Products	668334	607785
五金、家具及室内装饰材料专门零售业	Special Retail of Hardware, Furniture and Decoration Materials for Indoors	179434	143195
货摊、无店铺及其他零售业	Booths, Non-shop and Other Retails	5220908	4601418

Main Financial Indicators of Enterprises above Designated Size of Wholesale and Retail Trade by Sector,2022

单位：万元(10 000 yuan)

税金及附加 Taxes and Other Charge	利润总额 Total Profits	资产总计 Total Assets	# 流动资产 Current Assets	负债合计 Total Liabilities	所有者权益合计 Total Owner's Equity
982200	**3280953**	**170252373**	**125270418**	**130994213**	**39198568**
925371	**3363909**	**159106512**	**117507035**	**121048250**	**38007795**
8067	66374	4229567	3957508	3573093	652445
264449	447573	34441454	10382300	22737844	11772179
15155	-127216	5316896	4688466	4161647	1149950
3425	4736	1990954	1830496	1007364	982064
17950	173296	5553581	5001650	4201625	1344600
184985	1887325	82879226	70554125	66667613	16115329
413214	768156	19695595	16415707	14391833	5299141
377	3194	514426	398355	384012	130534
17750	140471	4484815	4278429	3923220	561553
56829	**-82957**	**11145860**	**7763383**	**9945963**	**1190773**
10466	-118892	2131925	1087943	2627713	-501471
2075	77037	510470	442212	275858	234612
4259	6815	581514	462034	488186	98916
1687	-8603	187268	144421	166751	20518
688	-2381	179381	143026	161965	17380
26049	-39307	5158842	3328537	3536138	1613725
1519	-42777	432063	403306	952641	-520576
1332	-16425	209529	93811	203502	6549
8756	61576	1754868	1658094	1533210	221121

16-7 连锁零售企业基本情况(2022年)

Basic Statistics of Chain Retail Enterprises,2022

项目 Item	门店总数(个) Number of Stores (unit)	营业面积(平方米) Operation Area (sq.m)	从业人数(人) Employment Personnel (person)	商品销售额(万元) Sales of Commodities (10 000 yuan)	# 零售额 Retail Sales
总计					
Total	**2557**	**2325218**	**21705**	**4712114**	**3686207**
按登记注册类型分					
Grouped by Registered Status					
内资企业					
Domestic Funded Enterprises	1760	574908	11264	1824101	1399389
国有					
State-owned Enterprises	191	88170	1597	716815	437312
私营有限责任公司					
Private Limited Liability Corporations	367	102016	3163	473176	329546
其他有限责任公司					
Other Limited Liability Corporations	877	348297	5979	542812	541233
其他					
Others	325	36425	525	91298	91298
港澳台商投资企业					
Enterprises with Funds from Hong Kong, Macao and Taiwan	243	256739	6344	408970	378277
外商投资企业					
Foreign Funded Enterprises	554	1493571	4097	2479043	1908541
# 中外合资经营企业					
Joint-venture Enterprises	67	33500	799	224441	224441
外商独资企业					
Enterprises with Sole Foreign Investment	59	42371	689	48651	48651

16-7续表 *Continued*

项 目 Item	门店总数（个）Number of Stores (unit)	营业面积（平方米）Operation Area (sq.m)	从业人数（人）Employment Personnel (person)	商品销售额（万元）Sales of Commodities (10 000 yuan)	# 零售额 Retail Sales
按业态分					
Grouped By Business Categories					
便利店					
Convenience Store	54	5400	143	18076	18076
超　市					
Supermarket	1059	585072	10979	909818	877607
专业店					
Specialty Store	241	70564	1608	170590	169509
加油站					
Gas Station	682	1539180	4971	3145174	2296250
品牌专卖店					
Exclusive Store	438	101044	3459	361482	217851
集合店					
Mutli-brands Store	67	18813	387	60725	60664
无人值守商店					
Unattended Store	16	5145	158	46250	46250
按行业分					
Grouped By Sector					
综合零售					
Comprehensive Retail	1113	590472	11122	927894	895683
食品、饮料及烟草制品专门零售					
Special Retail of Food, Beverages and Tobaccos	194	27335	2358	153678	152597
纺织、服装及日用品专门零售					
Special Retail of Textiles, Garments and Daily Articles	32	2086	79	3179	3018
医药及医疗器材专门零售					
Special Retail of Medicines and Medical Appliances	500	85023	2518	147475	147475
汽车、摩托车、燃料及零配件专门零售					
Special Retail of Automobiles, Autobikes, Parts, Fittings and Fuel	682	1539180	4971	3145174	2296250
家用电器及电子产品专门零售					
Special Retail of Household Electric Appliances and Electronic Products	20	75977	499	288465	144935
五金、家具及室内装修材料专门零售					
Special Retail of Hardware, Furniture and Decoration Materials for Indoors	16	5145	158	46250	46250

16-8 亿元以上商品交易市场基本情况(2022年)

Basic Statistics on Commodity Exchange Markets with Transaction Value over 100 Million Yuan,2022

市　　场	Market	市场数量(个) Number of Markets (unit)	摊位数(个) Number of Booths (unit)
总　　计	**Total**	**47**	**27044**
综合市场	**Comprehensive Markets**	**11**	**7600**
工业消费品综合市场	Comprehensive Markets of Industrial Consumables	1	427
农产品综合市场	Comprehensive Markets of Agricultural Products	7	5283
其他综合市场	Other Comprehensive Markets	3	1890
专业市场	**Special Markets**	**36**	**19444**
生产资料市场	Markets of Capital Goods	9	2930
建材市场	Building Materials Markets	4	2312
金属材料市场	Metal Materials Markets	5	618
农产品市场	Agricultural Products Markets	10	3555
粮油市场	Foodstuff and Oil Markets	3	603
水产品市场	Aquatic Products Markets	1	322
蔬菜市场	Vegetables Markets	4	1204
其他农产品市场	Other Agricultural Products Markets	2	1426
食品、饮料及烟酒市场	Food, Beverages and Tobaccos Markets	1	1921
其他食品、饮料及烟酒市场	Other Food, Beverages and Tobaccos Markets	1	1921
纺织、服装、鞋帽市场	Textiles, Garments, Shoes and Caps Markets	3	3761
服装市场	Garments Markets	3	3761
家具、五金及装饰材料市场	Furniture, Hardware and Decoration Materials Markets	7	6630
家具市场	Furniture Markets	1	467
装饰材料市场	Decoration Materials Markets	2	614
五金材料市场	Hardware Markets	4	5549
汽车、摩托车及零配件市场	Automobiles, Autobikes, Parts and Fittings Markets	5	104
花、鸟、鱼、虫市场	Flowers, Birds, Fish and Insects Markets	1	543

16-8续表 *Continued*

市　场	Market	营业面积(万平方米) Operation Area (10 000 sq.m)	成交额(亿元) Transaction Value (100 million yuan)	# 批　发 Wholesale
总　计	**Total**	**493.92**	**1330.92**	**1270.43**
综合市场	**Comprehensive Markets**	**101.30**	**438.81**	**428.03**
工业消费品综合市场	Comprehensive Markets of Industrial Consumables	0.93	3.00	3.00
农产品综合市场	Comprehensive Markets of Agricultural Products	77.03	391.02	384.14
其他综合市场	Other Comprehensive Markets	23.34	44.79	40.90
专业市场	**Special Markets**	**392.62**	**892.11**	**842.40**
生产资料市场	Markets of Capital Goods	86.58	236.70	211.89
建材市场	Building Materials Markets	75.81	77.98	53.17
金属材料市场	Metal Materials Markets	10.77	158.71	158.71
农产品市场	Agricultural Products Markets	70.52	291.21	279.21
粮油市场	Foodstuff and Oil Markets	11.68	115.43	115.43
水产品市场	Aquatic Products Markets	0.60	12.00	
蔬菜市场	Vegetables Markets	28.61	44.31	44.31
其他农产品市场	Other Agricultural Products Markets	29.62	119.48	119.48
食品、饮料及烟酒市场	Food, Beverages and Tobaccos Markets	26.68	48.14	48.14
其他食品、饮料及烟酒市场	Other Food, Beverages and Tobaccos Markets	26.68	48.14	48.14
纺织、服装、鞋帽市场	Textiles, Garments, Shoes and Caps Markets	64.74	163.84	163.84
服装市场	Garments Markets	64.74	163.84	163.84
家具、五金及装饰材料市场	Furniture, Hardware and Decoration Materials Markets	117.57	145.02	139.32
家具市场	Furniture Markets	22.00	3.58	
装饰材料市场	Decoration Materials Markets	11.00	3.62	1.50
五金材料市场	Hardware Markets	84.57	137.82	137.82
汽车、摩托车及零配件市场	Automobiles, Autobikes, Parts and Fittings Markets	23.00	6.74	
花、鸟、鱼、虫市场	Flowers, Birds, Fish and Insects Markets	3.53	0.47	

16-9 城市综合体基本情况(2022年)
Basic Statistics on Urban Complex,2022

项　　目	Item	商户数量(个) Number of Merchants (unit)	从业人数(人) Employment Personnel (person)	商品销售额(万元) Sales of Commodities (10 000 yuan)
总　　计	**Total**	**8180**	**49657**	**2162738**
零售业	**Retail Trade**	**4339**	**21313**	**1513768**
百货零售	Retail Department Stores	645	2865	168980
超级市场零售	Super Market Retail	90	2841	197839
食品、饮料及烟草制品零售	Retail of Food, Beverages and Tobaccos	229	1167	22445
服装鞋帽针纺织品零售	Retail of Clothing, Shoes, Hats and Needle Textiles	1932	8288	569853
化妆品零售	Retail of Cosmetics	146	725	38882
日用品零售	Retail of Daily Articles	126	684	16325
家用电器及电子产品零售	Retail of Household Appliances and Electronic Products	304	1434	205914
珠宝首饰零售	Retail of Jewelry	341	1661	154201
其　他	Others	526	1648	139329
餐饮业	**Catering Industry**	**2312**	**18572**	**513776**
服务业	**Services Industry**	**1529**	**9772**	**135194**
电影放映	Film Screenings	44	650	21530
教育培训	Education and Training	401	2971	18878
娱乐活动	Entertainment	472	2567	36160
理发及美容服务	Hairdressing and Beauty Services	286	1558	15152
健身休闲活动	Fitness and Leisure Activities	64	593	5419
摄影服务	Photography Services	34	238	3688
其　他	Others	228	1195	34367

16-10 社会消费品零售总额
Total Retail Sales of Consumer Goods

地区 Region	2021		2022	
	社会消费品零售总额 (亿元) Total Retail Sales of Consumer Goods (100 million yuan)	2021比2020年增长 (%) Increase Rate in 2021 over 2020 (%)	社会消费品零售总额 (亿元) Total Retail Sales of Consumer Goods (100 million yuan)	2022比2021年增长 (%) Increase Rate in 2022 over 2021 (%)
全市总计 Total	**3769.78**	**5.2**	**3571.99**	**-5.2**
和平区 Heping District	197.29	1.5	216.13	-9.1
河东区 Hedong District	227.48	4.4	174.17	-6.9
河西区 Hexi District	253.43	18.1	223.80	-11.7
南开区 Nankai District	409.04	10.4	396.05	-3.2
河北区 Hebei District	72.55	5.8	63.63	-12.3
红桥区 Hongqiao District	71.70	0.5	71.75	0.1
东丽区 Dongli District	235.51		241.82	2.7
西青区 Xiqing District	341.65	10.8	330.11	-3.4
津南区 Jinnan District	130.90	9.1	122.27	-6.6
北辰区 Beichen District	176.69	4.7	159.89	-9.5
武清区 Wuqing District	584.86	4.8	495.60	-15.3
宝坻区 Baodi District	126.72	8.3	127.72	0.8
滨海新区 Binhai New Area	717.70	0.1	731.98	2.0
宁河区 Ninghe District	63.89	-8.9	62.20	-2.6
静海区 Jinghai District	104.92	8.8	99.29	-5.4
蓟州区 Jizhou District	55.45	3.0	55.58	0.2

主要统计指标解释

商品购进额

指从本企业以外的单位和个人购进（包括从国外直接进口）作为转卖或加工后转卖的商品金额（含增值税）。本指标反映批发和零售业从国内外市场上购进商品的总价。

商品购进包括：（1）从工农业生产者、批发和零售业、住宿和餐饮业、出版社或报社的出版发行部门和其他服务业等企事业单位和个体经营户购进的商品；（2）从机关、社会团体购进的商品；（3）从海关、市场管理部门购进的缉私和没收的商品；（4）从居民收购的废旧商品等。

商品购进不包括：（1）企业为本单位自身经营用，不是作为转卖而购进的商品，如材料物资、包装物、低值易耗品、办公用品等；（2）未通过买卖行为而收入的商品，如接受其他部门移交的商品、借入的商品、收入代其他单位保管的商品、其他单位赠送的样品、加工回收的成品等；（3）经本单位介绍，由买卖双方直接结算，本单位只收取手续费的业务；（4）销售退回和买方拒付货款的商品；（5）商品溢余；（6）期货交易商品。

商品销售额

指对本单位以外的单位和个人出售的商品金额（包括售给本单位消费用的商品，含增值税），在批发和零售业中，本指标反映在国内市场上销售商品以及出口商品的总价。

商品销售包括：（1）售给个人和社会集团消费用的商品；（2）售给农业、工业、建筑业、服务业等国民经济各行业用于生产、经营用的商品，包括售予批发和零售业作为转卖或加工后转卖的商品；（3）对国（境）外直接出口的商品。

商品销售不包括：（1）未通过买卖行为付出的商品，如因机构变动移交给其他企业单位的商品、借出的商品、归还受其他单位委托代保管的商品、付出的加工原料和赠送给其他单位的样品等；（2）促销返券所销售的、不计入营业收入的商品；（3）经本单位介绍，由买卖双方直接结算，本单位只收取手续费的业务；（4）未发生所有权转移的商品预付卡销售，如加油卡；（5）汽车维修、电话卡销售等服务性经济活动；（6）购货退回的商品；（7）商品损耗和损失；（8）出售本单位自用的废旧物资；（9）期货交易商品；（10）自来水供应企业、电力企业、天然气供应企业提供的水、电、气。

期末商品库存额

对于批发和零售业法人单位和个体经营户，是指报告期末取得所有权的全部商品金额（含增值税）；对于批发和零售业产业活动单位，是指报告期末实际在库且归属法人具有所有权的全部商品金额（含增值税）。这个指标反映批发和零售业的商品库存情况，以及对市场商品供应的保证程度。

库存商品包括：（1）存放在本单位（如门市部、批发站、采购站、经营处）的仓库、货场、货柜和货架中的商品；（2）挑选、整理、包装中的商品；（3）已记入购进而尚未运到本单位的商品，即发货单或银行承兑凭证已到而货未到的商品；（4）寄放他处的商品，如因购货方拒绝付款而暂时存在购货方的商品；（5）委托其他单位代销（未作销售或调出）尚未售出的商品；（6）代其他单位购进尚未交付的商品。

库存商品不包括：（1）所有权不属于本单位的商品，如商品已作销售但买方尚未取走的商品，代替他人保管、运输、加工的商品，代其他单位销售（未做购进或调入）而未售出的商品；（2）委托外单位加工的商品（包括本单位所属加工厂和其他生产单位加工生产尚未收回成品的商品）；（3）外贸企业代理其他单位从国外进口，尚未付给订货单位的商品；（4）代国家储备部门保管的商品。

连锁总店（总部）

负责连锁企业资源（商号、商誉、经营模式、服务标准、管理模式等）的开发、配置、控制或使用等功能的企业核心管理机构。连锁经营是指经营同类商品或服务，使用统一商号的若干店铺，在同一总店（总部）的管理下，采取统一采购或特许经营等方式，实现规模效益的组织形式，包括直营连锁、特许连锁和自愿连锁三种形式。

直营连锁 指连锁店铺由连锁公司全资或控股开设，在总部的直接控制下，开展统一经营的连锁经营形式；

特许连锁 指拥有注册商标、企业标志、专利、专有技术等经营资源的企业（特许人），以合同形式将其拥有的经营资源许可其他经营者（被特许人）使用，被特许人按合同约定在统一的经营模式下开展经营，并向特许人支付特许经营费用的连锁经营形式；

自愿连锁 指若干个店铺或企业自愿组合起来，在不改变各自资产所有权关系的情况下，以同一个品牌形象面对消费者，以共同进货为纽带开展的连锁经营形式。

亿元以上商品交易市场

指年成交额在亿元及以上的商品交易市场。商品交易市场是指经有关部门和组织批准设立，有固定场所、设施，有经营管理部门和监管人员，若干市场经营者入内，常年或实际开业三个月以上，集中、公开、独立地进行生活消费品、生产资料等现货商品交易以及提供相关服务的交易场所，包括各类消费品市场、生产资料市场等。

城市商业综合体

指以区域为中心、以购物中心为主导,融合了商业零售、餐饮、休闲养生、娱乐、文化、教育等多项城市主要功能活动，面向各类生活消费人群、提供综合性服务的大型建筑综合体。所确定的调查对象，除应具备城市商业综合体的融合多项城市主要功能、面向生活消费人群、提供综合性服务等特征，还应同时满足以下几个条件：（1）由企业有计划地管理运营，有统一的名称，如**中心、**广场、**城等。（2）涵盖超市、百货、专业店、专卖店等商品零售业态，正餐、快餐等餐饮业态，以及文化、娱乐、健身、培训等两项及以上主要服务业态。（3）营业面积不少于 1 万平方米且独立开展经营活动的商户不少于 50 个。

批发和零售业统计限额标准

行业类别	统计指标名称	限额标准
批发业	年主营业务收入	2000 万元
零售业	年主营业务收入	500 万元

Explanatory Notes on Main Statistical Indicators

Purchases of Commodities

refer to the total value of purchases of commodities by the enterprises from other establishments or individuals (including direct import from abroad) for the purpose of re-selling, either with or without further processing of the commodities purchased (including value-added taxes). This indicator is used to show the total value of purchases of commodities by wholesale and retail establishments from domestic and overseas markets. The total purchases include: (1) commodities purchased from enterprises and institutions and individual operators of agricultural and industrial producers, wholesale and retail trades, accommodation and catering services, distribution departments of the publishers and other services, etc; (2) commodities purchased from government agencies and social organizations; (3) anti-smuggling and confiscated goods purchased from the customs authorities or market management agencies; (4) second-hand goods and wastes purchased from residents. Excluded are (1) commodities purchased by enterprises (establishments) for use in their own business operation, not for re-selling, such as materials, packages, low priced and easily worn articles, office supplies, etc; (2) commodities obtained without buying or selling procedures; (3) commission income from brokerage in transactions whose settlement is directly handled by buyers and sellers; (4) commodities rejected and refused to pay; (5) goods overflow; (6) commodities in futures trading.

Sales of Commodities

refer to value of commodities sold by the establishments to other establishments and individuals (including sales for the self-consumption and its value-added taxes). In the wholesale and retail trade, this indicator is used to show the total value of sales of commodities at domestic markets and export. The commodities include: (1) commodities sold to individual and social groups for their consumption; (2) commodities sold to establishments in all the industries, such as agriculture, industry, construction, services, etc., for their production and operation, including commodities sold to wholesale and retail establishments for re-selling, with or without further processing; (3) commodities for direct export to other countries. Excluded are (1) commodities transferred without buying or selling procedures, such as commodities handed over to other enterprises and institutions because of the change of organizations, lent commodities, returned commodities preserved for others, extended processing materials and samples donated to others, etc; (2) commodities sold in coupon promotion which not included in business revenue; (3) commission income from brokerage in transactions whose settlement is directly handled by buyers and sellers; (4) commodities prepaid card without ownership transfer, such as fuel card; (5) economic activity in services such as repairing automobiles, selling phone cards and etc; (6) rejected commodities in the purchase; (7) loss in commodities; (8) selling of waste packaging materials used by the establishments (units) themselves; (9) commodities in futures trading; (10) water, electricity and gas supplied by enterprises.

Inventory of Commodities at Period-end

refers to total commodities (including value-added taxes) possessed by wholesale and retail enterprises, private and individuals, and total commodities (including value-added taxes) at storage and possessed by their institutional units for the wholesale and retail units with industrial undertakings. It reflects the commodity stock level of various wholesale and retail enterprises (units) and the potential for market supply. It includes: (1) commodities located in storage, garages, counters, and shelves of operating units (such as sale stores, wholesale centers, procurement stations and operating offices) of wholesale and retail enterprises; (2) commodities in the process of selecting, sorting, and packing; (3) commodities not arrived but recorded as purchase in the account, i.e. commodities not arrived but payment receipts for the commodities from the sellers or the banks arrived; (4) commodities deposited in other places rather than places mentioned above, for instance: commodities in the hold of purchasers temporarily due to the refusal of payment and commodities not taken back after going through the formalities; (5) commodities entrusted to other units to sell but not sold yet; (6) commodities purchased for other units but not delivered yet. Commodities not included as: (1) stock not owned by the enterprises (units), such as commodities have been sold but not taken away by buyers, commodities preserved, transported and processed for others, commodities remain unsold by agents (not purchased or transferred); (2) commodities entrusted to other units to process (including entrusted to subsidiary processing plants and other units and not taken back yet); (3) commodities imported from foreign countries agented by foreign trade enterprises and not delivered to the order units; (4) commodities managed on behalf of the state material reserves units.

Chain Head Stores (Headquarters)

refer the core management organization of the enterprise responsible for the development, configuration, control or use of chain enterprise resources (trade name, goodwill, business model, service standard, management model, etc.). Chain operation refers to the organizational form that operates the same kind of goods or services, and uses stores under the same trade name, under the management of the same head office (headquarters), adopt unified procurement or franchising to achieve profitability. It include regular chain store, franchise chain store and voluntary chain store.

Regular Chain Store refers to the form of chain operation in which chain stores are wholly owned or controlled by chain companies, and are operated in a unified manner under the direct control of the headquarters.

Franchise Chain Store refers to the form of chain operation in which enterprises (franchisors) that own operating resources licenses its operating resources to other operators (franchisees) in a contract to conduct operations and pay franchise fees under a unified business model.

Voluntary Chain Store refers to the form of chain operation in which several stores or enterprises are voluntarily combined to face consumers with the same brand image without changing the ownership relationship of their respective assets, and conduct business with the joint purchase of goods as a link.

Commodity Exchange Markets with Transaction Value over 100 Million Yuan

refer to the commodity exchange markets with an annual transaction value of 100 million yuan or more. Commodity exchange markets refer to the trading places that have been established with the approval of relevant departments and organizations, and opened for more than three months with fixed places, facilities, operation and management departments, supervisors, and several market operators, including various consumer goods markets, production markets, etc.

Urban Commercial Complex

refers to a large-scale commercial complex which takes the region as the center and takes the shopping center as the leading, integrates the commercial retail, catering, leisure and health care, entertainment, culture, education and other major functions of the city, and provides comprehensive services for all kinds of consumer groups.

In addition to the characteristics of urban commercial complex integrating multiple main functions of the city, facing the consumer groups and providing comprehensive services, the survey objects identified should also meet the following requirements:

(1) It is managed and operated by enterprises in a planned way and has a unified name, such as * * center, * * square and * * city.

(2) It covers supermarkets, department stores, professional stores, exclusive stores and other commodity retail industries, catering industry such as dinner and fast food, and two or more major service industries including culture, entertainment, fitness, entertainment and training.

(3) The business area is not less than 10000 square meters, and there are no less than 50 independent businesses.

The contents of the special survey on urban commercial complex include the opening time, floor area, passenger flow and other basic information of the urban commercial complex, the employment situation, the overall scale of business activities, business structure and business structure, as well as the situation of merchants in this place.

Statistical Limit Standard of Wholesale, Retail Trade, Accommodation and Catering Services

Industry Category	*Statistical Index Name*	*Limit Standard*
Wholesale Trade	*Annual Revenue from Principal Business*	*20 million yuan*
Retail Trade	*Annual Revenue from Principal Business*	*5 million yuan*

第十七篇　交通运输和邮电

Chapter 17 Transportation, Post and Telecommunication Services

17-1 社会客、货运输量和周转量
Passenger & Freight Traffic and Turnover Volume of Passenger & Freight Traffic

年份 Year	客运量（万人） Passenger Traffic (10 000 persons)	# 铁路 Railways	# 公路 Highways	# 民航 Civil Aviation	旅客周转量（百万人公里） Turnover Volume of Passenger Traffic (million passenger-km)	# 铁路 Railways	# 公路 Highways	# 民航 Civil Aviation
1978		1458	533				243	
1980		1567	646				289	
1985	2984	2192	788			5234	456	
1990	2175	1722	447			5409	307	
1995	3308	1802	1464		7927	5437	1680	
2000	3474	1594	1820		8845	6022	1864	
2001	3302	1456	1780		9197	5996	2205	
2002	3457	1498	1870		9255	5782	2272	
2003	3507	1281	2109		9274	5526	2158	
2004	4103	1491	2457		11713	7112	2404	
2005	4679	1550	2961		14210	9070	2646	
2006	5670	1632	3807		16341	9651	3564	
2007	7104	1573	5253		18380	10228	4470	
2008	8753	1907	6579		19612	10426	5671	
2009	25299	2384	22566	334	29766	12482	13122	4142
2010	24873	2654	21822	396	32312	14066	13196	5031
2011	25331	2801	22053	475	34214	14838	13391	5967
2012	28462	2970	24483	1009	43249	16399	15043	11807
2013	29518	3352	24980	1186	47289	17836	15442	14011
2014	19599	3686	14530	1382	41971	16412	8847	16712
2015	19775	4054	14218	1503	44562	17047	8583	18932
2016	19930	4543	13741	1645	48144	18351	7839	21955
2017	19193	4792	12538	1863	52786	19390	7283	26113
2018	19250	5075	12259	1915	55349	19990	7640	27719
2019	19608	5332	12206	2069	58511	20852	7867	29792
2020	11608	2636	7926	1046	27882	9599	4747	13536
2021	13516	3405	8916	1195	32404	11661	5430	15313
2022	8769	1311	6959	499	16537	5792	3955	6790

资料来源：本篇交通运输指标数据来自天津市交通运输委员会和航空运输、管道运输单位，邮电业指标数据来自邮政和电信单位。

Source: Data on transportation in this chapter are from Tianjin Municipal Transportation Commission, the air transportation and pipeline transportation units. Data on post and telecommunication are form the postal and telecommunication units.

17-1续表 *Continued*

年 份 Year	货运量 (万吨) Freight Traffic (10 000 tons)	# 铁 路 Railways	# 公 路 Highways	# 水 运 Waterways	货物周转量 (亿吨公里) Turnover Volume of Freight Traffic (100 million ton-km)	# 铁 路 Railways	# 公 路 Highways	# 水 运 Waterways
1978	9241	1877	6417	701			8	392
1980	13949	1785	11065	789			18	505
1985	18249	2595	14500	818	765	190	34	540
1990	15929	2228	12329	1046	1139	234	52	852
1995	24040	2722	19323	1517	1412	230	41	1139
2000	26400	3079	18764	4165	4674	275	63	4334
2001	28608	3727	19382	5037	5166	230	65	4870
2002	31016	4519	19554	6452	6484	228	66	6188
2003	35252	5662	20072	8944	8169	259	68	7840
2004	37934	6108	19560	11613	11473	286	72	11112
2005	40263	7241	19850	12375	12461	353	74	12031
2006	42863	8409	20290	13313	12184	353	76	11751
2007	51338	11288	23500	15671	15221	355	88	14774
2008	55065	12161	27000	15096	14479	343	103	14029
2009	43554	11284	19800	11656	10102	297	206	9595
2010	41611	7597	20855	11911	9859	298	231	9324
2011	44651	7286	23426	12711	10121	296	267	9553
2012	47698	7909	28228	10332	7635	287	329	7012
2013	51603	8446	31985	9884	5390	273	368	4742
2014	50948	8872	31130	9749	3354	265	349	2734
2015	53179	8377	33724	9910	2320	226	380	1708
2016	51580	8149	32841	9515	2117	207	372	1530
2017	52992	8735	34720	8344	1940	237	398	1298
2018	53548	9247	34711	8261	1984	245	404	1327
2019	56941	9887	36710	8955	2244	272	418	1546
2020	53536	11124	32261	9134	2607	518	640	1442
2021	57568	11750	34527	10159	2682	554	673	1451
2022	53963	11754	30382	10761	2670	574	605	1487

注：因交通部方法制度变化，2009年及以后公路和水运数据与2008年及以前数据不可比。

Note: Data of highways and waterways from 2009 are changed according to the statistics measure of Ministry of Transport,which can't be compared with data of 2008 and before.

17-2 社会客、货运输量和周转量(2018—2022年)

Passenger & Freight Traffic and Turnover Volume of Passenger & Freight Traffic,2018-2022

指 标 Item	2018	2019	2020	2021	2022
客 运 量(万人)					
Passenger Traffic (10 000 persons)	**19250**	**19608**	**11608**	**13516**	**8769**
铁 路					
Railways	5075	5332	2636	3405	1311
公 路					
Highways	12259	12206	7926	8916	6959
民 航					
Civil Aviation	1915	2069	1046	1195	499
旅客周转量(百万人公里)					
Turnover Volume of Passenger Traffic					
(million passenger-km)	**55349**	**58511**	**27882**	**32404**	**16537**
铁 路					
Railways	19990	20852	9599	11661	5792
公 路					
Highways	7640	7867	4747	5430	3955
民 航					
Civil Aviation	27719	29792	13536	15313	6790
货 运 量(万吨)					
Freight Traffic (10 000 tons)	**53548**	**56941**	**53536**	**57568**	**53963**
铁 路					
Railways	9247	9887	11124	11750	11754
公 路					
Highways	34711	36710	32261	34527	30382
水 运					
Waterways	8261	8955	9134	10159	10761
民 航					
Civil Aviation	8	8	4	5	3
管道输油气量					
Traffic of Petroleum & Gas Pipelines	1320	1380	1013	1127	1063
货物周转量(亿吨公里)					
Turnover Volume of Freight Traffic					
(100 million ton-km)	**1984**	**2244**	**2607**	**2682**	**2670**
铁 路					
Railways	245	272	518	554	574
公 路					
Highways	404	418	640	673	605
水 运					
Waterways	1327	1546	1442	1451	1487
民 航					
Civil Aviation	2	2	1	1	1
管道输油气量					
Traffic of Petroleum & Gas Pipelines	7	7	6	3	3

17-3 运输线路长度(2000—2022年)
Length of Transport Routes,2000-2022

单位：公里(km)

年 份 Year	公路通车里程 Length of Highways with Transport Service	# 等级公路 Expressway and Class I to IV Highway	# 高速公路 Expressway	内河航道里程 Length of Navigable Inland Waterways	民航航线里程 Length of Civil Aviation Routes	输油气管道里程 Length of Petroleum & Gas Pipelines
2000	8946		305	443	21939	320
2001	9647	9067	304	443	22874	290
2002	9696	9126	331	443	19922	462
2003	10168	9901	517	412	18519	495
2004	10514	10420	517	412	22802	613
2005	10836	10791	593	412	19504	503
2006	11316	11306	682	412	20297	545
2007	11531	10839	682	412	23688	691
2008	12059	11225	835	412	35494	730
2009	14315	13431	884	412	40341	608
2010	14832	13851	982	412	68488	542
2011	15163	15163	1103	412	69722	538
2012	15391	15391	1103	412	127032	532
2013	15718	15718	1103	412	154840	529
2014	16110	16110	1113	412	152342	518
2015	16550	16550	1130	412	163833	521
2016	16764	16764	1208	412	164630	521
2017	16532	16532	1248	412	170276	521
2018	16257	16257	1262	412	234408	449
2019	16132	16132	1295	412	222488	449
2020	16411	16411	1325	412	142746	449
2021	15307	15307	1325	412	93944	449
2022	15230	15230	1358	412	123552	449

17-4 港口客、货吞吐量
Volume of Passenger & Freight Handled in Ports

年 份 Year	港口旅客吞吐量(万人次) Volume of Passenger Handled in Ports (10 000 person-times)	港口货物吞吐量(万吨) Volume of Freight Handled in Ports (10 000 tons)	出 港 Out-port	比 重(%) Proportion (%)	进 港 In-port	比 重(%) Proportion (%)	集装箱吞吐量(万国际标准箱) Handled Containers (10 000 TEU)
1978	6.2	1131	280	24.8	851	75.2	1
1980	6.0	1192	393	33.0	799	67.0	2
1990	37.0	2063	1195	57.9	868	42.1	29
1995	50.4	5787	4551	78.6	1236	21.4	70
2000	40.2	9582	6936	72.4	2646	27.6	171
2001	37.1	11369	8086	71.1	3283	28.9	201
2002	33.0	12906	8802	68.2	4104	31.8	241
2003	22.7	16182	10912	67.4	5270	32.6	302
2004	32.5	20619	13217	64.1	7402	35.9	382
2005	31.6	24069	14700	61.1	9369	38.9	480
2006	34.0	25760	15285	59.3	10475	40.7	595
2007	34.0	30946	19073	61.6	11873	38.4	710
2008	8.7	35593	20462	57.5	15131	42.5	850
2009	15.9	38111	16591	43.5	21520	56.5	870
2010	23.4	41325	20048	48.5	21277	51.5	1008
2011	24.9	45338	22665	50.0	22673	50.0	1159
2012	29.3	47697	22381	46.9	25316	53.1	1230
2013	33.0	50063	23060	46.1	27003	53.9	1301
2014	32.6	54002	26546	49.2	27456	50.8	1406
2015	52.1	54051	28487	52.7	25564	47.3	1411
2016	78.7	55056	30565	55.5	24491	44.5	1452
2017	97.0	50056	26567	53.1	23489	46.9	1507
2018	75.7	50774	25815	50.8	24959	49.2	1601
2019	82.7	49220	23477	47.7	25743	52.3	1730
2020		50290	23471	46.7	26819	53.3	1835
2021		52954	26153	49.4	26801	50.6	2027
2022		54902	27479	50.0	27424	50.0	2102

注：货物吞吐量为包括货主码头的全港数据。
Note: Volume of freight handled in ports refers to the figure of ports, including those of docks.

17-5 港口分货类吞吐量
Volume of Freight Handled in Ports by Category

单位：万吨(10 000 tons)

指　标 Item	合计 Total		出港量 Out-port		进港量 In-port	
	2021	2022	2021	2022	2021	2022
港口货物吞吐量						
Volume of Freight Handled in Ports	**52954**	**54902**	**26153**	**27479**	**26801**	**27424**
国　外						
Abroad	29422	30530	9315	10048	20107	20482
国　内						
Domestic	23532	24372	16838	17430	6694	6942
分品种货物吞吐量						
Volume of Freight Handled by Category						
煤炭及制品						
Coal and Related Products	6670	7504	6659	7457	11	46
石油、天然气及制品						
Petroleum, Natural Gas and Related Products	7377	7399	3039	3310	4338	4089
金属矿石						
Metal Ores	11625	11375	182	111	11443	11264
钢　铁						
Steel and Iron	4161	3910	3685	3406	476	504
矿建材料						
Mineral Building Materials	1931	1747	1085	870	846	877
水　泥						
Cement	19	82	11	36	8	45
木　材						
Timber	155	223	104	151	51	72
非金属矿石						
Nonmetal Ores	494	792	242	249	252	543
化学肥料及农药						
Chemical Fertilizers and Pesticides	606	625	557	559	49	65
盐						
Salt	57	221	28	176	29	45
粮　食						
Grain	1398	1476	255	272	1143	1204
机械、电器、设备						
Machine, Electric Machinery, Equipment	2408	2794	1711	2005	697	789
化工原料及制品						
Chemical Materials and Related Products	2510	2302	1709	1488	801	814
有色金属						
Nonferrous Metals	360	392	198	121	162	271
轻工、医药产品						
Light Industry, Medical and Pharmaceutical Products	7060	7156	3712	3763	3348	3393
农林牧渔产品						
FFAF Products	1230	1491	407	662	823	828
其　他						
Others	4893	5415	2569	2843	2324	2572
集装箱吞吐量(万国际标准箱)						
Handled Containers (10 000 TEU)	**2027**	**2102**	**1017**	**1041**	**1010**	**1061**

17-6 民用航空主要指标(2020—2022年)
Main Indicators of Civil Aviation,2020-2022

指 标 Item	2020	2021	2022
民航航线里程(公里)			
Length of Civil Aviation Routes (km)	142746	93944	123552
飞行小时(小时)			
Flying Time (hour)	71090	69793	29004
平均每可用机飞行时间(小时)			
Flying Time per Available Aircraft (hour)	2539	2208	1123
正班飞行距离(万公里)			
Distance under Normal Conditions (10 000 km)	3669	3648	1763
平均每可用机日生产飞行时间(小时)			
Average Daily Flying Time per Available Aircraft (hour)	6	6	3
正班平均载运率(%)			
Average Utilization Rate of Capacity under Normal Conditions (%)	72.4	70.6	63.0
旅客吞吐量(万人)			
Passenger Traffic(10 000 persons)	**1329**	**1513**	**584**
国内旅客			
Domestic Passenger Traffic	1291	1502	573
国际旅客			
International Passenger Traffic	35	9	10
港、澳、台地区旅客			
Hong Kong, Macao & Taiwan Passenger Traffic	3	2	1
货(邮)吞吐量(万吨)			
Freight Traffic(10 000 tons)	**19**	**20**	**13**
国内货邮			
Domestic Routes	11	11	6
国际货邮			
International Routes	8	9	7
港、澳、台地区货邮			
Hong Kong, Macao & Taiwan Regional Routes			
起、降架次(万架次)			
Times of Ascend and Descend(10 000 sorties)	**11.6**	**12.5**	**6.0**

17-7 民用车辆拥有量(2022年)
Number of Civil Motor Vehicles Owned,2022

单位：辆(unit)

指 标	Item	合 计 Total	# 个 人 Private-owned	当年新注册 Registered in Current Year
总 计	**Total**	**4004129**	**3427759**	**350205**
民用汽车	Civil Motor Vehicles	3898080	3391034	333509
1. 载客汽车	Passenger Vehicles	3474490	3171178	305905
# 轿 车	Cars	2409709	2236300	183733
大 型	Large-sized	24596	817	414
中 型	Medium-sized	10599	3680	261
小 型	Small-sized	3421335	3149397	305230
微 型	Minisize	17960	17284	
2. 载货汽车	Trucks	395162	212003	26453
# 普通载货	Ordinary Trucks	130739	86916	7480
重 型	Heavy Trucks	89280	4524	5217
中 型	Medium-sized Trucks	5906	785	413
轻 型	Light Trucks	299555	206452	20813
微 型	Minisize Trucks	421	242	10
3. 其他汽车	Other Civil Motor Vehicles	28428	7853	1151
摩托车	Motorcycles	40007	33667	12752
拖拉机	Tractor	9567		
挂 车	Trailer	55481	2799	3855
其他类型车	Other Vehicles	994	259	89

17-8 邮电业务基本情况
Basic Statistics of Postal and Telecommunication Services

年 份 Year	邮电业务总量 (不变价)(万元) Business Value of Postal and Telecommunication Services(Constant Prices) (10 000 yuan)	邮电局所数 (处) Number of Post and Telecommunication Offices(unit)	电话机(含移动、小灵通)(万部) Telephone (Include Mobile and Handphone) (10 000 sets)	平均每百人拥有电话机数 (含移动)(部/百人) Telephone per 100 persons (Include Mobile) (set/100 persons)
1978	2710	217	8.36	1.2
1980	3163	223	9.98	1.3
1985	5290	268	15.06	1.9
1990	32735	281	31.78	3.7
1995	187195	300	135.61	15.2
2000	753669	563	431.28	46.6
2001	702206	543	511.57	56.0
2002	903296	597	601.45	65.4
2003	1157060	619	761.91	82.3
2004	1467836	700	835.01	89.5
2005	1763477	827	939.82	90.1
2006	2277902	818	1147.17	106.7
2007	3006714	842	1238.25	111.1
2008	3517682	1089	1320.91	112.3
2009	3866682	823	1377.75	112.2
2010	4351563	833	1456.39	112.1
2011	1807796	865	1568.47	117.0
2012	1867423	888	1657.52	120.3
2013	1960037	850	1675.95	118.9
2014	2448245	876	1712.41	119.8
2015	3218094	873	1749.60	121.6
2016	2620827	863	1811.10	125.5
2017	4068121	849	1876.00	133.0
2018	8510501	826	1968.90	142.4
2019	13437694	797	2053.80	148.3
2020	17795404	802	2036.80	146.8
2021	3116571	840	2056.30	149.8
2022	3415317	850	2148.40	157.6

17-9 邮电业务主要指标

Main Indicators of Postal and Telecommunication Services

指　标	Item	单 位	Unit	2021	2022	2022比2021年增长(%) Increase Rate in 2022 over 2021 (%)
邮电业务总量（不变价）	**Business Value of Postal and Telecommunication Services(Constant Prices)**	**万 元**	**10 000 yuan**	**3116571**	**3415317**	**9.6**
邮政业务总量	Business Volume of Postal Services	万 元	10 000 yuan	1387524	1410425	1.7
电信业务总量	Business Volume of Telecommunication Services	万 元	10 000 yuan	1729047	2004892	16.0
邮政业务	**Business of Postal Services**					
函　件	Letters	万 件	10 000 pcs	1884.73	1399.00	-25.8
快　递	Pieces of Express Mail Services	亿 件	100 million pcs	12.34	12.16	-1.5
# 同　城	Intra-city	亿 件	100 million pcs	1.85	1.73	-6.2
异　地	Different Place	亿 件	100 million pcs	10.47	10.41	-0.6
报刊期发数	Number of Newspapers and Magazines Subscribed	万 份	10 000 copies	51.63	45.69	-11.5
汇　票	Postal Order	万 笔	10 000 times	6.1	4.8	-21.3
集邮业务	Philately	万 枚	10 000 pcs	1012.79	891.84	-11.9
邮电局所数	Number of Postal & Telecommunication Offices	处	unit	840	850	1.2
# 邮政局	Number of Postal Offices	处	unit	425	426	0.2
信筒信箱	Number of Postal Boxes	个	unit	2502	2427	-3.0
邮路总长度	Length of Postal Routes	公 里	km	25829	25679	-0.6
汽车邮路长度	Length of Postal Routes by Highway	公 里	km	25829	25679	-0.6
邮政汽车	Automobile for Postal Business	辆	unit	1290	1256	-2.6
农村投递线路长度	Rural Delivery Routes	公 里	km	23612	24507	3.8
电信业务	**Business of Telecommunication Services**					
年末固定电话用户	Number of Fixed Telephone Subscribers	万 户	10 000 subscribers	311.2	338.3	8.7
移动电话用户	Number of Mobile Telephone Subscribers	万 户	10 000 subscribers	1745.1	1810.1	3.7
# 4G移动电话	4G Mobile Phone	万 户	10 000 subscribers	1196.3	1060.5	-11.3
移动电话通话时长	Duration of Calls Mobile Telephone	亿分钟	100 million minutes	517.6	544.4	5.2
# 去话通话时长	Length of Call	亿分钟	100 million minutes	253.1	278.0	9.8
短信业务发送量	Number of Messages Send Out	亿 条	10 000 pcs	150.8	149.1	-1.1
长途光缆线路长度	Length of Long-distance Optical Cable Lines	公 里	km	3990	4443	11.3
(固定)互联网宽带用户	(Fixed)Broadband Subscribers of Internet	万 户	10 000 subscribers	584.5	631.1	8.0
移动互联网用户	Mobile Internet Subscribers	万 户	10 000 subscribers	1537	1572	2.3
(固定)互联网宽带接入端口	(Fixed)Broadband Subscribers Port of Internet	万 个	10 000 ports	1352.5	1420.4	5.0
移动电话基站	Mobile Phone Base Station	万 个	10 000 units	12.9	14.2	9.9

注：本表邮电业务总量均按2020年不变价格计算。
Note: The total postal and telecommunication business value in this table are calculated at 2020 constant prices.

17-10 互联网主要指标(2019—2022年)
Main Indicators of Internet,2019-2022

指　标　Item	2019	2020	2021	2022
(固定)互联网宽带接入端口(万个) (Fixed)Broadband Subscribers Port of Internet(10 000 ports)	1092.6	1254.6	1352.5	1420.4
(固定)互联网宽带用户(万户) (Fixed)Broadband Subscribers of Internet(10 000 subscribers)	523.6	534.6	584.5	631.1
# 城　市 Urban	479.5	481.8	524.8	590.9
域名数(万个) Number of Domain Names(10 000 units)	5.6	5.2	4.9	4.8
网站数(万个) Number of Websites(10 000 units)	4.7	5.1	5.0	5.0

17-11 邮政电信服务水平(2019—2022年)
Level of Postal and Telecommunication Services,2019-2022

指　标　Item	2019	2020	2021	2022
平均每一邮电局所服务人口(万人) Average Population Served by Every Post & Telecommunication Office (10 000 persons)	1.7	1.7	1.6	1.6
# 平均每一邮政局所服务人口 Average Population Served by Every Post Office	3.3	3.3	3.2	3.2
平均每人每年发函件数(件) Annual Average Number of Letters Mailed per Capita(piece)	1.6	1.4	1.4	1.0
平均每百人每年订销报刊期发数(件) Annual Average Number of Newspapers and Magazines Subscribed and Bought per 100 Persons(piece)	4.4	4.2	3.8	3.4
平均每百人拥有电话机(含移动)(部) Telephone Owned per 100 Persons (include mobile telephone)(set)	148.3	146.8	149.8	157.6
平均每百人拥有移动电话(部) Mobile Telephone Owned per 100 Persons(set)	123.1	123.4	127.1	132.8

17-12 邮政、电信局(所、厅)数(2019—2022年)
Number of Post and Telecommunication Offices by Region,2019-2022

单位：处(unit)

地 区	Region	2019	2020	2021	2022
总 计	**Total**	**797**	**802**	**840**	**850**
# 邮政局	Post Offices	419	424	425	426
# 中心城区	Central Districts	259	260	266	261
和平区	Heping District	31	31	31	31
河东区	Hedong District	52	53	57	56
河西区	Hexi District	45	45	47	47
南开区	Nankai District	53	53	55	53
河北区	Hebei District	45	45	43	41
红桥区	Hongqiao District	33	33	33	33
东丽区	Dongli District	36	37	37	37
西青区	Xiqing District	40	40	40	44
津南区	Jinnan District	27	27	28	28
北辰区	Beichen District	35	35	39	39
武清区	Wuqing District	63	63	64	67
宝坻区	Baodi District	57	57	55	54
滨海新区	Binhai New Area	130	132	147	150
宁河区	Ninghe District	37	37	44	44
静海区	Jinghai District	56	56	57	63
蓟州区	Jizhou District	57	58	63	63

17-13 按行业分企业信息化及电子商务情况(2022年)

Informatization and E-commerce of Enterprises by Sector (2022)

行业	Sector	企业数(个) Number of Enterprises (unit)	期末使用计算机数(台) Computers Used at the End of Period (unit)	每百人使用计算机数(台) Computers Used Per 100 Persons (unit)	企业拥有网站数(个) Websites of All Enterprises (unit)	每百家企业拥有网站数(个) Websites Per 100 Enterprises (unit)
总计	**Total**	**25506**	**1152505**	**45**	**8197**	**32**
采矿业	Mining	11	32359	59	15	136
制造业	Manufacturing	5440	368966	43	3116	57
电力、热力、燃气及水生产和供应业	Production and Supply of Electricity, Heat, Gas and Water	264	33670	81	99	38
建筑业	Construction	2685	108949	26	646	24
批发和零售业	Wholesale and Retail Trades	9443	160703	66	1835	19
交通运输、仓储和邮政业	Transport, Storage and Post	1721	68988	46	472	27
住宿和餐饮业	Hotels and Catering Services	981	20067	28	226	23
信息传输、软件和信息技术服务业	Information Transmission, Software and Information Technology	460	108734	114	297	65
房地产业	Real Estate	1766	54567	41	375	21
租赁和商务服务业	Leasing and Business Services	1303	52847	20	397	31
科学研究和技术服务业	Scientific Research and Technical Services	725	104863	95	470	65
水利、环境和公共设施管理业	Management of Water Conservancy, Environment and Public Facilities	91	3964	21	25	28
居民服务、修理和其他服务业	Service to Households, Repair and Other Services	151	5161	9	39	26
教育	Education	57	11851	120	21	37
卫生和社会工作	Health and Social Service	136	9668	51	98	72
文化、体育和娱乐业	Culture, Sports and Entertainment	272	7148	90	66	24

注：1.分行业企业数根据《信息通信技术应用和数字化转型情况》2022年度调查结果汇总。
2.有电子商务交易活动的企业是指通过网站或应用程序开展电子商务销售或电子商务采购的企业及有电子数据交换类型交易的企业，表17-14同。

a) The number of enterprises by sector is summarized according to the survey result of Data on informatization and e-commerce in 2022.
b) Enterprises with E-commerce transactions refers to those enterprises which carry out sales or purchases through Internet. Same as table 17-14.

17-13续表 *Continued*

行　业	Sector	有电子商务交易活动 With E-commerce Transactions 企业数(个) Number of Enterprises (unit)	比重(%) Proportion (%)	企业电子商务销售额(万元) Sales Through E-commerce (10 000 yuan)	企业电子商务采购额(万元) Purchases Through E-commerce (10 000 yuan)
总　计	**Total**	**1973**	**7.7**	**69749485**	**43858139**
采矿业	Mining	3	27.3	2133448	942857
制造业	Manufacturing	449	8.3	15979063	15572234
电力、热力、燃气及水生产和供应业	Production and Supply of Electricity, Heat, Gas and Water	30	11.4	175435	1091649
建筑业	Construction	44	1.6	5696	1128577
批发和零售业	Wholesale and Retail Trades	732	7.8	34783795	20555478
交通运输、仓储和邮政业	Transport, Storage and Post	79	4.6	9516481	3839994
住宿和餐饮业	Hotels and Catering Services	280	28.5	216753	2263
信息传输、软件和信息技术服务业	Information Transmission, Software and Information Technology	99	21.5	5467769	410403
房地产业	Real Estate	39	2.2	147827	1368
租赁和商务服务业	Leasing and Business Services	79	6.1	906390	159458
科学研究和技术服务业	Scientific Research and Technical Services	40	5.5	73794	75132
水利、环境和公共设施管理业	Management of Water Conservancy, Environment and Public Facilities	4	4.4	5376	84
居民服务、修理和其他服务业	Service to Households, Repair and Other Services	13	8.6	22441	62872
教育	Education	5	8.8	53008	17
卫生和社会工作	Health and Social Service	22	16.2	136177	15050
文化、体育和娱乐业	Culture, Sports and Entertainment	55	20.2	126032	704

17-14 分地区企业信息化及电子商务情况(2022年)
Informatization and E-commerce of Enterprises by Region,2022

地 区	Region	企业数（个） Number of Enterprises (unit)	期末使用计算机数（台） Computers Used at the End of Period (unit)	每百人使用计算机数（台） Computers Used Per 100 Persons (unit)	企业拥有网站数（个） Websites of All Enterprises (unit)	每百家企业拥有网站数（个） Websites Per 100 Enterprises (unit)
全 市	**Total**	**25506**	**1152505**	**45**	**8197**	**32**
和平区	Heping District	776	44670	57	264	34
河东区	Hedong District	594	36206	33	160	27
河西区	Hexi District	1222	46383	53	338	28
南开区	Nankai District	1018	54233	32	358	35
河北区	Hebei District	379	27610	60	97	26
红桥区	Hongqiao District	264	9540	49	69	26
东丽区	Dongli District	1323	51815	43	354	27
西青区	Xiqing District	1743	82170	50	698	40
津南区	Jinnan District	1424	34551	37	532	37
北辰区	Beichen District	1707	52556	41	527	31
武清区	Wuqing District	2162	92975	39	720	33
宝坻区	Baodi District	1088	19306	27	271	25
滨海新区	Binhai New Area	8889	549433	52	2909	33
宁河区	Ninghe District	560	9505	27	159	28
静海区	Jinghai District	1882	31498	29	632	34
蓟州区	Jizhou District	475	10054	34	109	23

17-14续表 *Continued*

地　区	Region	有电子商务交易活动 With E-commerce Transactions		企业电子商务销售额(亿元) Sales Through E-commerce (100 million yuan)	企业电子商务采购额(亿元) Purchases Through E-commerce (100 million yuan)
		企业数(个) Number of Enterprises (unit)	比重(%) Proportion (%)		
全　市	**Total**	**1973**	**7.7**	**6974.95**	**4385.81**
和平区	Heping District	124	16.0	320.72	225.92
河东区	Hedong District	65	10.9	64.43	14.81
河西区	Hexi District	104	8.5	89.31	53.79
南开区	Nankai District	105	10.3	98.54	212.47
河北区	Hebei District	45	11.9	205.11	259.46
红桥区	Hongqiao District	34	12.9	11.93	2.04
东丽区	Dongli District	65	4.9	302.80	53.87
西青区	Xiqing District	131	7.5	80.88	53.63
津南区	Jinnan District	88	6.2	26.73	20.92
北辰区	Beichen District	87	5.1	262.46	43.58
武清区	Wuqing District	207	9.6	440.40	103.27
宝坻区	Baodi District	44	4.0	92.71	31.31
滨海新区	Binhai New Area	744	8.4	4850.47	3221.70
宁河区	Ninghe District	22	3.9	48.68	23.43
静海区	Jinghai District	71	3.8	57.02	39.98
蓟州区	Jizhou District	37	7.8	22.75	25.63

主要统计指标解释

货（客）运量

指在一定时期内，各种运输工具实际运送的货物（旅客）数量。该指标是反映运输业为国民经济和人民生活服务的数量指标，也是制定和检查运输生产计划、研究运输发展规模和速度的重要指标。货运按吨计算，客运按人计算。货物不论运输距离长短、货物类别，均按实际重量统计。旅客不论行程远近或票价多少，均按一人一次客运量统计；半价票、小孩票也按一人统计。

货物（旅客）周转量

指在一定时期内，由各种运输工具运送的货物（旅客）数量与其相应运输距离的乘积之总和。该指标可以反映运输业生产的总成果，也是编制和检查运输生产计划，计算运输效率、劳动生产率以及核算运输单位成本的主要基础资料。计算货物周转量通常按发出站与到达站之间的最短距离，也就是计费距离计算。计算公式为：

货物（旅客）周转量 = Σ〔货物（旅客）运输量 × 运输距离〕

港口货物吞吐量

指经由水路运进、出港区范围，并经过装卸的货物数量。不包括利用自然岸坡进行的装卸量。按货物流向分为进港吞吐量和出港吞吐量；按货物的贸易性质分为内贸和外贸吞吐量；按货物的类别分，可根据现行的交通行业标准《运输货物分类和代码》分类。

集装箱吞吐量

凡经过水运进、出港区范围，并经过装卸的集装箱箱数和重量（含集装箱自重），通常是按进港和出港分别统计。TEU 是“折合 20 英尺标准箱”的英文缩写。它是指各种尺寸的国际标准集装箱的自然箱数，按各自的换算比例，折算为 20 英尺标准箱数。其换算比例为：40 英尺箱 1∶2；35 英尺箱 1∶1.75；20 英尺箱 1∶1；10 英尺箱 1∶0.5。

邮电业务总量

指以货币形式表现的邮电通信企业为社会提供各类邮电通信服务的总数量。计算方法为各类邮电通信服务业务的实物量分别乘以相应的不变单价，求出各类业务的货币量后加总求得。该指标反映了一定时期邮电通信业务发展的总成果，是观察邮电通信业务发展变化总趋势的综合性指标，分别按邮政业务总量和电信业务总量统计。

民用汽车拥有量

指报告期末，在公安交通管理部门按照《机动车注册登记工作规范》，已注册登记领有民用车辆牌照的全部汽车数量。汽车拥有量统计的主要分类：根据汽车结构分为载客汽车、载货汽车、其他汽车；根据汽车所有者不同分为个人（私人）汽车、单位汽车；根据汽车的使用性质分为营运汽车、非营运汽车；根据汽车大小规格不同，载客汽车分为大型、中型、小型和微型，载货汽车分为重型、中型、轻型和微型，该指标统计载客汽车、载货汽车、其他汽车合计数量。

Explanatory Notes on Main Statistical Indicators

Freight (Passenger) Traffic

refers to the volume of freight (passenger) transported with various means within a specific period of time. This indicator reflects the service of the transport industry towards the national economy and people's living conditions, as well as an important indicator used in formulating and monitoring transport production plans and research into the scale and pace of transport development. Freight transport is calculated in tons and passenger traffic is calculated in terms of number of persons. Freight transport is calculated in terms of the actual weight of the goods and takes no account of the type of freight and distance of travel. Passenger traffic is calculated by the principle that one person can be counted only once in one trip and takes no account of the travelling distance and ticket price. The passengers who travel with a half price ticket or a child's ticket is also calculated as one person.

Turnover Volume of Freight (Passenger) Traffic

refers to the sum of the product of the volume of transported cargo (passengers) multiplied by the transport distance. It is an important indicator to reflect the achievement of the transportation industry. This is an important indicator to show the total results of the transport industry; to prepare and examine the transport plan; and to serve as the main basic data for calculating the efficiency, labour productivity and unit cost of transport. Normally, the shortest distance between the departure station and the destination station (i.e., the payable distance) is the basis in calculating the freight ton-kilometers. The formula is as followed:

Turnover Volume of Freight (Passenger) Traffic = Σ(*Freight (Passenger) Traffic* × *Distance of Transportation*)

Freight Handled in Ports

refers to the volume of cargo passing in and out the harbor area and having been loaded and unloaded. Loading and unloading volumes using natural bank slopes are not included. The volume of freight handled may be classified as in-port & out-port. It can also be classified as national trade and international trade by the attribute of trade or be classified by the classification of cargo according to the standard of traffic in use the *Classification and Code of Transported Cargo*.

Container Handled in Ports

refers to number and weight (include tare weight of containers) of containers which are loaded or unloaded within port area via water carriage. It is often calculated by entering and leaving port, respectively. TEU was the abbreviation of twenty foot equivalent unit, which refers to converted number of all kinds of containers. The conversion method is based on respective conversion ratio and the number of all kinds of container is converted to the standard number of 20-foot equivalent unit. The conversion ratio is 40-foot container 1 ∶ 2, 35-foot container 1 ∶ 1.75, 20-foot container 1 ∶ 1, 10-foot container 1 ∶ 0.5.

Business Value of Postal and Telecommunication Services

refers to the total amount of postal and telecommunication services, expressed in currency form, provided by the postal and telecommunication departments for the society. The accounting approach is to multiply the volume of various postal and telecommunication services with their constant unit price, get the currency amount of various businesses and sum up. This indicator reflects the overall results of postal and telecommunication service during a given period. It is a comprehensive indicator to observe the general trend of the development and change of postal and telecommunication services. The indicator is separately calculated according to the total amount of postal services and the total amount of telecommunication services.

Civil Motor Vehicles Owned

refers to the total number of vehicles that are registered and received vehicles license tags according to the *Work Standard for Motor Vehicles Registration* formulated by transport management office under department of public security at the end of reference period. They are divided into following categories according to the structure of motor vehicles: passenger vehicles, trucks and others; and private vehicles and vehicles for units use according to ownerships; working vehicles and non-working vehicles according to kind of usage; large passenger vehicles, medium passenger vehicles, small passenger vehicles and mini passenger vehicle, heavy trucks, light-heavy trucks, light trucks and mini trucks according to sizes of vehicles. It refers to the total number of passenger vehicles, trucks and others.

第十八篇 住宿和餐饮业与旅游

Chapter 18 Accommodation and Catering Services, Tourism

18-1 限额以上住宿业基本情况(2006—2022年)
Basic Statistics on Accommodation Services above Designated Size,2006-2022

年 份 Year	单位数 (个) Number of Stores (unit)	从业人员 (人) Employment Personnel (person)	床位数 (张) Number of Beds (bed)	资产总计 (万元) Total Assets (10 000 yuan)	营业收入 (万元) Business Revenue (10 000 yuan)
2006	133	20961	32965	833583	209729
2007	158	28518	39210	896337	248735
2008	212	26240	77949	1061761	322450
2009	211	24414	46914	933585	280691
2010	222	24133	51499	1247150	335165
2011	226	25654	65735	1079468	380429
2012	229	26366	68765	1272698	423563
2013	250	26889	72227	1472621	399249
2014	252	23470	66704	1251209	390970
2015	245	21573	67148	1344399	380808
2016	252	21025	70467	1518750	404197
2017	241	20108	66640	1809516	415916
2018	235	17900	64435	2139962	385908
2019	289	16692	117902	2095324	424110
2020	314	15727	85435	2191213	316027
2021	357	15762	102997	2687493	395856
2022	370	14487	80047	2921300	327971

18-2 限额以上住宿业基本情况(2022年)
Basic Statistics on Accommodation Services above Designated Size,2022

项　目	Item	单位数(个) Number of Stores (unit)	从业人员(人) Employment Personnel (person)	床位数(张) Number of Beds (bed)
总　计	**Total**	**370**	**14487**	**80047**
按登记注册类型分	**Grouped by Registered Status**			
内资企业	Domestic-funded Enterprises	359	12975	75011
# 国　有	State-owned Enterprises	13	888	1992
集　体	Collective-owned Enterprises	1	66	418
有限责任公司	Limited Liability Corporations	89	5660	22368
国有独资	Sole State-funded Corporations	8	768	2997
其他有限责任公司	Other Limited Liability Corporations	81	4892	19371
股份有限公司	Share-holding Corporations Ltd.	6	335	1484
私营企业	Private Enterprises	249	6014	48569
# 私营独资	Private-funded Enterprises	10	188	2830
私营有限责任公司	Private Limited Liability Corporations	234	5705	45034
港澳台商投资企业	Enterprises with Funds from Hong Kong, Macao and Taiwan	5	412	1753
外商投资企业	Foreign Funded Enterprises	6	1100	3283
# 中外合资经营	Joint-venture Enterprises	1	162	317
外资企业	Foreign Investment Enterprise	4	899	2735
按企业控股情况分	**Grouped by Company Holding Types**			
国有及国有控股企业	State-owned and State-holding Enterprises	52	4837	13512
民营及民营控股企业	Private and Private Holding Enterprises	310	8477	62415
外商及港澳台商控股企业	Hong Kong, Macao,Taiwan and Foreign Funded Holding Enterprises	8	1173	4120
按行业分	**Grouped by Sector**			
旅游饭店	Tourism Restaurant	105	8285	31504
一般旅馆	Hotel	242	5376	42855
其他住宿服务	Other Accommodation Services	23	826	5688

18-2续表 *Continued*

单位：万元(10 000 yuan)

项　目	Item	资产总计 Total Assets	负债合计 Total Liabilities	营业收入 Business Revenue	营业成本 Business Cost
总　计	**Total**	**2921300**	**2752221**	**327971**	**130790**
按登记注册类型分	**Grouped by Registered Status**				
内资企业	Domestic-funded Enterprises	2627392	2443109	280294	119613
# 国　有	State-owned Enterprises	57276	44266	12037	4882
集　体	Collective-owned Enterprises	754	868	1204	42
有限责任公司	Limited Liability Corporations	2002376	1774409	110337	51506
国有独资	Sole State-funded Corporations	125709	63029	13243	9410
其他有限责任公司	Other Limited Liability Corporations	1876668	1711380	97094	42096
股份有限公司	Share-holding Corporations Ltd.	44348	47189	5459	2007
私营企业	Private Enterprises	522484	576173	150940	60959
# 私营独资	Private-funded Enterprises	42559	42559	7842	3005
私营有限责任公司	Private Limited Liability Corporations	474775	527819	141109	57687
港澳台商投资企业	Enterprises with Funds from Hong Kong, Macao and Taiwan	73956	93844	8095	3933
外商投资企业	Foreign Funded Enterprises	219952	215268	39582	7244
# 中外合资经营	Joint-venture Enterprises	4553	7146	2505	526
外资企业	Foreign Investment Enterprise	212022	207320	36077	6718
按企业控股情况分	**Grouped by Company Holding Types**				
国有及国有控股企业	State-owned and State-holding Enterprises	1612410	1398121	79417	34776
民营及民营控股企业	Private and Private Holding Enterprises	1056956	1099371	206781	85785
外商及港澳台商控股企业	Hong Kong, Macao,Taiwan and Foreign Funded Holding Enterprises	251934	254730	41773	10229
按行业分	**Grouped by Sector**				
旅游饭店	Tourism Restaurant	2363227	2152550	171827	62810
一般旅馆	Hotel	361829	371457	141736	59270
其他住宿服务	Other Accommodation Services	196245	228214	14408	8711

18-3 旅游星级饭店基本情况(2020—2022年)
Basic Statistics of Star-rated Tourism Hotels,2020-2022

项　目	Item	2020	2021	2022
饭店个数(个)	Number of Hotels (unit)	66	59	54
# 五　星	Five-star Level	13	13	12
四　星	Four-star Level	27	24	23
三　星	Three-star Level	24	20	18
二　星	Two-star Level	2	2	1
客房数(间)	Number of Guest Rooms (room)	13232	11351	10587
床位数(张)	Number of Beds (bed)	19921	16583	16252
接待住宿人数(万人次)	Tourists Received (10 000 person-times)	122.25	124.10	78.08
# 国内住宿者	Domestic Tourists	116.27	124.10	72.80
接待住宿人天数(万人天)	Persons-day Received (10 000 person-days)	194.60	192.36	146.78
# 国内住宿者	Domestic Tourists	180.40	192.36	136.65
出租率(%)	Renting Rate (%)	32.41	38.20	32.06
平均房价(元/间天)	Average Room Prices (yuan/room.day)	400.52	409.06	373.24
营业收入(万元)	Business Revenue (10 000 yuan)	136798.30	148366.47	98176.56
利润总额(万元)	Total Profits (10 000 yuan)	-23574.40	-9456.70	-20170.22
从业人员平均人数(人)	Annual Average Employment Personnel (person)	8639	6752	5750

资料来源：天津市文化和旅游局，表18-4、18-6、18-7同。
Source: Tianjin Municipal Bureau of Culture and Tourism. Same as table 18-4, 18-6, 18-7.

18-4 各区星级以上饭店情况(2022年)
Statistics on Star-rated Hotel by Region,2022

地区	Region	合计 Total		#五星 Five-star Level		#四星 Four-star Level		#三星 Three-star Level	
		客房数(间) Number of Guest Rooms (room)	床位数(张) Number of Beds (bed)	客房数(间) Number of Guest Rooms (room)	床位数(张) Number of Beds (bed)	客房数(间) Number of Guest Rooms (room)	床位数(张) Number of Beds (bed)	客房数(间) Number of Guest Rooms (room)	床位数(张) Number of Beds (bed)
总计	**Total**	**10587**	**16252**	**3143**	**4227**	**4717**	**7933**	**2636**	**3956**
和平区	Heping District	914	1320	393	496	236	407	285	417
河东区	Hedong District	221	365					130	229
河西区	Hexi District	1584	2132	983	1328	601	804		
南开区	Nankai District	512	833	60	93	189	300	263	440
河北区	Hebei District	226	359					226	359
红桥区	Hongqiao District								
东丽区	Dongli District	267	274					267	274
西青区	Xiqing District								
津南区	Jinnan District	231	427			131	233	100	194
北辰区	Beichen District	565	847			190	247	375	600
武清区	Wuqing District	729	1782			729	1782		
宝坻区	Baodi District	272	470					272	470
滨海新区	Binhai New Area	4415	6116	1537	1987	2160	3156	718	973
宁河区	Ninghe District	155	259			155	259		
静海区	Jinghai District	124	380			124	380		
蓟州区	Jizhou District	372	688	170	323	202	365		

18-5 限额以上餐饮业基本情况(2022年)
Basic Statistics on Catering Services Enterprises above Designated Size,2022

项　目	Item	单位数(个) Number of Stores (unit)	从业人员(人) Employment Personnel (person)	餐位数(位) Number of Seats (unit)
总　计	**Total**	**649**	**58166**	**332212**
按登记注册类型分	**Grouped by Registered Status**			
内资企业	Domestic-funded Enterprises	623	30384	233396
国　有	State-owned Enterprises	3	68	1008
有限责任公司	Limited Liability Corporations	112	8342	49166
股份有限公司	Share-holding Corporations Ltd.	2	124	1120
私营企业	Private Enterprises	506	21850	182102
# 私营独资	Private-funded Enterprises	23	438	4171
私营合伙	Private Joint-venture Enterprises	5	43	470
私营有限责任公司	Private Limited Liability Corporations	477	21273	177461
港澳台商投资企业	Enterprises with Funds from Hong Kong, Macao and Taiwan	7	8432	23772
外商投资企业	Foreign Funded Enterprises	19	19350	75044
# 中外合资经营	Joint-venture Enterprises	3	47	20
外资企业	Foreign Investment Enterprise	15	19156	69375
按企业控股情况分	**Grouped by Company Holding Types**			
国有及国有控股企业	State-owned and State-holding Enterprises	18	2058	13934
民营及民营控股企业	Private and Private Holding Enterprises	606	28320	219452
外商及港澳台商控股企业	Hong Kong, Macao,Taiwan and Foreign Funded Holding Enterprises	25	27788	98826
按业态分	**Grouped By Business Categories**			
正　餐	Dinner	447	19154	174351
快　餐	Snack	42	28807	114489
其他餐饮	Others	160	10205	43372

18-5续表 *Continued*

单位：万元 (10 000 yuan)

项　目	Item	资产总计 Total Assets	负债合计 Total Liabilities	营业收入 Business Revenue	营业成本 Business Cost
总　计	**Total**	**1179803**	**952254**	**1323608**	**777215**
按登记注册类型分	**Grouped by Registered Status**				
内资企业	Domestic-funded Enterprises	881844	702481	895412	563956
国　有	State-owned Enterprises	405	1413	683	281
有限责任公司	Limited Liability Corporations	230873	226891	236077	133953
股份有限公司	Share-holding Corporations Ltd.	107723	37417	5540	3845
私营企业	Private Enterprises	542843	436759	653112	425878
# 私营独资	Private-funded Enterprises	3642	3710	9642	6716
私营合伙	Private Joint-venture Enterprises	697	766	1368	615
私营有限责任公司	Private Limited Liability Corporations	537207	430988	640729	417667
港澳台商投资企业	Enterprises with Funds from Hong Kong, Macao and Taiwan	109861	87302	129057	45752
外商投资企业	Foreign Funded Enterprises	188099	162471	299139	167507
# 中外合资经营	Joint-venture Enterprises	8469	2570	3178	1231
外资企业	Foreign Investment Enterprise	170510	154278	288592	163822
按企业控股情况分	**Grouped by Company Holding Types**				
国有及国有控股企业	State-owned and State-holding Enterprises	47026	45927	44742	35428
民营及民营控股企业	Private and Private Holding Enterprises	835449	657250	850539	528476
外商及港澳台商控股企业	Hong Kong, Macao,Taiwan and Foreign Funded Holding Enterprises	297328	249077	428327	213311
按业态分	**Grouped By Business Categories**				
正　餐	Dinner	669676	523975	492553	275407
快　餐	Snack	309211	256035	449853	227020
其他餐饮	Others	200917	172245	381202	274788

18-6 A级及以上重点旅游景区情况(2019—2022年)
Statistics for Key Sight Spots above Grade A,2019-2022

单位：个(unit)

项　目	Item	2019	2020	2021	2022
A级及以上旅游景点数(个)	**Number of Sight Spots above Grade A (unit)**	**95**	**96**	**100**	**99**
# 5A级景点	AAAAA-Level	2	2	2	2
4A级景点	AAAA-Level	30	31	33	33
3A级景点	AAA-Level	43	43	45	45
2A级景点	AA-Level	20	20	20	19

18-7 国内旅游者来津人数和人均消费支出
Number of Domestic Tourists Visiting Tianjin and per Capita Consumption Expenditures

项　目	Item	2021	2022
国内旅游人数（万人次）	**Number of Domestic Tourists Visiting Tianjin (10 000 person-times)**	**17894**	**11212**
外省市来津旅游人数	Number of Tourists from other Provinces Visiting Tianjin	6373	1874
本市市民在津旅游人数	Number of Local Tourists	11521	9337
国内旅游者人均消费支出(元)	**Consumption Expenditure per Person (yuan)**	**1100**	**690**
国内旅游者消费支出(亿元)	**Consumption Expenditure (100 million yuan)**	**1968.81**	**773.06**
住　宿	Accommodation	172.92	50.69
餐　饮	Catering Service	346.02	144.90
游　览	Tour	143.18	91.86
购　物	Shopping	804.60	332.51
娱　乐	Entertainment	63.52	31.64
交　通	Transportation	368.30	98.31
休　闲	Leisure	18.77	5.74
其　他	Others	51.49	17.41

主要统计指标解释

住宿和餐饮业营业额

指住宿和餐饮业单位在经营活动中因提供服务或销售商品等取得的全部收入（含增值税），收入主要来源于提供客房、餐费服务、商品销售和其他服务，如商务服务。不包括多产业法人企业附营的其他行业产业活动单位的餐费收入、商品销售收入等各项收入。

住宿和餐饮业统计限额标准

行业类别	统计指标名称	限额标准
住宿业	年主营业务收入	200 万元
餐饮业	年主营业务收入	200 万元

国内游客

指报告期内在中国（大陆）观光游览、度假、探亲访友、就医疗养、购物、参加会议或从事经济、文化、体育、宗教活动的中国（大陆）居民人数，其出游的目的不是通过所从事的活动谋取报酬。统计时，国内游客按每出游一次统计 1 人次。

国内旅游收入

指国内游客在国内旅行、游览过程中用于交通、参观游览、住宿、餐饮、购物、娱乐等全部花费。

Explanatory Notes on Main Statistical Indicators

Business Revenue of Accommodation and Catering Services
refers to the total revenue received (including value-added taxes) from providing services or selling commodities by establishments engaged in hotels and catering services. The income is mainly originated from supplying services of hotels and catering, selling commodities and other services, such as business services. Excluding the income received from catering services, and selling of commodities by other industrial activity units of corporate enterprises.

Statistical Limit Standard of Accommodation and Catering Services

Industry Category	*Statistical Index Name*	*Limit Standard*
Hotel Services	*Annual Revenue from Principal Business*	*2 million yuan*
Catering Services	*Annual Revenue from Principal Business*	*2 million yuan*

Number of Domestic Tourists
refers to the number of Chinese (mainland) residents who travel within China (mainland) for sight-seeing, vacation, visiting relatives, medical treatment, shopping, attending conference, or to engage in economic, cultural, sports and religious activities. In compiling statistics, each travel is counted as one person-time.

Income from Domestic Tourism
refer to expenditure of domestic tourists on transportation, sighting, accommodation, food, shopping and entertainment while they travel.

第十九篇 金融业

Chapter 19 Financial Intermediation

19-1 各类金融机构(2000—2022年)
Financial Institutions,2000-2022

单位：个(unit)

年 份 Year	银行类 Banking Institutions			非银行类 Non-banking Institutions		
	合 计 Total	# 商业银行 Commercial Banks	# 外资银行 Foreign Funded Banks	合 计 Total	# 保险公司机构 Insurance Companies	# 证券经营机构 Securities Business Companies
2000	1744	1718	14	725	102	96
2001	1703	1677	14	1076	105	93
2002	1653	1627	14	1215	311	85
2003	1594	1567	15	1264	369	78
2004	1564	1537	15	1294	386	79
2005	1552	1526	14	1347	371	79
2006	2094	2065	17	922	367	74
2007	2549	2520	17	557	426	71
2008	2599	2568	19	566	491	73
2009	2521	2487	22	588	520	87
2010	2641	2605	22	595	531	98
2011	2691	2654	22	662	577	102
2012	2698	2660	23	676	591	105
2013	2909	2837	57	1603	605	111
2014	3011	2939	57	1867	621	131
2015	3239	3167	57	2318	643	148
2016	3282	3213	54	3073	662	166
2017	3191	3124	52	3639	675	179
2018	3144	3084	45	4381	664	185
2019	3103	3043	45	4290	689	187
2020	3058	3000	43	4050	695	186
2021	3017	2964	38	3700	682	186
2022	2994	2943	36	3384	666	189

资料来源：国家金融监督管理总局天津监管局，中国证券监督管理委员会天津监管局。

Source: Tianjin Regulatory Bureau of State Administration of Financial Supervision, Tianjin Regulatory Bureau of China Securities Regulatory Commission.

注：银行类金融机构自2006年起含农村合作银行；自2007年起含邮政储蓄银行。非银行类金融机构自2013年起含新兴金融机构。

Note: Banking financial institutions included rural cooperative bank since 2006, and include postal savings bank since 2007. Non-banking institutions included emerging financial institutions since 2013.

19-2 各类金融机构(2020—2022年)
Financial Institutions,2020-2022

单位：个(unit)

项　　目	Item	2020	2021	2022
总　　计	**Total**	**7108**	**6717**	**6378**
银行类	**Banking Institutions**	**3058**	**3017**	**2994**
中央银行	Central Banks	2	2	2
政策性银行	Policy Banks	13	13	13
商业银行	Commercial Banks	3000	2964	2943
外资银行	Foreign Funded Banks	43	38	36
非银行类	**Non-banking Institutions**	**4050**	**3700**	**3384**
保险公司机构	Insurance Institutions	695	682	666
保险中介机构	Insurance Intermediary Institutions	299	293	264
保险资产管理公司	Insurance Asset Management Companies	1	1	1
证券经营机构	Securities Business Companies	186	186	189
基金管理公司	Fund Management Companies	1	1	1
独立基金销售机构分公司	Independent Fund Sales Institution Branches	4	4	5
证券投资咨询公司	Security Investment Consulting Companies	1	1	1
证券信用评级公司	Security Credit Rating Companies			
期货经营机构	The Futures Management Agencies	39	39	38
信托投资公司	Trust Investment Companies	2	2	2
金融租赁公司	Financial Leasing Companies	12	12	11
汽车金融公司	Auto Financing Companies	2	2	2
财务公司	Financial Companies	8	8	8
货币经纪公司	Currency Brokerage Companies	1	1	1
消费金融公司	Consumer Finance Companies	1	1	1
金融资产管理公司	Financial Assets Supervision Corporations	4	4	4
货币兑换公司	Currency Exchange Companies	6	6	6
第三方支付公司	The Third Party Payment Companies	42	42	42
小额贷款公司	Micro-credit Companies	147	120	109
融资性担保机构	Financing Guarantee Agencies	44	47	47
典当公司	Mortgage Companies	130	123	113
内资融资租赁公司	Domestic Financial Leasing Companies	128	128	131
外资融资租赁公司	Foreign Financial Leasing Companies	1623	1360	1173
保理公司	Factoring Company	674	637	569

资料来源：国家金融监督管理总局天津监管局，天津市地方金融监督管理局，中国人民银行天津分行，中国证券监督管理委员会天津监管局。

Source: Tianjin Regulatory Bureau of State Administration of Financial Supervision, Tianjin Local Financial Supervision and Administration Bureau, Tianjin Branch of The People's Bank of China, Tianjin Regulatory Bureau of China Securities Regulatory Commission.

19-3 中外资金融机构本外币存贷款余额(2002—2022年)
RMB & Foreign Deposit and Loan Balance of Chinese & Foreign Financial Institutions,2002-2022

单位：亿元(100 million yuan)

年 份 Year	存款余额 (折人民币) Deposit Balance (as RMB)	中资金融机构 Chinese Financial Institutions	人民币 RMB	外汇(亿美元) Foreign Exchange(USD 100 million)	外资金融机构 Foreign-funded Financial Institutions	外汇(亿美元) Foreign Exchange(USD 100 million)	人民币 RMB
2002	3358.89	3297.79	3018.26	33.77	61.08	7.23	1.24
2003	4362.60	4317.98	4033.51	34.37	44.63	4.26	9.37
2004	5139.72	5044.07	4729.61	37.99	95.65	9.06	20.67
2005	6090.50	5990.37	5684.40	37.91	100.13	8.48	31.69
2006	6839.20	6762.39	6531.94	29.51	76.81	5.67	32.52
2007	8242.07	8116.19	7856.65	35.54	125.88	7.15	73.67
2008	9954.16	9726.64	9490.11	34.62	227.52	16.28	116.25
2009	13887.11	13637.31	13390.21	36.19	249.80	13.39	158.35
2010	16499.25	16179.94	15912.21	40.43	319.31	13.41	230.49
2011	17586.91	17218.32	16910.52	48.85	368.59	12.95	286.99
2012	20293.79	19887.26	19356.08	84.51	406.53	13.83	319.60
2013	23316.56	22825.25	22268.27	91.35	491.31	12.30	416.32
2014	24777.75	24219.94	23484.54	120.18	557.81	13.55	474.88
2015	28149.37	27681.73	26754.31	142.82	483.36	11.71	407.34
2016	30067.03	29617.71	28676.38	135.70	449.41	12.16	365.07
2017	30940.81	30505.99	29392.33	170.44	438.65	12.39	357.66
2018	30983.17	30586.30	29601.43	143.50	404.44	12.79	316.66
2019	31788.78	31365.16	30384.60	140.56	423.63	15.54	315.22
2020	34145.00	33692.19	32685.23	154.33	456.24	15.39	355.84
2021	35903.09	35467.90	34355.20	174.52	441.37	14.03	351.92
2022	40488.25	40066.89	39015.38	150.98	426.40	13.51	332.32

资料来源：中国人民银行天津分行，表19-4至19-8，19-11至19-12同。
Source: Tianjin Branch of The People's Bank of China. Same as table 19-4 to 19-8, 19-11 to 19-12.

19-3续表 *Continued*

单位：亿元(100 million yuan)

年 份 Year	贷款余额(折人民币) Loan Balance (as RMB)	中资金融机构 Chinese Financial Institutions	人民币 RMB	外汇(亿美元) Foreign Exchange(USD 100 million)	外资金融机构 Foreign-funded Financial Institutions	外汇(亿美元) Foreign Exchange(USD 100 million)	人民币 RMB
2002	2868.93	2765.09	2519.04	29.72	103.84	12.06	4.02
2003	3791.22	3679.61	3426.02	30.64	112.76	12.77	7.06
2004	4146.49	4010.17	3821.38	22.81	136.32	14.39	17.21
2005	4722.38	4571.40	4417.45	19.08	150.98	13.73	40.18
2006	5415.72	5243.71	5106.94	17.52	172.02	12.32	75.82
2007	6543.83	6345.25	6131.63	29.25	198.57	12.20	109.44
2008	7689.12	7501.98	7277.46	32.84	187.15	11.89	105.83
2009	11152.19	10937.95	10513.44	62.17	214.24	12.06	131.88
2010	13774.11	13422.51	12864.75	84.22	351.60	15.82	246.81
2011	15924.71	15470.16	14897.72	90.85	454.55	17.47	344.45
2012	18396.81	17873.39	16977.76	142.49	523.42	17.36	414.29
2013	20857.80	20294.04	18987.54	214.29	563.75	16.07	465.77
2014	23223.42	22551.30	21189.30	222.58	672.12	23.77	474.88
2015	25994.68	25477.79	24104.91	211.42	543.78	21.30	405.47
2016	28754.04	28325.42	27019.19	188.30	467.92	15.59	359.77
2017	31602.54	31152.44	29723.04	218.76	494.46	14.69	398.44
2018	34084.90	33691.60	32186.96	219.23	437.58	10.02	368.80
2019	36141.27	35793.65	34546.86	178.72	356.30	2.93	335.86
2020	38859.42	38478.94	37340.85	174.42	386.77	4.73	355.88
2021	41054.17	40702.40	39717.35	154.50	359.20	4.33	331.56
2022	42494.69	42151.00	41337.59	116.79	350.74	4.73	317.82

19-4 中外资金融机构人民币存贷款余额

RMB Deposit and Loan Balance of Chinese & Foreign Financial Institutions

单位：亿元(100 million yuan)

年份 Year	存款合计 Total Deposits	#单位存款 Corporate Deposits	#财政性存款 Treasury Deposits	#住户存款 Household Deposits	贷款合计 Total Loans	#中长期贷款 Medium-term & Long-term Loans
1981	53.25	25.08	10.23	9.70	107.73	5.64
1985	114.25	58.48	13.82	29.38	191.04	19.63
1990	263.21	86.66	19.15	126.92	415.91	50.00
1995	1079.97	385.21	37.59	549.97	1113.95	262.01
2000	2281.55	871.31	53.97	1172.40	1863.60	431.27
2001	2562.55	946.89	63.82	1284.95	2159.86	637.76
2002	3018.26	1115.35	102.30	1486.38	2519.04	846.93
2003	4033.51	1542.75	136.89	1825.32	3426.02	1468.35
2004	4750.28	1843.25	35.34	2116.97	3838.59	1789.90
2005	5716.09	2216.28	43.55	2462.66	4457.63	2204.62
2006	6564.47	2693.37	77.88	2811.71	5182.76	2758.33
2007	7930.31	3411.50	138.76	3083.79	6241.07	3491.79
2008	9606.36	3707.97	74.12	3980.14	7383.29	4255.78
2009	13548.56	6007.93	127.78	4885.86	10645.32	7006.87
2010	16142.69	6887.60	183.26	5558.23	13111.57	8976.72
2011	17197.51	10155.74	305.20	6123.08	15242.17	9649.42
2012	19675.68	11591.00	271.08	7055.38	17392.06	10306.11
2013	22684.59	13533.26	395.47	7612.31	19453.31	11168.25
2014	23959.42	14076.93	566.46	7916.90	21715.99	12362.90
2015	27145.93		431.59	8743.79	24500.91	13991.90
2016	29041.36		532.48	9125.38	27367.97	15608.00
2017	29746.16		556.84	9558.05	30103.05	17806.63
2018	29910.53		441.30	10746.17	32539.43	19283.57
2019	30699.80		181.40	12639.64	34874.04	21095.40
2020	33037.64		205.64	14865.71	37690.44	23073.12
2021	34700.95		403.33	16244.12	40043.39	24954.55
2022	39342.67		309.36	19211.25	41650.32	26134.10

注：1.“单位存款”2011年以前为“企业存款”,统计口径有所调整。2.“住户存款”2015年以前为“储蓄存款”。3.中长期贷款1994年以前为固定资产贷款,1998年起中长期贷款中含中期流动资金贷款。4.表19-5同。

Note: a) Deposits of enterprises are changed to corporate deposits since 2011, and the coverage is changed accordingly. b) Saving deposits are changed to household deposits since 2015. c) Medium-term & long-term loans refer to fixed assets loans before 1994, and include medium-term circulating capital loans since 1998. d) Same as table 19-5.

19-5 中资金融机构人民币存贷款余额

RMB Deposit and Loan Balance of Chinese Financial Institutions

单位：亿元(100 million yuan)

年 份 Year	存款合计 Total Deposits	# 单位存款 Corporate Deposits	# 财政性存款 Treasury Deposits	# 住户存款 Household Deposits	贷款合计 Total Loans	# 中长期贷款 Medium-term & Long-term Loans
1981	53.25	25.08	10.23	9.70	107.73	5.64
1985	114.25	58.48	13.82	29.38	191.04	19.63
1990	263.21	86.66	19.15	126.92	415.91	50.00
1995	1079.97	385.21	37.59	549.97	1113.95	262.01
2000	2281.55	871.31	53.97	1172.40	1863.60	431.27
2001	2562.55	946.89	63.82	1284.95	2159.86	637.76
2002	3018.26	1115.35	102.30	1486.38	2519.04	846.93
2003	4033.51	1542.75	136.89	1825.32	3426.02	1468.35
2004	4729.61	1823.00	182.03	2116.73	3821.38	1789.78
2005	5684.40	2185.23	234.75	2462.41	4417.45	2203.93
2006	6531.94	2661.96	250.26	2811.02	5106.94	2756.82
2007	7856.65	3344.20	387.05	3078.72	6131.63	3473.96
2008	9490.11	3617.14	401.85	3956.86	7277.46	4235.22
2009	13390.21	5879.48	664.82	4860.12	10513.44	6950.44
2010	15912.21	6695.81	1072.78	5525.28	12864.75	8856.51
2011	16910.52	9919.16	305.20	6072.66	14897.72	9458.86
2012	19356.08	11335.69	271.08	6991.09	16977.76	10091.39
2013	22268.27	13199.60	395.47	7563.46	18987.54	10931.13
2014	23484.54	13687.84	566.46	7863.57	21189.30	12099.47
2015	26754.31		431.59	8721.52	24104.91	13860.53
2016	28676.38		532.48	9105.15	27019.19	15473.35
2017	29392.33		556.53	9536.46	29723.04	17673.97
2018	29601.43		441.07	10723.30	32186.96	19174.47
2019	30384.60		181.35	12614.95	34546.86	20977.43
2020	32685.23		205.61	14843.50	37340.85	22956.80
2021	34355.20		403.33	16223.20	39717.35	24853.27
2022	39015.38		309.36	19187.67	41337.59	26014.72

19-6 中外资金融机构本外币信贷资金平衡表(2022年)
RMB & Foreign Currency Credit Funds Balance Sheet of Chinese & Foreign Financial Institutions,2022

单位：亿元(100 million yuan)

项　　目	Item	2022	比年初增减数 Increase or Decrease Compared to the Beginning of the Year		2022比2021年增长(%) Increase Rate in 2022 over 2021(%)
			2021	2022	
资金来源合计	**All Sources**	**50923.41**	**2104.79**	**3296.92**	**6.4**
各项存款	Total Deposits	40488.25	1758.08	4716.46	12.8
# 住户存款	Household Deposits	19422.71	1373.50	2981.71	18.1
非金融企业存款	Non-financial Enterprise Deposits	14521.65	60.68	1100.90	7.1
广义政府存款	General Government Deposits	3052.26	184.44	2.40	0.1
非银行业金融机构存款	Non-bank Financial Institution Deposits	3199.08	146.66	784.44	32.6
金融债券	Financial Bond	669.78	-218.03	-92.86	-12.2
卖出回购资产	Sold for Repurchase Assets	24.98	-11.78	14.51	138.6
借款及非银行业金融机构拆入	Borrowing and Non-bank Financial Institution Borrowing	30.99	-36.37	-9.02	-89.1
联行往来(净)	Interbank Transactions (net)		462.24	-940.99	
应付及暂收款	Accounts Payable and Suspense Credits	1450.67	-6.88	274.39	21.8
各项准备	All Preparation	1365.45	-194.66	-159.60	-11.0
所有者权益	Owner's Equity	2828.22	144.11	218.95	9.6
其　他	Others	4065.06	208.08	-724.93	-13.8
资金运用合计	**All Uses**	**50923.41**	**2104.79**	**3296.92**	**6.4**
各项贷款	Total Loans	42494.69	2194.78	1598.60	3.5
# 住户贷款	Household Loans	10997.03	770.47	-279.98	-2.5
非金融企业及机关团体贷款	Non-financial Enterprise and Institution Loans	30982.53	1375.83	1762.31	5.5
非银行业金融机构贷款	Non-bank Financial Institution Loans	60.50	42.25	9.25	18.0
债券投资	Bond Investment	3865.12	332.55	496.20	14.7
股权及其他投资	Stocks and Other Investments	2204.19	-183.94	-72.90	-3.2
买入返售资产	Buying Back the Sale of Assets	211.12	-39.04	128.55	155.7
存放非银行业金融机构款项	Deposits of Non-bank Financial Institution	49.21	33.80	17.70	-40.6
联行往来(净)	Interbank Transactions (net)	1153.52		1153.52	
金银占款	Funds Outstanding for Gold and Silver				
外汇买卖	Foreign Exchange Trading				
应收及预付款	Accounts Receivable and Advance Charge	610.28	-197.85	7.80	0.6
投资性房地产	Investment Real Estate	1.23	-0.14	0.07	6.5
固定资产	Fixed Assets	334.04	-35.39	-32.62	-12.5

19-7 中外资金融机构人民币各项存贷款余额(2022年)
RMB Deposit and Loan Balance of Chinese & Foreign Financial Institutions,2022

单位：亿元(100 million yuan)

项　目	Item	2022	比年初增减数 Increase or Decrease Compared to the Beginning of the Year		2022比2021年增长(%) Increase Rate in 2022 over 2021(%)
			2021	2022	
各项存款合计	**Total Deposits**	**39342.67**	**1663.31**	**4773.00**	**13.4**
境内存款	Domestic Deposits	39253.70	1627.77	4842.04	13.6
住户存款	Household Deposits	19211.25	1378.44	2967.05	18.3
活期存款	Demand Deposits	5007.21	190.12	622.11	14.2
定期及其他存款	Time Deposits and Other Deposits	14204.04	1188.31	2344.93	19.8
非金融企业存款	Non-financial Enterprise Deposits	13797.87	-92.79	1067.65	7.3
活期存款	Demand Deposits	4655.89	-406.44	125.52	1.6
定期及其他存款	Time Deposits and Other Deposits	9141.99	313.65	942.14	10.4
广义政府存款	General Government Deposits	3050.18	186.30	4.22	0.1
财政性存款	Treasury Deposits	309.36	197.69	-93.96	-23.3
机关团体存款	Deposits of Non-profit Institutions	2740.82	-11.39	98.19	3.7
非银行业金融机构存款	Non-bank Financial Institution Deposits	3194.40	155.82	803.12	33.7
境外存款	Overseas Deposits	88.97	35.54	-69.04	-43.7
各项贷款合计	**Total Loans**	**41650.32**	**2352.99**	**1765.00**	**4.0**
境内贷款	Domestic Loans	41417.12	2355.32	1561.19	3.5
住户贷款	Household Loans	10996.61	770.47	-280.09	-2.5
短期贷款	Short-term Loans	1784.94	156.90	-267.35	-13.0
消费贷款	Consumption Loans	1014.39	-62.06	-250.19	-19.8
经营贷款	Business Loans	770.55	218.97	-17.16	-2.2
中长期贷款	Medium-term & Long-term Loans	9211.67	613.56	-12.74	-0.1
消费贷款	Consumption Loans	8367.35	545.16	-53.07	-0.6
经营贷款	Business Loans	844.32	68.40	40.33	5.0
非金融企业及机关团体贷款	Non-financial Enterprise and Institution Loans	30360.01	1542.60	1832.03	5.8
短期贷款	Short-term Loans	6316.95	-851.32	716.82	12.7
中长期贷款	Medium-term & Long-term Loans	16922.43	1268.03	1345.83	7.6
票据融资	Bill Financing	2763.01	1097.18	248.64	9.9
融资租赁	Financing Lease	4305.29	49.96	-470.32	-9.9
各项垫款	Money Advanced	52.33	-21.25	-8.94	-14.6
非银行业金融机构贷款	Non-bank Financial Institution Loans	60.50	42.25	9.25	18.0
境外贷款	Overseas Loans	233.20	-2.33	203.81	701.7

19-8 中资金融机构人民币各项存贷款余额(2022年)
RMB Deposit and Loan Balance of Chinese Financial Institutions,2022

单位：亿元(100 million yuan)

项　目	Item	2022	比年初增减数 Increase or Decrease Compared to the Beginning of the Year		2022比2021年增长(%) Increase Rate in 2022 over 2021(%)
			2021	2022	
各项存款合计	**Total Deposits**	**39015.38**	**1669.98**	**4791.46**	**13.6**
境内存款	Domestic Deposits	38940.10	1632.46	4861.33	13.8
住户存款	Household Deposits	19187.67	1379.73	2964.39	18.3
活期存款	Demand Deposits	4998.50	190.31	620.55	14.2
定期及其他存款	Time Deposits and Other Deposits	14189.17	1189.42	2343.85	19.8
非金融企业存款	Non-financial Enterprise Deposits	13513.21	-90.53	1093.35	7.7
活期存款	Demand Deposits	4595.07	-403.66	116.05	1.4
定期及其他存款	Time Deposits and Other Deposits	8918.14	313.13	977.29	11.2
广义政府存款	General Government Deposits	3049.81	186.46	4.31	0.1
财政性存款	Treasury Deposits	309.36	197.72	-93.96	-23.3
机关团体存款	Deposits of Non-profit Institutions	2740.44	-11.26	98.28	3.7
非银行业金融机构存款	Non-bank Financial Institution Deposits	3189.42	156.80	799.28	33.5
境外存款	Overseas Deposits	75.28	37.51	-69.87	-48.1
各项贷款合计	**Total Loans**	**41337.59**	**2376.53**	**1778.31**	**4.1**
境内贷款	Domestic Loans	41110.93	2378.28	1580.90	3.6
住户贷款	Household Loans	10992.60	770.23	-276.28	-2.5
短期贷款	Short-term Loans	1783.74	157.41	-264.10	-12.9
消费贷款	Consumption Loans	1014.39	-62.06	-250.19	-19.8
经营贷款	Business Loans	769.35	219.47	-13.92	-1.8
中长期贷款	Medium-term & Long-term Loans	9208.86	612.82	-12.18	-0.1
消费贷款	Consumption Loans	8365.59	544.38	-52.96	-0.6
经营贷款	Business Loans	843.27	68.44	40.79	5.1
非金融企业及机关团体贷款	Non-financial Enterprise and Institution Loans	30057.82	1565.80	1847.94	6.0
短期贷款	Short-term Loans	6145.83	-877.90	740.99	13.6
中长期贷款	Medium-term & Long-term Loans	16805.85	1283.81	1327.18	7.5
票据融资	Bill Financing	2749.46	1132.02	256.64	10.3
融资租赁	Financing Lease	4305.29	49.96	-470.32	-9.9
各项垫款	Money Advanced	51.38	-22.09	-6.54	-11.3
非银行业金融机构贷款	Non-bank Financial Institution Loans	60.50	42.25	9.25	18.0
境外贷款	Overseas Loans	226.67	-1.74	197.41	682.9

19-9 金融机构人民币法定存款基准利率(1996—2015年)
Official Benchmark Interest Rates on RMB Deposits of Financial Institutions,1996-2015

单位：年利率%(% p.a.)

调整时间 Adjust Time	活期 Demand Deposits	定期 Time Deposits					
		三个月 3 Months	半年 6 Months	一年 1 Year	二年 2 Years	三年 3 Years	五年 5 Years
1996.05.01	2.97	4.86	7.20	9.18	9.90	10.80	12.06
1996.08.23	1.98	3.33	5.40	7.47	7.92	8.28	9.00
1997.10.23	1.71	2.88	4.14	5.67	5.94	6.21	6.66
1998.03.25	1.71	2.88	4.14	5.22	5.58	6.21	6.66
1998.07.01	1.44	2.79	3.96	4.77	4.86	4.95	5.22
1998.12.07	1.44	2.79	3.33	3.78	3.96	4.14	4.50
1999.06.10	0.99	1.98	2.16	2.25	2.43	2.70	2.88
2002.02.21	0.72	1.71	1.89	1.98	2.25	2.52	2.79
2004.10.29	0.72	1.71	2.07	2.25	2.70	3.24	3.60
2006.08.19	0.72	1.80	2.25	2.52	3.06	3.69	4.14
2007.03.18	0.72	1.98	2.43	2.79	3.33	3.96	4.41
2007.05.19	0.72	2.07	2.61	3.06	3.69	4.41	4.95
2007.07.21	0.81	2.34	2.88	3.33	3.96	4.68	5.22
2007.08.22	0.81	2.61	3.15	3.60	4.23	4.95	5.49
2007.09.15	0.81	2.88	3.42	3.87	4.50	5.22	5.76
2007.12.21	0.72	3.33	3.78	4.14	4.68	5.40	5.85
2008.10.09	0.72	3.15	3.51	3.87	4.41	5.13	5.58
2008.10.30	0.72	2.88	3.24	3.60	4.14	4.77	5.13
2008.11.27	0.36	1.98	2.25	2.52	3.06	3.60	3.87
2008.12.23	0.36	1.71	1.98	2.25	2.79	3.33	3.60
2010.10.20	0.36	1.91	2.20	2.50	3.25	3.85	4.20
2010.12.26	0.36	2.25	2.50	2.75	3.55	4.15	4.55
2011.02.09	0.40	2.60	2.80	3.00	3.90	4.50	5.00
2011.04.06	0.50	2.85	3.05	3.25	4.15	4.75	5.25
2011.07.07	0.50	3.10	3.30	3.50	4.40	5.00	5.50
2012.06.08	0.40	2.85	3.05	3.25	4.10	4.65	5.10
2012.07.06	0.35	2.60	2.80	3.00	3.75	4.25	4.75
2014.11.22	0.35	2.35	2.55	2.75	3.35	4.00	
2015.03.01	0.35	2.10	2.30	2.50	3.10	3.75	
2015.05.11	0.35	1.85	2.05	2.25	2.85	3.50	
2015.06.28	0.35	1.60	1.80	2.00	2.60	3.25	
2015.08.26	0.35	1.35	1.55	1.75	2.35	3.00	
2015.10.24	0.35	1.10	1.30	1.50	2.10	2.75	

注：自2014年11月22日起，中国人民银行不再公布金融机构人民币五年期定期存款基准利率。
Note: Since Nov. 22, 2014, The People's Bank of China stopped to publish official benchmark interest rates of 5-year time deposits of financial institutions.

19-10 金融机构人民币法定贷款基准利率(1996—2015年)
Official Benchmark Interest Rates on RMB Loans of Financial Institutions,1996-2015

单位：年利率%(% p.a.)

调整时间 Adjust Time	6个月 6 Months	1年 1 Year	1-3年 1-3 Years	3-5年 3-5 Years	5年以上 Above 5 Years
1996.05.01	9.72	10.98	13.14	14.94	15.12
1996.08.23	9.18	10.08	10.98	11.70	12.42
1997.10.23	7.65	8.64	9.36	9.90	10.53
1998.03.25	7.02	7.92	9.00	9.72	10.35
1998.07.01	6.57	6.93	7.11	7.65	8.01
1998.12.07	6.12	6.39	6.66	7.20	7.56
1999.06.10	5.58	5.85	5.94	6.03	6.21
2002.02.21	5.04	5.31	5.49	5.58	5.76
2004.10.29	5.22	5.58	5.76	5.85	6.12
2006.04.28	5.40	5.85	6.03	6.12	6.39
2006.08.19	5.58	6.12	6.30	6.48	6.84
2007.03.18	5.67	6.39	6.57	6.75	7.11
2007.05.19	5.85	6.57	6.75	6.93	7.20
2007.07.21	6.03	6.84	7.02	7.20	7.38
2007.08.22	6.21	7.02	7.20	7.38	7.56
2007.09.15	6.48	7.29	7.47	7.65	7.83
2007.12.21	6.57	7.47	7.56	7.74	7.83
2008.09.13	6.21	7.20	7.29	7.56	7.74
2008.10.09	6.12	6.93	7.02	7.29	7.47
2008.10.30	6.03	6.66	6.75	7.02	7.20
2008.11.27	5.04	5.58	5.67	5.94	6.12
2008.12.23	4.86	5.31	5.40	5.76	5.94
2010.10.20	5.10	5.56	5.60	5.96	6.14
2010.12.26	5.35	5.81	5.85	6.22	6.40
2011.02.09	5.60	6.06	6.10	6.45	6.60
2011.04.06	5.85	6.31	6.40	6.65	6.80
2011.07.07	6.10	6.56	6.65	6.90	7.05
2012.06.08	5.85	6.31	6.40	6.65	6.80
2012.07.06	5.60	6.00	6.15	6.40	6.55
2014.11.22	5.60	5.60	6.00	6.00	6.15
2015.03.01	5.35	5.35	5.75	5.75	5.90
2015.05.11	5.10	5.10	5.50	5.50	5.65
2015.06.28	4.85	4.85	5.25	5.25	5.40
2015.08.26	4.60	4.60	5.00	5.00	5.15
2015.10.24	4.35	4.35	4.75	4.75	4.90

19-11 人民币汇率(年平均价)
Reference Exchange Rate of RMB(Period Average)

单位：人民币元(RMB yuan)

年 份 Year	100美元 100 US Dollars	100日元 100 Japanese Yen	100港元 100 Hong Kong Dollars	100欧元 100 Euros
1981	170.50	0.7735	30.41	
1985	293.67	1.2457	37.57	
1990	478.32	3.3233	61.39	
1995	835.10	8.9225	107.96	
2000	827.84	7.6864	106.18	
2001	827.70	6.8075	106.08	
2002	827.70	6.6237	106.07	800.58
2003	827.70	7.1466	106.24	936.13
2004	827.68	7.6552	106.23	1029.00
2005	819.17	7.4484	105.30	1019.53
2006	797.18	6.8570	102.62	1001.90
2007	760.40	6.4632	97.46	1041.75
2008	694.51	6.7427	89.19	1022.27
2009	683.10	7.2986	88.12	952.70
2010	676.95	7.7279	87.13	897.25
2011	645.88	8.1050	82.97	900.11
2012	631.25	7.9037	81.38	810.67
2013	619.32	6.3323	79.85	822.19
2014	614.28	5.8196	79.22	816.51
2015	622.84	5.1543	80.34	691.41
2016	664.23	6.1243	85.58	734.26
2017	675.18	6.0244	86.64	763.03
2018	661.74	5.9890	84.43	780.16
2019	689.85	6.3347	88.05	772.55
2020	689.76	6.4626	88.93	787.55
2021	645.15	5.8735	83.00	762.93
2022	672.61	5.1261	85.89	707.21

19-12 个人贷款总额(2004—2022年)
Total Amount of Personal Loans,2004-2022

单位：亿元(100 million yuan)

年份 Year	个人贷款总额 Total Amount of Personal Loans	# 个人消费贷款 Personal Consumption Loans	# 住房贷款 Housing Mortgage Loans	# 汽车消费贷款 Car Consumption Loans	个人住房贷款占个人消费贷款的比重(%) Percentage of Housing Mortgage Loans in Personal Consumption Loans (%)
2004	629.00	347.04	306.03	22.00	88.2
2005	716.04	407.22	375.20	14.56	92.1
2006	729.85	451.52	419.44	10.64	92.9
2007	921.83	575.09	531.00	9.61	92.3
2008	994.22	622.18	565.17	10.41	90.8
2009	1386.82	912.03	832.69	10.36	91.3
2010	1895.53	1246.23	1116.00	10.28	89.6
2011	1728.46	1454.43	1297.91	8.96	89.2
2012	1988.65	1642.88	1453.98	7.57	88.5
2013	2482.74	1999.57	1735.77	5.01	86.8
2014	2834.24	2290.44	1993.23	5.68	87.0
2015	3353.05	2803.73	2441.60	14.72	87.1
2016	4847.50	4314.52	3905.63	47.20	90.5
2017	6316.37	5714.52	5043.53	135.30	88.3
2018	7832.44	6959.09	5706.29	257.86	82.0
2019	9440.77	8432.86	6301.05	369.19	74.7
2020	10506.84	9202.32	6797.41	402.55	73.9
2021	11277.31	9685.58	7248.65	447.88	74.8
2022	10997.03	9382.15	7205.68	457.27	76.8

19-13 证券市场交易情况(2008—2022年)
Trading Statistics on Securities Markets,2008-2022

单位：亿元(100 million yuan)

年 份 Year	证券市场交易量 Trading Volume of Securities Markets	股 票 Stock	基 金 Fund	债 券 Securities	权 证 Warrant	其 他 Others	股市开户数(万户) Total Investors (10 000 households)
2008	8016.23	6638.35	107.53	30.75	1182.00	57.60	151.23
2009	14832.34	13608.06	141.62	29.52	878.60	174.55	156.32
2010	15754.45	15100.67	152.07	19.45	247.03	235.23	160.34
2011	12726.07	11068.87	189.77	25.51	61.40	1380.53	167.09
2012	10743.11	7751.70	171.11	90.76		2729.54	196.78
2013	16834.80	10461.89	419.24	464.98		5488.69	201.64
2014	25400.20	15573.26	675.95	299.23		8851.76	209.11
2015	67040.06	51148.59	2764.93	330.52		12796.02	251.83
2016	43811.79	26160.21	1926.83	188.43		15536.33	438.96
2017	43527.96	22299.66	1597.96	248.59		19381.75	477.74
2018	37183.74	17661.73	2526.00	257.53		16738.48	516.78
2019	39933.63	21328.83	1659.11	244.98		16700.71	554.92
2020	61342.30	36207.68	2535.10	1082.02		21517.50	626.15
2021	66785.14	39145.30	3174.58	1370.26		23095.00	684.20
2022	68246.27	35401.17	4613.48	1898.40		26333.22	653.47

资料来源：中国证券监督管理委员会天津监管局，表19-14同。
Source: Tianjin Regulatory Bureau of China Securities Regulatory Commission. Same as table 19-14.

19-14 上市公司股票发行基本情况(1993—2022年)

Basic Statistics on Listed Companies Issue,1993-2022

年 份 Year	境内上市公司(个) Companies Listed in Mainland(unit)						股票发行总股本(万股) General Capitalization (10 000 shares)	累计股票首发数量(万股) Accumulated Issued Volume (10 000 shares)	累计股票筹资额(万元) Accumulated Capital Raised (10 000 yuan)
	发A股公司 A Share Only	上交所 Shanghai Stock Exchange	# 科创板 STAR Market	深交所 Shenzhen Stock Exchange	# 创业板 GEM	北交所 Beijing Stock Exchange			
1993	3	2		1			112399	5950	11957
1994	4	3		1			154026	10000	11957
1995	5	4		1			296749	16898	27957
1996	8	6		2			834794	44663	41757
1997	12	8		4			1028130	57563	89558
1998	13	9		4			1108486	62063	114633
1999	15	9		6			1429730	90863	274189
2000	17	10		7			1535184	102363	327867
2001	22	15		7			1796284	129463	507875
2002	24	17		7			2169204	142463	654039
2003	24	17		7			2248265	152463	692868
2004	24	17		7			2248265	152463	692868
2005	24	17		7			2248265	152463	692868
2006	25	17		8			2248265	152463	692868
2007	29	19		10			3792292	395850	2935590
2008	29	19		10			3792292	395850	2935590
2009	30	19		11	1		3797327	397109	3007666
2010	36	19		17	3		3886688	417069	3616566
2011	37	19		18	4		3896688	419569	3716566
2012	39	20		19	5		3908288	422469	3765228
2013	39	20		19	5		3908288	422469	3765228
2014	43	22		21	7		3927970	432289	3867230
2015	43	23		20	7		5447961	437289	3936180
2016	46	24		22	7		5922512	448645	4181280
2017	51	26		25	8		6203400	463981	4446380
2018	52	27		25	8		6446800	473918	4537540
2019	54	29	2	25	8		7908500	481494	5627340
2020	60	32	4	28	11		8836800	549461	7927240
2021	63	33	4	30	12		9072600	560167	10183740
2022	70	37	8	31	13	2	9505081	607423	12618411

19-15 保险机构(2020—2022年)
Insurance Institutions,2020-2022

单位：个(unit)

项　目	Item	2020	2021	2022
合　计	**Total**	**995**	**976**	**931**
保险公司机构	**Insurance Companies**	**695**	**682**	**666**
总公司	Parent Companies	7	7	7
# 中外合资、外资公司	Joint-venture and Sole Foreign Investment Companies	2	3	3
分公司	Branches	70	73	75
支公司	Sub-branches	241	265	260
营销服务部	Marketing Departments	372	332	319
专属机构(电销中心)	Specialized Agency (Telephone Direct Sale Center)	5	5	5
专业保险中介机构	**Professional Insurance Intermediary Institutions**	**299**	**293**	**264**
保险代理公司	Insurance Agent Companies	197	192	170
保险公估公司	Insurance Assessment Companies	23	20	20
保险经纪公司	Insurance Broker Companies	79	81	74
资产管理公司	**Assets Management Company**	**1**	**1**	**1**

资料来源：国家金融监督管理总局天津监管局，表19-16、19-17同。
Source: Tianjin Regulatory Bureau of State Administration of Financial Supervision. Same as table 19-16 and 19-17.
注：本表中支公司包含中心支公司和营业部。
Note: In this table, sub-branches include sub-branches in center cities and business departments.

19-16 保险业务主要指标(1996—2022年)
Main Indicators of Insurance Business,1996-2022

年份 Year	保险金额(亿元) Amount Insured (100 million yuan)	保费(万元) Premium (10 000 yuan)	#人身险 Personal Insurance	#财产险 Property Insurance	赔款及给付(万元) Claim and Payment (10 000 yuan)	#人身险 Personal Insurance	#财产险 Property Insurance
1996	2488.21	171768	63373	74399	62613	10186	33257
1997	3306.04	243377	125327	112401	83528	18334	61900
1998	3949.15	271654	161097	110557	70075	14206	55869
1999	4848.10	291382	175804	115578	69163	14703	54460
2000	3696.19	314663	191786	122877	71950	7714	64236
2001	5176.91	417049	276050	140999	119062	56364	62698
2002	5632.35	649698	505966	143732	114818	46513	68305
2003	6497.87	753098	597450	155648	173608	72493	101115
2004	9852.79	809874	622284	187590	174178	77905	96273
2005	12141.02	906391	688629	217762	174637	67284	107353
2006	16690.02	1051842	785664	266178	218608	92220	126388
2007	20068.17	1509092	1154858	354234	413417	242197	171221
2008	26065.40	1756212	1338017	418195	510252	300335	209917
2009	29295.34	1512873	1054914	457959	599226	304282	294944
2010	30410.48	2140074	1488739	651335	541885	222606	319278
2011	46937.30	2117433	1366397	751036	661749	306605	355144
2012	51136.36	2381572	1473712	907859	810180	362788	447392
2013	76630.97	2768020	1745237	1022783	1020030	430278	589752
2014	80022.67	3177501	2088796	1088705	1043856	444715	599141
2015	120584.85	3983408	2780605	1202803	1395316	730736	664580
2016	155543.42	5294869	4019275	1275594	1776733	832682	944051
2017	251078.13	5650144	4234417	1415727	1553242	812257	740984
2018	291846.60	5599842	4155414	1444428	1641388	837462	803927
2019	501713.50	6178941	4657057	1521884	1581659	788719	792940
2020	895558.52	6720933	5078366	1642568	1681806	845418	836388
2021	1523943.29	6604715	5063603	1541112	1872962	911026	961936
2022	1146339.67	6702083	5131542	1570541	2011688	1055285	956403

注：1.2011年起保险业全面执行财政部《企业会计准则2号解释》，各项指标口径按照准则要求相应调整。
2.2020年起，保险金额为财产险保险金额和人身险保险金额之和，其中人身险保险金额为累计新增保险金额。3.表19-17同。

Note: a) Because the insurance industry executed Accounting Standards Interpretation No.2 issued by Ministry of Finance since 2011, the coverages of indicators in this table have changed accordingly. b)The amount insured is the sum of property insurance and personal insurance since 2020 of which the personal insurance is the cumulative new insured amount. c)Same as table 19-17.

19-17 保险业务情况(2020—2022年)
Basic Statistics on Insurance Business,2020-2022

单位：亿元(100 million yuan)

项　目	Item	2020	2021	2022
保险金额	**Amount Insured**	**895558.52**	**1523943.29**	**1146339.67**
财产保险	Property Insurance	611182.63	1168464.37	922240.79
人身保险	Personal Insurance	284375.89	355478.92	224098.88
保　费	**Premium**	**672.09**	**660.47**	**670.21**
财产保险	Property Insurance	164.26	154.11	157.05
# 机动车辆保险	Motor Vehicle Insurance	112.48	101.55	106.47
人寿保险	Life Insurance	382.33	372.47	384.56
人身意外伤害保险	Personal Accident Insurance	19.79	18.25	12.53
健康保险	Health Insurance	105.71	115.64	116.06
赔款及给付额	**Claim and Payment**	**168.18**	**187.30**	**201.17**
财产保险	Property Insurance	83.64	96.19	95.64
# 机动车辆保险	Motor Vehicle Insurance	56.87	67.70	64.31
人寿保险	Life Insurance	50.57	49.30	56.32
人身意外伤害保险	Personal Accident Insurance	3.32	4.15	3.60
健康保险	Health Insurance	30.66	37.65	45.61
赔付率(%)	**Claim and Payment Rate (%)**			
财产保险公司综合赔付率	Property Insurance Comprehensive Claim and Payment Rate	49.6	64.5	68.3
人身保险公司短期险赔付率	Personal Insurance Short-term Claim and Payment Rate	58.5	65.1	63.1

19-18 租赁业基本情况(2012—2022年)
Basic Statistics on Leasing Industry,2012-2022

单位：个(unit)

年 份 Year	企业数 Number of Enterprises	金融租赁 Financial Leasing	内资租赁 Domestic Leasing	外资租赁 Leasing of Foreign Capital
2012	116	3	8	105
2013	206	5	10	191
2014	335	5	15	315
2015	697	7	18	672
2016	1185	9	30	1146
2017	1574	11	79	1484
2018	2010	11	112	1887
2019	1927	12	120	1795
2020	1763	12	128	1623
2021	1500	12	128	1360
2022	1315	11	131	1173

19-18续表 *Continued*

单位：亿元(100 million yuan)

年 份 Year	注册资金 Registered Capital	金融租赁 Financial Leasing	内资租赁 Domestic Leasing	外资租赁 Leasing of Foreign Capital
2012	574	166	120	288
2013	840	241	131	468
2014	1353	241	161	951
2015	2683	291	185	2207
2016	5013	365	419	4229
2017	6729	406	769	5554
2018	8568	506	951	7111
2019	8876	546	1016	7314
2020	8446	546	1046	6854
2021	7083	546	945	5592
2022	7423	516	1050	5857

资料来源：天津市地方金融监督管理局。
Source: Tianjin Local Financial Supervision and Administration Bureau.

主要统计指标解释

信贷资金

指金融机构以信用方式积聚和分配的货币资金。金融机构信贷资金的来源有各项存款、金融债券、对国际金融机构负债、流通中现金、其他项目等；信贷资金的运用有各项贷款、有价证券及投资、金银占款、外汇占款、财政借款及在国际金融机构中的资产等。

存　款

指金融机构接受客户存入的货币款项，存款人可随时或按约定时间支取款项的信用业务。包括活期存款、定期存款、住户储蓄存款、财政存款、外汇存款和其他存款等。

贷　款

指金融机构将其所吸收的资金，按一定的利率贷放给客户并约期归还的信用业务。包括短期贷款、中长期贷款、财政贷款、外汇贷款和其他贷款。

保险公司

指在中国境内的、经过保险监督管理部门批准设立，并依法登记注册的各类商业保险公司。

保险金额

指保险人承担赔偿或者给付保险金责任的最高限额。

保　费

指投保人为取得保险人在约定范围内所承担赔偿责任而支付给保险人的费用。

赔　款

指保险人根据保险合同的规定，向被保险人支付的赔偿保险责任损失的金额。

给　付

包括死伤医疗给付和满期给付。死伤医疗给付是指保险人根据人寿保险及长期健康保险合同的规定，因被保险人在保险期内发生保险责任范围内的保险事故支付给被保险人（或受益人）的金额。满期给付是指被保险人生存期满，保险人按人寿保险合同规定支付给被保险人的满期保险金额。

Explanatory Notes on Main Statistical Indicators

Credit Funds

refer to the monetary funds accumulated and distributed in the means of credit by the financial institutions. The sources of credit funds include various deposits, financial bonds, liabilities to international financial institutions, currency in circulation and other items. The uses of credit funds include loans, securities and investment, position for bullion and silver purchase, position for foreign exchange purchase, advances to treasury, and assets with international financial institutions.

Deposits

refer to the credit business that financial institutions accept the money deposited by clients, and the depositor can withdraw the money at any time or at an agreed time. It include current deposits, fixed term deposits, household savings deposits, financial deposits, foreign exchange deposits and other deposits.

Loans

refers to the credit business that financial institutions lend the funds they absorb to clients at a certain interest rate and return them at an agreed date. It include short-term loans, medium and long-term loans, financial loans, foreign exchange loans and other loans.

Insurance Companies

refer to commercial insurance companies of various forms registered by law and established in China with the approval of insurance regulatory agencies.

Amount Insured

refers to the maximum that the insurer to assume compensation or to pay the insurance.

Premium

is the fee paid by the insurant to the insurer to obtain the obligation of compensation from the insurance within the agreed terms.

Claim

is the compensation paid by the insurer to insurant in accordance with the insurance contract.

Payment

includes payment for death, injury or medical treatment and mature payment. Payment for death, injury or medical treatment refers to the money paid to insurant (or the beneficiary) in accordance with the life or health insurance contract when the insurant encounters accidents within the insured period covered in the contract. Mature payment refers to the mature payment to the insurant in accordance with the life insurance contract at the end of the insured period.

第二十篇　科学技术

Chapter 20　Science and Technology

20-1 科学研究和技术服务业机构课题情况
Projects of Science Research Institutions and Technological Service Development

项 目 Item	课题数(项) Number of Projects (item)		课题投入人力(人年) Labour Force Input Projects(person-year)		课题经费内部支出(万元) Internal Expenditure of Project Funds (10 000 yuan)	
	2021	2022	2021	2022	2021	2022
合 计 Total	**3468**	**3498**	**5518**	**6178**	**213058**	**168054**
基础研究 Basic Research	425	516	610	845	12412	8359
应用研究 Application Research	958	1018	1587	2081	50653	48329
试验发展 Experimental Development	1186	1092	1786	1844	105584	75829
R&D成果应用 R&D Achievements Used	241	218	434	400	14377	6802
科技服务 Services of Science and Technology	658	654	1101	1008	30032	28735

资料来源：天津市科学技术局，表20-3、20-23同。
Source:Tianjin Municipal Science and Technology Bureau. Same as table 20-3 and 20-23.
注：本表统计范围为科学研究与技术服务业的非企业机构。
Note: The statistical range of this table refers to non-enterprise institutions in scientific research and technical services.

20-2 专利授权数(2020—2022年)
Patent Granted,2020-2022

单位：件(item)

项 目	Item	授权量 Granted			有效量 Patent in Force		
		2020	2021	2022	2020	2021	2022
合 计	**Total**	**75434**	**97910**	**71545**	**245540**	**308263**	**332539**
按申请类型分	**Grouped by Applications Type**						
发 明	Inventions	5262	7376	11745	38152	43409	51162
实用新型	Utility Models	64221	85076	55357	189936	244766	260469
外观设计	Designs	5951	5458	4443	17452	20088	20908
按申请人划分	**Grouped by Applicator**						
职务发明	Official Inventions	71701	93215	67930	235328	295762	319760
工矿企业	Industrial and Mineral Enterprises	63888	84591	58654	206341	262841	284931
大专院校	Universities and Colleges	5643	5877	6500	20926	23196	23966
科研单位	Scientific Research Institutions	1453	1719	1879	6391	7424	8223
机关团体	Government Agencies and Organizations	717	1028	897	1670	2301	2640
非职务发明	Non-official Inventions	3733	4695	3615	10212	12501	12779

资料来源：天津市知识产权局。
Source: Tianjin Intellectual Property Office.

20-3 科学技术成果(2019—2022年)
Achievements in Science and Technology,2019-2022

单位：项(item)

项 目	Item	2019	2020	2021	2022
市级科学技术成果登记数	**Number of City Level Major Achievements in Science and Technology**	**2345**	**1880**	**1972**	**1703**
国际领先	Leading Level in the World	93	94	137	129
国际先进	Advanced World Standard	239	231	253	264
国内领先	Leading Level in China	298	94	97	80
国内先进	Advanced National Standard	185	51	33	4
其 他	Others	1530	1410	1452	1226
获天津市科学技术奖	**Number of Tianjin Scientific and Technological Prizes Awarded**	**195**	**191**	**197**	**200**
自然科学奖	Natural Science Award	13	9	13	18
技术发明奖	Technological Invention Award	7	10	10	8
科技进步奖	Prize for Progress in Science and Technology	174	172	174	174
科技重大成就奖	Major Science and Technology Achievement Award				
国际科技合作奖	International Scientific and Technological Cooperation Prizes Award	1			

20-4 高等学校科技专著和论文(2019—2022年)(理、工、农、医类)
S&T Works and Papers in Universities and Colleges,2019-2022 (Science, Engineering, Agriculture and Medicine)

项 目	Item	单 位	Unit	2019	2020	2021	2022
科技专著	**Scientific and Technological Works**	**部**	**copy**	**84**	**57**	**70**	**56**
		万 字	**10 000 words**	**1565**	**1178**	**1349**	**1279**
自然科学	Natural Science	部	copy	16	10	10	12
		万 字	10 000 words	215	175	194	250
工程科学	Engineering	部	copy	37	24	34	18
		万 字	10 000 words	831	428	803	343
医学科学	Medicine	部	copy	30	21	22	26
		万 字	10 000 words	509	525	342	686
农业科学	Agriculture	部	copy	1	2	4	
		万 字	10 000 words	10	50	10	
科学论文	**Scientific Papers**	**篇**	**piece**	**25389**	**26146**	**28664**	**33927**
# 国外发表	Published Abroad	篇	piece	15355	17423	17208	22417

资料来源：天津市教育委员会，表20-5同。
Source: Tianjin Municipal Education Commission. Same as table 20-5.

20−5 高等学校科研课题开展与投入(2022年)(理、工、农、医类)

Projects of Development and Input of Scientific Research in Universities and Colleges,2022(Science, Engineering, Agriculture and Medicine)

项　目	Item	课题数(项) Number of Projects (item)	投入人力(人年) Labour Force Input (person-year)	# 科学家和工程师 Scientists and Engineers	投入经费(万元) Funds Input (10 000 yuan)
总　计	**Total**	**20438**	**10300**	**10143**	**468233**
按课题活动类型分	**Grouped by Type of Projects**				
基础研究	Basic Research	6830	3931	3828	97871
应用研究	Application Research	7384	3623	3589	173224
试验发展	Experimental Development	3073	1496	1483	71932
R&D成果应用	R&D Achievement Used	1563	702	699	105648
科技服务	Service of Science and Technology	1588	547	544	19558
按(课题)项目类别分	**Grouped by Project**				
国家科技重大专项	National Science and Technology Major Projects	34	25	25	5495
国家重点研发计划	Supported by the National Key R&D Programs	1113	551	546	86173
国家科技部项目	Projects Supported by National Science and Technology Ministry	78	47	45	1659
国家自然科学基金项目	National Natural Science Fund Projects	4266	2482	2404	68526
教育部科技项目	Projects Supported by National Ministry of Education	4	2	2	28
国家部委其他科技项目	Other Projects of National Ministries and Commissions	368	312	310	30563
省、自治区、直辖市科技项目	Provincial-level Projects	2322	1239	1224	19315
地市厅局(含县)项目	Prefecture-level Projects	958	598	580	1785
企业单位委托科技项目	Enterprise Entrusted Projects	8644	3934	3903	223818
事业单位委托科技项目	Public Institution Entrusted Projects	1444	425	423	18529
国际合作项目	International Cooperation Projects	13	20	18	497
自选课题	Optional Objects	1175	645	643	11731
其他课题	Other Objects	19	20	20	114

20-6 全社会研发活动主要指标(2001-2022年)
Main Indicators of Total Science and Technology and R&D Activities,2001-2022

年 份 Year	有R&D活动单位数(个) Number of Units with R&D Activities (unit)	R&D人员数(人) R&D Personnel (person)	R&D人员折合全时当量(人年) R&D Personnel as Full-time Equivalent (person-year)	R&D经费支出(亿元) R&D Expenditures (100 million yuan)	R&D经费投入强度(%) Ratio of Expenditure on R&D to GDP (%)
2001			23893	25.16	1.43
2002			26216	31.19	1.62
2003			28808	40.43	1.79
2004			29553	53.75	2.05
2005			33441	72.57	2.30
2006			37164	95.24	2.69
2007			44988	114.70	2.76
2008			52096	169.42	3.27
2009			52039	178.47	3.13
2010			58771	229.56	3.36
2011	1362	111586	74293	297.76	3.67
2012	1601	126436	89609	360.49	3.99
2013	2057	143667	100219	428.09	4.30
2014	2379	164076	113335	464.69	4.37
2015	2434	177725	124321	510.18	4.69
2016	2439	177165	119384	537.32	4.68
2017	2138	165638	103087	458.72	3.68
2018	1811	160683	99490	492.40	3.68
2019	1834	143888	92502	462.97	3.29
2020	1978	136341	90640	485.01	3.46
2021	2261	166037	102986	574.33	3.66
2022	2264	160846	103499	568.66	3.49

20-7 科学技术协会和所属学会科技活动(2022年)
Scientific and Technological Activities of Science and Technology Associations and Affiliated Institutions,2022

项 目	Item	合 计 Total	市及区科协 Science Association of City and District	市级学会 Institution of City Level
机构与人员	**Institutions and Personnel**			
机 构(个)	Institutions(unit)	165	17	148
人 员(人)	Personnel(person)	2593	382	2211
学术交流情况	**Academic Activities of Exchange**			
学术会议(次)	Academic Meetings(time)	341	21	320
国 内	Domestic	341	21	320
国 际	International			
参加人数(人次)	Number of Participants(person-time)	501200	1200	500000
国 内	Domestic	501200	1200	500000
国 际	International			
科技出版物	**Science and Technology Publication**			
出版科技期刊(种)	Science and Technology Magazine(kind)	17		17

资料来源：天津市科学技术协会。
Source: Tianjin Association for Science and Technology.

20-8 企业科技及研发活动基本情况(2020—2022年)
Basic Statistics on Science and Technology and R&D Activities in Enterprises,2020-2022

项　　目	Item	2020	2021	2022
调查单位数(个)	Number of Units (unit)	9540	10618	10976
# 有R&D活动单位	With R&D Activities	1820	2112	2110
R&D人员(人)	R&D Personnel (person)	89837	113995	110825
# 全时人员	Full-time	64092	75398	71540
R&D人员折合全时	R&D Personnel as Full-time Equivalent			
当量(人年)	(person-year)	61357	70201	71927
基础研究	Basic Research	305	123	273
应用研究	Application Research	2712	2902	2685
试验发展	Experimental Development	58341	67176	68969
R&D经费支出(亿元)	R&D Expenditures(100 million yuan)	361.87	406.78	440.48
1. 政府资金	Government Funds	6.93	6.49	5.20
企业资金	Enterprise Funds	349.74	396.84	431.78
境外资金	Offshore Funds	1.71	0.99	0.97
其他资金	Other Funds	3.50	2.46	2.52
2. 基础研究	Basic Research	0.54	1.89	3.36
应用研究	Application Research	8.98	10.86	13.03
试验发展	Experimental Development	352.35	394.03	424.08

20-9 规模以上企业研发活动基本情况

R&D Activities in Enterprises above Designated Size

项　目	Item	规模以上工业 Industrial Enterprises above Designated Size		资质以上建筑业企业 Construction Enterprises above Designated Size		规模以上重点服务业企业 Key Services Enterprises above Designated Size	
		2021	2022	2021	2022	2021	2022
调查单位数(个)	Number of Units (unit)	5659	5780	362	375	4575	4799
# 有R&D活动单位	With R&D Activities	1649	1631	79	79	365	381
R&D人员(人)	R&D Personnel (person)	77928	76666	12087	10512	23791	23458
# 全时人员	Full-time	54582	53524	7119	6230	13577	11666
R&D人员折合全时当量(人年)	R&D Personnel as Full-time Equivalent (person-year)	49404	51110	7904	6837	12771	13856
基础研究	Basic Research	69	134	1	16	54	124
应用研究	Application Research	1404	1544	200	144	1294	993
试验发展	Experimental Development	47931	49432	7703	6677	11423	12739
R&D经费支出(亿元)	R&D Expenditures(100 million yuan)	251.26	284.57	74.11	75.45	73.52	74.52
1. 政府资金	Government Funds	2.80	3.24	0.44	0.71	3.20	1.21
企业资金	Enterprise Funds	245.25	278.18	73.65	74.70	70.10	73.02
境外资金	Offshore Funds	0.79	0.74			0.20	0.23
其他资金	Other Funds	2.43	2.42	0.02	0.05	0.02	0.05
2. 基础研究	Basic Research	1.51	2.75	0.03	0.17	0.35	0.44
应用研究	Application Research	5.71	6.65	0.85	1.89	4.30	4.49
试验发展	Experimental Development	244.05	275.17	73.23	73.40	68.87	69.59
企业办研发机构数(个)	Research and Development Institutions Set by Enterprises(unit)	639	643	66	67	129	121
研发机构人员数(人)	Personnel in Research and Development Institutions (person)	41949	42608	9369	8413	11559	11086
# 博士毕业	Doctor Graduate	660	705	87	122	423	484
硕士毕业	Master Graduate	7311	7661	907	849	3950	4252
研发机构经费支出(亿元)	Expenditure in Research and Development Institutions (100 million yuan)	160.79	182.37	43.22	45.28	46.99	45.89

注：本表建筑业指特一级总承包、一级专业承包建筑业企业，表20-14至20-16同。

Note: Constructions in this table refer to master and one-level general contracting and specialized contracting construction enterprises.Same as table 20-14 to 20-16.

20-10 规模以上工业企业研发活动基本情况(2022年)

R&D Activities in Industrial Enterprises above Designated Size,2022

项 目 Item	合 计 Total	国有经济 State-owned	外商及港澳台经济 Hong Kong, Macao,Taiwan and Foreign Funded	其他经济 Others
调查单位数(个) Number of Units (unit)	5780	122	1118	4540
有R&D活动企业数(个) Number of Enterprises with R&D Activities (unit)	1631	56	240	1335
R&D人员合计(人) Total R&D Personnel (person)	76666	6145	17564	52957
参加项目人员 Engaged in Projects	71385	5742	16480	49163
管理和服务人员 Engaged in Management and Service	5281	403	1084	3794
R&D经费支出(亿元) R&D Expenditures (100 million yuan)	284.57	18.55	59.23	206.79
1. 基础研究支出 Cost of Basic Research	2.75	0.24	2.42	0.09
应用研究支出 Cost of Application Research	6.65	0.75	0.66	5.25
试验发展支出 Cost of Experimental Development	275.17	17.56	56.15	201.45
2. 政府资金 Government Funds	3.24	0.47	0.38	2.39
企业资金 Enterprise Funds	278.18	18.08	58.14	201.96
境外资金 Offshore Funds	0.74		0.71	0.03
其他资金 Other Funds	2.42	0.01		2.41
企业办研发机构数(个) Research and Development Institutions Set by Enterprises (unit)	643	28	108	507
研发机构人员数(人) Persons in Research and Development Institutions (person)	42608	2596	7494	32518
研发机构经费支出(亿元) Expenditures of Research and Development Institutions (100 million yuan)	182.37	7.75	29.55	145.08
研发机构科研用仪器设备原价(亿元) Original Cost of Scientific Research Equipment in Research and Development Institutions(100 million yuan)	134.29	12.75	30.58	90.96
专利申请数(件) Number of Patent Applications (item)	18488	845	2908	14735
# 发明专利 Number of Inventions	6294	495	916	4883
新产品销售收入(亿元) Sales Revenue of New Products (100 million yuan)	4868.42	234.40	1387.67	3246.35
# 出口销售收入 Sales Revenue of Exports	726.86	0.75	278.83	447.27
技术改造经费支出(亿元) Expenditures of Technology Innovation (100 million yuan)	28.34	0.66	1.32	26.36
引进境外技术经费支出(亿元) Expenditures of Foreign Technology Introduction (100 million yuan)	3.22		3.16	0.07

20-11 按行业分规模以上工业企业科学研究与试验发展(R&D)活动情况(2022年)

R&D Activities in Industrial Enterprises above Designated Size by Sector,2022

项目	Item	有R&D活动企业数(个) Enterprises with R&D Activities (unit)	R&D人员折合全时当量(人年) R&D Personnel as Full-time Equivalent (person-year)
总计	**Total**	**1631**	**51110**
采矿业	**Minerals Mining**	**8**	**1853**
煤炭开采和洗选业	Mining and Washing of Coal	1	11
石油和天然气开采业	Extraction of Petroleum and Natural Gas	2	600
黑色金属矿采选业	Mining and Processing of Ferrous Metal Ores		
有色金属矿采选业	Mining and Processing of Non-ferrous Metal Ores		
非金属矿采选业	Mining and Processing of Nonmetal Ores	2	356
开采专业及辅助性活动	Professional and Support Activities for Mining	3	885
其他采矿业	Mining of Other Ores		
制造业	**Manufacturing**	**1594**	**48579**
农副食品加工业	Processing of Food from Agricultural Products	22	493
食品制造业	Manufacture of Food	41	727
酒、饮料和精制茶制造业	Manufacture of Alcohol, Beverages and Refined Tea	8	184
烟草制品业	Manufacture of Tobacco		
纺织业	Manufacture of Textile	9	252
纺织服装、服饰业	Manufacture of Textile Wearing and Apparel	1	6
皮革、毛皮、羽毛(绒)及其制品和制鞋业	Manufacture of Leather, Fur, Feather and Related Products, Footwear	5	141
木材加工和木、竹、藤、棕、草制品业	Processing of Timber, Manufacture of Wood, Bamboo, Rattan, Palm and Straw Products	2	22
家具制造业	Manufacture of Furniture	8	664
造纸和纸制品业	Manufacture of Paper and Paper Products	25	543
印刷和记录媒介复制业	Printing,Reproduction of Recording Media	25	426
文教、工美、体育和娱乐用品制造业	Manufacture of Articles for Culture, Education and Industrial Arts, Sport and Entertainment Activities	18	471
石油、煤炭及其他燃料加工业	Processing of Petroleum, Coal and Other Fuels	14	143
化学原料和化学制品制造业	Manufacture of Raw Chemical Materials and Chemical Products	107	3260
医药制造业	Manufacture of Medicines	74	4852
化学纤维制造业	Manufacture of Chemical Fibers	1	9
橡胶和塑料制品业	Manufacture of Rubber and Plastic	93	1714
非金属矿物制品业	Manufacture of Non-metallic Mineral Products	65	1365
黑色金属冶炼和压延加工业	Smelting and Pressing of Ferrous Metals	45	3008
有色金属冶炼和压延加工业	Smelting and Pressing of Non-ferrous Metals	20	585
金属制品业	Manufacture of Metal Products	135	3056
通用设备制造业	Manufacture of General Purpose Machinery	195	3519
专用设备制造业	Manufacture of Special Purpose Machinery	179	4498
汽车制造业	Manufacture of Motorcar	106	3233
铁路、船舶、航空航天和其他运输设备制造业	Manufacture of Railway, Watercraft, Aerospace and Other Transport Equipment	72	3144
电气机械和器材制造业	Manufacture of Electrical Machinery and Equipment	125	3064
计算机、通信和其他电子设备制造业	Manufacture of Computers, Communication and Other Electronic Equipment	119	7833
仪器仪表制造业	Manufacture of Measuring Instruments	55	794
其他制造业	Other Manufacturing	6	79
废弃资源综合利用业	Comprehensive Recycling of Waste	10	100
金属制品、机械和设备修理业	Metal Products, Machine and Equipment Repair	9	395
电力、热力、燃气及水生产和供应业	**Production and Supply of Electricity, Heat, Gas and Water**	**29**	**678**
电力、热力生产和供应业	Production and Supply of Electric Power and Heat Power	16	394
燃气生产和供应业	Production and Supply of Gas	3	21
水的生产和供应业	Production and Supply of Water	10	263

20-11续表 *Continued*

项　　目	Item	R&D经费内部支出总额(亿元) R&D Internal Expenditures (100 million yuan)	R&D投入强度(%) Ratio of Expenditure on R&D to Business Revenue (%)
总　　计	**Total**	**284.57**	**1.18**
采矿业	**Minerals Mining**	**14.76**	**0.71**
煤炭开采和洗选业	Mining and Washing of Coal	0.02	1.53
石油和天然气开采业	Extraction of Petroleum and Natural Gas	5.16	0.31
黑色金属矿采选业	Mining and Processing of Ferrous Metal Ores		
有色金属矿采选业	Mining and Processing of Non-ferrous Metal Ores		
非金属矿采选业	Mining and Processing of Nonmetal Ores	1.33	3.12
开采专业及辅助性活动	Professional and Support Activities for Mining	8.25	2.53
其他采矿业	Mining of Other Ores		
制造业	**Manufacturing**	**264.95**	**1.31**
农副食品加工业	Processing of Food from Agricultural Products	2.21	0.26
食品制造业	Manufacture of Food	2.75	0.69
酒、饮料和精制茶制造业	Manufacture of Alcohol, Beverages and Refined Tea	0.63	0.56
烟草制品业	Manufacture of Tobacco		
纺织业	Manufacture of Textile	0.60	0.59
纺织服装、服饰业	Manufacture of Textile Wearing and Apparel	0.01	0.06
皮革、毛皮、羽毛(绒)及其制品和制鞋业	Manufacture of Leather, Fur, Feather and Related Products, Footwear	0.23	1.15
木材加工和木、竹、藤、棕、草制品业	Processing of Timber, Manufacture of Wood, Bamboo, Rattan, Palm and Straw Products	0.09	0.62
家具制造业	Manufacture of Furniture	1.04	1.33
造纸和纸制品业	Manufacture of Paper and Paper Products	3.58	1.38
印刷和记录媒介复制业	Printing,Reproduction of Recording Media	0.94	1.33
文教、工美、体育和娱乐用品制造业	Manufacture of Articles for Culture, Education and Industrial Arts, Sport and Entertainment Activities	1.02	0.88
石油、煤炭及其他燃料加工业	Processing of Petroleum, Coal and Other Fuels	0.69	0.05
化学原料和化学制品制造业	Manufacture of Raw Chemical Materials and Chemical Products	19.25	1.43
医药制造业	Manufacture of Medicines	24.69	3.39
化学纤维制造业	Manufacture of Chemical Fibers	0.03	1.00
橡胶和塑料制品业	Manufacture of Rubber and Plastic	6.96	1.68
非金属矿物制品业	Manufacture of Non-metallic Mineral Products	7.59	1.65
黑色金属冶炼和压延加工业	Smelting and Pressing of Ferrous Metals	36.44	1.23
有色金属冶炼和压延加工业	Smelting and Pressing of Non-ferrous Metals	6.30	0.59
金属制品业	Manufacture of Metal Products	15.02	1.26
通用设备制造业	Manufacture of General Purpose Machinery	17.45	1.95
专用设备制造业	Manufacture of Special Purpose Machinery	21.30	2.85
汽车制造业	Manufacture of Motorcar	14.02	0.54
铁路、船舶、航空航天和其他运输设备制造业	Manufacture of Railway, Watercraft, Aerospace and Other Transport Equipment	10.63	1.79
电气机械和器材制造业	Manufacture of Electrical Machinery and Equipment	16.28	1.10
计算机、通信和其他电子设备制造业	Manufacture of Computers, Communication and Other Electronic Equipment	51.48	2.56
仪器仪表制造业	Manufacture of Measuring Instruments	2.43	2.01
其他制造业	Other Manufacturing	0.16	0.96
废弃资源综合利用业	Comprehensive Recycling of Waste	0.47	0.35
金属制品、机械和设备修理业	Metal Products, Machine and Equipment Repair	0.68	1.93
电力、热力、燃气及水生产和供应业	**Production and Supply of Electricity, Heat, Gas and Water**	**4.86**	**0.29**
电力、热力生产和供应业	Production and Supply of Electric Power and Heat Power	3.87	0.34
燃气生产和供应业	Production and Supply of Gas	0.08	0.02
水的生产和供应业	Production and Supply of Water	0.91	0.72

20-12 按行业分规模以上工业企业研发机构情况(2022年)

R&D Institutions of Industrial Enterprises above Designated Size by Sector,2022

项 目	Item	研发机构数(个) R&D Institutions (unit)	研发机构经费支出(亿元) Expenditures in R&D Institutions (100 million yuan)
总 计	**Total**	**643**	**182.37**
采矿业	**Minerals Mining**	**8**	**7.77**
煤炭开采和洗选业	Mining and Washing of Coal		
石油和天然气开采业	Extraction of Petroleum and Natural Gas	4	5.32
黑色金属矿采选业	Mining and Processing of Ferrous Metal Ores		
有色金属矿采选业	Mining and Processing of Non-ferrous Metal Ores		
非金属矿采选业	Mining and Processing of Nonmetal Ores	3	0.54
开采专业及辅助性活动	Professional and Support Activities for Mining	1	1.91
其他采矿业	Mining of Other Ores		
制造业	**Manufacturing**	**630**	**172.28**
农副食品加工业	Processing of Food from Agricultural Products	10	0.50
食品制造业	Manufacture of Food	14	1.23
酒、饮料和精制茶制造业	Manufacture of Alcohol, Beverages and Refined Tea	5	0.30
烟草制品业	Manufacture of Tobacco		
纺织业	Manufacture of Textile	1	0.16
纺织服装、服饰业	Manufacture of Textile Wearing and Apparel		
皮革、毛皮、羽毛(绒)及其制品和制鞋业	Manufacture of Leather, Fur, Feather and Related Products, Footwear	2	0.11
木材加工和木、竹、藤、棕、草制品业	Processing of Timber, Manufacture of Wood, Bamboo, Rattan, Palm and Straw Products		
家具制造业	Manufacture of Furniture	2	0.95
造纸和纸制品业	Manufacture of Paper and Paper Products	7	3.07
印刷和记录媒介复制业	Printing,Reproduction of Recording Media	3	0.30
文教、工美、体育和娱乐用品制造业	Manufacture of Articles for Culture, Education and Industrial Arts, Sport and Entertainment Activities	10	0.70
石油、煤炭及其他燃料加工业	Processing of Petroleum, Coal and Other Fuels	7	0.71
化学原料和化学制品制造业	Manufacture of Raw Chemical Materials and Chemical Products	60	10.34
医药制造业	Manufacture of Medicines	57	13.40
化学纤维制造业	Manufacture of Chemical Fibers		
橡胶和塑料制品业	Manufacture of Rubber and Plastic	32	4.31
非金属矿物制品业	Manufacture of Non-metallic Mineral Products	22	3.63
黑色金属冶炼和压延加工业	Smelting and Pressing of Ferrous Metals	18	10.84
有色金属冶炼和压延加工业	Smelting and Pressing of Non-ferrous Metals	9	1.21
金属制品业	Manufacture of Metal Products	41	11.58
通用设备制造业	Manufacture of General Purpose Machinery	54	8.36
专用设备制造业	Manufacture of Special Purpose Machinery	93	14.08
汽车制造业	Manufacture of Motorcar	44	5.51
铁路、船舶、航空航天和其他运输设备制造业	Manufacture of Railway, Watercraft, Aerospace and Other Transport Equipment	22	6.30
电气机械和器材制造业	Manufacture of Electrical Machinery and Equipment	42	15.72
计算机、通信和其他电子设备制造业	Manufacture of Computers, Communication and Other Electronic Equipment	53	57.56
仪器仪表制造业	Manufacture of Measuring Instruments	22	1.40
其他制造业	Other Manufacturing		
废弃资源综合利用业	Comprehensive Recycling of Waste		
金属制品、机械和设备修理业	Metal Products, Machine and Equipment Repair		
电力、热力、燃气及水生产和供应业	**Production and Supply of Electricity, Heat, Gas and Water**	**5**	**2.32**
电力、热力生产和供应业	Production and Supply of Electric Power and Heat Power	1	1.28
燃气生产和供应业	Production and Supply of Gas	2	0.89
水的生产和供应业	Production and Supply of Water	2	0.15

20-13 按行业分规模以上工业企业专利情况(2022年)

Patents of Industrial Enterprises above Designated Size by Sector,2022

单位：件(piece)

项　目	Item	专利申请数 Patent Applications	#发明专利数 Invention Patents
总　计	**Total**	**18488**	**6294**
采矿业	**Minerals Mining**	**615**	**434**
煤炭开采和洗选业	Mining and Washing of Coal	18	2
石油和天然气开采业	Extraction of Petroleum and Natural Gas	294	227
黑色金属矿采选业	Mining and Processing of Ferrous Metal Ores		
有色金属矿采选业	Mining and Processing of Non-ferrous Metal Ores		
非金属矿采选业	Mining and Processing of Nonmetal Ores	53	20
开采专业及辅助性活动	Professional and Support Activities for Mining	250	185
其他采矿业	Mining of Other Ores		
制造业	**Manufacturing**	**16972**	**5238**
农副食品加工业	Processing of Food from Agricultural Products	218	31
食品制造业	Manufacture of Food	192	68
酒、饮料和精制茶制造业	Manufacture of Alcohol, Beverages and Refined Tea	82	30
烟草制品业	Manufacture of Tobacco		
纺织业	Manufacture of Textile	66	7
纺织服装、服饰业	Manufacture of Textile Wearing and Apparel	7	5
皮革、毛皮、羽毛(绒)及其制品和制鞋业	Manufacture of Leather, Fur, Feather and Related Products, Footwear	16	2
木材加工和木、竹、藤、棕、草制品业	Processing of Timber, Manufacture of Wood, Bamboo, Rattan, Palm and Straw Products	15	3
家具制造业	Manufacture of Furniture	109	1
造纸和纸制品业	Manufacture of Paper and Paper Products	194	25
印刷和记录媒介复制业	Printing,Reproduction of Recording Media	94	21
文教、工美、体育和娱乐用品制造业	Manufacture of Articles for Culture, Education and Industrial Arts, Sport and Entertainment Activities	170	31
石油、煤炭及其他燃料加工业	Processing of Petroleum, Coal and Other Fuels	102	76
化学原料和化学制品制造业	Manufacture of Raw Chemical Materials and Chemical Products	810	324
医药制造业	Manufacture of Medicines	712	294
化学纤维制造业	Manufacture of Chemical Fibers	2	2
橡胶和塑料制品业	Manufacture of Rubber and Plastic	681	132
非金属矿物制品业	Manufacture of Non-metallic Mineral Products	652	124
黑色金属冶炼和压延加工业	Smelting and Pressing of Ferrous Metals	634	130
有色金属冶炼和压延加工业	Smelting and Pressing of Non-ferrous Metals	128	33
金属制品业	Manufacture of Metal Products	966	145
通用设备制造业	Manufacture of General Purpose Machinery	1908	421
专用设备制造业	Manufacture of Special Purpose Machinery	2449	730
汽车制造业	Manufacture of Motorcar	1090	219
铁路、船舶、航空航天和其他运输设备制造业	Manufacture of Railway, Watercraft, Aerospace and Other Transport Equipment	1049	325
电气机械和器材制造业	Manufacture of Electrical Machinery and Equipment	1658	526
计算机、通信和其他电子设备制造业	Manufacture of Computers, Communication and Other Electronic Equipment	2300	1386
仪器仪表制造业	Manufacture of Measuring Instruments	444	110
其他制造业	Other Manufacturing	65	8
废弃资源综合利用业	Comprehensive Recycling of Waste	76	14
金属制品、机械和设备修理业	Metal Products, Machine and Equipment Repair	83	15
电力、热力、燃气及水生产和供应业	**Production and Supply of Electricity, Heat, Gas and Water**	**901**	**622**
电力、热力生产和供应业	Production and Supply of Electric Power and Heat Power	806	610
燃气生产和供应业	Production and Supply of Gas	19	2
水的生产和供应业	Production and Supply of Water	76	10

20-14 按行业分规模以上非工业企业科学研究与试验发展(R&D)活动情况(2022年)
R&D Activities in Non-industrial Enterprises above Designated Size by Sector,2022

项 目	Item	有R&D活动企业数(个) Enterprises with R&D Activities (unit)	R&D人员折合全时当量(人年) R&D Personnel as Full-time Equivalent (person-year)
总 计	**Total**	**460**	**20694**
建筑业	**Construction**	**79**	**6837**
房屋建筑业	Building Engineering	17	2212
土木工程建筑业	Civil Engineering	34	3771
建筑安装业	Building Installation	20	754
建筑装饰、装修和其他建筑业	Building Decoration and Others	8	100
重点服务业	**Key Service**	**381**	**13856**
交通运输、仓储和邮政业	Transportation, Storage and Post Services	25	464
铁路运输业	Railway Transport		
道路运输业	Highway Transport	8	108
水上运输业	Waterway Transport	11	288
航空运输业	Air Transport		
管道运输业	Pipeline Transport	1	13
多式联运和运输代理业	Intermodality and Forwarding		
装卸搬运和仓储业	Loading, Unloading and Storage	5	55
邮政业	Post Services		
信息传输、软件和信息技术服务业	Information Transmitting, Software and Information Technology Services	87	3360
电信、广播电视和卫星传输服务	Telecommunication, Broadcast Television and Satellite Transmission Services	3	42
互联网和相关服务	Internet and Relative Services	16	702
软件和信息技术服务业	Software and Information Technology Services	68	2616
租赁和商务服务业	Leasing and Business Services	27	548
租赁业	Leasing Services	5	44
商务服务业	Business Services	22	504
科学研究和技术服务业	Scientific Research and Technical Services	229	9209
研究和试验发展	R&D	31	1249
专业技术服务业	Special Technical Services	174	7709
科技推广和应用服务业	Science and Technology Generalizing and Application Services	24	250
水利、环境和公共设施管理业	Management for Water Conservancy, Environment and Public Facilities	8	126
水利管理业	Management for Water Conservancy		
生态保护和环境治理业	Ecological Protection and Management for Environment	6	94
公共设施管理业	Management for Public Facilities	2	32
土地管理业	Management for Land		
卫生和社会工作	Health Care and Social Work	3	59
卫 生	Health Care	3	59
社会工作	Social Work		
文化、体育和娱乐业	Culture, Sports and Recreational Services	2	91
新闻和出版业	News Publication		
广播、电视、电影和录音制作业	Broadcast, TV, Movies and Record Production Industry	2	91
文化艺术业	Culture and Art		
体 育	Sports		
娱乐业	Recreational Services		

20-14续表 *Continued*

项　目	Item	R&D经费内部支出总额(亿元) R&D Internal Expenditures (100 million yuan)	R&D投入强度(%) Ratio of Expenditure on R&D to Business Revenue(%)
总　计	**Total**	**149.97**	**1.11**
建筑业	**Construction**	**75.45**	**1.87**
房屋建筑业	Building Engineering	23.10	1.76
土木工程建筑业	Civil Engineering	48.93	2.05
建筑安装业	Building Installation	2.98	1.22
建筑装饰、装修和其他建筑业	Building Decoration and Others	0.44	0.49
重点服务业	**Key Service**	**74.52**	**0.78**
交通运输、仓储和邮政业	Transportation, Storage and Post Services	1.69	0.04
铁路运输业	Railway Transport		
道路运输业	Highway Transport	0.57	0.03
水上运输业	Waterway Transport	0.90	0.36
航空运输业	Air Transport		
管道运输业	Pipeline Transport	0.03	0.12
多式联运和运输代理业	Intermodality and Forwarding		
装卸搬运和仓储业	Loading, Unloading and Storage	0.18	0.04
邮政业	Post Services		
信息传输、软件和信息技术服务业	Information Transmitting, Software and Information Technology Services	18.61	1.43
电信、广播电视和卫星传输服务	Telecommunication, Broadcast Television and Satellite Transmission Services	0.05	0.03
互联网和相关服务	Internet and Relative Services	6.72	1.06
软件和信息技术服务业	Software and Information Technology Services	11.84	2.51
租赁和商务服务业	Leasing and Business Services	1.45	0.06
租赁业	Leasing Services	0.17	0.14
商务服务业	Business Services	1.27	0.06
科学研究和技术服务业	Scientific Research and Technical Services	51.27	2.99
研究和试验发展	R&D	9.67	9.74
专业技术服务业	Special Technical Services	40.57	2.64
科技推广和应用服务业	Science and Technology Generalizing and Application Services	1.03	1.33
水利、环境和公共设施管理业	Management for Water Conservancy, Environment and Public Facilities	0.49	0.36
水利管理业	Management for Water Conservancy		
生态保护和环境治理业	Ecological Protection and Management for Environment	0.42	1.92
公共设施管理业	Management for Public Facilities	0.08	0.10
土地管理业	Management for Land		
卫生和社会工作	Health Care and Social Work	0.30	0.34
卫　生	Health Care	0.30	0.35
社会工作	Social Work		
文化、体育和娱乐业	Culture, Sports and Recreational Services	0.71	0.58
新闻和出版业	News Publication		
广播、电视、电影和录音制作业	Broadcast, TV, Movies and Record Production Industry	0.71	0.87
文化艺术业	Culture and Art		
体　育	Sports		
娱乐业	Recreational Services		

20-15 按行业分规模以上非工业企业研发机构情况(2022年)
R&D Institutions of Non-industrial Enterprises above Designated Size by Sector,2022

项　　目	Item	研发机构数(个) R&D Institutions (unit)	研发机构经费支出(亿元) Expenditures in R&D Institutions (100 million yuan)
总　　计	**Total**	**188**	**91.17**
建筑业	**Construction**	**67**	**45.28**
房屋建筑业	Building Engineering	15	14.85
土木工程建筑业	Civil Engineering	34	26.66
建筑安装业	Building Installation	17	3.73
建筑装饰、装修和其他建筑业	Building Decoration and Others	1	0.04
重点服务业	**Key Service**	**121**	**45.89**
交通运输、仓储和邮政业	Transportation, Storage and Post Services	5	0.43
铁路运输业	Railway Transport		
道路运输业	Highway Transport	2	0.39
水上运输业	Waterway Transport	3	0.03
航空运输业	Air Transport		
管道运输业	Pipeline Transport		
多式联运和运输代理业	Intermodality and Forwarding		
装卸搬运和仓储业	Loading,Unloading and Storage		
邮政业	Post Services		
信息传输、软件和信息技术服务业	Information Transmitting, Software and Information Technology Services	24	6.68
电信、广播电视和卫星传输服务	Telecommunication, Broadcast Television and Satellite Transmission Services	1	0.04
互联网和相关服务	Internet and Relative Services	2	1.38
软件和信息技术服务业	Software and Information Technology Services	21	5.26
租赁和商务服务业	Leasing and Business Services	3	0.20
租赁业	Leasing Services	1	0.03
商务服务业	Business Services	2	0.16
科学研究和技术服务业	Scientific Research and Technical Services	84	37.12
研究和试验发展	R&D	22	6.35
专业技术服务业	Special Technical Services	57	30.48
科技推广和应用服务业	Science and Technology Generalizing and Application Services	5	0.29
水利、环境和公共设施管理业	Management for Water Conservancy, Environment and Public Facilities	3	0.25
水利管理业	Management for Water Conservancy		
生态保护和环境治理业	Ecological Protection and Management for Environment	3	0.25
公共设施管理业	Management for Public Facilities		
土地管理业	Management for Land		
卫生和社会工作	Health Care and Social Work		
卫　生	Health Care		
社会工作	Social Work		
文化、体育和娱乐业	Culture, Sports and Recreational Services	2	1.22
新闻和出版业	News Publication		
广播、电视、电影和录音制作业	Broadcast, TV, Movies and Record Production Industry	2	1.22
文化艺术业	Culture and Art		
体　育	Sports		
娱乐业	Recreational Services		

20-16 按行业分规模以上非工业企业专利情况(2022年)
Patents of Non-industrial Enterprises above Designated Size by Sector,2022

单位：件(piece)

项 目	Item	专利申请数 Patent Applications	#发明专利数 Invention Patents
总 计	**Total**	**8918**	**3631**
建筑业	**Construction**	**4117**	**1249**
房屋建筑业	Building Engineering	1358	395
土木工程建筑业	Civil Engineering	2474	784
建筑安装业	Building Installation	237	55
建筑装饰、装修和其他建筑业	Building Decoration and Others	48	15
重点服务业	**Key Service**	**4801**	**2382**
交通运输、仓储和邮政业	Transportation, Storage and Post Services	326	103
铁路运输业	Railway Transport	2	
道路运输业	Highway Transport	180	53
水上运输业	Waterway Transport	122	44
航空运输业	Air Transport		
管道运输业	Pipeline Transport	1	
多式联运和运输代理业	Intermodality and Forwarding	2	1
装卸搬运和仓储业	Loading,Unloading and Storage	19	5
邮政业	Post Services		
信息传输、软件和信息技术服务业	Information Transmitting, Software and Information Technology Services	872	641
电信、广播电视和卫星传输服务	Telecommunication, Broadcast Television and Satellite Transmission Services	21	17
互联网和相关服务	Internet and Relative Services	212	172
软件和信息技术服务业	Software and Information Technology Services	639	452
租赁和商务服务业	Leasing and Business Services	135	28
租赁业	Leasing Services	50	6
商务服务业	Business Services	85	22
科学研究和技术服务业	Scientific Research and Technical Services	3325	1567
研究和试验发展	R&D	598	380
专业技术服务业	Special Technical Services	2593	1133
科技推广和应用服务业	Science and Technology Generalizing and Application Services	134	54
水利、环境和公共设施管理业	Management for Water Conservancy, Environment and Public Facilities	84	14
水利管理业	Management for Water Conservancy		
生态保护和环境治理业	Ecological Protection and Management for Environment	64	14
公共设施管理业	Management for Public Facilities	20	
土地管理业	Management for Land		
卫生和社会工作	Health Care and Social Work	45	18
卫 生	Health Care	45	18
社会工作	Social Work		
文化、体育和娱乐业	Culture, Sports and Recreational Services	14	11
新闻和出版业	News Publication		
广播、电视、电影和录音制作业	Broadcast, TV, Movies and Record Production Industry	14	11
文化艺术业	Culture and Art		
体 育	Sports		
娱乐业	Recreational Services		

20-17 创新企业分布情况(2022年)
The Distribution of Innovating Enterprises,2022

项 目	Item	企业数(个) Number of Enterprises (unit)	# 开展创新的企业 To Carry Out Innovative Enterprises		# 实现创新的企业 To Achieve Innovative Enterprises	
			企业数(个) Numbers (unit)	比重(%) Percentage of Total (%)	企业数(个) Numbers (unit)	比重(%) Percentage of Total (%)
总 计	**Total**	**21301**	**6029**	**28.3**	**5662**	**26.6**
按行业分	**Grouped by Sector**					
采矿业	Minerals Mining	11	9	81.8	9	81.8
制造业	Manufacturing	5506	3036	55.1	2869	52.1
电力、热力、燃气及水生产和供应业	Production and Supply of Electricity, Heat, Gas and Water	263	94	35.7	86	32.7
建筑业	Construction	1517	392	25.8	368	24.3
批发和零售业	Wholesale and Retail Trade	9603	1214	12.6	1179	12.3
交通运输、仓储和邮政业	Transportation, Storage and Post Services	1782	269	15.1	254	14.3
信息传输、软件和信息技术服务业	Information Transmitting, Software and Information Technology Services	468	292	62.4	247	52.8
租赁和商务服务业	Leasing and Business Services	1322	266	20.1	247	18.7
科学研究和技术服务业	Scientific Research and Technical Services	737	431	58.5	380	51.6
水利、环境和公共设施管理业	Management for Water Conservancy, Environment and Public Facilities	92	26	28.3	23	25.0
按地区分	**Grouped by Region**					
和平区	Heping District	498	111	22.3	106	21.3
河东区	Hedong District	436	100	22.9	94	21.6
河西区	Hexi District	904	187	20.7	179	19.8
南开区	Nankai District	706	169	23.9	159	22.5
河北区	Hebei District	260	71	27.3	67	25.8
红桥区	Hongqiao District	177	44	24.9	38	21.5
东丽区	Dongli District	1082	236	21.8	222	20.5
西青区	Xiqing District	1457	541	37.1	509	34.9
津南区	Jinnan District	1163	410	35.3	382	32.9
北辰区	Beichen District	1483	402	27.1	376	25.4
武清区	Wuqing District	1846	631	34.2	596	32.3
宝坻区	Baodi District	866	268	31.0	250	28.9
滨海新区	Binhai New Area	7838	2225	28.4	2076	26.5
宁河区	Ninghe District	472	123	26.1	119	25.2
静海区	Jinghai District	1766	405	22.9	388	22.0
蓟州区	Jizhou District	331	90	27.2	86	26.0

注：按地区分数据不包含非网报和直报数据，表20-18至20-20同。
Note: The data grouped by region does not include non-online and direct reporting data. Same as table 20-18 to 20-20.

20-18 产品和工艺创新企业分布情况(2022年)

The Distribution of Product and Process Innovative Enterprises,2022

项 目	Item	有产品或工艺创新活动企业 To Carry Out Product or Process Innovation Activity Enterprises	
		企业数(个) Number of Enterprises(unit)	比 重(%) Percentage of Total Enterprises(%)
总 计	**Total**	**4502**	**21.1**
按行业分	**Grouped by Sector**		
采矿业	Minerals Mining	8	72.7
制造业	Manufacturing	2768	50.3
电力、热力、燃气及水生产和供应业	Production and Supply of Electricity, Heat, Gas and Water	70	26.6
建筑业	Construction	267	17.6
批发和零售业	Wholesale and Retail Trade	422	4.4
交通运输、仓储和邮政业	Transportation, Storage and Post Services	146	8.2
信息传输、软件和信息技术服务业	Information Transmitting, Software and Information Technology Services	268	57.3
租赁和商务服务业	Leasing and Business Services	131	9.9
科学研究和技术服务业	Scientific Research and Technical Services	404	54.8
水利、环境和公共设施管理业	Management for Water Conservancy, Environment and Public Facilities	18	19.6
按地区分	**Grouped by Region**		
和平区	Heping District	62	12.5
河东区	Hedong District	58	13.3
河西区	Hexi District	115	12.7
南开区	Nankai District	105	14.9
河北区	Hebei District	49	18.9
红桥区	Hongqiao District	34	19.2
东丽区	Dongli District	172	15.9
西青区	Xiqing District	425	29.2
津南区	Jinnan District	334	28.7
北辰区	Beichen District	306	20.6
武清区	Wuqing District	486	26.3
宝坻区	Baodi District	214	24.7
滨海新区	Binhai New Area	1674	21.4
宁河区	Ninghe District	85	18.0
静海区	Jinghai District	301	17.0
蓟州区	Jizhou District	66	19.9

20-18续表 *Continued*

项　目	Item	# 实现产品创新企业 Implementing Product Innovation Enterprises		# 实现工艺创新企业 Implementing Process Innovation Enterprises	
		企业数(个) Number of Enterprises (unit)	比　重(%) Percentage of Total Enterprises (%)	企业数(个) Number of Enterprises (unit)	比　重(%) Percentage of Total Enterprises (%)
总　计	**Total**	**2382**	**11.2**	**3214**	**15.1**
按行业分	**Grouped by Sector**				
采矿业	Minerals Mining	3	27.3	8	72.7
制造业	Manufacturing	1617	29.4	2074	37.7
电力、热力、燃气及水生产和供应业	Production and Supply of Electricity, Heat, Gas and Water	5	1.9	53	20.2
建筑业	Construction	103	6.8	207	13.6
批发和零售业	Wholesale and Retail Trade	187	1.9	284	3.0
交通运输、仓储和邮政业	Transportation, Storage and Post Services	54	3.0	100	5.6
信息传输、软件和信息技术服务业	Information Transmitting, Software and Information Technology Services	146	31.2	141	30.1
租赁和商务服务业	Leasing and Business Services	59	4.5	70	5.3
科学研究和技术服务业	Scientific Research and Technical Services	201	27.3	267	36.2
水利、环境和公共设施管理业	Management for Water Conservancy, Environment and Public Facilities	7	7.6	10	10.9
按地区分	**Grouped by Region**				
和平区	Heping District	29	5.8	38	7.6
河东区	Hedong District	29	6.7	44	10.1
河西区	Hexi District	59	6.5	83	9.2
南开区	Nankai District	61	8.6	64	9.1
河北区	Hebei District	20	7.7	30	11.5
红桥区	Hongqiao District	16	9.0	23	13.0
东丽区	Dongli District	98	9.1	120	11.1
西青区	Xiqing District	252	17.3	305	20.9
津南区	Jinnan District	174	15.0	248	21.3
北辰区	Beichen District	152	10.3	224	15.1
武清区	Wuqing District	268	14.5	348	18.9
宝坻区	Baodi District	121	14.0	154	17.8
滨海新区	Binhai New Area	878	11.2	1160	14.8
宁河区	Ninghe District	47	10.0	68	14.4
静海区	Jinghai District	136	7.7	240	13.6
蓟州区	Jizhou District	28	8.5	52	15.7

20-19　产品或工艺创新主要活动形式(2022年)
The Form of Product and Process Innovative Enterprises,2022

项　目	Item	有产品或工艺创新活动企业数(个) Number of Product and Process Innovative Enterprises (unit)	各类创新活动企业比重(%) Proportion of All Kinds of Innovative Enterprises(%)			
			# 内部 R&D Internal	# 外部 R&D External	# 获得机器设备和软件 Acquire Machine, Equipment, and Software	# 从外部获取相关技术 External Acquisition of Related Technologies
总　计	**Total**	**4502**	**52.4**	**9.3**	**40.3**	**3.8**
按行业分	**Grouped by Sector**					
采矿业	Minerals Mining	8	100.0	75.0	100.0	12.5
制造业	Manufacturing	2768	57.6	7.8	50.4	0.8
电力、热力、燃气及水生产和供应业	Production and Supply of Electricity, Heat, Gas and Water	70	41.4	10.0	65.7	
建筑业	Construction	267	56.9	11.6	30.3	13.1
批发和零售业	Wholesale and Retail Trade	422	47.6	16.4	18.5	7.3
交通运输、仓储和邮政业	Transportation, Storage and Post Services	146	17.1	2.1	23.3	6.2
信息传输、软件和信息技术服务业	Information Transmitting, Software and Information Technology Services	268	32.5	9.3	20.9	5.2
租赁和商务服务业	Leasing and Business Services	131	20.6	7.6	12.2	6.1
科学研究和技术服务业	Scientific Research and Technical Services	404	56.7	13.1	24.0	12.6
水利、环境和公共设施管理业	Management for Water Conservancy, Environment and Public Facilities	18	44.4	5.6	27.8	
按地区分	**Grouped by Region**					
和平区	Heping District	62	4.6	1.2	2.8	0.4
河东区	Hedong District	58	7.8	2.1	3.0	1.4
河西区	Hexi District	115	6.8	2.1	4.3	1.4
南开区	Nankai District	105	6.0	1.7	6.0	1.7
河北区	Hebei District	49	8.1	1.9	7.3	1.9
红桥区	Hongqiao District	34	10.7	2.3	1.7	1.7
东丽区	Dongli District	172	8.7	1.9	7.0	0.8
西青区	Xiqing District	425	16.1	2.1	13.9	0.6
津南区	Jinnan District	334	13.2	2.1	13.1	0.8
北辰区	Beichen District	306	12.7	1.6	9.0	0.7
武清区	Wuqing District	486	12.9	1.3	12.4	0.4
宝坻区	Baodi District	214	14.4	1.5	10.7	0.2
滨海新区	Binhai New Area	1674	11.3	2.6	7.5	1.1
宁河区	Ninghe District	85	6.8	0.4	7.8	
静海区	Jinghai District	301	8.2	0.5	8.1	0.1
蓟州区	Jizhou District	66	14.8	1.2	5.4	

20-20 组织和营销创新企业分布情况(2022年)
The Distribution of Organization and Marketing Innovative Enterprises,2022

项　目	Item	企业数(个) Number of Enterprises (unit)	有组织或营销创新企业 Organization and Marketing Innovative Enterprises	
			企业数(个) Number of Enterprises (unit)	比　重(%) Percentage of Total Enterprises(%)
总　计	**Total**	**21301**	**4149**	**19.5**
按行业分	**Grouped by Sector**			
采矿业	Minerals Mining	11	6	54.5
制造业	Manufacturing	5506	1852	33.6
电力、热力、燃气及水生产和供应业	Production and Supply of Electricity, Heat, Gas and Water	263	57	21.7
建筑业	Construction	1517	275	18.1
批发和零售业	Wholesale and Retail Trade	9603	1105	11.5
交通运输、仓储和邮政业	Transportation, Storage and Post Services	1782	207	11.6
信息传输、软件和信息技术服务业	Information Transmitting, Software and Information Technology Services	468	175	37.4
租赁和商务服务业	Leasing and Business Services	1322	205	15.5
科学研究和技术服务业	Scientific Research and Technical Services	737	249	33.8
水利、环境和公共设施管理业	Management for Water Conservancy, Environment and Public Facilities	92	18	19.6
按地区分	**Grouped by Region**			
和平区	Heping District	498	89	17.9
河东区	Hedong District	436	75	17.2
河西区	Hexi District	904	143	15.8
南开区	Nankai District	706	131	18.6
河北区	Hebei District	260	52	20.0
红桥区	Hongqiao District	177	35	19.8
东丽区	Dongli District	1082	166	15.3
西青区	Xiqing District	1457	375	25.7
津南区	Jinnan District	1163	257	22.1
北辰区	Beichen District	1483	280	18.9
武清区	Wuqing District	1846	423	22.9
宝坻区	Baodi District	866	189	21.8
滨海新区	Binhai New Area	7838	1524	19.4
宁河区	Ninghe District	472	88	18.6
静海区	Jinghai District	1766	251	14.2
蓟州区	Jizhou District	331	61	18.4

20-20续表 *Continued*

项目	Item	# 实现组织创新企业 Implementing Organization Innovation Enterprises		# 实现营销创新企业 Implementing Marketing Innovation Enterprises	
		企业数(个) Number of Enterprises (unit)	比重(%) Percentage of Total Enterprises (%)	企业数(个) Number of Enterprises (unit)	比重(%) Percentage of Total Enterprises (%)
总计	**Total**	**3281**	**15.4**	**2592**	**12.2**
按行业分	**Grouped by Sector**				
采矿业	Minerals Mining	6	54.5	2	18.2
制造业	Manufacturing	1441	26.2	1278	23.2
电力、热力、燃气及水生产和供应业	Production and Supply of Electricity, Heat, Gas and Water	54	20.5	14	5.3
建筑业	Construction	257	16.9	87	5.7
批发和零售业	Wholesale and Retail Trade	803	8.4	746	7.8
交通运输、仓储和邮政业	Transportation, Storage and Post Services	181	10.2	98	5.5
信息传输、软件和信息技术服务业	Information Transmitting, Software and Information Technology Services	151	32.3	113	24.1
租赁和商务服务业	Leasing and Business Services	147	11.1	125	9.5
科学研究和技术服务业	Scientific Research and Technical Services	224	30.4	120	16.3
水利、环境和公共设施管理业	Management for Water Conservancy, Evironment and Public Facilities	17	18.5	9	9.8
按地区分	**Grouped by Region**				
和平区	Heping District	65	13.1	57	11.5
河东区	Hedong District	62	14.2	48	11.0
河西区	Hexi District	118	13.1	85	9.4
南开区	Nankai District	98	13.9	84	11.9
河北区	Hebei District	41	15.8	30	11.5
红桥区	Hongqiao District	29	16.4	22	12.4
东丽区	Dongli District	130	12.0	98	9.1
西青区	Xiqing District	279	19.2	238	16.3
津南区	Jinnan District	204	17.5	157	13.5
北辰区	Beichen District	225	15.2	184	12.4
武清区	Wuqing District	320	17.3	290	15.7
宝坻区	Baodi District	148	17.1	129	14.9
滨海新区	Binhai New Area	1253	16.0	884	11.3
宁河区	Ninghe District	69	14.6	63	13.4
静海区	Jinghai District	187	10.6	175	9.9
蓟州区	Jizhou District	46	13.9	40	12.1

20-21 特种设备监督监察情况
Supervision of Special Equipment

项　目	Item	单　位	Unit	2021	2022
在用的特种设备	**Special Equipment in Use**				
锅　炉	Boiler	台	set	4935	5049
压力容器	Pressure Vessel	台、套	set, series	75770	81563
压力管道	Pressure Conduit	单　元	unit	36343	41688
电　梯	Elevator	台	set	129444	147828
起重机械	Hoisting Machinery	台	set	52075	55083
厂内机动车辆	Automobiles Used in Factories	辆	set	39754	45369
客运索道	Cableway Transport	条	strip	13	13
大型游乐设施	Large Entertainment Facilities	台、套	set, series	313	292
监督监察情况	**Supervision Condition**				
监督监察特种设备	Supervision of Special Equipment	台、套	set, series	26369	35565
发现隐患	Hidden Danger Found	项	unit	1622	2128
下达安全监察指令书	Safety Supervision Order Issued	份	unit	1072	1172
取得生产许可证	**Production Licence Acquired**	个	**unit**	**574**	**657**

资料来源：天津市市场和质量监督管理委员会，表20-22同。
Source: Tianjin Market and Quality Supervision Administration. Same as table 20-22.

20-22 质量技术监督检验情况(2020—2022年)
Check and Administration on Quality & Technique,2020-2022

项　目	Item	2020	2021	2022
计量仪器检定(台、件)	**Measuring Implements Tested (set, piece)**			
总　计	**Total**	**3399188**	**1774996**	**2101740**
长　度	Length	28762	36243	25065
温　度	Temperature	150947	101291	99174
力　学	Mechanics	2690953	909002	1094524
# 衡　器	Weighing Apparatus	29061	56111	24983
电　磁	Electrology	484921	683201	821473
光　学	Optics			112
声　学	Acoustics	1486	1838	1249
化　学	Chemistry	31154	32077	27165
电离辐射	Ionization Radiation	120	242	188
无线电	Radio	798	928	769
时间频率	Time Frequency	1573	944	575
其　他	Others	8474	9230	31446
产品质量监督抽查	**Products Quality Supervision**			
抽查企业(个)	Number of Enterprises Checked (unit)	2914	2173	1873
抽查产品(批)	Variety of Products Checked (batch)	6093	3233	2753
不合格产品(批)	Substandard Products (batch)	221	164	181

20-23 技术市场基本情况(2022年)
Basic Statistics on Technology Market,2022

项　目	Item	签订合同数(项) Number of Contracts Signed (item)	合同金额(亿元) Value of Contracts Signed (100 million yuan)	#技术交易额 Transaction Value of Technology
合　计	**Total**	**12514**	**1676.53**	**792.97**
按技术合同类别分	**Grouped by the Type of Technical Contract**			
技术开发合同	Technology Development Contracts	3947	92.50	80.88
技术转让合同	Technology Transfer Contracts	791	45.87	42.57
技术咨询合同	Technology Consultation Contracts	508	109.66	22.71
技术服务合同	Technology Services Contracts	7268	1428.50	646.81
按合同卖方类别分	**Grouped by the Type of Sellers**			
机关法人	Agencies as Legal Persons	8	0.04	0.04
事业法人	Institutions as Legal Persons	6146	37.67	36.37
社团法人	Social Organizations as Legal Persons	121	1.13	1.13
企业法人	Enterprises as Legal Persons	6221	1637.27	755.05
自然人	Persons	5	0.07	0.07
其他组织	Other Organizations	13	0.35	0.31
按合同买方类别分	**Grouped by the Type of Buyers**			
机关法人	Agencies as Legal Persons	690	115.72	33.22
事业法人	Institutions as Legal Persons	1699	55.44	30.55
社团法人	Social Organizations as Legal Persons	37	0.96	0.12
企业法人	Enterprises as Legal Persons	9802	1494.84	724.61
自然人	Persons	56	0.20	0.16
其他组织	Other Organizations	230	9.37	4.31
按社会经济目标分	**Grouped by the Social and Economic Activities**			
环境保护、生态建设及污染防治	Environmental Protection, Ecological Construction and Pollution Control	1232	65.95	40.23
能源生产、分配和合理利用	Energy Production, Distribution, and Reasonable Use	1030	302.04	168.27
卫生事业发展	Health Development	906	34.58	31.07
教育事业发展	Education Development	164	8.86	2.75
基础设施以及城市和农村规划	Infrastructure,Urban and Rural Planning	1496	538.13	138.05
社会发展和社会服务	Social Development & Social Service	3400	373.42	191.42
地球和大气层的探索与利用	Exploration and Utilization of the Earth and Atmosphere	54	0.19	0.19
民用空间探测及开发	Civilian Space Exploration and Development	18	0.13	0.11
农林牧渔业发展	Development of Farming, Forestry, Animal Husbandry and Fishery	707	1.79	1.46
工商业发展	Development of Industrial and Commercial	552	56.93	52.12
非定向研究	The Nondirectional Research	646	22.82	15.55
其他民用目标	Other Civilian Targets	2266	270.96	151.08
国　防	National Defense	43	0.73	0.67
按技术流向分	**Grouped by the Buyer's Region**			
天　津	Tianjin	4468	443.99	211.15
外省市	Other Provinces and Cities	8023	1200.83	567.91
技术出口	Technology Export	23	31.71	13.91

主要统计指标解释

专　利

是专利权的简称，是对发明人的发明创造经审查合格后，由专利局依据专利法授予发明人和设计人对该项发明创造享有的专有权。包括发明、实用新型和外观设计。反映拥有自主知识产权的科技和设计成果情况。

研究与试验发展（R&D）

指为增加知识存量（也包括有关人类、文化和社会的知识）以及设计已有知识的新应用而进行的创造性、系统性工作,包括基础研究、应用研究和试验发展三种类型。基础研究和应用研究统称为科学研究。R&D 活动应当满足五个条件：新颖性、创造性、不确定性、系统性、可转移性（可复制性）。

基础研究　指一种不预设任何特定应用或使用目的的实验性或理论性工作，其主要目的是为获得（已发生）现象和可观察事实的基本原理、规律和新知识。其成果通常表现为提出一般原理、理论或规律，并以论文、著作、研究报告等形式为主。包括纯基础研究和定向基础研究。纯基础研究是不追求经济或社会效益，也不谋求成果应用，只是为增加新知识而开展的基础研究。定向基础研究是为当前已知的或未来可预料问题的识别和解决而提供某方面基础知识的基础研究。

应用研究　指为获取新知识，达到某一特定的实际目的或目标而开展的初始性研究。应用研究是为了确定基础研究成果的可能用途，或确定实现特定和预定目标的新方法。其研究成果以论文、著作、研究报告、原理性模型或发明专利等形式为主。

试验发展　指利用从科学研究、实际经验中获取的知识和研究过程中产生的其他知识，开发新的产品、工艺或改进现有产品、工艺而进行的系统性研究。其研究成果以专利、专有技术，以及具有新颖性的产品原型、原始样机及装置等形式为主。

R&D 人员

指参报告期 R&D 活动单位中从事基础研究、应用研究和试验发展活动的人员。包括直接参加上述三类 R&D 活动的人员，以及与上述三类 R&D 活动相关的管理人员和直接服务人员，即直接为 R&D 活动提供资料文献、材料供应、设备维护等服务的人员。不包括为 R&D 活动提供间接服务的人员，如餐饮服务、安保人员等。

R&D 人员全时当量

指报告期 R&D 人员按实际从事 R&D 活动时间计算的工作量，以“人年”为计量单位。为国际上比较科技人力投入而制定的可比指标。

技术市场

从狭义看，是指在一定时间、地点进行技术转让和技术商品交易的场所。目前统计反映的是企业购买技术开发、技术转让、技术咨询、技术服务项目的合同数和成交额。

创　新

指本企业推出了新的或有重大改进的产品或工艺，或采用了新的组织管理方式或营销方法。此处的“新”是指它们对本企业而言必须是新的，但对于其他企业或整个市场而言不要求一定是新的。

产品创新　指企业推出了全新的或有重大改进的产品。产品创新的“新”要体现在产品的功能或特性上，包括技术规范、材料、组件、用户友好性等方面的重大改进。不包括产品仅有外观变化或其他微小改变的情况，也不包括直接转销。此处的“新”是指该产品对本企业而言必须是新的，但对于其他企业或整个市场而言不一定是新的。

工艺创新　指企业采用了全新的或有重大改进的生产方法、工艺设备或辅助性活动。工艺创新的“新”要体现在技术、设备或流程上；它对本企业而言必须是新的，但对于其他企业或整个市场而言不一定是新的。不包括单纯的组织管理方式的变化。此处的辅助性活动指企业的采购、物流、财务、信息化等活动。

组织（管理）创新　指企业采取了此前从未使用过的全新的组织管理方式，主要涉及企业的经营模式、组织结构或外部关系等方面。不包括单纯的合并或收购。组织（管理）创新应是企业管理层战略决策的结果。此处的“新”是指它对本业而言必须是新的，但对于其他企业而言不一定是新的。

经营模式方面组织（管理）创新的例子有首次使用供应链管理、质量管理、信息共享制度等；组织结构方面组织（管理）创新的例子有首次使用机构设置、职责划分、权限管理、决策方式等；外部关系方面组织（管理）创新的例子有首次使用商业联盟、新式合作、外包或分包等。

营销创新　指企业采用了此前从未使用过的全新的营销概念或营销策略，主要涉及产品设计或包装、产品推广、产品销售渠道、产品定价等方面。不包括季节性、周期性变化和其他常规的营销方式变化。此处的“新”是指它对本企业而言必须是新的，但对于其他企业或整个市场而言不一定是新的。

Explanatory Notes on Main Statistical Indicators

Patent

is an abbreviation for the patent right and refers to the exclusive right of ownership of the inventors or designers for the creation or inventions, given from the patent offices after due process of assessment and approval in accordance with the Patent Law. Patents are granted for inventions, utility models and designs. This indicator reflects the achievements of S&T and design with independent intellectual property.

Research and Experimental Development (R&D)

refers to creative and systematic work undertaken in order to increase the stock of knowledge (including knowledge of humankind, culture and society) and to devise new applications of available knowledge. R&D includes three categories of activities: basic research, applied research and experimental development. Basic research and applied research are collectively referred to as scientific research. R&D activities should meet five conditions: novelty, creativity, uncertainty, systematicness, and transferability (reproducibility).

Basic Research refers to experimental or theoretical work undertaken primarily to acquire new knowledge of the underlying foundations of phenomena and observable facts, without any particular application or use in view. Basic research usually formulates hypotheses, theories or laws, and its results are mainly released or disseminated in the form of scientific papers or monographs or research reports. It includes pure basic research and directed basic research. Pure basic research is the basic research carried out to increase new knowledge, without the pursuit of economic or social benefits or the application of results. Directed basic research is basic research that provides a certain aspect of basic knowledge for the identification and solution of currently known or foreseeable problems in the future.

Applied Research refers to original investigation undertaken in order to acquire new knowledge. It is directed primarily towards a specific, practical aim or objective. Purpose of the applied research is to identify the possible uses of results from basic research, or to explore new (fundamental) methods or new approaches. Results of applied research are expressed in the form of scientific papers, monographs, fundamental models or invention patents.

Experimental Development refers to systematic work, drawing on knowledge gained from research and practical experience and producing additional knowledge, which is directed to producing new products or processes or to improving existing products or processes. Results of experimental development activities are embodied in patents, exclusive technology, and monotype of new products or equipment.

R&D Personnel

refer to persons of R&D activities units engaged in basic research, applied research, and experimental development at the reference period, including persons of directly participating in the three activities above, as well as management and direct service staff related to R&D activities, such as literature provision, material supply, equipment maintenance staff, it excludes persons providing indirect support and ancillary services, such as canteen and security staff.

R&D Personnel as Full-time Equivalent

refers to the ratio of working hours actually spent on R&D during a specific reference period (usually a calendar year) divided by the total number of hours conventionally worked in the same period by an individual or by a group. The measurement unit of the ratio is "man-years". This is an internationally comparable indicator of S&T manpower input.

Technology Market

can be regarded narrowly as technical-dealings place where technique transfer is made or technology-related good traded at certain time. As shown in statistical datum presently, turnovers are resulting either from purchase or from transfer of techniques, together with numbers related to the inquiry or services involved in technologies.

Innovation

refers to the introduction of new or significantly improved products or process by enterprises. It must be new to the enterprise, but it is not necessarily new to other enterprises or the whole market.

Product Innovation refers to the introduction of new or significantly improved products by enterprises. The innovation should be reflected by the functions or features of the products including improvement on technical specifications, materials, parts, user-friendliness etc. Simple appearance change or other subtle changes are not included, neither is direct reselling. It must be new to the enterprise, but it is not necessarily new to other enterprises or the whole market.

Process Innovation refers to the adoption of new or significantly improved production methods, process equipments or supporting activities by enterprises. The innovation should be reflected by technology, equipment, or process. It must be new to the enterprise, but it is not necessarily new to other enterprises or the whole market Simple change of organization and management mode is not included. Supporting activities cover purchase, logistics, account, and compute activities.

Organizational (management) Innovation refers to the adoption of a completely new organizational management mode, which has never been used before. It mainly involves the business model, organizational structure, or external relations of enterprises. It does not include pure mergers or acquisitions. Organizational (management) innovation should be the result of strategic decision-making of enterprise management. The term "new" here means that it must be new to the enterprise, but not necessarily new to other enterprises.

Examples of innovation on organizational (management) include first-time use of chain management, quality management, and information sharing system; in terms of organizational structure, examples of organizational (management) innovation include first-time use of institutional settings, division of responsibilities, authority management, decision-making methods, etc.; in terms of external relations, examples of organizational (Management) innovation include the first use of business alliances, new cooperation, outsourcing or subcontracting, etc.

Marketing Innovation refers to the adoption of brand-new marketing concepts or marketing strategies that have never been used before. It mainly involves product design or packaging, product promotion, product sales channels, product pricing and so on. It does not include seasonal, cyclical, and other conventional marketing changes. The term "new" here means that it must be new for its own business, but not necessarily new for other businesses or the whole market.

第二十一篇 教 育

Chapter 21 Education

21-1 各级各类学校、教职工和专任教师情况(2022年)
Number of Schools, Educational Personnel and Full-time Teachers by Type and Level,2022

项 目	Item	学校数(所) Number of Schools (unit)	教职工数(人) Teachers, Staff and Workers (person)	专任教师数(人) Full-time Teachers (person)
高等教育	**Higher Education**			
研究生教育	Graduate Education	(24)		
普通高校	Regular Higher Education Institutions	(18)		
科研机构	Research Institutions	(6)		
普通高等教育	Regular Higher Education	56	48963	33386
普通本科教育	HEIs Offering Degree Programs	30	38555	25900
高职(专科)教育	Higher Vocational Education	26	10408	7486
成人高等教育	Adult HEIs	13	786	454
# 成人高等院校	Adult HEIs Schools	13	786	454
中等教育	**Secondary Education**			
高中阶段教育	Senior Secondary Education	259	41268	23245
普通高中	Regular Senior Secondary Schools	201	34214	17959
中等职业教育	Secondary Vocational Education	58	7054	5286
初中阶段教育	Junior Secondary Education	341	26424	30737
初等教育(小学)	**Primary Education(Primary Schools)**	**884**	**49193**	**49450**
专门学校	**Special Schools**	**1**	**16**	**16**
特殊教育	**Special Education**	**20**	**820**	**636**
# 特殊教育学校	Special Education Schools	20	820	636
学前教育	**Pre-school Education**	**2257**	**52518**	**26014**

资料来源：本篇数据来自天津市教育委员会。
Source: Data in this chapter are from Tianjin Municipal Education Commission.
注：1.各级各类教育学校的教职工按照学校类型统计，专任教师按照教育层级统计。2.“()”内数据为不计校数，以下相关表同。
Note: a)The educational personnel are counted by school type. The full-time teachers are counted by educational level. b)Data within “( )” do not include the number of schools. Same as relevant following tables.

21-2 各级各类学历教育学生情况(2022年)
Number of Students of Formal Education by Type and Level,2022

单位：人(person)

项 目	Item	毕业生数 Graduates	招生数 New Students Enrollment	在校学生数 Students Enrollment
高等教育	**Higher Education**			
研究生教育	Graduate Education	23991	31602	92805
博士	Doctor's Degree	2376	4038	15675
硕士	Master's Degree	21615	27564	77130
普通高等教育	Regular Higher Education	155972	170703	594505
普通本科教育	HEIs Offering Degree Programs	90370	95048	375558
高职(专科)教育	Higher Vocational Education	65602	75655	218947
成人高等教育	Adult HEIs	19410	32751	57932
# 成人高等院校	Adult HEIs Schools	7811	11067	20374
中等教育	**Secondary Education**			
高中阶段教育	Senior Secondary Education	82961	99038	291953
普通高中	Regular Senior Secondary Schools	58108	71652	209086
中等职业教育	Secondary Vocational Education	24853	27386	82867
初中阶段教育	Junior Secondary Education	106489	121167	361994
初等教育(小学)	**Primary Education(Primary Schools)**	**118874**	**124284**	**770925**
专门学校	**Special Schools**			
特殊教育	**Special Education**	**683**	**508**	**4502**
# 特殊教育学校	Special Education Schools	440	315	3177
学前教育	**Pre-school Education**	**94330**	**99992**	**319526**

21-3 民办教育基本情况(2022年)
Basic Statistics of Non-government Education,2022

单位：人(person)

项　目	Item	学校数(所) Number of Schools (unit)	在校学生数 Students Enrollment	专任教师数 Full-time Teachers
合　计	**Total**	**1362**	**347639**	**21674**
高等学校	Higher Education	12	110246	3990
中　学	Secondary Schools	56	57543	4716
# 高　中	Senior Secondary Schools		19566	
初　中	Junior Secondary Schools		25536	
小　学	Primary Schools	16	27975	1054
幼儿园	Kindergartens	1278	151875	11914

21-4 每万人口各级学校平均在校学生数
Number of Students Enrollment per 10 000 Persons

单位：人(person)

项　目	Item	2021	2022
高等教育	**Higher Education**		
研究生教育	Graduate Education	62	67
博士	Doctor's Degree	10	11
硕士	Master's Degree	52	56
普通高等教育	Regular Higher Education	423	435
普通本科教育	HEIs Offering Degree Programs	270	275
高职(专科)教育	Higher Vocational Education	153	160
成人高等教育	Adult HEIs	33	42
# 成人高等院校	Adult HEIs Schools	12	15
中等教育	**Secondary Education**		
高中阶段教育	Senior Secondary Education	212	214
普通高中	Regular Senior Secondary Schools	138	153
中等职业教育	Secondary Vocational Education	74	61
初中阶段教育	Junior Secondary Education	247	265
初等教育(小学)	**Primary Education(Primary Schools)**	**545**	**564**
专门学校	**Special Schools**		
特殊教育	**Special Education**	**3**	**3**
# 特殊教育学校	Special Education Schools	2	2
学前教育	**Pre-school Education**	**229**	**234**

21-5 各级学校生师比
The Ratio of Students to Teachers in Schools at all Levels

单位：人(person)

项 目	Item	2021	2022
高等教育	**Higher Education**		
普通高等教育	Regular Higher Education	12.1	12.1
普通本科教育	HEIs Offering Degree Programs	9.7	9.7
高职(专科)教育	Higher Vocational Education	20.9	21.0
成人高等教育	Adult HEIs	56.4	73.7
# 成人高等院校	Adult HEIs Schools	21.5	25.9
中等教育	**Secondary Education**		
高中阶段教育	Senior Secondary Education	6.9	7.1
普通高中	Regular Senior Secondary Schools	5.9	6.1
中等职业教育	Secondary Vocational Education	10.4	11.7
初中阶段教育	Junior Secondary Education	12.7	13.7
初等教育(小学)	**Primary Education(Primary Schools)**	**15.2**	**15.7**
专门学校	**Special Schools**		
特殊教育	**Special Education**	**5.7**	**5.5**
# 特殊教育学校	Special Education Schools	3.9	3.9
学前教育	**Pre-school Education**	**6.3**	**6.1**

21-6 各级学校学生升、入学率(2018—2022年)
Percentage of Graduate Students and Enrollment in all Schools by Level,2018-2022

单位: (%)

项 目 Item	2018	2019	2020	2021	2022
初中毕业生升学率 Percentage of Graduates in Junior Secondary Schools Entering Senior Secondary Schools	96.00	96.06	98.17	98.22	98.89
初中学生净入学率 Net Percentage of Graduates in Primary Schools Entering Junior Secondary Schools	100.00	100.00	100.00	100.00	100.00
小学学龄儿童毛入学率 Percentage of School-age Children Enrolled	105.59	105.68	105.08	104.17	103.55

21-7 研究生培养人数(2018—2022年) Number of Postgraduate Students,2018-2022

单位：人(person)

项　目	Item	2018	2019	2020	2021	2022
总　计	**Total**					
在校生数	Students Enrollment	68103	73290	79019	86320	92805
毕业生数	Graduates	17182	18520	21741	21465	23991
招生人数	New Students Enrollment	24798	25494	28260	30040	31602
攻读博士学位	**Postgraduate for Doctor Degree**					
在校生数	Students Enrollment	10463	11646	12940	14210	15675
毕业生数	Graduates	1731	1734	1965	2057	2376
招生人数	New Students Enrollment	2697	3126	3388	3616	4038
攻读硕士学位	**Postgraduate for Master Degree**					
在校生数	Students Enrollment	57640	61644	66079	72110	77130
毕业生数	Graduates	15451	16786	19776	19408	21615
招生人数	New Students Enrollment	22101	22368	24872	26424	27564

21-8 分学科和学位研究生在校人数(2020—2022年) Number of Enrolled Postgraduate Students by Subject and Degree,2020-2022

单位：人(person)

项　目	Item	博士生 Postgraduate for Doctor Degree			硕士生 Postgraduate for Master Degree		
		2020	2021	2022	2020	2021	2022
总　计	**Total**	**12940**	**14210**	**15675**	**66079**	**72110**	**77130**
按学科分	**By Subject**						
哲　学	Philosophy	97	97	109	199	153	127
经济学	Economics	846	872	894	3254	3878	3875
法　学	Law	599	675	770	3018	3344	3602
教育学	Education	354	424	485	3399	3758	4180
文　学	Literature	343	338	332	3065	3165	3293
历史学	History	348	357	374	511	533	553
理　学	Science	1622	1860	1997	3780	4165	4388
工　学	Engineering	6176	6825	7699	26654	28979	31327
农　学	Agriculture	24	23	24	1168	1568	1816
医　学	Medicine	1491	1676	1918	7419	7706	8201
管理学	Management	1040	1063	1073	11471	12324	12983
艺术学	Art				2141	2537	2785
按学位分	**By Degree**						
学术学位	Academic Degree	11774	12363	12927	27501	29299	30660
专业学位	Professional Degree	1166	1847	2748	38578	42811	46470

21-9 各类高等学校基本情况
Basic Statistics on Institutions of Higher Education

单位：人(person)

项 目	Item	学校数(所) Number of Schools(unit)		毕业生数 Graduates		招生数 New Students Enrollment	
		2021	2022	2021	2022	2021	2022
综合大学	Comprehensive Universities	16	16	39415	45846	45970	48539
理工院校	Science and Engineering Colleges	16	16	55865	58615	60670	64399
农业院校	Agriculture Colleges	1	1	3066	3250	3587	3602
医药院校	Medicine Colleges	5	5	8931	9171	10077	10351
师范院校	Teacher Training Colleges	2	2	10259	11458	11131	11078
语文院校	Linguistics and Literary Colleges	2	2	3495	3938	2681	3239
政法院校	Political Science and Law Colleges	1	1	1057	1213	1347	1628
财经院校	Economics and Finance Colleges	5	5	15489	16583	18692	19203
体育院校	Physical Education Colleges	3	2	2871	1675	4776	2322
艺术院校	Art Colleges	5	6	3014	4223	2864	6342

21-9续表 *Continued*

单位：人(person)

项 目	Item	在校学生数 Students Enrollment		教职工数 Teachers, Staff and Workers		专任教师数 Full-time Teachers	
		2021	2022	2021	2022	2021	2022
综合大学	Comprehensive Universities	157183	158816	12247	11847	7878	7794
理工院校	Science and Engineering Colleges	220813	224925	18747	19341	13283	13812
农业院校	Agriculture Colleges	12850	13155	1066	1086	717	736
医药院校	Medicine Colleges	37765	38698	4043	4105	2460	2533
师范院校	Teacher Training Colleges	44228	43764	3838	3968	2704	2876
语文院校	Linguistics and Literary Colleges	14247	13547	1381	1320	950	908
政法院校	Political Science and Law Colleges	4074	4506	391	375	203	188
财经院校	Economics and Finance Colleges	66362	68692	4010	4139	2717	2846
体育院校	Physical Education Colleges	15610	8018	1339	682	833	507
艺术院校	Art Colleges	10221	20384	1306	2100	789	1258

21-10 普通本专科学生数(2022年)
Number of Students in General Colleges,2022

单位：人(person)

项 目	Item	毕业生数 Graduates 本科 Normal Courses	毕业生数 Graduates 专科 Short-cycle Courses	招生数 New Students Enrollment 本科 Normal Courses	招生数 New Students Enrollment 专科 Short-cycle Courses	在校学生数 Students Enrollment 本科 Normal Courses	在校学生数 Students Enrollment 专科 Short-cycle Courses
合 计	**Total**	**90370**	**65602**	**95048**	**75655**	**375558**	**218947**
按类型分	**Grouped by Type**						
本科院校	Institutions of Higher Education Offering Degree Programs	90370	4157	95048	2400	375558	10556
普通本科	Regular Colleges	90370	4157	95048	2400	375558	10556
# 独立学院	Independent Institutions	15420		15572		62706	
专科院校	Postsecondary specialized Colleges		61445		73255		208391
高等职业学校	Higher Vocational Colleges		58936		70793		200342
高等专科学校	Higher Technical Colleges		2509		2462		8049
按性质类别分	**Grouped by Character**						
综合大学	Comprehensive University	14687	31159	14730	33809	62142	96674
理工院校	Science and Engineering College	34875	23740	35302	29097	140715	84210
农业院校	Agriculture College	3170	80	3602		13040	115
林业院校	Forestry College						
医药院校	Medicine College	5057	4114	5865	4486	25009	13689
师范院校	Normal College	11043	415	10647	431	42358	1406
语文院校	Language and Literature College	3938		3239		13547	
财经院校	Economics and Finance College	13181	3402	15279	3924	57102	11590
政法院校	Politics and Law College		1213		1628		4506
体育院校	Physical Culture College	1217	458	1320	1002	5018	3000
艺术院校	Art College	3202	1021	5064	1278	16627	3757
民族院校	Ethnic College						
按举办者分	**Grouped by Organizer**						
中央部门办	Central Departments	13062	1734	14460	656	57915	3534
教育部门	Education Departments	8668	10	8862		35760	3
其他部门	Other Departments	4394	1724	5598	656	22155	3531
地方公办	Local Public Departments	54869	62771	55095	69523	218966	203844
教育部门	Education Departments	52907	14647	52711	15969	210409	45220
其他部门	Other Departments	1962	16217	2384	16785	8557	53324
地方企业	Local Enterprises		31907		36769		105300
民 办	Private Units	22439	1097	25493	5476	98677	11569
中外合作办	Sino-foreign Cooperation Institutions						

21-11 中等职业教育基本情况(2022年)
Basic Statistics on Secondary Vocational Education,2022

单位：人(person)

项　　目	Item	毕业生数 Graduates	招生数 New Students Enrollment	在校学生数 Students Enrollment
总　　计	**Total**	**24853**	**27386**	**82867**
农林牧渔类	Farming, Forestry, Animal Husbandry and Fishery	365	389	3502
资源环境与安全大类	Resources, Environment and Safety	138	267	558
能源动力与材料大类	Energy Power and Material	44	47	135
土木建筑大类	Civil Engineering and Architecture	838	949	2773
水利大类	Water Resources			
装备制造大类	Equipment Manufacturing	3992	5030	14376
生物与化工大类	Biology and Chemical Engineering	149	156	504
轻工纺织大类	Light Industry and Textile	20		22
食品药品与粮食大类	Food, Medicine and Grain	291	446	1376
交通运输大类	Transportation and Communication	1541	2214	5967
电子与信息大类	Electronic Information	8317	6260	20852
医药卫生大类	Medical and Health	598	536	1918
财经商贸大类	Finance, Economics and Business	4477	5334	14396
旅游大类	Tourism	727	1125	3277
文化艺术大类	Culture and Arts	857	1248	3963
新闻传播大类	Journalism and Communication	473	764	1879
教育与体育大类	Education and Sport	1956	2506	7180
公安与司法大类	Public Security and Justice			
公共管理与服务大类	Public Administration and Service	70	115	189

注：本表中等职业学校包括普通中专、职业高中、成人中专，不包括技工学校。
Note: Secondary vocational schools in this table refer to regular specialized secondary schools, senior secondary vocational schools and adult specialized secondary schools, excluding skilled workers schools.

21-12 基础教育基本情况(2022年)
Basic Statistics on Basic Education,2022

单位：人(person)

项　目	Item	毕业生数 Graduates	招生数 New Students Enrollment	在校学生数 Students Enrollment
总　计	**Total**	**378241**	**417410**	**1664708**
按城乡分组	**By Urban and Rural**			
城　区	City	292098	340177	1333180
镇　区	County	51150	48648	195333
乡　村	Rural	34993	28585	136195
按教育性质分组	**By School Type**			
学前教育	Pre-school Education Institutions	94330	99992	319526
义务教育	Compulsory Education	225363	245451	1132919
普通小学	Regular Primary Schools	118874	124284	770925
小　学	Primary Schools	110423	110297	696076
九年一贯制学校	9-Year Schools	5945	8417	48243
十二年一贯制学校	12-Year Schools	2506	5570	26606
初　中	Junior Secondary Schools	106489	121167	361994
初级中学	Regular Junior Secondary Schools	66997	67677	212485
九年一贯制学校	9-Year Schools	6620	10321	27624
十二年一贯制学校	12-Year Schools	3768	4481	13158
完全中学	Combined Secondary Schools	29104	38688	108727
职业初中	Junior Secondary Vocational Schools			
普通高中	Regular Senior Secondary Schools	58108	71652	209086
完全中学	Combined Secondary Schools	28490	37454	106163
高级中学	Regular High Schools	27388	30555	93241
十二年一贯制学校	12-Year Schools	2230	3643	9682
特殊教育学校	Special Education Schools	440	315	3177
专门学校	Correctional Work-Study Schools			

21-13 幼儿园基本情况(2018—2022年)
Basic Statistics on Kindergartens,2018-2022

指 标	Item	2018	2019	2020	2021	2022
幼儿园所数(所)	Number of Kindergartens (unit)	2223	2374	2575	2346	2257
在园(班)儿童数(人)	Children Enrollment (person)	262907	275871	298628	315967	319526
教职工数(人)	Teachers, Staff and Workers (person)	33141	38495	43895	49837	52518
# 专任教师	Full-time Teachers	19635	21549	23661	25300	26014

21-14 普通中小学分布情况(2022年)
Distribution of Regular Secondary Schools and Primary Schools,2022

地 区	Region	学校数(所) Number of Schools (unit)		在校学生数(人) Students Enrollment (person)		专任教师(人) Full-time Teachers (person)	
		中 学 Secondary Schools	小 学 Primary Schools	中 学 Secondary Schools	小 学 Primary Schools	中 学 Secondary Schools	小 学 Primary Schools
总 计	**Total**	**542**	**884**	**571080**	**770925**	**48696**	**49450**
和平区	Heping District	18	18	29971	41452	2872	3012
河东区	Hedong District	21	29	25301	37586	2173	2171
河西区	Hexi District	26	41	39039	67959	3071	3726
南开区	Nankai District	21	30	38549	61962	3069	3037
河北区	Hebei District	18	26	22774	31870	2254	2173
红桥区	Hongqiao District	14	16	15374	16888	1716	1515
东丽区	Dongli District	21	34	18095	29117	1596	2080
西青区	Xiqing District	20	38	22010	36017	1774	2576
津南区	Jinnan District	20	33	29912	45548	1802	2265
北辰区	Beichen District	22	50	20897	36121	1686	2310
武清区	Wuqing District	63	121	64993	70560	5456	4000
宝坻区	Baodi District	47	84	40738	38830	3854	3115
滨海新区	Binhai New Area	94	97	84564	128840	7450	8354
宁河区	Ninghe District	28	59	21760	26172	1935	2106
静海区	Jinghai District	49	95	44706	53331	3609	3608
蓟州区	Jizhou District	60	113	52397	48672	4379	3402

注：专任教师数中不包括民办教师数。
Note: Number of full-time teachers excludes non-government education teachers.

21-15 普通中小学及幼儿园校舍情况(2022年)
Statistics on Schoolhouses in Regular Secondary Schools, Primary Schools and Kindergartens,2022

地区	Region	占地面积(万平方米) Areas (10 000 sq.m)	校舍建筑面积(万平方米) Floor Space of Schoolhouses (10 000 sq.m)			学生人均建筑面积(平方米) Average Floor Space of Students (sq.m)		
			中学 Secondary Schools	小学 Primary Schools	幼儿园 Kindergartens	中学 Secondary Schools	小学 Primary Schools	幼儿园 Kindergartens
总计	**Total**	**3885.54**	**939.60**	**552.71**	**366.56**	**16.45**	**7.17**	**11.47**
和平区	Heping District	70.19	45.75	19.24	7.30	15.26	4.64	10.26
河东区	Hedong District	125.83	27.86	23.41	17.81	11.01	6.23	11.17
河西区	Hexi District	161.21	58.28	38.54	18.21	14.93	5.67	10.13
南开区	Nankai District	127.62	48.03	24.11	19.45	12.46	3.89	11.38
河北区	Hebei District	92.81	29.51	20.92	10.88	12.96	6.56	10.50
红桥区	Hongqiao District	76.49	27.53	13.38	8.75	17.91	7.92	12.58
东丽区	Dongli District	160.87	42.73	28.99	21.53	23.61	9.96	12.27
西青区	Xiqing District	186.50	57.05	34.01	29.59	25.92	9.44	12.57
津南区	Jinnan District	265.30	62.60	44.08	23.33	20.93	9.68	10.33
北辰区	Beichen District	195.13	37.97	35.38	24.94	18.17	9.80	12.14
武清区	Wuqing District	516.01	107.90	66.46	40.19	16.60	9.42	12.29
宝坻区	Baodi District	336.83	53.67	31.33	26.39	13.17	8.07	12.53
滨海新区	Binhai New Area	628.99	181.53	68.61	56.38	21.47	5.32	10.47
宁河区	Ninghe District	175.98	25.79	18.92	10.63	11.85	7.23	10.48
静海区	Jinghai District	396.62	72.40	41.19	28.16	16.19	7.72	13.53
蓟州区	Jizhou District	369.14	61.01	44.13	23.03	11.64	9.07	10.80

注：占地面积包括中等师范学校、幼儿园教师进修学校、特殊教育学校及其他。
Note: Areas of schools include middle teacher training, kindergarten teacher training, special education and other schools.

21-16 网络教育学生情况
Statistics on Network Education Students

单位：人(person)

项 目	Item	毕业生数 Graduates 2021	毕业生数 Graduates 2022	招生数 New Students Enrollment 2021	招生数 New Students Enrollment 2022	在校学生数 Students Enrollment 2021	在校学生数 Students Enrollment 2022
本 科	**Normal Courses**	**23917**	**28483**	**34515**	**9732**	**96268**	**72988**
# 女 生	Female	11708	13329	15514	3645	43960	32420
经济学	Economics	1727	1918	2128	453	6286	4491
法 学	Law	1321	1472	2103		5629	3877
文 学	Literature	630	950	1292		3641	2525
工 学	Engineering	4339	5510	7327	4099	18584	16432
医 学	Medicine	1394	2194	2949	840	7907	6260
管理学	Management	14506	16439	18088	4340	53477	38672
艺术学	Art			628		744	731
专 科	**Short-cycle Courses**	**29371**	**21112**	**1431**		**36459**	**10958**
# 女 生	Female	13415	9953	512		16343	4651
土木建筑大类	Civil Engineering	2961	1006			1863	455
装备制造大类	Equipment Manufacture Industry	820	213			454	102
电子信息大类	Electronic Information	2474	3217	455		5802	2123
医药卫生大类	Medicine and Health	1696	2440	125		4231	1555
财经商贸大类	Finance and Economics Trade and Business	17476	10772	629		18543	5382
旅游大类	Tourism	464	494	15		963	303
教育与体育大类	Education and Sport	103	20			67	
公安与司法大类	Public Security and Justice	189	17			71	
公共管理与服务大类	Public Administration and Services	3188	2933	207		4465	1038

21-17 外国留学生情况(2022年)
Statistics on Foreign Students,2022

单位：人(person)

项 目	Item	毕(结)业生数 Graduates (Completion)	授予学位数 Degrees Awarded	招生数 New Students Enrollment	在校学生数 Students Enrollment
总 计	**Total**	**4874**	**896**	**4823**	**8673**
学历教育	**Record Education**	**1170**	**896**	**1169**	**5940**
按层次分	By Degree				
博 士	Doctor	42	33	98	613
硕 士	Master	235	207	339	1216
本 科	Undergraduate	718	656	612	3794
专 科	Junior College	175		120	317
按大洲分	By Continent				
亚 洲	Asia	837	607	911	4565
非 洲	Africa	234	204	181	969
欧 洲	Europe	64	54	50	258
北美洲	North America	16	12	13	67
南美洲	Latin America	17	17	6	43
大洋洲	Oceania	2	2	8	38
非学历教育(培训)	**Non-record Education(Training)**	**3704**		**3654**	**2733**

主要统计指标解释

初中学生净入学率

指初级中学（普通初中和职业初中）在校学龄学生总数占初中学龄人口数的比重。

学龄儿童毛入学率

指调查范围内已入小学学习的在校生数与全部小学学龄儿童人口数之比（包括弱智儿童，不包括盲聋哑儿童）的比重。计算公式为：

$$学龄儿童毛入学率=\frac{小学在校学生数}{小学学龄人口数}\times 100\%$$

网络教育

指经教育部批准的现代远程教育试点学校设立的网络教育，基于互联网招收普通和成人本科、专科学生实施高等学历教育。

Explanatory Notes on Main Statistical Indicators

Percentage of Graduates in Primary Schools Entering Junior Secondary Schools

refers to the proportion of school-age students in junior secondary schools (regular junior secondary schools and vocational junior secondary schools) to the total number of junior school-age students.

Percentage of School-age Children Enrolled

refers to the proportion of children enrolled at primary schools to the total number of primary school-age children (including retarded children, but excluding blind, deaf and mute children). The formula is:

$$\textit{Percentage of School-age Children Enrolled} = \frac{\textit{Total Primary School-age Children at School}}{\textit{Total Primary School-age Children}} \times 100\%$$

Network Education

refers to the net education implemented by modern distance education selected institute approved by the Ministry of Education, who recruit the regular and adult undergraduate students and junior college students base on Internet to give high level education.

第二十二篇　卫生和社会服务

Chapter 22　Public Health and Social Services

22-1 卫生资源基本情况
Basic Statistics on Health Resources

年 份 Year	卫 生 机构(个) Number of Health Care Institutions (unit)	# 医 院、卫生院 Hospitals and Health Care Centers	卫生机构床位数(张) Number of Beds in Health Care Institutions (unit)	# 医 院、卫生院 Hospitals and Health Care Centers	卫生技术人员数(人) Medical Technical Personnel (person)	# 执 业(助理)医师 Licensed (Assistant) Doctors	# 注册护士 Registered Nurses
1978	3065	310	18974	17288	40653	15776	12629
1980	3535	332	20911	18753	50662	20474	15839
1985	3550	285	27402	25191	60412	25555	18520
1990	3392	293	35581	33382	67485	32034	21228
1995	3182	416	39092	37280	71806	33693	23177
2000	2983	488	40039	38842	65145	30031	21667
2001	2665	495	41637	40394	63475	29215	21298
2002	2636	486	40090	38837	56705	23888	19257
2003	2671	485	40194	38074	55629	22780	19173
2004	2577	474	40994	38876	60722	25299	19602
2005	2489	461	41556	39491	61284	25088	19624
2006	2384	401	43643	38893	62258	25358	20030
2007	2352	411	44335	39708	63900	26228	21339
2008	2784	428	46124	41212	65115	25865	21967
2009	2617	437	46353	41921	67560	27261	23081
2010	2687	438	48828	44080	70040	28478	24193
2011	4431	461	49423	44661	73321	29833	25815
2012	4551	465	53509	48896	76922	30710	27637
2013	4696	482	57743	53062	80983	32059	29715
2014	4990	522	60984	56484	84783	33340	31577
2015	5221	546	63693	59689	90701	35871	33804
2016	5442	571	65832	61764	94906	37804	36088
2017	5538	573	68193	64285	100949	41127	38205
2018	5686	566	68247	64603	104447	43020	39377
2019	5964	584	68262	64960	109849	46421	41410
2020	5836	566	68381	65417	114042	49236	42714
2021	6076	570	68681	66241	121725	51777	46810
2022	6282	572	68538	66140	124415	52550	48254

资料来源：天津市卫生健康委员会，表22-2至22-9、22-11至22-14同。
Source:Tianjin Municipal Health Commission. Same as table 22-2 to 22-9, 22-11 to 22-14.
注：2011年以前卫生机构不含村卫生室。
Note: Number of health care institutions before 2011 excludes village health rooms.

22-2 卫生机构数(2019—2022年)
Number of Health Care Institutions,2019-2022

单位：个(unit)

项 目	Item	2019	2020	2021	2022
总 计	**Total**	**5964**	**5836**	**6076**	**6282**
医 院	Hospitals	441	423	432	435
基层医疗卫生机构	Health Care Institutions at the Basic Level	5348	5256	5489	5686
社区卫生服务中心(站)	Community Health Care Centers	624	637	673	674
卫生院	Health Care Centers	143	143	138	137
村卫生室	Village Health Rooms	2374	2196	2214	2199
门诊部	Outpatient Departments	713	698	819	877
诊所、卫生所、医务室	Clinics	1494	1582	1645	1799
专业公共卫生机构	Specialized Public Health Institutions	97	87	73	73
# 疾病预防控制中心	Disease Prevention and Control Centers	23	22	20	20
妇幼保健院(所、站)	Maternity and Children Care Centers	19	18	17	17
卫生监督所(中心)	Health Supervision Offices	19	20	18	18
其他卫生机构	Other Health Care Institutions	78	70	82	88
平均每个医院、卫生院负担人口(人)	Average Burden Population of Each Hospital and Health Care Centers (person)	23699	24488	24207	23916

22-3 卫生机构基本情况(2022年)
Basic Statistics on Health Care Institutions,2022

项　目	Item	卫生机构(个) Number of Health Care Institutions (unit)	卫生机构床位(张) Number of Beds in Health Care Institutions (unit)	卫生技术人员(人) Medical Technical Personnel (person)	执业(助理)医师 Licensed (Assistant) Doctors
总　计	**Total**	**6282**	**68538**	**124415**	**52550**
按经济类型分	**Grouped by Ownership**				
公　立	Public	3247	54316	91244	35789
民　营	Private	3035	14222	33171	16761
按设置主办单位分	**Grouped by Management**				
政府办	Run by Government	1571	51252	85771	33153
社会办	Run by Community	2383	7846	14841	7073
其他办	Others	2328	9440	23803	12324

22-3续表　*Continued*

单位：人(person)

项　目	Item	注册护士 Registered Nurses	药　师(士) Pharmacists	技　师(士) Technicians	其他人员 Others
总　计	**Total**	**48254**	**7371**	**8242**	**7998**
按经济类型分	**Grouped by Ownership**				
公　立	Public	37728	5043	6126	6558
民　营	Private	10526	2328	2116	1440
按设置主办单位分	**Grouped by Management**				
政府办	Run by Government	35816	4759	5772	6271
社会办	Run by Community	5193	871	1042	662
其他办	Others	7245	1741	1428	1065

22-4 卫生技术人员数(2022年)
Number of Medical Technical Personnel,2022

单位：人(person)

项目	Item	总计 Total	# 执业(助理)医师 Licensed (Assistant) Doctors	# 注册护士 Registered Nurses	# 药师(士) Pharmacists	# 技师(士) Technicians
总计	**Total**	**124415**	**52550**	**48254**	**7371**	**8242**
医院	Hospitals	85215	32657	37921	4698	5426
# 综合类医院	Comprehensive Hospitals	49266	19058	21539	2560	3099
中医类医院	Hospitals Specialized in Traditional Chinese and Chinese Medicine	12189	5452	4515	1065	696
中西医结合类医院	Hospitals of Integrated Traditional Western Medicine	1573	634	728	85	112
专科医院	Special Hospitals	22163	7500	11132	987	1516
# 妇产(科)类医院	Gynecology Hospitals	2701	932	1364	127	131
儿童类医院	Children Hospitals	2606	901	1174	141	200
精神病类医院	Mental Disease Hospitals	2465	680	1446	110	76
基层医疗卫生机构	Health Care Institutions at the Basic Level	32068	17160	9215	2538	1590
社区卫生服务中心(站)	Community Health Care Centers	9369	4302	2947	895	577
卫生院	Health Care Centers	5529	2778	1356	450	368
村卫生室	Village Health Rooms	706	683	20	3	
门诊部	Outpatient Departments	11460	6589	3051	1037	554
诊所、卫生所、医务室	Clinics	5004	2808	1841	153	91
专业公共卫生机构	Specialized Public Health Institutions	5255	2301	919	102	648
疾病预防控制中心	Disease Prevention and Control Centers	1797	965	106	24	386
专科疾病防治院(所、站)	Specialized Prevention Centers	624	203	288	35	75
健康教育所(站、中心)	Health Education Institutes (station, center)	12	12			
妇幼保健院(所、站)	Maternity and Children Care Centers	1046	607	207	42	121
急救中心(站)	First-aid Centers	687	473	197	1	1
采供血机构	Blood Collection and Supplying Institutions	270	41	121		65
卫生监督所(中心)	Sanitation Supervision Institutions	819				
计划生育技术服务机构	The Family Planning Technical Service Institutions					
其他卫生机构	Other Health Care Institutions	1877	432	199	33	578
每千人口卫生技术人员	Medical Technical Personnel of per 1000 Persons	9.09	3.84	3.53	0.54	0.60

22-5 卫生机构床位数(2019—2022年)
Number of Beds in Health Care Institutions,2019-2022

单位：张(unit)

项　目	Item	2019	2020	2021	2022
总　计	**Total**	**68262**	**68381**	**68681**	**68538**
# 医　院	Hospitals	60990	61524	62238	62185
社区卫生服务中心	Community Health Care Centers	2435	2206	1776	1878
卫生院	Health Care Centers	3970	3893	4003	3955
门诊部	Outpatient Departments	12	14	84	
专科疾病防治院	Specialized Prevention Centers	625	514	351	320
妇幼保健院(所、站)	Maternity and Children Care Centers				
疗养院	Sanatoriums	230	230	200	200
每千人口医院床位	Hospital Beds per 1000 Persons	4.41	4.44	4.51	4.55

22-6 医疗机构诊疗和病床使用情况(2019—2022年)
Diagnosis, Treatment and Used Beds of Medical Institutions,2019-2022

项　目	Item	2019	2020	2021	2022
诊疗情况(万人次)	**Diagnosis and Treatment(10 000 person-times)**				
诊疗人次数	Patients Treated	12289	9842	10854	10049
# 门、急诊人次数	Out-patients and Emergency	11910	9526	10308	9510
住院病人手术人次	Inpatient Operation	81.0	73.8	94.4	89.0
入院人数(万人)	In-patients(10 000 persons)	169.9	128.9	162.7	159.3
医师人均全年担负诊疗(人次)	Visits per Doctor Annual(person-time)	2597.8	1972.5	2116.5	1928.0
平均每月诊疗	Number of Out-patients per Month	1024.0	820.1	904.5	837.4
平均每月入院诊疗(万人)	Number of In-patients per Month(10 000 persons)	14.2	10.7	13.6	13.3
病床使用情况	**Sickbeds Used**				
病床周转次数(次)	Turnover of Beds(time)	27.0	20.4	25.4	24.7
病床使用率(%)	Utilization Rate(%)	73.2	56.8	63.4	58.9
病床工作日(日)	Working Days of Beds(day)	267.3	207.4	231.4	214.9
出院者平均住院日数(日)	Average Hospitalization Period(day)	9.4	9.7	8.5	8.0

22-7 医院、卫生院运营情况
Operation of Hospitals, Health Care Centers

指　　标	Item	医　院 Hospitals		卫生院 Health Care Centers	
		2021	2022	2021	2022
机构数(个)	Number of Institutions(unit)	**432**	**435**	**138**	**137**
总诊疗人次数(万人次)	Patients Treated(10 000 person-times)	6557.7	6044.2	782.3	775.3
# 门、急诊人次数	Out-patients and Emergency	6476.1	5979.3	746.6	738.2
观察室收容人数(万人)	Observation Room(10 000 persons)	76.1	99.8	0.4	0.3
健康检查人数(万人)	Health Check(10 000 persons)	503.1	300.2	21.0	21.3
入院人数(万人)	In-patients(10 000 persons)	160.9	157.6	1.1	1.0
出院人数(万人)	Leaving Hospital(10 000 persons)	160.9	156.2	1.1	1.0
住院病人手术(万人次)	In-patients Surgery Trips(10 000 person-times)	94.4	88.6	0.2	0.3
病床工作日(日)	Working Days of Beds(day)	231.4	231.1	34.3	29.9
出院者平均住院日数(日)	Average Hospitalization Period(day)	8.4	8.0	7.0	6.4

22-8 社区卫生服务中心(站)基本情况
Basic Statistics on Community Health Care Centers

项　　目	Item	2021	2022
机构数(个)	Number of Institutions(unit)	673	674
总诊疗人次数(万人次)	Patients Treated(10 000 person-times)	1897.6	1611.3
# 门、急诊人次数	Out-patients and Emergency	1798.0	1505.8
观察室收容人数(万人)	Observation Room(10 000 persons)	13.8	10.5
健康检查人数(万人)	Health Check(10 000 persons)	48.3	45.8
入院人数(万人)	In-patients(10 000 persons)	0.2	0.1
出院人数(万人)	Leaving Hospital(10 000 persons)	0.2	0.2
病床工作日(日)	Working Days of Beds(day)	68.4	61.4
出院者平均住院日数(日)	Average Hospitalization Period(day)	21.3	22.6

22-9 村卫生室基本情况(2019—2022年)
Basic Statistics on Village Health Room,2019-2022

项　　目	Item	2019	2020	2021	2022
机构数(个)	Number of Institutions(unit)	2374	2196	2214	2199
执业(助理)医师(人)	Licensed (Assistant) Doctors(person)	876	829	819	683
乡村医生和卫生员(人)	Rural Doctors & Hygienists(person)	4107	3535	3745	2887
乡村医生	Rural Doctors	3999	3485	3557	2805
卫生员	Hygienists	108	50	188	82
诊疗人次数(万人次)	Number of Patients Treated(10 000 person-times)	793	578	411	376

22-10 妇女儿童卫生保健状况(2019—2022年)
Basic Statistics on Maternity and Children Care,2019-2022

指　　标	Item	2019	2020	2021	2022
0-4岁户籍人口(万人)	Registered Population Aged 0-4(10 000 persons)	52.9	54.2	48.9	43.2
# 女　性	Female	25.6	26.2	23.6	20.8
0-17岁户籍人口	Registered Population Aged 0-17	181.8	187.6	195.8	197.2
# 女　性	Female	86.5	89.3	93.2	93.9
育龄妇女户籍人口(15-49岁)	Women of Child-bearing Age of Registered Population(Age 15-49)	256.4	261.1	263.6	263.0
婴儿死亡率(‰)	Death Rate of Infants(‰)	2.7	2.4	2.2	1.9
5岁以下儿童死亡率(‰)	Death Rate of Children at Age 5 and Below(‰)	3.4	3.2	2.8	2.7
孕产妇死亡率(1/10万)	Death Rate of Pregnant and Lying-in Women(1/100 000)	5.1	7.5	8.1	5.4
卡介苗接种率(%)	BCG Vaccination Rate(%)	99.9	99.2	97.1	97.8
脊灰疫苗接种率(%)	Poliovirus Vaccination Rate(%)	99.9	99.4	94.8	96.3
百白破三联制剂接种率(%)	Pertussis, Diphtheria & Tetanus Vaccination Rate(%)	99.9	99.5	95.3	94.5
麻疹疫苗接种率(%)	Measles Virus Vaccination Rate(%)	99.9	99.4	95.7	96.8
乙肝疫苗接种率(%)	Hepatitis B Vaccination Rate(%)	99.9	99.9	98.1	97.9
5岁以下儿童中、重度营养不良患病率(%)	Incidence Disease Rate from Medium and Serious Malnutrition of Children at Age 5 and Below(%)	0.6	0.6	0.6	0.6
7岁以下儿童保健管理率(%)	Management Rate of Children Health Care System at Age 7 and Below(%)	95.4	92.7	93.7	91.5

资料来源：天津市公安局、天津市卫生健康委员会。
Source: Tianjin Municipal Public Security Bureau, Tianjin Municipal Health Commission.

22-11 全市居民前十位疾病死亡专率及死因构成
Death Rate of Top 10 Diseases and Proportion

序位及死因	Position and Cause of Death	死亡专率(1/10万) Mortality(1/100 000)		占全部死亡人数的比例 Proportion(%)	
		2021	2022	2021	2022
1. 心脏病	Heart Disease	212.02	257.15	29.31	30.72
2. 恶性肿瘤	Malignant Tumour	173.52	181.25	23.99	21.65
3. 脑血管病	Cerebrovascular Disease	156.08	180.71	21.57	21.59
4. 呼吸系统疾病	Respiratory Disease	27.99	41.46	3.87	4.95
5. 内分泌、营养和代谢的其他疾病	Internal System, Nutrition, Metabolism and Immunity Disease	29.08	35.02	4.02	4.18
6. 损伤和中毒外部原因	Trauma and Toxicosis	32.76	33.32	4.53	3.98
7. 神经系统疾病	Neuropathy	16.12	20.44	2.23	2.44
8. 消化系统疾病	Digestive Disease	15.29	15.20	2.11	1.82
9. 泌尿生殖系统病	Urinary Disease	6.18	7.81	0.85	0.93
10.精神障碍	Mental Disorders	2.12	2.67	0.30	0.32

22-12 卫生总费用及构成(1996—2022年)

Total Expenditure on Health and Composition,1996-2022

年 份 Year	卫生总费用(亿元) Total Expenditure on Health (100 million yuan)	人均卫生费用(元) Per Capita Expenditure on Health (yuan)	卫生总费用占地区生产总值比重(%) Total Expenditure on Health as Percentage of GDP(%)	卫生总费用筹资构成(%) Composition by Source(%)		
				政府卫生支出 Government Health Expenditure	社会卫生支出 Social Health Expenditure	居民个人现金卫生支出 Individual Cash Expenditure on Health
1996	39.71	418.85	3.5	18.5	54.1	27.4
1997	46.40	487.04	3.7	20.4	51.2	28.4
1998	46.65	487.61	3.5	18.9	45.4	35.7
1999	53.27	555.21	3.7	17.2	42.8	40.0
2000	66.75	666.74	4.2	15.1	41.5	43.4
2001	71.21	709.25	4.1	16.6	38.0	45.4
2002	96.97	962.83	5.0	17.0	36.0	47.0
2003	117.60	1162.84	5.2	19.1	39.3	41.5
2004	129.94	1269.38	5.0	18.8	37.1	44.1
2005	152.24	1459.63	4.8	16.9	36.7	46.3
2006	171.73	1597.45	4.9	19.1	36.2	44.8
2007	225.88	2025.80	5.4	19.7	37.4	43.0
2008	264.13	2246.02	5.1	20.3	37.3	42.4
2009	315.45	2568.46	5.5	20.6	41.0	38.3
2010	355.65	2737.28	5.2	23.3	41.0	35.7
2011	411.10	3034.87	5.1	25.4	37.8	36.8
2012	479.75	3394.90	5.3	25.2	38.4	36.4
2013	552.09	3750.10	5.6	26.3	38.5	35.2
2014	650.91	4291.29	6.1	26.3	41.0	32.7
2015	752.79	4866.32	6.9	26.8	42.2	31.0
2016	827.02	5294.21	7.2	25.6	43.7	30.7
2017	864.74	5554.36	6.9	23.3	46.0	30.8
2018	888.72	5698.41	6.7	24.3	45.6	30.0
2019	973.51	6233.15	6.9	22.4	47.8	29.8
2020	907.57	6545.33	6.4	21.1	49.8	29.1
2021	1072.40	7810.62	6.8	18.7	53.3	28.1
2022	1110.20	8145.25	6.8	17.7	56.1	26.1

22-13 主要年份卫生总费用机构流向构成

Composition of Total Expenditure on Health by Flow

单位：%(%)

项 目	Item	2000	2005	2010	2015	2020	2021	2022
费用总额	**Total Expenditure**	**100.0**	**100.0**	**100.0**	**100.0**	**100.0**	**100.0**	**100.0**
医 院	Hospitals	67.7	64.3	70.8	68.3	71.5	72.3	69.9
城市医院	Urban Hospitals	54.2	52.5	56.9	55.9	58.9	63.3	61.4
县医院	County Hospitals	4.3	4.2	5.2	4.5	2.7		
社区卫生服务中心	Community Health Care Centers		5.1	6.5	5.4	7.2	6.5	6.3
卫生院	Health Care Centers	4.1	2.3	1.9	2.4	2.6	2.4	2.2
其他医院	Other Hospitals	5.1	0.2	0.3	0.1		0.1	
门诊机构	Ambulatory Health Facilities	6.2	4.8	5.0	6.1	6.8	6.9	6.3
药品零售机构	Retail Sales of Medical Goods	17.0	20.8	10.7	10.6	8.7	7.8	8.3
公共卫生机构	Public Health Facilities	4.9	4.7	6.5	4.8	5.2	4.8	6.1
卫生行政管理	Health Administration	0.2	0.2	1.1	2.2	2.6	1.9	2.6
其 他	Others	4.0	5.2	5.9	8.0	5.2	6.3	6.9

22-14 各区卫生情况(2022年)
Basic Statistics on Health Care Institutions by Region,2022

地　区 Region	卫生机构数(个) Number of Health Care Institutions (unit)	#医　院 Hospitals	卫生机构床位数(张) Number of Beds in Health Care Institutions (unit)	#医　院 Hospitals
全市总计 Total	**6282**	**435**	**68538**	**62185**
和平区 Heping District	226	31	4858	4768
河东区 Hedong District	240	44	3331	2702
河西区 Hexi District	324	50	9115	8964
南开区 Nankai District	342	53	9227	8870
河北区 Hebei District	234	32	4020	3893
红桥区 Hongqiao District	132	17	3602	3302
东丽区 Dongli District	292	16	1861	1826
西青区 Xiqing District	333	25	2894	2784
津南区 Jinnan District	306	24	4182	4062
北辰区 Beichen District	271	25	4337	4251
武清区 Wuqing District	835	16	3903	2980
宝坻区 Baodi District	414	12	2635	1490
滨海新区 Binhai New Area	764	53	8933	8555
宁河区 Ninghe District	302	4	1495	820
静海区 Jinghai District	524	17	1900	1394
蓟州区 Jizhou District	743	16	2245	1524

注：滨海新区数据不含东丽区无瑕街、津南区葛沽镇数据。
Note: Data of Binhai New Area exclude figures of Wuxia Street, Dongli District and Gegu Town, Jinnan District.

22-15 提供住宿的社会服务机构(2022年)
Social Welfare Institutions with Accommodations,2022

项目	Item	单位数(个) Institutions (unit)	职工人数(人) Staff and Workers (person)	床位数(张) Number of Beds (unit)	年末在院人数(人) Adopted Personnel at Year-end (person)
总计	**Total**	**449**	**7477**	**61624**	**22687**
老年人与残疾人服务机构	Elderly and Disabled Service Institutions	437	6888	59855	21365
# 城市养老服务机构	Urban Old-Age Service Institutions	435	6801	59525	21008
社会福利院	Social Welfare Homes	2	87	330	357
智障与精神疾病服务机构	Mental Disability and Psychiatric Disease Services Institutions	1	255	620	643
# 社会福利医院	Social Welfare Hospitals	1	255	620	643
儿童收养机构	Residential Institutions for children	2	117	722	506
其他提供住宿的社会服务机构	Other Social Service Institutions Providing Accommodation	9	217	427	173
# 生活无着人员救助管理站	Salvation Stations	9	217	427	173

资料来源：天津市民政局，表22-17至22-20同。
Source: Tianjin Municipal Civil Affairs Bureau.Same as table 22-17 to 22-20.

22-16 不提供住宿的社会服务机构
Social Welfare Institutions without Accommodations

项目	Item	单位数(个) Institutions(unit)		职工人数(人) Staff and Workers(person)	
		2021	2022	2021	2022
救灾物资储备站	Relief Reserve Units	1	1	22	21
福利彩票发行单位	Welfare Lottery Issuing Institutions	3	3	88	86
烈士纪念建筑物管理单位	Martyr Memorial Building Management Units	8	8	113	111
社区服务机构	The Community Welfare Institutions	6331	7520	26620	32337

资料来源：天津市民政局、天津市退役军人管理局、天津市粮食和物资储备局。
Source: Tianjin Municipal Civil Affairs Bureau,Tianjin Municipal Veterans Administration,Tianjin Municipal Grain and Material Reserve Bureau.

22-17 社区服务机构情况(2019—2022年)
Basic Statistics on Community Services Institutions,2019-2022

项　　目　　Item	2019	2020	2021	2022
社区服务机构(个) Community Service Institutions (unit)	3660	5963	7164	7520
社区养老机构 The Community Old-Age Care	1089	1157	1230	1701
社区指导中心 The Community Guiding Center	9	9	7	7
社区服务中心 The Community Service Center	322	162	164	167
社区服务站 The Community Service Station	1703	4173	5402	5422
其他社区服务机构 Other Community Service Institutions	537	462	361	223
机构建筑面积(万平方米) Floor Square of Institutions (10 000 sq.m)	153	242	192	303
年末职工人数(人) Staff and Workers at Year-end (person)	15080	24239	27383	32337
# 女　性 Female	8328	12776	12368	15967
# 社会工作师 Social Worker	622	953	1241	1674
助理社会工作师 Junior Social Worker	1789	2954	3139	3860
社区服务志愿者人次数(人次) Community Service Volunteer (person-time)	28524	314565	11152	9604
日间照料床位数(张) The Beds of Day-care (unit)	9801	10056	9909	13050

22-18 社会救助人员情况(2019—2022年)
Basic Statistics on Social Relief Personnel,2019-2022

指　标　Item	2019	2020	2021	2022
社会救助总人数(人)				
Number of Social Relief Personnel(person)	**152953**	**153580**	**151240**	**146133**
城镇居民最低生活保障人数				
Urban Residents Receiving Lowest Cost-of-living	70561	73139	67000	64879
# 老年人				
Senile	11973	12755	8999	9092
登记失业人员				
Registered Unemployed	20425	19884	18469	19095
无就业条件人员				
Non Employment Condition	19403	12890	16125	14834
未成年人				
Minors	10621	10949	13686	13165
农村居民最低生活保障人数				
Rural Residents Receiving Lowest Cost-of-living	58916	68258	60583	58574
特困人员救助供养人数(人)				
Number of Destitute Households Receiving Almsgiving (person)	**11971**	**12183**	**12056**	**11895**
临时救助人次数(人次)				
Persons Received Temporary Almsgiving(person-time)	**83077**	**71436**	**67586**	**66914**
医疗救助总人次				
Medical Aid				
直接医疗救助人次数(人次)				
Direct Medical Aid(person-time)	1468648	1110248	943523	996981
资助参保医疗人数(人)				
Persons Participating in Medical Insurance with Aid (person)	293188	299699	160607	158247
流浪乞讨人员救助(人次)				
The Aid of Vagrants and Beggars(person-time)	**5729**	**4664**	**2170**	**1831**

22-19 社会救助支出情况(2019—2022年)
Basic Statistics on Social Relief Expenditure, 2019-2022

单位：万元(10 000 yuan)

指　　标	Item	2019	2020	2021	2022
社会救助总支出	**Relief Expenditures**	**180955**	**225792**	**232651**	**228520**
# 城市低保费	Urban Relief Funds	91050	94186	99264	99680
农村低保费	Rural Relief Funds	57135	64182	67531	69384
特困人员救助供养	Expenses of Destitute Households Receiving Almsgiving	21502	25238	26815	27872
临时救助	Temporary Almsgiving	11267	15029	18188	20241
# 流浪乞讨人员救助	The Aid of Vagrants and Beggars	2475	2518	3460	3588
医疗救助支出	**Medical Aid Expenditures**	**61267**	**46853**	**38830**	**30023**
自然灾害物资采购经费支出	**Expenditure on the Procurement of Natural Disasters Materials**	**1165**	**1574**	**1411**	**3678**

22-20 养老事业基本情况(2019—2022年)
Basic Statistics on Senile Citizen Undertakings,2019-2022

指　　标　Item	2019	2020	2021	2022
60岁及以上户籍人口(万人) Registered Population Aged 60 and over(10 000 persons)	266.74	278.36	285.85	300.08
65岁及以上户籍人口(万人) Registered Population Aged 65 and over(10 000 persons)	178.46	193.03	206.50	220.33
80岁及以上户籍人口(万人) Registered Population Aged 80 and over(10 000 persons)	33.40	35.05	37.64	39.83
养老机构(个) Pension Institutions(unit)	364	397	399	437
养老机构床位数(万张) The Beds of Pension Institutions(10 000 units)	5.60	6.30	6.20	6.00
日间照料中心(个) Centers of Day-care(unit)	1089	1157	1357	1305
福利彩票公益金投入养老服务业比例(%) Proportion of Welfare Lottery put into Senior Citizen Service Industry(%)	57	55	67	74
困难老年人居家养老(护理)补贴人数(万人) Taking Subsidy of Home-based Care (Nursing) for Senior Citizen(10 000 persons)	1.60	2.30	2.30	2.60

22-21 红十字会基本情况
Basic Statistics on Red Cross Society

指　　标	Item	2021	2022
组织机构(个)	**Institutions of Red Cross Society(unit)**		
基层组织机构	Basic Institutions of Red Cross Society	1283	1553
会员情况	**Statistics on Red Cross Member**		
团体会员单位(个)	Team Members(unit)	1423	1647
会员人数(万人)	Number of Members(10 000 persons)	31	31
# 青少年会员	Adolescent Members	21	22
志愿服务工作	**Voluntary Work**		
志愿者人数(万人)	Volunteers(10 000 persons)	6	6
红十字志愿服务队(个)	Voluntary Service Teams of Red Cross Society(unit)	202	220
参加各种宣传活动人次数(万人次)	**Person-time Attended Publicizing Activity (10 000 person-times)**		
参加艾滋病预防宣传救助活动	AIDS Prevention Activities	3	3
参加普及宣传无偿献血活动	Publicizing Volunteer Blood Donation Activities	206	432
参加卫生救护培训人次数(人次)	**Person-time Attended Sanitation Rescue Training(person-time)**		
参加救护员培训	Ambulanceman Training	27316	30246
参加救护师资培训	Rescue Teacher Training	77	80
造血干细胞捐献工作(人)	**Contributing Stem Cell(person)**		
当年入库志愿者人数	Quantity of Subscribers Entered Program in Current Year	6000	6000
当年供患配型相合人数	Quantity of Matching of Contributing and Transplanting in Current Year	687	705
当年实现捐献人数	Quantity of Transplanting in Current Year	39	42
人体器官捐献(人)	**Donation of Human Organ(person)**		
当年报名登记捐献志愿者人数	Quantity of Registered Subscribers in Current Year	16888	12923
当年实现捐献者人数	Quantity of Contributing Human Organ in Current Year	37	40
遗体捐献工作(人)	**Body Donations(person)**		
全年接受捐献遗体登记	Quantity of Registration of Body Donations	353	203
实现生前遗愿人数	Quantity of Realizing Last Wish	94	95
社会赈济和社区救助工作	**Working on Social Relieving**		
全年募捐款数(万元)	Donation(10 000 yuan)	15839	51744
全年救灾款数(万元)	Disaster Relief(10 000 yuan)	6239	37442
全年救助款数(万元)	Salvation Relief(10 000 yuan)	8769	13771

资料来源：天津市红十字会。
Source: Red Cross Society of China Tianjin Branch.

主要统计指标解释

社区卫生服务中心

指为本社区居民提供预防、医疗、保健、康复、健康教育、计划生育技术服务等的基层卫生机构。

卫生技术人员

指执业医师、执业助理医师、注册护士、药师（士）、检验技师（士）、影像技师、卫生监督员和见习医（药、护、技）师（士）等卫生专业人员。不包括从事管理工作的卫生技术人员（如院长、副院长、党委书记等）。

执业（助理）医师

包括执业医师和执业助理医师。执业医师是指具有《医师执业证》及其“级别”为“执业医师”且实际从事医疗、预防保健工作的人员,不包括实际从事管理工作的执业医师。执业助理医师是指具有《医师执业证》及其“级别”为“执业助理医师”且实际从事医疗、预防保健工作的人员,不包括实际从事管理工作的执业助理医师。

婴儿死亡率

指一年内未满周岁死亡的婴儿数与当年活产数之比。计算公式为:

$$婴儿死亡率=\frac{一年内未满周岁的婴儿死亡数}{当年活产数}\times 1000‰$$

孕产妇死亡率

指年内孕产妇死亡人数与活产数之比。孕产妇死亡一般指从妊娠开始至产后42天内死亡者，包括外科原因、计划生育手术、宫外孕、葡萄胎死亡者，但不包括意外原因死亡者。

卡介苗、脊灰疫苗、百白破三联制剂、麻疹、乙肝疫苗接种率

指按照儿童免疫程度进行合格接种的人数占全部应接种人数的百分比。应接种人数包括禁忌症人数和外地寄居 3 个月及以上的适龄人数，不包括外出 3 个月及以上的适龄人数。计算公式为:

$$单项疫苗接种率=\frac{合格接种该疫苗人数}{应接种人数}\times 100\%$$

分子：按“合格接种判断”标准，判定当年实际完成合格接种的儿童数。

分母：按免疫程序规定当年应在 12 月龄内完成该项疫苗接种的儿童数。

城镇居民最低生活保障人数

指在报告期末共同生活的家庭成员人均收入低于当地最低生活保障标准,且家庭财产状况符合相关规定的城镇居民,并已发放补助经费的人数。

社区服务机构和设施

指面向全体城乡居民提供社区服务的机构和设施。原则上,城乡社区服务机构应能提供以公共服务为主体的综合性服务,城乡社区服务设施面积应能满足社区组织办公和社区综合服务所需,并配置多功能社区居民活动场所。在此基础上可根据社区居民的实际需求,重点强化若干类服务功能。社区服务机构和设施包括（1）社区服务指导中心；（2）社区服务中心；（3）社区服务站；（4）未登记注册的农村特困供养机构；（5）社区养老照料机构和设施；（6）社区互助型养老设施；（7）其他社区服务机构和设施。

Explanatory Notes on Main Statistical Indicators

Community Health Care Centers (Stations)

refer to the primary units that provide the health care for community residents, such as disease prevention and control, medical treatment, health care, rehabilitation, health education, family planning technical services.

Medical Technical Personnel

refer to the professional staff engaged in health care, including licensed physicians and physician assistants, registered nurses, pharmacists, laboratory and imaging technicians, health care supervisors and intern doctors, pharmacists, nurses, and technical personnel, excluding health technical personnel engaged in management (e.g. president, vice president and secretary of the party committee, etc.).

Licensed (Assistant) Doctors

include licensed doctors and licensed physician assistants. Licensed doctors refer to the medical workers with licenses of qualified doctors and are employed in medical treatment, disease prevention or healthcare institutions, excluding the licensed doctors engaged in management. Licensed physician assistants refer to the medical workers with licenses of qualified assistant doctors and are employed in medical treatment, disease prevention or healthcare institutions, excluding the licensed assistant doctors engaged in management.

Death Rate of Infants

refers to the ratio of the number of dead infant below 1 year to the number of living in one year. The following formula is used:

The Death Rate of Infant =

$$\frac{\text{Number of Dead Infant below 1 Year}}{\text{Number of Living}} \times 1000‰$$

Death Rate of Pregnant and Lying-in Women

refers to the ratio of the number of dead pregnant women to the living number in one year. The death of pregnant woman usually refers from gestation to die after give birth to child in 42 days, including surgery reason, family planning operation, pregnancy outside the womb, grape embryo dead women, excluding die due to accident trouble.

Bcg Vaccine, Poliovirus, Pertussis, Diphtheria Tetanus, Measles and Hepatitis B Vaccine Inoculation Rate

refers to the ratio of the number of children inoculating vaccine in accordance with the degree of immunity to the children on the age to inoculate vaccine. The children on the age to inoculate vaccine include the children avoiding inoculating vaccine and living in some other places for 3 and more than 3 months, but exclude the children on age going out for 3 months. The following formula is used:

Vaccine Inoculation Rate =

$$\frac{\text{The Number of Children Inoculating Vaccine}}{\text{The Children on the Age to Inoculate Vaccine}} \times 100\%$$

The molecule: the actual number of children inoculating vaccine according to the standard of vaccine inoculation.

The denominator: the number of children according to the process of immunity should inoculate the vaccine in 12 months.

Urban Residents Receiving Lowest Cost-of-living

refer to the number of urban residents whose per capita income of family members living together is below than the local minimum living standard at the end of the reporting period, and whose family property status complies with relevant regulations, and who have paid subsidies.

Community Service Institutions and Facilities

refers to institutions and facilities that provide community services to all urban and rural residents. In principle, community service institutions should be able to provide comprehensive services focusing on public services. The area of community service facilities should be able to meet the needs of community office and comprehensive services, and be equipped with multi-functional activity places. It can focus on strengthening several types of service functions according to the actual needs of community residents. It include: (1) Community service guidance center; (2) Community service center; (3) Community service station; (4) Unregistered rural poverty-stricken support institutions; (5) Community elderly care institutions and facilities; (6) Community mutual assistance Elderly care facilities; (7) Other community service institutions and facilities.

第二十三篇　文化和体育

Chapter 23 Culture and Sports

23-1 文化机构和人员情况
Basic Statistics on Cultural Institutions and Personnel

单位：个(unit)

年 份 Year	艺 术 Art	电 影 Movie	公 共 图书馆 Public Library	档案机构 Archives Institution	群众文化 活 动 Mass Culture	文 物 保护单位 Agency of Historic Relics Preservation	博物馆 Museums
机构数 Institutions							
1978	39	1702	19		18	2	5
1980	39	1755	19		19	2	5
1985	41	1158	26	22	19	3	10
1990	39	668	30	27	19	6	10
1995	49	662	31	31	19	7	14
2000	49	236	31	31	19	8	14
2001	49	236	31	31	19	8	14
2002	49	236	31	32	19	8	15
2003	49	236	31	32	19	8	17
2004	70	239	32	35	19	8	17
2005	61	190	32	34	19	8	18
2006	61	190	32	35	19	8	19
2007	61	187	32	341	19	8	18
2008	46	181	32	386	19	8	18
2009	43	172	31	399	19	8	18
2010	44	243	31	361	19	8	18
2011	73	286	31	324	19	8	19
2012	51	295	31	310	19	8	20
2013	50	294	31	291	19	8	20
2014	44	316	31	217	19	8	22
2015	66	262	31	257	19	8	22
2016	67	269	31	236	19	8	22
2017	72	278	32	49	19	8	62
2018	84	288	29	49	17	8	65
2019	90	117	29	48	17	8	68
2020	101	123	27	50	17	8	71
2021	127	109	20	48	17	7	69
2022	131	119	20	50	17	6	72

资料来源：天津市委宣传部、天津市文化和旅游局、天津市档案局。
Source: Publicity Department of Tianjin Municipal Party Committee, Tianjin Municipal Bureau of Culture and Tourism, Tianjin Municipal Archives Bureau.
注：2019年对电影放映单位的统计口径进行了调整，表23-6同。
Note: The statistics coverage of film projecting units was adjusted in 2019. Same as table 23-6.

23-1续表 *Continued*

单位：人(person)

年 份 Year	艺 术 Art	公 共 图书馆 Public Library	档案机构 Archives Institution	群众文化 活 动 Mass Culture	文 物 保护单位 Agency of Historic Relics Preservation	博物馆 Museums
人员数 Personnel						
1990	2729	1182		955	80	482
1995	3552	1084		847	93	456
2000	2468	1111		798	102	686
2001	2562	1014	1044	752	116	672
2002	2483	974	1046	755	127	689
2003	2322	1095	999	750	131	629
2004	2937	1082	1144	706	117	658
2005	2663	1057	913	710	133	679
2006	2686	1086	784	707	132	724
2007	2509	1074	553	679	130	728
2008	2276	1098	1154	681	137	711
2009	2287	1087	1175	682	123	699
2010	2262	1077	1180	656	119	719
2011	3547	1051	911	643	108	698
2012	2426	1272	911	626	102	717
2013	2511	1248	968	646	112	669
2014	2322	1217	946	612	115	747
2015	2836	1189	887	588	131	783
2016	2722	969	898	571	132	760
2017	2623	986	673	552	111	1406
2018	2897	1047	740	531	65	1473
2019	2724	1060	739	523	75	1465
2020	3387	1163	833	660	50	1545
2021	4133	1090	851	768	105	1567
2022	3535	1041	845	756	99	1465

23-2 报纸期刊出版情况

Publication of Newspapers and Magazines

项 目	Item	种 类 (种) Number of Publications (kind)		总印数 (万份、万册) Total Copies (10 000 volumes, 10 000 copies)		总印张 (千印张) Total Printed Sheets (1 000 sheets)	
		2021	2022	2021	2022	2021	2022
报纸总计	**Total Publication of Newspapers**	**16**	**15**	**18775**	**16515**	**485602**	**433667**
综合报	Comprehensive Newspapers	4	4	11548	10516	388107	351461
专业报	Professional Newspapers	8	7	2711	1701	30800	19687
生活服务	Life Services						
读者对象	Reader	3	3	3263	3160	41629	39727
文 摘	Abstract	1	1	1253	1140	25067	22792
期刊总计	**Total Publication of Magazines**	**237**	**236**	**2528**	**2381**	**120304**	**115704**
# 少儿期刊	Juvenile and Children's Magazines	9	10	412	615	13926	19504
综 合	Comprehensive	2	2	2	2	154	190
哲学、社会科学	Philosophy and Social Sciences	43	43	1029	971	44999	42644
自然科学、技术	Natural Sciences and Technology	138	137	485	458	31452	30419
文化、教育	Culture and Education	33	33	479	451	17907	18114
文学、艺术	Literature and Art	21	21	533	499	25792	24337

资料来源：天津市委宣传部，表23-3至23-5同。

Source: Publicity Department of Tianjin Municipal Party Committee. Same as table 23-3 to 23-5.

23-3 图书出版情况
Publication of Books by Category

项目 Item	种类(种) Number of Publication (kind)		总印数(万册) Total Printed Copies (10 000 copies)		总印张(千印张) Total Printed Sheets (1 000 sheets)	
	2021	2022	2021	2022	2021	2022
总计 Total	**7857**	**7937**	**9746**	**10622**	**875992**	**1072068**
马列主义、毛泽东思想 Marxism-Leninism, Mao Zedong Thought	9	18	3	4	320	622
哲学 Philosophy	139	117	358	233	29316	19229
社会科学总论 General Social Sciences	56	54	34	150	4363	18640
政治、法律 Politics and Law	115	108	86	79	8321	7229
军事 Military Affairs	7	2	8	1	459	43
经济 Economics	294	240	98	123	13461	16154
文化、科学、教育、体育 Culture, Science, Education and Sports	3731	3825	6332	7129	559131	755786
语言、文字 Languages	167	132	60	64	6094	6316
文学 Literature	1177	1194	1647	1573	147261	133672
艺术 Art	422	621	366	450	22323	31810
历史、地理 History and Geography	232	193	91	167	11762	11083
自然科学总论 General Natural Sciences	12	16	14	22	2088	2789
数理科学、化学 Mathematics and Chemistry	152	146	179	155	8899	7906
天文学、地球科学 Astronomy and Geology	45	28	26	21	2251	1101
生物科学 Biology	40	48	25	65	2462	7178
医药、卫生 Medicine and Health Care	544	587	209	162	27069	24828
农业科学 Agricultural Science	45	63	12	30	1214	2803
工业技术 Industrial Technology	477	393	112	116	17758	16630
交通运输 Communication and Transportation	61	56	6	9	925	1197
航空、航天 Aviation and Spaceflight	5	4	3	2	150	169
环境科学 Environmental Science	29	35	18	13	1297	1350
综合性图书 Comprehensive Books	98	57	58	54	9067	5533

23-4 少年儿童读物和课本出版情况(2002—2022年)
Publication of Books for Children and Textbooks,2002-2022

年 份 Year	种 数(种) Number of Publications(kind)		总印数(万册) Total Printed Copies(10 000 copies)		总印张(千印张) Total Printed Sheets(1 000 sheets)	
	儿童读物 Books for Children	课 本 Textbooks	儿童读物 Books for Children	课 本 Textbooks	儿童读物 Books for Children	课 本 Textbooks
2002	239	814	250	3933	11376	289589
2003	211	582	197	2351	9149	178873
2004	253	608	334	2317	19792	167558
2005	247	571	350	3366	24208	224128
2006	208	566	252	2133	14366	166393
2007	136	695	155	2066	7688	175036
2008	192	562	235	1732	14773	143138
2009	144	618	255	1535	20499	125343
2010	219	639	462	247	29627	41272
2011	412	418	675	1210	41061	101900
2012	385	645	628	1480	42285	124501
2013	652	667	804	1501	39889	117421
2014	687	944	918	1143	54146	104494
2015	993	763	1263	883	59607	82065
2016	958	591	1688	1422	79565	117983
2017	1046	421	2075	1365	95070	101293
2018	964	339	2274	1147	113332	85930
2019	1078	385	2454	1570	128101	120346
2020	883	330	1576	1645	77525	120487
2021	1013	459	1744	1801	93103	136797
2022	1034	494	1917	1992	108622	147543

23-5 录像和录音制品出版情况
Publication of Video and Audio Products

项 目	Item	种 数(种) Number of Category (kind)		出版数量(万盒、万张) Amount of Publication (10 000 cassettes, 10 000 pieces)		发行数量(万盒、万张) Amount of Issuing (10 000 cassettes, 10 000 pieces)	
		2021	2022	2021	2022	2021	2022
录音制品合计	**Total of Audio Products**	**13**	**10**	**1**	**1**	**1**	**1**
录音带	Audio-tapes						
激光唱盘	CD	4	10	1	1	1	1
高密度激唱盘及其他	DVD-A and Others	9					
录像制品合计	**Total of Video Products**	**12**	**10**	**1**	**2**	**1**	**1**
# 高密度激视盘	DVD-V	11	6	1	1	1	1
电子出版物合计	**Total of Electronic Publications**	**1**	**10**		**1**		**1**
# 只读光盘	CD-ROM		3				
高密度只读光盘	DVD-ROM		4		1		1

23-6 广播电视事业发展情况(2019—2022年)
Basic Statistics on Radio and Television,2019-2022

项　　目 Item	单　位 Unit	2019	2020	2021	2022
广 播 Broadcasting					
全年制作节目时间	万小时				
Annual Production of Programs	10 000 hours	9.8	9.7	9.7	9.8
全年播出节目时间	万小时				
Annual Broadcasting of Programs	10 000 hours	15.0	14.2	15.0	14.3
平均每日播音时间	时：分				
Broadcasting Hours per Day	hour：minute	410:08	388:38	393:19	392:62
电 视 Television					
全年制作节目时间	万小时				
Annual Production of Programs	10 000 hours	1.7	1.7	2.9	2.0
全年播出节目时间	万小时				
Annual Television of Programs	10 000 hours	15.3	14.6	17.1	18.4
平均每周播出时间	时：分				
Program Hours per Week	hour：minute	2948:40	2811:10	3296:18	3537:13
有线电视 Cable Television					
有线电视实际用户数	万 户				
Actual Number of Cable TV Users	10 000 households	356	359	361	362
# 有线数字电视实际用户数	万 户				
Actual Number of Digital Cable TV Users	10 000 households	351	354	356	357
有线广播电视传输网络干线长度(皮长)	公 里				
Transmission Network Line Length (Skin Length)	kilometer	4108	4227	4244	3710
电 影 Film					
影院数量	个				
Theaters	unit	117	123	109	119
放映场次	场 次				
Projecting Performances	time	1271376	624539	1119196	822622
观影人次	万人次				
Viewers	10 000 person-times	2565	770	1682	729
电影票房	亿 元				
Film Box Office	100 million yuan	9.44	2.89	7.00	3.10

资料来源：天津市委宣传部、天津市广播电视局。
Source: Publicity Department of Tianjin Municipal Party Committee, Tianjin Bureau of Culture, Radio and Television.

23-7 公有制艺术事业基本情况(2019—2022年)
Basic Statistics on Publicly-owned Art,2019-2022

项　　目	Item	2019	2020	2021	2022
艺术表演团体	**Art Performance Troupes**				
机构数(个)	Institutions (unit)	16	16	13	13
话剧、儿童剧、滑稽剧类	Drama, Children Drama and Comedy	2	2	2	2
歌舞、音乐类	Dance and Music	4	4	3	3
京剧、昆曲类	Peking Opera and Kunqu Opera	7	7	2	2
# 京　剧	Peking Opera	2	2	2	2
杂技、魔术、马戏、曲艺类	Acrobatics, Magic, Circus and Quyi	3	3	2	2
地方戏曲类	Local Opera			4	4
从业人员数(人)	Employment (person)	1804	1752	1648	1678
演出场次(场)	Number of Performances (time)	2705	1727	2135	1188
# 到农村演出	Shows in Rural Areas	451	290	315	94
艺术表演场馆	**Art Performance Venues**				
机构数(个)	Institutions (unit)	74	85	114	118
剧场、影剧院	Theaters and Cinemas	41	47	57	60
书场、曲艺场	Storytelling Places, Folk Art Forms	10	7	15	13
综合性、其他场所	Comprehensive Places and Others	22	30	41	44
音乐厅	Concert Halls	1	1	1	1
坐席数(个)	Seats (unit)	37093	50539	67367	69726
从业人员数(人)	Employment (person)	920	1635	2485	1857
演出场次(场)	Number of Performances (time)	36330	29500	24000	27900
观众人次(万人次)	Number of Spectators (10 000 person-times)	370	141	301	193

资料来源：天津市文化和旅游局，表23-9、23-11同。
Source: Tianjin Municipal Bureau of Culture and Tourism. Same as table 23-9 and 23-11.

23-8　档案机构和人员情况(2019—2022年)
Statistics on Archives Institutions and Personnel,2019-2022

项　　目　Item	2019	2020	2021	2022
机构数(个)				
Number of Institutions(unit)	**48**	**50**	**48**	**50**
# 档案主管部门				
Archives Authorities	17	17	17	17
国家综合档案馆				
National Comprehensive Archives	18	18	18	18
国家专门档案馆				
National Special Archives	2	1	1	1
部门档案馆				
Department Archives	5	6	6	5
事业单位档案馆				
Public Archives Institutions	3	6	5	8
企业档案馆				
Enterprise Archives Institutions	3	2	1	1
专职工作人员(人)				
Full-time Personnel(person)	**739**	**833**	**851**	**845**
# 档案主管部门				
Archives Authorities	62	61	67	67
国家综合档案馆				
National Comprehensive Archives	526	590	614	603
国家专门档案馆				
National Special Archives	66	56	53	53
部门档案馆				
Department Archives	56	84	81	74
事业单位档案馆				
Public Archives Institutions	21	37	33	45
企业档案馆				
Enterprise Archives Institutions	8	5	3	3

资料来源：天津市档案局。
Source: Tianjin Municipal Archives Bureau.

23-9 公共图书馆情况(2019—2022年)
Basic Statistics on Public Libraries,2019-2022

项 目	Item	单 位	Unit	2019	2020	2021	2022
公共图书馆	Public Libraries	个	unit	29	27	20	20
工作人员	Employment	人	person	1060	1163	1090	1041
藏 量	Collections	万 册	10 000 copies	2099	2175	2282	2391
书刊文献外借人次	Person-time of Lent-out	万人次	10 000 person-times	360	133	212	197
书刊文献外借册次	Number of Books and Periodicals Lent to Readers	万册次	10 000 copy-times	1067	459	741	571
实际使用公用房屋面积	Actual Use of Public Building Area	平方米	sq.m	435370	435256	436303	457780
阅览室座席数	Seating Capacity of Reading Room	个	unit	20317	21433	21658	22107

23-10 博物馆和文物保护单位基本情况(2019—2022年)
Basic Statistics on Museums and Cultural Relic Protection Units,2019-2022

项 目	Item	单 位	Unit	2019	2020	2021	2022
博物馆	**Museums**						
个 数	Number of Units	个	unit	68	71	69	72
工作人员数	Employment	人	person	1465	1545	1567	1465
藏品数	Collection	万 件	10 000 pieces	71	76	76	78
举办陈列展览	Displays and Exhibitions	次	time	458	406	430	404
参观人次	Visitors	万人次	10 000 person-times	1487	521	1130	338
文物保护单位	**Cultural Relic Protection Units**						
单位数	Number of Units	个	unit	8	8	7	6
工作人员数	Employment	人	person	75	50	105	99
藏品数	Collection	件	piece	508	58	58	44

资料来源：天津市文物局。
Source: Tianjin Municipal Administration of Cultural Relics.
注：2020年起文物保护单位的藏品数为博物馆收藏的藏品数量。
Note: Number of collections of cultural relic protection units from 2020 refer to the collections in museums.

23-11 群众文化事业基本情况(2019—2022年)
Basic Statistics on Mass Culture,2019-2022

项 目	Item	单 位	Unit	2019	2020	2021	2022
机构数	**Number of Units**	个	**unit**	**261**	**262**	**272**	**274**
群众艺术馆	Mass Art Centers	个	unit	1	1	1	1
文化馆	Cultural Centers	个	unit	16	16	16	16
文化站	Cultural Stations	个	unit	244	245	255	257
工作人员数	**Employment**	人	**person**	**1372**	**1598**	**1733**	**1732**
文化活动情况	**Cultural Activities**						
举办展览	Exhibitions	次	time	1239	1079	1239	1150
组织文艺活动次数	Art Performances	次	time	19209	13718	16055	17984
举办训练班	Training Courses						
班 次	Classes	次	time	15984	13674	13935	9756
培训人次	Persons Completed Course	人	person	747830	678700	817000	769400

23-12 体育工作基本情况(2019—2022年)
Basic Statistics on Physical Work,2019-2022

单位：人(person)

项　目	Item	2019	2020	2021	2022
社会体育指导员	Social Physical Instructors	4532	2340	4382	5915
年末实有等级教练员	Grade Coaches (year-end)	245	492	620	607
# 国家级	National Coaches	24	19	20	19
等级裁判员	Grade Referees	236	57	428	1341
# 女　性	Female	88	9	115	645
一　级	First Grade	104	21	60	103
二　级	Second Grade	132	36	81	414
三　级	Third Grade			287	824
等级运动员	Grade Athletes	1105	601	1317	1911
# 女　性	Female	373	196	480	787
一　级	First Grade	342	173	339	434
二　级	Second Grade	763	428	909	1428
三　级	Third Grade			69	49

资料来源：天津市体育局，表23-13同。
Source: Tianjin Municipal Bureau of Sports. Same as table 23-13.
注：1.等级裁判员和等级运动员为当年发展人数。2.2021年以前等级裁判员和等级运动员数据中未含三级人数。
Note: a)Grade referees and grade athletes are the number of development figures for the year.
b)Number of grade referees and grade athletes before 2021 excludes third-level people.

23-13 国际国内体育比赛获奖牌情况(2019—2022年)
Statistics on Medals Won in International & National Competitions,2019-2022

单位：块(piece)

项　目	Item	2019	2020	2021	2022
总　计	**Total**	**112**	**44**	**75**	**42**
金　牌	Gold Medal	65	27	38	26
银　牌	Silver Medal	29	6	13	6
铜　牌	Bronze Meda	18	11	24	10
国际比赛	**International Competitions**	**29**	**2**	**9**	**13**
# 世界比赛	World Competitions	20	2	8	11
金　牌	Gold Medal	23	2	8	10
银　牌	Silver Medal	5			
铜　牌	Bronze Meda	1		1	3
国内比赛(全国)	**Domestic Competitions (National)**	**83**	**42**	**66**	**29**
金　牌	Gold Medal	42	25	30	16
银　牌	Silver Medal	24	6	13	6
铜　牌	Bronze Meda	17	11	23	7

23-14 规模以上文化及相关产业法人单位经营情况(2015—2022年)

Basic Statistics on Corporate Units of Cultural and Related Industries above Designated Size,2015-2022

年 份 Year	法人单位数 (个) Number of Corporate Units (unit)	年末从业人员 (万人) Engaged Persons at Year-end (10 000 persons)	资产总计 (亿元) Total Assets (100 million yuan)	营业收入 (亿元) Business Revenue (100 million yuan)	利润总额 (亿元) Total Profits (100 million yuan)
2015	1047	16.30	2270.66	2291.84	199.54
2016	1090	15.31	2418.07	2331.74	246.58
2017	911	10.10	2339.67	1784.24	150.45
2018	775	9.43	2938.34	1890.59	183.92
2019	883	7.79	2497.61	1944.68	161.23
2020	888	6.81	2231.19	1654.43	88.30
2021	989	6.45	2038.18	1354.23	76.33
2022	975	6.43	1912.76	1296.08	58.24

23-15 各区规模以上文化及相关产业法人单位数(2022年)

Number of Corporate Units of Cultural and Related Industries above Designated Size by Region,2022

单位：个(unit)

地 区	Region	法人单位数 Number of Corporate Units	文化制造业 Culture-Related Manufacturing	文化批发和零售业 Culture-Related Wholesale and Retail	文化服务业 Culture-Related Services
合 计	**Total**	**975**	**179**	**185**	**611**
和平区	Heping District	61		15	46
河东区	Hedong District	18	2	2	14
河西区	Hexi District	60	4	15	41
南开区	Nankai District	70	5	18	47
河北区	Hebei District	14	1	2	11
红桥区	Hongqiao District	12		4	8
东丽区	Dongli District	26	10	8	8
西青区	Xiqing District	39	17	5	17
津南区	Jinnan District	32	10	7	15
北辰区	Beichen District	23	11	7	5
武清区	Wuqing District	153	46	27	80
宝坻区	Baodi District	36	22	12	2
滨海新区	Binhai New Area	387	24	53	310
宁河区	Ninghe District	13	7	3	3
静海区	Jinghai District	19	14	3	2
蓟州区	Jizhou District	12	6	4	2

注：规模以上文化及相关产业法人单位包括规模以上文化制造业企业、限额以上文化批发和零售业企业以及规模以上文化服务业企业。

Note: Corporate units of culture and related industries above designated size include culture-related manufacturing enterprises above designated size, culture-related wholesale and retail enterprises above designated size, and culture-related service enterprises above designated size.

23-16 规模以上文化及相关产业法人单位基本情况(2022年)
Basic Statistics on Corporate Units of Cultural and Related Industries above Designated Size,2022

项 目 Item	资产总计(亿元) Total Assets (100 million yuan)	营业收入(亿元) Business Revenue (100 million yuan)	年末从业人员(万人) Engaged Persons at Year-end Persons (10 000 persons)
合 计			
Total	**1912.76**	**1296.08**	**6.43**
文化核心领域			
Core Fields of Culture	**1384.73**	**921.92**	**4.12**
新闻信息服务			
News and Information Service	195.81	255.62	0.31
内容创作生产			
Content Creation and Production	575.43	291.58	1.49
创意设计服务			
Creative Design Service	320.33	258.53	1.56
文化传播渠道			
Culture Transmission Channel	231.33	111.27	0.57
文化投资运营			
Cultural Investment and Operation	5.98	0.98	0.01
文化娱乐休闲服务			
Cultural, Entertainment and Recreational Service	55.87	3.94	0.19
文化相关领域			
Culture-related Fields	**528.02**	**374.16**	**2.31**
文化辅助生产和中介服务			
Cultural Auxiliary Production and Intermediary Service	393.59	129.05	1.39
文化装备生产			
Cultural Equipment Production	79.12	44.59	0.65
文化消费终端生产			
Cultural Consumption Terminal Production	55.32	200.52	0.27

主要统计指标解释

文化事业机构

指从事专业文化工作和为专业文化工作服务的单独核算、独立建制的单位，不包括文化主管部门直属单位举办的其他行业和各部门的业余文化组织。

艺术表演团体

指从事戏曲、音乐、舞蹈、杂技等专业艺术表演，有独立账户、实行单独核算的团体。

公共图书馆数

指文化和旅游部门主办的面向社会服务的图书馆数量，不包含部队、高校系统及文化馆内设的图书馆。

博物馆

指国办的博物馆和部分在文物局博物馆处年检的民营博物馆。博物馆指为了研究、教育、欣赏的目的，收藏、保护、展示人类活动和自然环境的见证物，向公众开放，非营利性、永久性社会服务机构，包括以博物馆（院）、纪念馆（舍）、科技馆、陈列馆等专有名称开展活动的单位。

等级运动员人数

指经考核正式批准授予等级运动员称号的人数。分为国际级运动健将，运动健将，一、二、三级运动员和少年级运动员。

等级裁判员人数

指经考核正式批准授予等级裁判员称号的人数。分为国际裁判、国家级裁判、一级裁判、二级裁判、三级裁判。

Explanatory Notes on Main Statistical Indicators

Cultural Institutions

refer to units which have their own organizational system and independent accounting system and specialize in or serve cultural development. They exclude other establishments run by these cultural institutions and amateur cultural groups established by various departments.

Art Performance Troupe

refers to the troupe which is engaged in drama, opera, music, dance, acrobatics or other art performance, opens independent accounts with banks and has self-supporting accounting system.

Number of Public Libraries

refers to the number of libraries sponsored by the culture and tourism departments that serve the society, excluding those in the military, university systems and cultural centers.

Museums

include state-run museums and some private museums that are inspected annually by the Museum of the Cultural Relics Bureau. Museums refer to non-profit, permanent social service institutions which are open to the public for the purpose of research, education and appreciation, and collect, protect, and display witnesses of human activities and the natural environment, include units that carry out activities under the proper names of museums (courts), memorial halls (houses), science and technology museums, exhibition halls, etc.

Number of Athletes in Grades

refers to the number of athletes who have been given titles through examination. The titles of athletes include international masters of sports, masters of sports, first-grade, second-grade and third-grade sportsmen and young athletes.

Number of Referees in Grades

refers to the number of referees who have been given titles after examination. They are classified as international referees, national referees and referees of the first, second and third grades.

第二十四篇　公共管理及其他

Chapter 24 Public Management and Others

24-1 天津市历届人代会代表人数及议案、建议意见数

Number of Delegate, Proposal and Suggestion by Tianjin Municipal People's Congress

届别	Session	起止年月 The Time of Inauguration and Concluding	代表人数(人) Number of Delegate(person) 总计 Total	# 女性 Female	# 少数民族 Ethnic Minority	议案数(件) Number of Proposal (unit)	建议、批评和意见数(件) Number of Suggestion, Criticism and Comment (unit)
第一届	First Congress	1954.08-1956.12	519	109		1614	
第二届	Second Congress	1956.12-1958.06	568	122		1201	
第三届	Third Congress	1958.06-1961.02	535	110			
第四届	Fourth Congress	1961.02-1963.12	845	208		133	
第五届	Fifth Congress	1963.12-1965.12	675	169		104	
第六届	Sixth Congress	1965.12-1966.05	698	171		27	
第七届	Seventh Congress						
第八届	Eighth Congress	1977.11-1980.06	959	224			
第九届	Ninth Congress	1980.06-1983.04	960	175		1958	
第十届	Tenth Congress	1983.04-1988.05	800	179	40	26	5337
第十一届	Eleventh Congress	1988.06-1993.05	719	134	42	65	3762
第十二届	Twelfth Congress	1993.05-1998.05	719	130	35	34	1924
第十三届	Thirteenth Congress	1998.05-2003.01	710	141	37	80	3597
第十四届	Fourteenth Congress	2003.01-2008.01	710	150	39	83	3147
第十五届	Fifteenth Congress	2008.01-2013.01	709	156	32	41	2456
第十六届	Sixteenth Congress	2013.01-2018.01	707	180	40	136	6913
第十七届	Seventeenth Congress	2018.01-	694	223	54	389	5909

资料来源：天津市人民代表大会常务委员会。
Source: Tianjin Municipal People's Congress(MPC)Standing Committee.
注：天津市第一届至第九届人民代表大会期间代表所提出的议案、建议统称为“提案”。
Note: The Registered Cases and Advice Proposed from Tianjin First Congress until Ninth Congress are calculated to Proposals as total.

24-2 天津市历届政协委员会委员人数及提案立案数

Number of Commissary, Proposal and Resolution Put on Record by Tianjin Political Consultative Conference

届别	Session	起止年月 The Time of Inauguration and Concluding	委员人数(人) Number of Commissary(person) 总计 Total	# 女性 Female	# 少数民族 Ethnic Minority	提案立案数(件) Number of Resolution Put on Record (unit)
第一届	First Congress	1955.03-1960.03	188	42		
第二届	Second Congress	1960.03-1963.12	498	76		
第三届	Third Congress	1963.12-1965.11	432	73		
第四届	Fourth Congress	1965.11-1977.11	457	81		
第五届	Fifth Congress	1977.11-1980.06	615	132		
第六届	Sixth Congress	1980.06-1983.03	723	142		5028
第七届	Seventh Congress	1983.03-1988.04	739	162		4410
第八届	Eighth Congress	1988.04-1993.05	743	177		4869
第九届	Ninth Congress	1993.05-1998.05	757	179		3800
第十届	Tenth Congress	1998.05-2003.01	780	185		4563
第十一届	Eleventh Congress	2003.01-2008.01	780	200		5181
第十二届	Twelfth Congress	2008.01-2013.01	783	208		3255
第十三届	Thirteenth Congress	2013.01-2018.01	774	207	52	5232
第十四届	Fourteenth Congress	2018.01-	702	242	58	4702

资料来源：中国人民政治协商会议天津市委员会。
Source: Tianjin Municipal Committee of CPPCC.

24-3 基层工会组织情况(2019—2022年)
Statistics on Grassroots Unions,2019-2022

项　目	Item	2019	2020	2021	2022
基层工会涵盖单位数(个)	**Number of Units that Grassroots Trade Unions Covered (unit)**	**92858**	**85195**	**84105**	**86055**
# 国有企业	State-owned Enterprises	842	853	846	828
集体企业	Collective-owned Enterprises	289	294	263	241
私营企业	Private Enterprises	76468	65944	64265	65297
港澳台商投资企业	Enterprises with Investment from Hong Kong, Macao and Taiwan	317	349	310	295
外商投资企业	Foreign Funded Enterprises	1014	943	1018	931
事　业	Utilities	3426	3106	2655	2647
机　关	Government Agencies	1708	1783	1701	1691
工会会员人数(万人)	**Number of Union Members(10 000 persons)**	**276.08**	**260.85**	**249.89**	**278.37**
# 国有企业	State-owned Enterprises	27.52	26.83	26.24	26.41
集体企业	Collective-owned Enterprises	5.09	4.93	4.40	3.86
私营企业	Private Enterprises	91.40	84.36	79.46	87.23
港澳台商投资企业	Enterprises with Investment from Hong Kong, Macao and Taiwan	4.69	4.90	5.70	4.20
外商投资企业	Foreign Funded Enterprises	21.99	18.21	15.87	16.72
事　业	Utilities	34.76	35.27	34.78	35.10
机　关	Government Agencies	17.17	18.66	19.65	22.79

资料来源：天津市总工会。
Source: Tianjin Municipal Trade Union.

24-4 妇联组织情况(2019—2022年)
Statistics on Women's Federation Organizations,2019-2022

项　目	Item	2019	2020	2021	2022
基层妇联组织(个)	**Basic Women's Federation Organizations(unit)**	**7147**	**7254**	**7096**	**7238**
乡镇妇联	Township Women's Federation Organizations	129	128	128	128
街道妇联	Street Women's Federation Organizations	113	116	117	120
行政村妇联	Executive Village Women's Federation Organizations	3547	3521	3519	3520
社区妇联	Community Women's Federation Organizations	1663	1664	1853	1862
机关、事业单位妇联(妇委会)	Women's Federation Organizations of Organs and Utilities	1695	1825	1479	1608
地方妇联组织(个)	**Local Women's Federation Organizations(unit)**	**17**	**17**	**17**	**17**
市妇联	Municipal Women's Federation Organizations	1	1	1	1
区妇联	District Women's Federation Organizations	16	16	16	16
妇联干部总数(人)	**Cadres in Women's Federation Organizations(person)**	**423**	**445**	**451**	**458**
市妇联	Municipal Women's Federation Organizations	54	55	54	55
区妇联	District Women's Federation Organizations	153	152	152	155
乡镇、街道妇联	Township and Street Women's Federation Organizations	216	238	245	248

资料来源：天津市妇女联合会。
Source: Tianjin Women's Federation.

24-5 人民调解工作基本情况(2019—2022年)
Basic Statistics on People's Mediation,2019-2022

项 目	Item	2019	2020	2021	2022
人民调解委员会(个)	People's Mediation Committees(unit)	5643	5713	5885	5932
人民调解员(人)	People's Mediator(person)	22455	22117	21721	21940
调解纠纷(件)	Disputes(case)	31375	41240	55828	59668
# 成功数	Success	30943	40180	55371	59354
# 婚姻家庭纠纷	Marriage and Family	2130	2573	2855	2629
邻里纠纷	Neighbour	6031	10978	13250	13921
合同纠纷	Contract	1077	2116	3684	4558
劳动纠纷	Labour	8207	2156	3508	5520
征地拆迁纠纷	Land Requisition and Demolition	180	96	38	18
房屋宅基地纠纷	House Site	379	958	485	338

资料来源：天津市司法局，表24-6至24-8同。
Source: Tianjin Municipal Bureau of Justice. Same as table 24-6 to 24-8.

24-6 律师工作基本情况(2019—2022年)
Basic Statistics on Lawyers,2019-2022

项 目 Item	单 位 Unit	2019	2020	2021	2022
律师事务所 Law Offices	所 unit	884	912	902	921
执业律师 Certified Lawyers	人 person	8229	8801	9778	10839
# 专职律师 Full-time Lawyers	人 person	7003	7142	7722	8384
兼职律师 Part-time Lawyers	人 person	209	227	233	239
担任常年法律顾问 As Permanent Legal Advisers	家 unit	9174	9571	10529	10544
民商事务 Civil and Commercial Affairs	件 case	67381	64906	100782	99612
刑事辩护 Defense in Criminal Cases	件 case	17800	10385	17419	10825
行政诉讼代理 Agent of Administrative Actions	件 case	2725	2975	3166	3063
非诉讼事务 Off-court Cases	件 case	17398	14505	18781	20651
咨询和代写法律文书 Consulting and Legal Documents Ghostwriting	件 case	20464	17855	17804	17757

24-7 法律援助工作情况(2019—2022年)
Statistics on the Legal Aid Work,2019-2022

项　目　Item	2019	2020	2021	2022
法律援助中心(个) Legal Aid Center(unit)	18	18	18	18
妇女法律援助工作站点(个) Number of Women's Legal Aid Workstations(unit)	17	15	15	15
未成年人法律援助工作站点(个) Number of Legal Aid Centers for Minor(unit)	17	11	11	11
注册法律援助律师(人) Registered Legal Aid Lawyer(person)	44	41	40	43
法律援助人数(人) Number of Persons Received Legal Aid(person)	19767	21212	11770	7082
# 援助残疾人 Assistance to The Disabled	1178	1095	1467	340
援助老年人 Assistance to The Aged	1963	2071	3030	612
援助未成年人 Assistance to Minor	1419	1323	1748	2090
援助妇女 Assistance to Feme	3145	2780	3313	1672
援助农民工 Assistance to Migrant Workers	1716	1476	1507	1280
办理法律援助案件数(件) Number of Legal Aid Cases Handled (case)	10322	9679	11751	6980
刑事案件 Criminal Case	5231	5011	5358	4876
民事案件 Civil Case	4866	4446	6016	2047
行政案件 Administrative Case	225	222	377	57
法律咨询(万人次) Legal Consultation(10 000 person-times)	12.12	31.79	46.13	41.98

24-8 公证工作基本情况(2019—2022年)

Basic Statistics on Notarization,2019-2022

项目	Item	2019	2020	2021	2022
公证机构(个)	Notary Offices(unit)	23	24	22	22
公证员(人)	Notarial Personnel(person)	478	527	562	561
办理公证(件)	Notarized Documents(case)	203767	146270	166596	171250
国内公证	Total Domestic Affairs	136196	116034	131548	133268
涉外公证	Total Concerned Foreign Affairs	66590	29636	34303	37277
涉港澳台公证	Total Concerned Hong Kong, Macao and Taiwan Affairs	981	600	745	705

24-9 纪检监察机关立案审查情况(2019—2022年)

Cases under Investigation by Discipline Inspection and Supervisory Organs,2019-2022

项目	Item	2019	2020	2021	2022
违纪违法立案(件)	**Cases Registered(case)**	**5902**	**5606**	**5787**	**4883**
# 5万元至10万元	50-100 thousand yuan	156	134	119	93
10万元至50万元	100-500 thousand yuan	346	237	262	194
50万元至100万元	500-1 000 thousand yuan	109	73	79	78
100万元以上	Over 1 000 thousand yuan	298	250	277	218
被调查人(人)	**Respondent(person)**	**5954**	**5640**	**5815**	**5138**
厅局级	Bureau Level	131	99	73	103
县处级	County Level	1248	907	907	646
乡科级	Rural Level	1302	972	961	679
一般干部	Ordinary Cadres	676	285	329	134
其他人员	Others	2597	3377	3545	3576
结案	**Cases Settled**				
件数	Number of Cases(case)	5481	5424	6136	5339
处分	**Punishment**				
人数	Number of Persons(person)	5245	5063	5743	5187
移送审查	**Transfer for Examination**				
件数	Number of Cases(case)	356	206	239	212
人数	Number of Persons(person)	356	206	239	217
挽回经济损失(亿元)	**Retrieve Pecuniary Losses(100 million yuan)**	**12.8**	**15.6**	**13.8**	**19.2**

资料来源：天津市监察委员会。
Source: Tianjin Municipal Supervisory Commission.

24-10 法院民事案件收案和结案情况(2022年)
Civil Cases Accepted & Settled by Courts,2022

单位：件(case)

项　　目	Item	收　案 Cases Accepted	结　案 Cases Settled	#调　解 Mediation	#判　决 Judgement
合同纠纷案件	**Contracts Disputes**	**179709**	**181783**	**32251**	**77447**
# 买卖合同	Buying and Selling Contracts	21994	22037	5732	7062
房地产合同	Real Estate Contracts	21	17		12
借款合同	Debts Contracts	43729	44902	7497	24093
建设工程合同	Construction Project Contracts	10470	10106	2527	4317
劳动争议案件	Labour Disputes	11878	11693	2297	5705
运输合同	Transportation Contracts	1180	1129	293	377
婚姻家庭案件	**Marriages and Family Affairs**	**18412**	**18562**	**8409**	**5491**
# 离婚纠纷	Divorce Disputes	13400	13054	6413	3911
抚养纠纷	Custody Disputes	2251	2284	953	722
赡养纠纷	Alimony Disputes	1003	1013	561	227
继承纠纷案件	**Inheritance Disputes**	**2237**	**2271**	**816**	**804**
# 法定继承	Statutory Inheritance	523	537	245	156
遗嘱继承	Testament Inheritance	135	123	43	45
被继承人债务清偿纠纷	Decedent Debt Settlement Disputes	248	225	29	97
遗赠扶养协议	Legacy-support Agreement	15	15	6	4
权属侵权案件	**Ownership Infringement Disputes**	**20751**	**21172**	**4681**	**11036**
其　他	**Others**	**51147**	**51441**	**7896**	**22859**

资料来源：天津市高级人民法院，表24-11同。
Source: Tianjin Municipal Higher People's Court. Same as table 24-11.

24-11 法院行政案件收案和结案情况(2022年)
Administrative Cases Accepted and Settled by Courts,2022

单位：件(case)

项目	Item	收案 Cases Accepted	结案 Cases Settled	#判决 Judgement	#驳回起诉 Dismiss Prosecution	#撤诉 Withdrawn	未结 Cases Unsettled
合计	**Total**	**3735**	**3841**	**1598**	**1080**	**735**	**873**
公安	Public Security	248	250	159	42	42	52
资源	Resources	130	123	81	24	10	12
城建	City Construction	423	391	143	110	89	92
工商	Industry and Commerce	51	57	15	15	23	12
技术监督	Technical Supervision	8	5	2		2	3
计划生育	Birth Control		1	1			
卫生	Health Care	9	10	6	1	2	3
药品	Medicine	6	7	2		3	1
环保	Environment Protection	20	17	3		9	7
交通	Transportation	5	6	3	1	2	1
专利	Patent	2	1		1		1
税务	Tax	7	8	1	2	5	1
财政	Finance	16	16	3	3	10	
劳动和社会保障	Labour & Social Security	157	153	93	19	36	30
水利	Water Conservancy	6	6	2	3		
司法行政	Judicature	15	15	9	3	3	6
民政	Civil Affairs	12	8	2	3	1	7
教育	Education	5	6	2	1	2	1
乡政府	Township Government	22	84	48	25	9	15
其他	Others	2593	2677	1023	827	487	629

24-12 社会保障基本情况(2000—2022年)
Basic Statistics on Social Security,2000-2022

单位：万人(10 000 persons)

年 份 Year	城镇职工基本养老保险参保人数 Urban Staff and Workers Participated in Basic Pension Insurance	职工基本医疗保险参保人数 Staff and Workers Participated in Basic Medical Insurance	城乡居民基本养老保险参保人数 Urban and Rural Residents Participated in Basic Pension Insurance	城乡居民基本医疗保险参保人数 Urban and Rural Residents Participated in Basic Medical Insurance	失业保险参保人数 Staff and Workers Participated in Unemployment Insurance	工伤保险参保人数 Staff and Workers Participated in Work Injury Insurance
2000	288.00				225.00	
2001	281.44				214.00	
2002	295.97	193.41			189.55	
2003	283.28	227.58			193.45	
2004	297.08	263.00			195.06	147.23
2005	308.28	299.06			197.51	162.91
2006	328.20	344.20			216.66	209.67
2007	344.76	382.46			221.50	257.17
2008	376.63	399.13			232.50	274.90
2009	401.53	444.06			239.22	292.21
2010	431.45	469.98	92.30	489.00	246.09	304.45
2011	458.70	474.52	97.80	498.27	258.75	320.42
2012	490.26	479.07	102.60	502.23	268.69	330.06
2013	520.67	493.08	106.40	508.44	278.69	335.06
2014	545.44	509.59	111.84	514.03	287.57	345.18
2015	565.18	522.00	121.10	532.11	295.32	385.61
2016	639.03	535.68	134.47	531.10	302.47	388.11
2017	655.01	554.14	156.81	534.31	311.30	395.33
2018	683.16	575.26	161.15	541.46	323.44	398.52
2019	695.57	595.04	164.49	541.94	335.51	400.22
2020	730.83	618.43	169.72	545.67	349.12	405.63
2021	765.14	637.64	171.96	537.38	372.30	408.41
2022	800.06	642.60	171.56	533.80	392.20	410.53

24-12续表 *Continued*

单位：万人(10 000 persons)

年 份 Year	职工生育保险参保人数 Staff and Workers Participated in Maternity Insurance	最 低工资标准(元/月) Minimum Standard of Wages (yuan/month)	城镇居民生活保障最低标准(元/月) Minimum Standard of Urban Residents Living Security (yuan/month)	农村居民生活保障最低标准(元/月) Minimum Standard of Rural Residents Living Security (yuan/month)	城镇居民最低生活保障人数 Urban Residents Receiving Lowest Cost-of-living	农村居民最低生活保障人数 Rural Residents Receiving Lowest Cost-of-living
2000			241		2.85	1.73
2001			241			
2002			241		30.14	2.26
2003		450	241		24.13	2.61
2004		480	265		20.51	2.90
2005	157.42	530	265	127.1	15.08	3.19
2006	180.10	590	265	136.6	15.13	3.73
2007	194.03	670	320	165.6	14.87	4.38
2008	196.49	740	330	200	15.63	5.23
2009	204.61	820	400	230	17.94	7.27
2010	212.02	920	450	250	19.79	8.61
2011	234.60	1160	480	280	17.95	9.76
2012	242.72	1310	520	320	16.64	10.15
2013	249.14	1500	600	400	16.04	10.74
2014	260.73	1680	640	440	13.58	10.14
2015	269.73	1850	705	540	13.07	10.37
2016	284.96	1950	780	700	12.17	10.16
2017	296.95	2050	860	860	10.71	9.13
2018	330.42	2050	920	920	8.04	6.22
2019	341.26	2050	980	980	7.06	5.89
2020	353.51	2050	1010	1010	7.31	6.83
2021	366.05	2180	1010	1010	6.70	6.06
2022	365.23	2180	1010	1010	6.49	5.86

资料来源：天津市民政局、天津市人力资源和社会保障局、天津市医疗保障局。表24-13同。

Source: Tianjin Municipal Civil Affairs Bureau, Tianjin Municipal Human Resources & Social Security Bureau, Tianjin Municipal Medical Insurance Bureau.Same as table 24-13.

注：2005-2007年农村居民生活保障最低标准为农村居民平均生活保障水平。

Note:The data of minimum standard of rural residents living security are average level from 2005 to 2007.

24-13 社会保障事业情况
Statistics on Social Security

单位：亿元(100 million yuan)

指　　标	Item	2021	2022
基本养老保险	**Basic Pension Insurance**		
城镇职工参保人数(万人)	Urban Staff and Workers Participated(10 000 persons)	765.14	800.06
城乡居民参保人数(万人)	Urban and Rural Residents Participated(10 000 persons)	171.96	171.56
城镇职工实际缴费人数(万人)	Urban Staff and Workers Paying(10 000 persons)	419.02	423.50
城镇职工基本养老保险基金收入	Revenue of Basic Pension Insurance Programme	1317.02	1286.10
城镇职工基本养老保险基金支出	Expenditure of Basic Pension Insurance Programme	1349.01	1257.48
城镇职工基本养老保险基金累计结余	Balance of Basic Pension Insurance Programme	326.59	355.21
基本医疗保险	**Basic Medical Insurance**		
职工参保人数(万人)	Staff and Workers Participated(10 000 persons)	637.64	642.60
城乡居民参保人数(万人)	Urban and Rural Residents Participated(10 000 persons)	537.38	533.80
职工基本医疗保险基金收入	Revenue of Basic Medical Insurance Programme	386.62	424.35
职工基本医疗保险基金支出	Expenditure of Basic Medical Insurance Programme	324.05	335.35
职工基本医疗保险基金累计结余	Balance of Basic Medical Insurance Programme	374.27	463.28
失业保险	**Unemployment Insurance**		
参保人数(万人)	Staff and Workers Participated (10 000 persons)	372.30	392.20
领取失业保险金期末人数(万人)	Final Personnel Drawing Unemployment Insurance Programme(10 000 persons)	7.70	9.25
领取保险金累计新增人数(万人)	Newly Total Increased in Current Year(10 000 persons)	7.04	8.71
保险基金收入	Revenue of Unemployment Insurance Programme	28.83	31.28
保险基金支出	Expenditure of Unemployment Insurance Programme	33.75	49.54
保险基金累计结余	Balance of Unemployment Insurance Programme	43.60	25.34
工伤保险	**Work Injury Insurance**		
参保人数(万人)	Staff and Workers Participated (10 000 persons)	408.41	410.53
保险基金收入	Revenue of Work Injury Insurance Programme	15.30	15.70
保险基金支出	Expenditure of Work Injury Insurance Programme	14.08	13.91
保险基金累计结余	Balance of Work Injury Insurance Programme	12.67	14.45
生育保险	**Maternity Insurance**		
职工参保人数(万人)	Staff and Workers Participated (10 000 persons)	366.05	365.23
社会保障标准(元/月)	**Social Security Standard(yuan/month)**		
最低工资标准	Minimum Standard of Wages	2180	2180
城镇居民最低生活保障标准	Minimum Standard of Urban Residents Living Security	1010	1010
农村居民最低生活保障标准	Minimum Standard of Rural Residents Living Security	1010	1010

24-14 劳动争议处理情况(2019—2022年)
Disposal of Labour Disputes,2019-2022

单位：件 (case)

项　　目　　Item	2019	2020	2021	2022
上期未结案数 Number of Cases Left Over from Last Period	**1630**	**2820**	**2819**	**927**
案件受理情况 Cases Accepted				
当期案件受理数 Number of Cases	27772	27057	30110	29440
# 集体劳动争议数 Number of Collective Labour Disputes	175	104	87	65
# 劳动者申诉案件数 Number of Cases Appealed by Labourers	26011	24769	29804	28181
按争议原因分 By Cause of Disputes				
确认劳动关系 Confirmation of Labour Relations	2305	3145	3416	3885
解除、终止劳动合同 Relieve the Labour Contract	3773	4401	4546	4963
劳动报酬 Labor Remuneration	15269	14417	16096	13725
社会保险 Social Insurance	1446	1044	1126	1179
其　他 Others	4979	4050	4926	5688
劳动者当事人数(人) Number of Persons Involved (person)	29540	28337	31696	30513
# 集体争议劳动者当事人数 Number of Persons Involved in Collective Disputes	3426	2348	1752	1171
案件处理情况 Cases Settled				
结案数 Number of Cases Settled	26582	27058	32002	29280
按处理方式分 By Manners of Settlement				
仲裁调解 Mediation	15134	16100	19315	16874
仲裁裁决 Arbitration Lawsuit	11448	10958	12687	12406
按处理结果分 By Results of Settlement				
用人单位胜诉 Won by Units	2519	2730	3444	3231
劳动者胜诉 Won by Labours	6324	4620	4975	4980
双方部分胜诉 Partly by Both Parties	17739	19708	23583	21069
本期未结案数 Number of Cases Unsettled	**2820**	**2819**	**927**	**1087**

资料来源：天津市人力资源和社会保障局。
Source: Tianjin Municipal Human Resources & Social Security Bureau.

24-15 残疾人事业基本情况
Basic Statistics on Persons with Disabilities

单位：人(person)

项　　目	Item	2021	2022
接受服务的各类别残疾人	**All Types of Persons with Disabilities Served**		
视　力	Vision	3567	3995
听　力	Hearing	2499	3090
言　语	Speech	111	56
肢　体	Body	23726	28271
智　力	Intelligence	2983	3747
精　神	Mentation	7116	7419
多　重	Multiple	1517	1661
新增社区康复协调员	New Community Rehabilitation Coordinator	16	248
接受过培训的社区康复协调员	Trained Community Rehabilitation Coordinator	3553	3536
教　育	**Education**		
特殊教育普通高中在校学生	Students Enrollment of Special Education in Regular Senior Secondary Schools	115	114
盲	Blind	28	27
聋	Deafness	87	87
高等特殊教育机构录取残疾考生	Handicapped Students Matriculated by Institutions of Higher Special Education Institution	133	135
普通高等院校录取残疾考生	Handicapped Students Matriculated by Institutions of Higher Education	82	55
社会保障	**Social Security**		
符合参保条件残疾居民	Disabled Residents Who Meet the Insured Conditions	79188	80992
实际参保残疾居民	Disabled Residents Who Are Actually Insured	78992	80715
# 60周岁以下参保残疾居民	Disabled Residents under 60 Years of Age Who Are Actually Insured	27066	27345
扶　贫	**Poverty Alleviation**		
残疾人扶贫基地(个)	Bases of Poverty Alleviation for Disabled Persons(unit)	9	9
扶贫基地安置残疾人就业(人次)	Employment of Persons with Disabilities in Poverty Alleviation Bases(person-time)	122	121
组织建设	**Organization Construction**		
持证残疾人总数(万人)	Sum of Disabled Persons with Certificates of Disability(10 000 persons)	37.65	37.00
各级残联实有人数	Staff and Workers of Disabled Persons' Federations	886	882

资料来源：天津市残疾人联合会。
Source:Tianjin Disabled Persons' Federation.

24-16 受理消费者投诉情况(2022年)

Basic Statistics on Accepted Cases of Consumer Institution,2022

单位：件(item)

项目	Item	总计 Total	质量 Quality	售后服务 After-sale Service	价格 Price	计量 Measure
受理投诉件数总计	**Total Number of Accepted Cases**	**1768**	**457**	**160**	**43**	**6**
家用电子电器类	Household Electric Appliances	133	63	36	3	
服装鞋帽类	Garments, Shoes and Hats	154	119	6	1	
食品类	Food	204	73	17	11	3
烟、酒饮料类	Tobacco, Liquor and Drink	29	6	4	3	
房屋及建材类	House and Decoration Materials	51	15	5	1	
日用商品类	Daily Use Household Articles	126	43	10	6	
首饰及文体用品类	Jewelry, Cultural and Sports Articles	43	21	8	2	1
医药及医疗用品类	Medicine and Medical Treatment Articles	15	2	3	2	
交通工具类	Transportations	231	43	17	4	
农用生产资料类	Agricultural Production Materials	4	1	2		
生活、社会服务类	Living and Social Services	163	22	32	4	
房屋装修及物业服务类	House Decoration and Property Management	29	11	3	2	
旅游服务	Tourism Services	1				
文化、娱乐、体育服务	Cultural, Recreational and Sports Services	30		2	1	
邮政业服务	Postal Services	4	1	3		
电信服务	Telecommunication Services	9	3	1	1	1
互联网服务	Internet Services	4	1			
金融服务	Finance Services					
保险服务	Insurance Services	3		1		
卫生保健服务	Health Care Services	26	25			
教育培训服务	Educational Services	23	1			
公共设施服务	Public Facility Services	3				1
销售服务	Sales Services	39	1	7	1	
其他商品和服务	Other Commodities and Services	444	6	3	1	
解决件数总计	**Total Cases Solved**	**1626**				

注：本资料为天津市消费者协会系统的统计数据，不含各监测站的统计资料。
Note: Data of this table are provided by Tianjin Municipal Consumer Institution, excluding those data calculated by each monitor station.

24-16续表 *Continued*

单位：件(item)

项 目	Item	合 同 Contract	虚假宣传 False Propaganda	假 冒 Counterfeit	安 全 Safe	其 他 Others
受理投诉件数总计	**Total Number of Accepted Cases**	**142**	**20**	**10**	**51**	**879**
家用电子电器类	Household Electric Appliances	5	2			24
服装鞋帽类	Garments, Shoes and Hats	5	1		1	21
食品类	Food	5	4	2	33	56
烟、酒饮料类	Tobacco, Liquor and Drink	1	1	1	6	7
房屋及建材类	House and Decoration Materials	10	1			19
日用商品类	Daily Use Household Articles	18		2	3	44
首饰及文体用品类	Jewelry, Cultural and Sports Articles	3				8
医药及医疗用品类	Medicine and Medical Treatment Articles	1				7
交通工具类	Transportations	6	1	2		158
农用生产资料类	Agricultural Production Materials		1			
生活、社会服务类	Living and Social Services	39	4	1	7	54
房屋装修及物业服务类	House Decoration and Property Management	9				4
旅游服务	Tourism Services					1
文化、娱乐、体育服务	Cultural, Recreational and Sports Services	14		1	1	11
邮政业服务	Postal Services					
电信服务	Telecommunication Services					3
互联网服务	Internet Services					3
金融服务	Finance Services					
保险服务	Insurance Services	2				
卫生保健服务	Health Care Services	1				
教育培训服务	Educational Services	13				9
公共设施服务	Public Facility Services		1			1
销售服务	Sales Services	7	2			21
其他商品和服务	Other Commodities and Services	3	2	1		428
解决件数总计	**Total Cases Solved**					

24-17 生产安全事故发生数
Number of Production Safety Accidents

单位：起(case)

指　　标	Item	2021	2022
总　　计	**Total**	**118**	**98**
按事故等级分	**By Accident Level**		
一般事故	Ordinary Accident	115	96
较大事故	Large Accident	3	2
重大事故	Major Accident		
特别重大事故	Tremendous Devastating Accident		
按事故单位经济性质分	**By the Economic Nature of Accident Unit**		
国　有	State-owned Enterprises	16	9
集　体	Collective-owned Enterprises		
私　营	Private Enterprises	94	84
港澳台商投资	Enterprises with Investment from Hong Kong, Macao and Taiwan	1	2
外商投资	Foreign Funded Enterprises	3	3
其　他	Others	4	
按事故类别分	**By Accident Classification**		
物体打击	Object Strike	14	19
车辆伤害	Vehicle Injury	7	5
机械伤害	Mechanical Injury	11	14
起重伤害	Crane Injury	13	6
触　电	Electric Shock	8	6
淹　溺	Drowning	2	3
灼　烫	Thermal Injury		
火　灾	Fire		
高处坠落	Fall from Height	33	21
坍　塌	Collapse	17	8
锅炉爆炸	Boiler Explosion		
容器爆炸	Vessel Explosion	1	
其他爆炸	Other Explosions	2	3
中毒和窒息	Poisoning and Asphyxia	3	4
其他伤害	Other Injuries	7	9

资料来源：天津市应急管理局，表24-18同。
Source: Bureau of Emergency Management of Tianjin. Same as table 24-18.
注：不含道路交通、铁路交通、农业机械事故，表24-18同。
Note: Excluding road traffic, railway traffic and agricultural machinery. Same as table 24-18.

24-18 生产安全事故死亡人数
Death Toll Caused by Production Safety Accidents

单位：人(person)

指　标	Item	2021	2022
总　计	**Total**	**127**	**108**
按事故等级分	**By Accident Level**		
一般事故	Ordinary Accident	117	102
较大事故	Large Accident	10	6
重大事故	Major Accident		
特别重大事故	Tremendous Devastating Accident		
按事故单位经济性质分	**By the Economic Nature of Accident Unit**		
国　有	State-owned Enterprises	19	12
集　体	Collective-owned Enterprises		
私　营	Private Enterprises	100	91
港澳台商投资	Enterprises with Investment from Hong Kong, Macao and Taiwan	1	2
外商投资	Foreign Funded Enterprises	3	3
其　他	Others	4	
按事故类别分	**By Accident Classification**		
物体打击	Object Strike	14	20
车辆伤害	Vehicle Injury	7	5
机械伤害	Mechanical Injury	11	14
起重伤害	Crane Injury	13	6
触　电	Electric Shock	8	6
淹　溺	Drowning	2	3
灼　烫	Thermal Injury		
火　灾	Fire		
高处坠落	Fall from Height	33	22
坍　塌	Collapse	22	9
锅炉爆炸	Boiler Explosion		
容器爆炸	Vessel Explosion	1	
其他爆炸	Other Explosions	4	4
中毒和窒息	Poisoning and Asphyxia	5	10
其他伤害	Other Injuries	7	9

主要统计指标解释

律　师

按照现行律师法规定，律师是指依法取得律师执业证书，接受委托或者指定，为当事人提供法律服务的执业人员。

公证人员

指在公证处工作的人员总称，包括公证处主任、副主任、公证员、公证员助理（助理公证员）和其他从事辅助性工作的人员。

人民调解员

指在人民调解委员会担负调解民间纠纷工作的人员，包括人民调解委员会委员和人民调解委员会聘任的人员担任。

劳动争议案件数

指仲裁委员会立案处理的劳动争议案件总数。

城镇职工基本养老保险参保人数

指报告期末按照国家法律、法规和有关政策规定参加城镇职工基本养老保险并在社保经办机构已建立缴费记录档案的职工人数,包括中断缴费但未终止养老保险关系的职工和参加城镇职工基本养老保险的离休、退休和退职人员,不包括只登记未建立缴费记录档案的人数。

城乡居民基本养老保险参保人数

指报告期末,参加城乡居民养老保险（在经办机构参保登记并已建立缴费记录以及制度实施当年已经年满 60 周岁并在经办机构参保登记）的总人数（不包括已经办理注销登记手续的人数）。

职工基本医疗保险参保人数

指报告期末参加职工基本医疗保险（实施统账结合和单建统筹基金）的职工人数和退休人数的合计。

城乡居民基本医疗保险参保人数

指报告期末参加由医疗保障部门管理的城乡居民基本医疗保险的人数。

失业保险参保人数

指报告期末按照国家法律、法规和有关政策规定参加了失业保险的城镇企业、事业单位的职工及地方政府规定参加失业保险的其他人员的人数。

工伤保险参保人数

指报告期末依据国家有关规定参加工伤保险的职工人数和有雇工的个体工商户的雇工数。

Explanatory Notes on Main Statistical Indicators

Lawyers

according to the existing law of lawyers, 'lawyer' refers to a practitioner who has acquired a lawyer's practice certificate pursuant to law and provides legal services to the party.

Notarial Personnel

refers to people working for notary offices including: directors, deputy director, notaries, assistant notaries, and other people providing assistance.

People's Mediators

refer to workers on the people's mediation committees responsible for mediating in civil disputes and cases of slight infraction of the law. They include members of the people's mediation committees and personnel appointed by the people's mediation committees.

Number of Labour Dispute Cases Accepted

refers to the total number of labor dispute cases and handled by the Arbitration Commission.

Number of Participants of Basic Endowment Insurance for Urban Workers

refers to staff and workers participating in the basic endowment insurance for urban workers according to relevant regulations at the end of the reference period, who have already had payment records in social security management agencies, including those who have interrupt payment without terminating the insurance programme and and retirees who participate in the basic endowment insurance for urban workers. Those who have registered in the programme but with no payment records are not included.

Number of Participants of Basic Endowment Insurance for Urban and Rural Residents

refers to people participating in the basic endowment insurance for urban and rural residents who registered with the participation and established payment records, and who were 60 years old or above when the system was established and registered with the participation. Those who cancelled their registration are not included.

Number of Participants of Basic Medical Insurance for Workers

refers to the total number of workers and retirees who participate in the basic medical insurance for workers (implementation of unified accounts and separate establishment of pooled funds) at the end of the reference period.

Number of Participants of Basic Medical Insurance for Urban and Rural Residents

refers to the number of people participating in the basic medical insurance for urban and rural residents managed by the medical security department at the end of reference period.

Number of Participants of Unemployment Insurance

refers to the number of staff and workers in urban enterprises or institutions who have participated in the unemployment insurance according to relevant regulations, and other people who have participated according to local regulations at the end of the reference period.

Number of Participants of Work-related Injury Insurance

refers to staff and workers who have participated in the work-related injury insurance according to relevant regulations and employees who work as self-employed and have participated in the work-related injury insurance at the end of the reference period.

第二十五篇 各区基本情况

Chapter 25 Basic Statistics on Districts

25-1 各区主要经济指标(2022年)
Main Economic Indicators on Districts,2022

单位：亿元(100 million yuan)

地 区	Region	地 区 生产总值 Gross Domestic Product	第一产业 Primary Industry	第二产业 Secondary Industry	第三产业 Tertiary Industry
和平区	Heping District	690.65		18.88	671.78
河东区	Hedong District	449.92		37.30	412.62
河西区	Hexi District	1129.62		72.84	1056.78
南开区	Nankai District	725.66		93.22	632.45
河北区	Hebei District	382.42		154.20	228.22
红桥区	Hongqiao District	180.77		7.23	173.55
东丽区	Dongli District	687.49	4.20	318.20	365.09
西青区	Xiqing District	946.61	14.40	395.95	536.26
津南区	Jinnan District	553.69	4.86	235.56	313.27
北辰区	Beichen District	709.01	6.22	350.13	352.66
武清区	Wuqing District	890.44	48.73	341.88	499.84
宝坻区	Baodi District	444.12	47.07	166.10	230.95
滨海新区	Binhai New Area	6981.86	24.71	3385.93	3571.21
宁河区	Ninghe District	323.51	38.20	146.21	139.10
静海区	Jinghai District	476.53	29.94	231.98	214.61
蓟州区	Jizhou District	279.33	53.55	60.99	164.78

注：本表数据为2022年初步核算数据，表25-2至25-17同。
Note: Data in this table are season primary consequence in 2022. Same as table 25-2 to 25-17.

25-1续表1 *Continued*

地 区	Region	区级一般公共预算收入(亿元) General Public Budget Revenue at District Level (100 million yuan)	区级一般公共预算支出(亿元) General Public Budget Expenditure at District Level (100 million yuan)	规模以上工业企业总资产贡献率(%) Ratio of Total Assets to Industrial Output Value of Industrial Enterprises above Designated Size(%)	固定资产投资(不含农户)2022比2021年增长(%) Increase Rate in 2022 over 2021 of Investment in Fixed Assets (Non-agricultural)(%)
和平区	Heping District	33.97	53.96	1.3	15.9
河东区	Hedong District	33.11	59.00	4.1	0.6
河西区	Hexi District	50.57	86.88	5.4	8.5
南开区	Nankai District	33.94	53.11	7.8	-41.9
河北区	Hebei District	21.57	42.53	2.8	7.0
红桥区	Hongqiao District	15.96	38.03	5.9	2.2
东丽区	Dongli District	50.52	67.23	7.9	-3.0
西青区	Xiqing District	67.15	104.51	7.2	-11.8
津南区	Jinnan District	50.38	74.71	5.3	-35.2
北辰区	Beichen District	52.87	68.33	7.3	-5.4
武清区	Wuqing District	88.36	119.19	5.4	-10.2
宝坻区	Baodi District	30.19	44.47	4.4	-39.0
滨海新区	Binhai New Area	505.41	684.59	15.0	-3.2
宁河区	Ninghe District	14.54	33.98	5.2	-48.3
静海区	Jinghai District	37.93	73.38	4.1	-3.6
蓟州区	Jizhou District	20.54	83.24	3.2	-28.0

25-1续表2 *Continued*

地 区	Region	外贸出口总额（亿元）Total Value of Exports in Foreign Trade (100 million yuan)	2022比2021年增长(%) Increase Rate in 2022 over 2021(%)	实际使用外资金额（万美元）Actual Use of Foreign Capital (USD 10 000)	年末有效发明专利数（件）Year-end Patent in Force (item)
和平区	Heping District	89.92	-19.2	5590	708
河东区	Hedong District	31.58	6.1	200	1147
河西区	Hexi District	103.99	-5.1	299	1621
南开区	Nankai District	125.11	23.1	13762	10403
河北区	Hebei District	14.46	0.1	2128	1104
红桥区	Hongqiao District	19.71	-14.7	21	2360
东丽区	Dongli District	138.52	35.9	1615	2690
西青区	Xiqing District	173.48	-1.9	22292	3936
津南区	Jinnan District	87.77	1.3	2128	2914
北辰区	Beichen District	205.88	4.8	14515	3942
武清区	Wuqing District	230.03	9.5	18720	2041
宝坻区	Baodi District	35.75	-5.2	3377	589
滨海新区	Binhai New Area	2371.97	-4.6	504484	16715
宁河区	Ninghe District	44.37	-10.0	145	152
静海区	Jinghai District	127.02	-6.6	935	555
蓟州区	Jizhou District	4.04	4.6	2452	285

注：2022年外贸进出口总额为初步统计数据，表25-2至25-17同。
Note: Total value of imports and exports in foreign trade in 2022 are preliminary statistical data. Same as table 25-2 to 25-17.

25-2 和平区基本情况
Basic Statistics on Heping District

指标	Item	2021	2022
常住人口(万人)	Permanent Population(10 000 persons)	35.45	34.44
户籍户数(万户)	Registered Households(10 000 households)	16.04	16.41
户籍人口(万人)	Registered Population(10 000 persons)	46.39	47.26
男　性	Male	22.09	22.50
女　性	Female	24.30	24.76
年平均人口(万人)	Average Annual Population(10 000 persons)	45.65	46.83
城镇非私营单位从业人员(万人)	Employment Personnel in Urban Non-private Units(10 000 persons)	13.87	16.18
城镇非私营单位从业人员平均工资(元)	Average Remuneration of Employment Personnel in Urban Non-private Units(yuan)	133129	131536
地区生产总值(亿元)	Gross Domestic Product (100 million yuan)	682.88	690.65
第二产业	Secondary Industry	19.81	18.88
第三产业	Tertiary Industry	663.07	671.78
第三产业比重(%)	The Proportion of Tertiary Industry to GDP(%)	97.1	97.3
民营经济增加值(亿元)	Value Added of Private Economy (100 million yuan)	126.86	125.11
民营经济增加值比重(%)	The Proportion of Value Added of Private Economy to GDP(%)	18.6	18.1
区级一般公共预算收入(亿元)	General Public Budget Revenue at District Level(100 million yuan)	37.78	33.97
# 税收收入	Revenue from Taxes	32.26	29.50
区级一般公共预算支出(亿元)	General Public Budget Expenditure at District Level(100 million yuan)	52.47	53.96
# 教　育	Education	15.35	15.45
社会保障和就业	Social Security and Employment	15.69	12.23
卫生健康	Health and Wellness	3.83	3.97
规模以上工业企业	Industrial Enterprises above Designated Size		
单位数(个)	Number of Units(unit)	9	8
资产总计(亿元)	Total Assets(100 million yuan)	155.36	159.90
营业收入利润率(%)	Ratio of Profits to Business Revenue(%)	-1.1	1.5
每百元营业收入成本(元)	Costs on Business Revenue per 100 yuan(yuan)	93.39	92.80
资产负债率(%)	Ratio of Liabilities to Assets(%)	69.8	72.4
固定资产投资(不含农户)增速(%)	Increase Rate of Investment in Fixed Assets(Non-agricultural)(%)	16.0	15.9
建筑业总产值(亿元)	Gross Output Value of Construction(100 million yuan)	67.12	51.01
限额以上批发和零售业商品销售额(亿元)	Total Sales of Wholesale and Retail Trade above Designated Size (100 million yuan)	1122.44	1364.76
外贸进出口总额(亿元)	Total Value of Imports and Exports in Foreign Trade (100 million yuan)	213.62	175.55
# 出　口	Exports	111.35	89.92
实际使用外资金额(万美元)	Actual Use of Foreign Capital(USD 10 000)	2151	5590
实际利用内资(亿元)	Domestic Investment Actually Used(100 million yuan)	69.23	71.07
中资金融机构本外币存款余额(亿元)	RMB and Foreign Currencies Deposits of Chinese Financial Institutions(100 million yuan)	4735.13	4774.73
中资金融机构本外币贷款余额(亿元)	RMB and Foreign Currencies Loans of Chinese Financial Institutions(100 million yuan)	5056.22	4861.44
普通小学校数(所)	Number of Regular Primary Schools(unit)	20	18
普通小学在校学生数(万人)	Students Enrollment of Regular Primary Schools(10 000 persons)	4.00	4.15
普通中学校数(所)	Number of Regular Secondary Schools(unit)	18	18
普通中学在校学生数(万人)	Students Enrollment of Regular Secondary Schools(10 000 persons)	2.59	3.00
幼儿园数(所)	Number of Kindergartens(unit)	36	34
在园儿童数(万人)	Number of Children Enrolled in Kindergartens(10 000 persons)	0.69	0.71
卫生机构数(个)	Health Care Institutions(unit)	201	226
# 医　院	Hospitals	28	31
卫生机构床位数(张)	Beds in Health Care Institutions(unit)	4715	4858
# 医　院	Hospitals	4621	4768
每千人卫生机构床位数(张)	Beds in Health Care Institutions per 1 000 Persons(unit)	13.29	13.90
每千人执业(助理)医师数(人)	Number of Licensed (Assistant) Doctors per 1 000 Persons(person)	10.93	11.46
每千人注册护士数(人)	Number of Registered Nurses per 1 000 Persons(person)	11.34	11.89

注：2021年地区生产总值为最终核实数据，表25-3至25-17同。
Note: Gross domestic product in 2021 are final verified data. Same as table 25-3 to 25-17.

25-3 河东区基本情况

Basic Statistics on Hedong District

指　标	Item	2021	2022
常住人口(万人)	Permanent Population(10 000 persons)	84.89	83.96
户籍户数(万户)	Registered Households(10 000 households)	31.70	31.97
户籍人口(万人)	Registered Population(10 000 persons)	77.70	77.92
男　性	Male	38.43	38.49
女　性	Female	39.27	39.43
年平均人口(万人)	Average Annual Population(10 000 persons)	77.42	77.81
城镇非私营单位从业人员(万人)	Employment Personnel in Urban Non-private Units(10 000 persons)	11.07	9.71
城镇非私营单位从业人员平均工资(元)	Average Remuneration of Employment Personnel in Urban Non-private Units(yuan)	107107	119163
地区生产总值(亿元)	Gross Domestic Product(100 million yuan)	431.02	449.92
第二产业	Secondary Industry	30.92	37.30
第三产业	Tertiary Industry	400.10	412.62
第三产业比重(%)	The Proportion of Tertiary Industry to GDP(%)	92.8	91.7
民营经济增加值(亿元)	Value Added of Private Economy (100 million yuan)	152.61	153.45
民营经济增加值比重(%)	The Proportion of Value Added of Private Economy to GDP(%)	35.4	34.1
区级一般公共预算收入(亿元)	General Public Budget Revenue at District Level(100 million yuan)	33.91	33.11
# 税收收入	Revenue from Taxes	29.55	21.85
区级一般公共预算支出(亿元)	General Public Budget Expenditure at District Level(100 million yuan)	60.43	59.00
# 教　育	Education	16.46	16.22
社会保障和就业	Social Security and Employment	17.19	18.32
卫生健康	Health and Wellness	5.84	6.33
规模以上工业企业	Industrial Enterprises above Designated Size		
单位数(个)	Number of Units(unit)	15	15
资产总计(亿元)	Total Assets(100 million yuan)	111.06	115.87
营业收入利润率(%)	Ratio of Profits to Business Revenue(%)	6.6	5.9
每百元营业收入成本(元)	Costs on Business Revenue per 100 yuan(yuan)	88.22	89.86
资产负债率(%)	Ratio of Liabilities to Assets(%)	67.0	61.4
固定资产投资(不含农户)增速(%)	Increase Rate of Investment in Fixed Assets(Non-agricultural)(%)	31.2	0.6
建筑业总产值(亿元)	Gross Output Value of Construction(100 million yuan)	227.82	178.37
限额以上批发和零售业商品销售额(亿元)	Total Sales of Wholesale and Retail Trade above Designated Size (100 million yuan)	906.98	819.11
外贸进出口总额(亿元)	Total Value of Imports and Exports in Foreign Trade (100 million yuan)	42.88	43.20
# 出　口	Exports	29.75	31.58
实际使用外资金额(万美元)	Actual Use of Foreign Capital(USD 10 000)	2004	200
实际利用内资(亿元)	Domestic Investment Actually Used(100 million yuan)	67.77	70.14
中资金融机构本外币存款余额(亿元)	RMB and Foreign Currencies Deposits of Chinese Financial Institutions(100 million yuan)	1536.04	1812.53
中资金融机构本外币贷款余额(亿元)	RMB and Foreign Currencies Loans of Chinese Financial Institutions(100 million yuan)	1434.70	1598.33
普通小学校数(所)	Number of Regular Primary Schools(unit)	29	29
普通小学在校学生数(万人)	Students Enrollment of Regular Primary Schools(10 000 persons)	3.67	3.76
普通中学校数(所)	Number of Regular Secondary Schools(unit)	22	21
普通中学在校学生数(万人)	Students Enrollment of Regular Secondary Schools(10 000 persons)	2.27	2.53
幼儿园数(所)	Number of Kindergartens(unit)	90	97
在园儿童数(万人)	Number of Children Enrolled in Kindergartens(10 000 persons)	1.60	1.59
卫生机构数(个)	Health Care Institutions(unit)	232	240
# 医　院	Hospitals	46	44
卫生机构床位数(张)	Beds in Health Care Institutions(unit)	3446	3331
# 医　院	Hospitals	2784	2702
每千人卫生机构床位数(张)	Beds in Health Care Institutions per 1 000 Persons(unit)	4.03	3.95
每千人执业(助理)医师数(人)	Number of Licensed (Assistant) Doctors per 1 000 Persons(person)	4.01	4.07
每千人注册护士数(人)	Number of Registered Nurses per 1 000 Persons(person)	2.50	2.50

25-4 河西区基本情况
Basic Statistics on Hexi District

指标	Item	2021	2022
常住人口(万人)	Permanent Population(10 000 persons)	80.90	80.37
户籍户数(万户)	Registered Households(10 000 households)	33.65	34.53
户籍人口(万人)	Registered Population(10 000 persons)	93.29	95.23
男性	Male	45.03	45.93
女性	Female	48.26	49.30
年平均人口(万人)	Average Annual Population(10 000 persons)	92.11	94.26
城镇非私营单位从业人员(万人)	Employment Personnel in Urban Non-private Units(10 000 persons)	17.57	15.42
城镇非私营单位从业人员平均工资(元)	Average Remuneration of Employment Personnel in Urban Non-private Units(yuan)	135377	144261
地区生产总值(亿元)	Gross Domestic Product (100 million yuan)	1088.31	1129.62
第二产业	Secondary Industry	64.63	72.84
第三产业	Tertiary Industry	1023.68	1056.78
第三产业比重(%)	The Proportion of Tertiary Industry to GDP(%)	94.1	93.6
民营经济增加值(亿元)	Value Added of Private Economy (100 million yuan)	226.58	215.08
民营经济增加值比重(%)	The Proportion of Value Added of Private Economy to GDP(%)	20.8	19.0
区级一般公共预算收入(亿元)	General Public Budget Revenue at District Level(100 million yuan)	55.81	50.57
# 税收收入	Revenue from Taxes	48.81	41.67
区级一般公共预算支出(亿元)	General Public Budget Expenditure at District Level(100 million yuan)	79.39	86.88
# 教育	Education	19.01	19.02
社会保障和就业	Social Security and Employment	20.69	20.56
卫生健康	Health and Wellness	6.90	9.57
规模以上工业企业	Industrial Enterprises above Designated Size		
单位数(个)	Number of Units(unit)	27	26
资产总计(亿元)	Total Assets(100 million yuan)	124.25	136.41
营业收入利润率(%)	Ratio of Profits to Business Revenue(%)	6.4	12.9
每百元营业收入成本(元)	Costs on Business Revenue per 100 yuan(yuan)	79.61	78.31
资产负债率(%)	Ratio of Liabilities to Assets(%)	50.2	49.3
固定资产投资(不含农户)增速(%)	Increase Rate of Investment in Fixed Assets(Non-agricultural)(%)	19.1	8.5
建筑业总产值(亿元)	Gross Output Value of Construction(100 million yuan)	198.82	207.12
限额以上批发和零售业商品销售额(亿元)	Total Sales of Wholesale and Retail Trade above Designated Size (100 million yuan)	1684.99	1597.62
外贸进出口总额(亿元)	Total Value of Imports and Exports in Foreign Trade (100 million yuan)	167.31	147.17
# 出口	Exports	109.62	103.99
实际使用外资金额(万美元)	Actual Use of Foreign Capital(USD 10 000)	1145	299
实际利用内资(亿元)	Domestic Investment Actually Used(100 million yuan)	129.00	136.44
中资金融机构本外币存款余额(亿元)	RMB and Foreign Currencies Deposits of Chinese Financial Institutions(100 million yuan)	5109.08	6044.20
中资金融机构本外币贷款余额(亿元)	RMB and Foreign Currencies Loans of Chinese Financial Institutions(100 million yuan)	4591.26	4897.61
普通小学校数(所)	Number of Regular Primary Schools(unit)	39	41
普通小学在校学生数(万人)	Students Enrollment of Regular Primary Schools(10 000 persons)	6.10	6.80
普通中学校数(所)	Number of Regular Secondary Schools(unit)	24	26
普通中学在校学生数(万人)	Students Enrollment of Regular Secondary Schools(10 000 persons)	3.41	3.90
幼儿园数(所)	Number of Kindergartens(unit)	58	70
在园儿童数(万人)	Number of Children Enrolled in Kindergartens(10 000 persons)	1.70	1.80
卫生机构数(个)	Health Care Institutions(unit)	322	324
# 医院	Hospitals	49	50
卫生机构床位数(张)	Beds in Health Care Institutions(unit)	9101	9115
# 医院	Hospitals	8946	8964
每千人卫生机构床位数(张)	Beds in Health Care Institutions per 1 000 Persons(unit)	11.16	11.30
每千人执业(助理)医师数(人)	Number of Licensed (Assistant) Doctors per 1 000 Persons(person)	6.94	7.05
每千人注册护士数(人)	Number of Registered Nurses per 1 000 Persons(person)	7.40	7.45

25-5 南开区基本情况
Basic Statistics on Nankai District

指　　标	Item	2021	2022
常住人口(万人)	Permanent Population(10 000 persons)	87.73	86.43
户籍户数(万户)	Registered Households(10 000 households)	35.14	35.51
户籍人口(万人)	Registered Population(10 000 persons)	91.48	92.40
男　性	Male	44.65	45.05
女　性	Female	46.84	47.35
年平均人口(万人)	Average Annual Population(10 000 persons)	90.75	91.94
城镇非私营单位从业人员(万人)	Employment Personnel in Urban Non-private Units(10 000 persons)	21.06	18.45
城镇非私营单位从业人员平均工资(元)	Average Remuneration of Employment Personnel in Urban Non-private Units(yuan)	112883	117038
地区生产总值(亿元)	Gross Domestic Product (100 million yuan)	694.54	725.66
第二产业	Secondary Industry	77.67	93.22
第三产业	Tertiary Industry	616.87	632.45
第三产业比重(%)	The Proportion of Tertiary Industry to GDP(%)	88.8	87.2
民营经济增加值(亿元)	Value Added of Private Economy (100 million yuan)	275.70	282.11
民营经济增加值比重(%)	The Proportion of Value Added of Private Economy to GDP(%)	39.7	38.9
区级一般公共预算收入(亿元)	General Public Budget Revenue at District Level(100 million yuan)	39.65	33.94
# 税收收入	Revenue from Taxes	32.12	23.28
区级一般公共预算支出(亿元)	General Public Budget Expenditure at District Level(100 million yuan)	56.79	53.11
# 教　育	Education	16.03	16.20
社会保障和就业	Social Security and Employment	13.88	11.90
卫生健康	Health and Wellness	6.12	5.13
规模以上工业企业	Industrial Enterprises above Designated Size		
单位数(个)	Number of Units(unit)	52	46
资产总计(亿元)	Total Assets(100 million yuan)	423.22	484.97
营业收入利润率(%)	Ratio of Profits to Business Revenue(%)	9.4	11.0
每百元营业收入成本(元)	Costs on Business Revenue per 100 yuan(yuan)	80.86	76.91
资产负债率(%)	Ratio of Liabilities to Assets(%)	46.1	49.7
固定资产投资(不含农户)增速(%)	Increase Rate of Investment in Fixed Assets(Non-agricultural)(%)	9.2	-41.9
建筑业总产值(亿元)	Gross Output Value of Construction(100 million yuan)	121.54	95.16
限额以上批发和零售业商品销售额(亿元)	Total Sales of Wholesale and Retail Trade above Designated Size (100 million yuan)	936.94	1089.64
外贸进出口总额(亿元)	Total Value of Imports and Exports in Foreign Trade (100 million yuan)	124.54	156.80
# 出　口	Exports	101.60	125.11
实际使用外资金额(万美元)	Actual Use of Foreign Capital(USD 10 000)	4550	13762
实际利用内资(亿元)	Domestic Investment Actually Used(100 million yuan)	81.87	121.21
中资金融机构本外币存款余额(亿元)	RMB and Foreign Currencies Deposits of Chinese Financial Institutions(100 million yuan)	3090.27	4038.02
中资金融机构本外币贷款余额(亿元)	RMB and Foreign Currencies Loans of Chinese Financial Institutions(100 million yuan)	2505.17	2599.34
普通小学校数(所)	Number of Regular Primary Schools(unit)	31	30
普通小学在校学生数(万人)	Students Enrollment of Regular Primary Schools(10 000 persons)	6.17	6.20
普通中学校数(所)	Number of Regular Secondary Schools(unit)	22	21
普通中学在校学生数(万人)	Students Enrollment of Regular Secondary Schools(10 000 persons)	3.53	3.85
幼儿园数(所)	Number of Kindergartens(unit)	95	103
在园儿童数(万人)	Number of Children Enrolled in Kindergartens(10 000 persons)	1.68	1.71
卫生机构数(个)	Health Care Institutions(unit)	342	342
# 医　院	Hospitals	54	53
卫生机构床位数(张)	Beds in Health Care Institutions(unit)	9174	9227
# 医　院	Hospitals	8807	8870
每千人卫生机构床位数(张)	Beds in Health Care Institutions per 1 000 Persons(unit)	10.38	10.60
每千人执业(助理)医师数(人)	Number of Licensed (Assistant) Doctors per 1 000 Persons(person)	7.62	7.94
每千人注册护士数(人)	Number of Registered Nurses per 1 000 Persons(person)	7.26	7.56

25-6 河北区基本情况
Basic Statistics on Hebei District

指　　标	Item	2021	2022
常住人口(万人)	Permanent Population(10 000 persons)	63.98	62.94
户籍户数(万户)	Registered Households(10 000 households)	25.87	25.92
户籍人口(万人)	Registered Population(10 000 persons)	64.51	64.04
男　性	Male	31.88	31.61
女　性	Female	32.63	32.43
年平均人口(万人)	Average Annual Population(10 000 persons)	64.36	64.28
城镇非私营单位从业人员(万人)	Employment Personnel in Urban Non-private Units(10 000 persons)	5.80	5.49
城镇非私营单位从业人员平均工资(元)	Average Remuneration of Employment Personnel in Urban Non-private Units(yuan)	146652	156778
地区生产总值(亿元)	Gross Domestic Product (100 million yuan)	366.38	382.42
第二产业	Secondary Industry	138.76	154.20
第三产业	Tertiary Industry	227.61	228.22
第三产业比重(%)	The Proportion of Tertiary Industry to GDP(%)	62.1	59.7
民营经济增加值(亿元)	Value Added of Private Economy (100 million yuan)	96.48	96.44
民营经济增加值比重(%)	The Proportion of Value Added of Private Economy to GDP(%)	26.3	25.2
区级一般公共预算收入(亿元)	General Public Budget Revenue at District Level(100 million yuan)	21.35	21.57
# 税收收入	Revenue from Taxes	18.76	18.26
区级一般公共预算支出(亿元)	General Public Budget Expenditure at District Level(100 million yuan)	42.91	42.53
# 教　育	Education	14.24	14.03
社会保障和就业	Social Security and Employment	10.62	9.43
卫生健康	Health and Wellness	4.76	5.69
规模以上工业企业	Industrial Enterprises above Designated Size		
单位数(个)	Number of Units(unit)	15	13
资产总计(亿元)	Total Assets(100 million yuan)	847.64	858.72
营业收入利润率(%)	Ratio of Profits to Business Revenue(%)	1.8	1.1
每百元营业收入成本(元)	Costs on Business Revenue per 100 yuan(yuan)	96.24	96.74
资产负债率(%)	Ratio of Liabilities to Assets(%)	53.8	46.1
固定资产投资(不含农户)增速(%)	Increase Rate of Investment in Fixed Assets(Non-agricultural)(%)	9.1	7.0
建筑业总产值(亿元)	Gross Output Value of Construction(100 million yuan)	119.29	112.47
限额以上批发和零售业商品销售额(亿元)	Total Sales of Wholesale and Retail Trade above Designated Size (100 million yuan)	741.31	532.01
外贸进出口总额(亿元)	Total Value of Imports and Exports in Foreign Trade (100 million yuan)	23.70	22.94
# 出　口	Exports	14.45	14.46
实际使用外资金额(万美元)	Actual Use of Foreign Capital(USD 10 000)	373	2128
实际利用内资(亿元)	Domestic Investment Actually Used(100 million yuan)	93.30	101.87
中资金融机构本外币存款余额(亿元)	RMB and Foreign Currencies Deposits of Chinese Financial Institutions(100 million yuan)	1275.55	1576.88
中资金融机构本外币贷款余额(亿元)	RMB and Foreign Currencies Loans of Chinese Financial Institutions(100 million yuan)	840.22	891.21
普通小学校数(所)	Number of Regular Primary Schools(unit)	27	26
普通小学在校学生数(万人)	Students Enrollment of Regular Primary Schools(10 000 persons)	3.16	3.19
普通中学校数(所)	Number of Regular Secondary Schools(unit)	18	18
普通中学在校学生数(万人)	Students Enrollment of Regular Secondary Schools(10 000 persons)	2.07	2.28
幼儿园数(所)	Number of Kindergartens(unit)	47	48
在园儿童数(万人)	Number of Children Enrolled in Kindergartens(10 000 persons)	1.05	1.04
卫生机构数(个)	Health Care Institutions(unit)	208	234
# 医　院	Hospitals	31	32
卫生机构床位数(张)	Beds in Health Care Institutions(unit)	3980	4020
# 医　院	Hospitals	3831	3893
每千人卫生机构床位数(张)	Beds in Health Care Institutions per 1 000 Persons(unit)	6.19	6.33
每千人执业(助理)医师数(人)	Number of Licensed (Assistant) Doctors per 1 000 Persons(person)	4.99	5.22
每千人注册护士数(人)	Number of Registered Nurses per 1 000 Persons(person)	4.16	4.48

25-7 红桥区基本情况
Basic Statistics on Hongqiao District

指　　标	Item	2021	2022
常住人口(万人)	Permanent Population(10 000 persons)	42.90	42.88
户籍户数(万户)	Registered Households(10 000 households)	21.16	21.18
户籍人口(万人)	Registered Population(10 000 persons)	50.86	50.45
男　性	Male	25.06	24.84
女　性	Female	25.79	25.61
年平均人口(万人)	Average Annual Population(10 000 persons)	50.90	50.66
城镇非私营单位从业人员(万人)	Employment Personnel in Urban Non-private Units(10 000 persons)	3.65	3.13
城镇非私营单位从业人员平均工资(元)	Average Remuneration of Employment Personnel in Urban Non-private Units(yuan)	133383	149527
地区生产总值(亿元)	Gross Domestic Product (100 million yuan)	176.93	180.77
第二产业	Secondary Industry	7.96	7.23
第三产业	Tertiary Industry	168.98	173.55
第三产业比重(%)	The Proportion of Tertiary Industry to GDP(%)	95.5	96.0
民营经济增加值(亿元)	Value Added of Private Economy (100 million yuan)	69.68	70.08
民营经济增加值比重(%)	The Proportion of Value Added of Private Economy to GDP(%)	39.4	38.8
区级一般公共预算收入(亿元)	General Public Budget Revenue at District Level(100 million yuan)	19.23	15.96
# 税收收入	Revenue from Taxes	11.48	11.11
区级一般公共预算支出(亿元)	General Public Budget Expenditure at District Level(100 million yuan)	41.94	38.03
# 教　育	Education	13.14	12.28
社会保障和就业	Social Security and Employment	8.50	8.14
卫生健康	Health and Wellness	4.26	3.71
规模以上工业企业	Industrial Enterprises above Designated Size		
单位数(个)	Number of Units(unit)	7	6
资产总计(亿元)	Total Assets(100 million yuan)	15.05	11.15
营业收入利润率(%)	Ratio of Profits to Business Revenue(%)	15.8	4.4
每百元营业收入成本(元)	Costs on Business Revenue per 100 yuan(yuan)	61.09	64.98
资产负债率(%)	Ratio of Liabilities to Assets(%)	34.0	27.0
固定资产投资(不含农户)增速(%)	Increase Rate of Investment in Fixed Assets(Non-agricultural)(%)	31.6	2.2
建筑业总产值(亿元)	Gross Output Value of Construction(100 million yuan)	35.69	28.35
限额以上批发和零售业商品销售额(亿元)	Total Sales of Wholesale and Retail Trade above Designated Size (100 million yuan)	272.81	202.88
外贸进出口总额(亿元)	Total Value of Imports and Exports in Foreign Trade (100 million yuan)	30.92	27.82
# 出　口	Exports	23.11	19.71
实际使用外资金额(万美元)	Actual Use of Foreign Capital(USD 10 000)	34	21
实际利用内资(亿元)	Domestic Investment Actually Used(100 million yuan)	46.45	49.47
中资金融机构本外币存款余额(亿元)	RMB and Foreign Currencies Deposits of Chinese Financial Institutions(100 million yuan)	786.66	907.75
中资金融机构本外币贷款余额(亿元)	RMB and Foreign Currencies Loans of Chinese Financial Institutions(100 million yuan)	1034.64	1091.30
普通小学校数(所)	Number of Regular Primary Schools(unit)	17	16
普通小学在校学生数(万人)	Students Enrollment of Regular Primary Schools(10 000 persons)	1.72	1.69
普通中学校数(所)	Number of Regular Secondary Schools(unit)	14	14
普通中学在校学生数(万人)	Students Enrollment of Regular Secondary Schools(10 000 persons)	1.41	1.54
幼儿园数(所)	Number of Kindergartens(unit)	33	34
在园儿童数(万人)	Number of Children Enrolled in Kindergartens(10 000 persons)	0.67	0.70
卫生机构数(个)	Health Care Institutions(unit)	131	132
# 医　院	Hospitals	17	17
卫生机构床位数(张)	Beds in Health Care Institutions(unit)	3962	3602
# 医　院	Hospitals	3642	3302
每千人卫生机构床位数(张)	Beds in Health Care Institutions per 1 000 Persons(unit)	8.69	8.40
每千人执业(助理)医师数(人)	Number of Licensed (Assistant) Doctors per 1 000 Persons(person)	4.76	5.20
每千人注册护士数(人)	Number of Registered Nurses per 1 000 Persons(person)	4.60	5.06

25-8 东丽区基本情况
Basic Statistics on Dongli District

指 标	Item	2021	2022
常住人口(万人)	Permanent Population(10 000 persons)	84.66	83.89
户籍户数(万户)	Registered Households(10 000 households)	17.81	18.21
户籍人口(万人)	Registered Population(10 000 persons)	45.32	45.75
男 性	Male	22.43	22.62
女 性	Female	22.89	23.12
年平均人口(万人)	Average Annual Population(10 000 persons)	44.57	45.54
城镇非私营单位从业人员(万人)	Employment Personnel in Urban Non-private Units(10 000 persons)	11.42	11.22
城镇非私营单位从业人员平均工资(元)	Average Remuneration of Employment Personnel in Urban Non-private Units(yuan)	111108	115942
地区生产总值(亿元)	Gross Domestic Product (100 million yuan)	664.71	687.49
第一产业	Primary Industry	4.60	4.20
第二产业	Secondary Industry	300.91	318.20
第三产业	Tertiary Industry	359.20	365.09
第三产业比重(%)	The Proportion of Tertiary Industry to GDP(%)	54.0	53.1
民营经济增加值(亿元)	Value Added of Private Economy (100 million yuan)	262.58	262.63
民营经济增加值比重(%)	The Proportion of Value Added of Private Economy to GDP(%)	39.5	38.2
区级一般公共预算收入(亿元)	General Public Budget Revenue at District Level(100 million yuan)	58.57	50.52
# 税收收入	Revenue from Taxes	41.80	35.60
区级一般公共预算支出(亿元)	General Public Budget Expenditure at District Level(100 million yuan)	79.04	67.23
# 教 育	Education	13.69	13.80
社会保障和就业	Social Security and Employment	13.11	13.56
卫生健康	Health and Wellness	6.16	5.82
规模以上工业企业	Industrial Enterprises above Designated Size		
单位数(个)	Number of Units(unit)	210	195
资产总计(亿元)	Total Assets(100 million yuan)	1202.83	1269.27
营业收入利润率(%)	Ratio of Profits to Business Revenue(%)	2.5	2.1
每百元营业收入成本(元)	Costs on Business Revenue per 100 yuan(yuan)	86.21	85.58
资产负债率(%)	Ratio of Liabilities to Assets(%)	64.3	65.3
固定资产投资(不含农户)增速(%)	Increase Rate of Investment in Fixed Assets(Non-agricultural)(%)	7.6	-3.0
建筑业总产值(亿元)	Gross Output Value of Construction(100 million yuan)	123.48	130.61
限额以上批发和零售业商品销售额(亿元)	Total Sales of Wholesale and Retail Trade above Designated Size (100 million yuan)	1745.46	1759.00
外贸进出口总额(亿元)	Total Value of Imports and Exports in Foreign Trade (100 million yuan)	277.92	232.37
# 出 口	Exports	143.66	138.52
实际使用外资金额(万美元)	Actual Use of Foreign Capital(USD 10 000)	3909	1615
实际利用内资(亿元)	Domestic Investment Actually Used(100 million yuan)	189.25	200.51
中资金融机构本外币存款余额(亿元)	RMB and Foreign Currencies Deposits of Chinese Financial Institutions(100 million yuan)	893.03	986.60
中资金融机构本外币贷款余额(亿元)	RMB and Foreign Currencies Loans of Chinese Financial Institutions(100 million yuan)	951.89	1039.73
普通小学校数(所)	Number of Regular Primary Schools(unit)	36	34
普通小学在校学生数(万人)	Students Enrollment of Regular Primary Schools(10 000 persons)	2.88	2.91
普通中学校数(所)	Number of Regular Secondary Schools(unit)	21	21
普通中学在校学生数(万人)	Students Enrollment of Regular Secondary Schools(10 000 persons)	1.84	1.81
幼儿园数(所)	Number of Kindergartens(unit)	184	100
在园儿童数(万人)	Number of Children Enrolled in Kindergartens(10 000 persons)	2.13	1.75
卫生机构数(个)	Health Care Institutions(unit)	276	292
# 医 院	Hospitals	14	16
卫生机构床位数(张)	Beds in Health Care Institutions(unit)	1782	1861
# 医 院	Hospitals	1741	1826
每千人卫生机构床位数(张)	Beds in Health Care Institutions per 1 000 Persons(unit)	2.09	2.21
每千人执业(助理)医师数(人)	Number of Licensed (Assistant) Doctors per 1 000 Persons(person)	1.79	1.91
每千人注册护士数(人)	Number of Registered Nurses per 1 000 Persons(person)	1.32	1.49

25-9 西青区基本情况
Basic Statistics on Xiqing District

指　　标	Item	2021	2022
常住人口(万人)	Permanent Population(10 000 persons)	118.88	118.62
户籍户数(万户)	Registered Households(10 000 households)	17.58	18.08
户籍人口(万人)	Registered Population(10 000 persons)	47.76	48.43
男　性	Male	23.50	23.80
女　性	Female	24.26	24.62
年平均人口(万人)	Average Annual Population(10 000 persons)	47.18	48.10
城镇非私营单位从业人员(万人)	Employment Personnel in Urban Non-private Units(10 000 persons)	17.09	15.89
城镇非私营单位从业人员平均工资(元)	Average Remuneration of Employment Personnel in Urban Non-private Units(yuan)	118436	118928
地区生产总值(亿元)	Gross Domestic Product (100 million yuan)	927.03	946.61
第一产业	Primary Industry	12.86	14.40
第二产业	Secondary Industry	369.03	395.95
第三产业	Tertiary Industry	545.13	536.26
第三产业比重(%)	The Proportion of Tertiary Industry to GDP(%)	58.8	56.7
民营经济增加值(亿元)	Value Added of Private Economy (100 million yuan)	456.40	456.66
民营经济增加值比重(%)	The Proportion of Value Added of Private Economy to GDP(%)	49.2	48.2
区级一般公共预算收入(亿元)	General Public Budget Revenue at District Level(100 million yuan)	69.41	67.15
# 税收收入	Revenue from Taxes	53.92	45.32
区级一般公共预算支出(亿元)	General Public Budget Expenditure at District Level(100 million yuan)	103.61	104.51
# 教　育	Education	19.44	19.38
社会保障和就业	Social Security and Employment	12.27	12.34
卫生健康	Health and Wellness	9.06	10.62
规模以上工业企业	Industrial Enterprises above Designated Size		
单位数(个)	Number of Units(unit)	619	636
资产总计(亿元)	Total Assets(100 million yuan)	1613.97	1818.23
营业收入利润率(%)	Ratio of Profits to Business Revenue(%)	4.8	5.5
每百元营业收入成本(元)	Costs on Business Revenue per 100 yuan(yuan)	86.33	85.09
资产负债率(%)	Ratio of Liabilities to Assets(%)	47.0	49.1
固定资产投资(不含农户)增速(%)	Increase Rate of Investment in Fixed Assets(Non-agricultural)(%)	0.3	-11.8
建筑业总产值(亿元)	Gross Output Value of Construction(100 million yuan)	163.40	142.36
限额以上批发和零售业商品销售额(亿元)	Total Sales of Wholesale and Retail Trade above Designated Size (100 million yuan)	841.80	823.37
外贸进出口总额(亿元)	Total Value of Imports and Exports in Foreign Trade (100 million yuan)	331.66	323.08
# 出　口	Exports	176.87	173.48
实际使用外资金额(万美元)	Actual Use of Foreign Capital(USD 10 000)	24769	22292
实际利用内资(亿元)	Domestic Investment Actually Used(100 million yuan)	220.31	225.37
中资金融机构本外币存款余额(亿元)	RMB and Foreign Currencies Deposits of Chinese Financial Institutions(100 million yuan)	1216.95	1386.06
中资金融机构本外币贷款余额(亿元)	RMB and Foreign Currencies Loans of Chinese Financial Institutions(100 million yuan)	904.44	997.76
普通小学校数(所)	Number of Regular Primary Schools(unit)	39	38
普通小学在校学生数(万人)	Students Enrollment of Regular Primary Schools(10 000 persons)	3.55	3.60
普通中学校数(所)	Number of Regular Secondary Schools(unit)	19	20
普通中学在校学生数(万人)	Students Enrollment of Regular Secondary Schools(10 000 persons)	1.97	2.20
幼儿园数(所)	Number of Kindergartens(unit)	165	158
在园儿童数(万人)	Number of Children Enrolled in Kindergartens(10 000 persons)	2.37	2.35
卫生机构数(个)	Health Care Institutions(unit)	320	333
# 医　院	Hospitals	26	25
卫生机构床位数(张)	Beds in Health Care Institutions(unit)	2671	2894
# 医　院	Hospitals	2601	2784
每千人卫生机构床位数(张)	Beds in Health Care Institutions per 1 000 Persons(unit)	2.24	2.44
每千人执业(助理)医师数(人)	Number of Licensed (Assistant) Doctors per 1 000 Persons(person)	1.75	1.82
每千人注册护士数(人)	Number of Registered Nurses per 1 000 Persons(person)	1.50	1.56

25-10 津南区基本情况
Basic Statistics on Jinnan District

指 标	Item	2021	2022
常住人口(万人)	Permanent Population(10 000 persons)	92.71	92.43
户籍户数(万户)	Registered Households(10 000 households)	20.57	21.49
户籍人口(万人)	Registered Population(10 000 persons)	55.66	57.30
男 性	Male	27.73	28.55
女 性	Female	27.92	28.76
年平均人口(万人)	Average Annual Population(10 000 persons)	54.48	56.48
城镇非私营单位从业人员(万人)	Employment Personnel in Urban Non-private Units(10 000 persons)	7.18	7.19
城镇非私营单位从业人员平均工资(元)	Average Remuneration of Employment Personnel in Urban Non-private Units(yuan)	121665	128381
地区生产总值(亿元)	Gross Domestic Product (100 million yuan)	583.29	553.69
第一产业	Primary Industry	5.50	4.86
第二产业	Secondary Industry	235.61	235.56
第三产业	Tertiary Industry	342.17	313.27
第三产业比重(%)	The Proportion of Tertiary Industry to GDP(%)	58.7	56.6
民营经济增加值(亿元)	Value Added of Private Economy (100 million yuan)	343.58	328.75
民营经济增加值比重(%)	The Proportion of Value Added of Private Economy to GDP(%)	58.9	59.4
区级一般公共预算收入(亿元)	General Public Budget Revenue at District Level(100 million yuan)	61.53	50.38
# 税收收入	Revenue from Taxes	41.15	27.20
区级一般公共预算支出(亿元)	General Public Budget Expenditure at District Level(100 million yuan)	157.62	74.71
# 教 育	Education	27.33	17.25
社会保障和就业	Social Security and Employment	13.70	12.01
卫生健康	Health and Wellness	8.81	9.49
规模以上工业企业	Industrial Enterprises above Designated Size		
单位数(个)	Number of Units(unit)	482	501
资产总计(亿元)	Total Assets(100 million yuan)	691.84	781.61
营业收入利润率(%)	Ratio of Profits to Business Revenue(%)	3.7	3.2
每百元营业收入成本(元)	Costs on Business Revenue per 100 yuan(yuan)	90.41	90.60
资产负债率(%)	Ratio of Liabilities to Assets(%)	52.0	48.8
固定资产投资(不含农户)增速(%)	Increase Rate of Investment in Fixed Assets(Non-agricultural)(%)	5.2	-35.2
建筑业总产值(亿元)	Gross Output Value of Construction(100 million yuan)	624.85	653.28
限额以上批发和零售业商品销售额(亿元)	Total Sales of Wholesale and Retail Trade above Designated Size (100 million yuan)	1553.92	1331.51
外贸进出口总额(亿元)	Total Value of Imports and Exports in Foreign Trade (100 million yuan)	138.86	126.32
# 出 口	Exports	86.71	87.77
实际使用外资金额(万美元)	Actual Use of Foreign Capital(USD 10 000)	3310	2128
实际利用内资(亿元)	Domestic Investment Actually Used(100 million yuan)	239.56	149.32
中资金融机构本外币存款余额(亿元)	RMB and Foreign Currencies Deposits of Chinese Financial Institutions(100 million yuan)	881.51	1014.44
中资金融机构本外币贷款余额(亿元)	RMB and Foreign Currencies Loans of Chinese Financial Institutions(100 million yuan)	651.80	693.33
普通小学校数(所)	Number of Regular Primary Schools(unit)	33	33
普通小学在校学生数(万人)	Students Enrollment of Regular Primary Schools(10 000 persons)	3.92	4.55
普通中学校数(所)	Number of Regular Secondary Schools(unit)	18	20
普通中学在校学生数(万人)	Students Enrollment of Regular Secondary Schools(10 000 persons)	2.56	2.99
幼儿园数(所)	Number of Kindergartens(unit)	74	81
在园儿童数(万人)	Number of Children Enrolled in Kindergartens(10 000 persons)	2.07	2.26
卫生机构数(个)	Health Care Institutions(unit)	270	306
# 医 院	Hospitals	25	24
卫生机构床位数(张)	Beds in Health Care Institutions(unit)	4193	4182
# 医 院	Hospitals	4079	4062
每千人卫生机构床位数(张)	Beds in Health Care Institutions per 1 000 Persons(unit)	4.52	4.52
每千人执业(助理)医师数(人)	Number of Licensed (Assistant) Doctors per 1 000 Persons(person)	3.22	3.32
每千人注册护士数(人)	Number of Registered Nurses per 1 000 Persons(person)	3.65	3.86

25-11 北辰区基本情况
Basic Statistics on Beichen District

指　　标	Item	2021	2022
常住人口(万人)	Permanent Population(10 000 persons)	94.67	94.15
户籍户数(万户)	Registered Households(10 000 households)	18.59	19.04
户籍人口(万人)	Registered Population(10 000 persons)	46.87	47.62
男　性	Male	23.13	23.50
女　性	Female	23.74	24.12
年平均人口(万人)	Average Annual Population(10 000 persons)	46.12	47.25
城镇非私营单位从业人员(万人)	Employment Personnel in Urban Non-private Units(10 000 persons)	11.46	11.28
城镇非私营单位从业人员平均工资(元)	Average Remuneration of Employment Personnel in Urban Non-private Units(yuan)	116389	122648
地区生产总值(亿元)	Gross Domestic Product (100 million yuan)	695.77	709.01
第一产业	Primary Industry	6.19	6.22
第二产业	Secondary Industry	335.35	350.13
第三产业	Tertiary Industry	354.23	352.66
第三产业比重(%)	The Proportion of Tertiary Industry to GDP(%)	50.9	49.7
民营经济增加值(亿元)	Value Added of Private Economy (100 million yuan)	377.92	383.39
民营经济增加值比重(%)	The Proportion of Value Added of Private Economy to GDP(%)	54.3	54.1
区级一般公共预算收入(亿元)	General Public Budget Revenue at District Level(100 million yuan)	59.46	52.87
# 税收收入	Revenue from Taxes	41.84	33.13
区级一般公共预算支出(亿元)	General Public Budget Expenditure at District Level(100 million yuan)	83.90	68.33
# 教　育	Education	17.02	16.92
社会保障和就业	Social Security and Employment	9.89	9.19
卫生健康	Health and Wellness	7.74	6.17
规模以上工业企业	Industrial Enterprises above Designated Size		
单位数(个)	Number of Units(unit)	538	552
资产总计(亿元)	Total Assets(100 million yuan)	1330.02	1442.73
营业收入利润率(%)	Ratio of Profits to Business Revenue(%)	4.4	3.7
每百元营业收入成本(元)	Costs on Business Revenue per 100 yuan(yuan)	87.57	88.68
资产负债率(%)	Ratio of Liabilities to Assets(%)	48.5	49.1
固定资产投资(不含农户)增速(%)	Increase Rate of Investment in Fixed Assets(Non-agricultural)(%)	9.3	-5.4
建筑业总产值(亿元)	Gross Output Value of Construction(100 million yuan)	50.39	45.24
限额以上批发和零售业商品销售额(亿元)	Total Sales of Wholesale and Retail Trade above Designated Size (100 million yuan)	1780.93	1758.04
外贸进出口总额(亿元)	Total Value of Imports and Exports in Foreign Trade (100 million yuan)	251.72	264.85
# 出　口	Exports	196.38	205.88
实际使用外资金额(万美元)	Actual Use of Foreign Capital(USD 10 000)	8832	14515
实际利用内资(亿元)	Domestic Investment Actually Used(100 million yuan)	176.51	184.45
中资金融机构本外币存款余额(亿元)	RMB and Foreign Currencies Deposits of Chinese Financial Institutions(100 million yuan)	1101.98	1224.46
中资金融机构本外币贷款余额(亿元)	RMB and Foreign Currencies Loans of Chinese Financial Institutions(100 million yuan)	1016.13	1013.66
普通小学校数(所)	Number of Regular Primary Schools(unit)	50	50
普通小学在校学生数(万人)	Students Enrollment of Regular Primary Schools(10 000 persons)	3.53	3.61
普通中学校数(所)	Number of Regular Secondary Schools(unit)	21	22
普通中学在校学生数(万人)	Students Enrollment of Regular Secondary Schools(10 000 persons)	1.99	2.09
幼儿园数(所)	Number of Kindergartens(unit)	109	115
在园儿童数(万人)	Number of Children Enrolled in Kindergartens(10 000 persons)	1.99	2.05
卫生机构数(个)	Health Care Institutions(unit)	255	271
# 医　院	Hospitals	25	25
卫生机构床位数(张)	Beds in Health Care Institutions(unit)	4545	4337
# 医　院	Hospitals	4431	4251
每千人卫生机构床位数(张)	Beds in Health Care Institutions per 1 000 Persons(unit)	4.90	4.59
每千人执业(助理)医师数(人)	Number of Licensed (Assistant) Doctors per 1 000 Persons(person)	3.67	3.68
每千人注册护士数(人)	Number of Registered Nurses per 1 000 Persons(person)	3.52	3.66

25-12 武清区基本情况
Basic Statistics on Wuqing District

指 标	Item	2021	2022
常住人口(万人)	Permanent Population(10 000 persons)	113.84	113.94
户籍户数(万户)	Registered Households(10 000 households)	36.33	36.93
户籍人口(万人)	Registered Population(10 000 persons)	110.00	110.96
男 性	Male	54.21	54.68
女 性	Female	55.79	56.28
年平均人口(万人)	Average Annual Population(10 000 persons)	108.86	110.48
城镇非私营单位从业人员(万人)	Employment Personnel in Urban Non-private Units(10 000 persons)	20.86	18.42
城镇非私营单位从业人员平均工资(元)	Average Remuneration of Employment Personnel in Urban Non-private Units(yuan)	93615	102502
地区生产总值(亿元)	Gross Domestic Product (100 million yuan)	929.76	890.44
第一产业	Primary Industry	46.63	48.73
第二产业	Secondary Industry	333.71	341.88
第三产业	Tertiary Industry	549.42	499.84
第三产业比重(%)	The Proportion of Tertiary Industry to GDP(%)	59.1	56.1
民营经济增加值(亿元)	Value Added of Private Economy (100 million yuan)	566.56	549.64
民营经济增加值比重(%)	The Proportion of Value Added of Private Economy to GDP(%)	60.9	61.7
区级一般公共预算收入(亿元)	General Public Budget Revenue at District Level(100 million yuan)	95.33	88.36
# 税收收入	Revenue from Taxes	72.68	45.95
区级一般公共预算支出(亿元)	General Public Budget Expenditure at District Level(100 million yuan)	144.32	119.19
# 教 育	Education	31.24	31.12
社会保障和就业	Social Security and Employment	19.77	20.81
卫生健康	Health and Wellness	14.28	12.12
规模以上工业企业	Industrial Enterprises above Designated Size		
单位数(个)	Number of Units(unit)	744	747
资产总计(亿元)	Total Assets(100 million yuan)	1899.63	1977.44
营业收入利润率(%)	Ratio of Profits to Business Revenue(%)	4.2	1.7
每百元营业收入成本(元)	Costs on Business Revenue per 100 yuan(yuan)	84.05	86.54
资产负债率(%)	Ratio of Liabilities to Assets(%)	57.7	62.0
固定资产投资(不含农户)增速(%)	Increase Rate of Investment in Fixed Assets(Non-agricultural)(%)	9.5	-10.2
建筑业总产值(亿元)	Gross Output Value of Construction(100 million yuan)	254.46	218.70
限额以上批发和零售业商品销售额(亿元)	Total Sales of Wholesale and Retail Trade above Designated Size (100 million yuan)	2197.25	1951.78
外贸进出口总额(亿元)	Total Value of Imports and Exports in Foreign Trade (100 million yuan)	326.96	342.93
# 出 口	Exports	209.98	230.03
实际使用外资金额(万美元)	Actual Use of Foreign Capital(USD 10 000)	16008	18720
实际利用内资(亿元)	Domestic Investment Actually Used(100 million yuan)	254.42	260.85
中资金融机构本外币存款余额(亿元)	RMB and Foreign Currencies Deposits of Chinese Financial Institutions(100 million yuan)	1245.62	1425.80
中资金融机构本外币贷款余额(亿元)	RMB and Foreign Currencies Loans of Chinese Financial Institutions(100 million yuan)	925.14	997.28
普通小学校数(所)	Number of Regular Primary Schools(unit)	123	121
普通小学在校学生数(万人)	Students Enrollment of Regular Primary Schools(10 000 persons)	6.87	7.06
普通中学校数(所)	Number of Regular Secondary Schools(unit)	60	63
普通中学在校学生数(万人)	Students Enrollment of Regular Secondary Schools(10 000 persons)	6.25	6.50
幼儿园数(所)	Number of Kindergartens(unit)	332	321
在园儿童数(万人)	Number of Children Enrolled in Kindergartens(10 000 persons)	3.16	3.27
卫生机构数(个)	Health Care Institutions(unit)	794	835
# 医 院	Hospitals	16	16
卫生机构床位数(张)	Beds in Health Care Institutions(unit)	4116	3903
# 医 院	Hospitals	3164	2980
每千人卫生机构床位数(张)	Beds in Health Care Institutions per 1 000 Persons(unit)	3.60	3.43
每千人执业(助理)医师数(人)	Number of Licensed (Assistant) Doctors per 1 000 Persons(person)	2.40	2.49
每千人注册护士数(人)	Number of Registered Nurses per 1 000 Persons(person)	1.97	2.10

25-13 宝坻区基本情况
Basic Statistics on Baodi District

指 标	Item	2021	2022
常住人口(万人)	Permanent Population(10 000 persons)	71.71	71.06
户籍户数(万户)	Registered Households(10 000 households)	25.55	25.72
户籍人口(万人)	Registered Population(10 000 persons)	75.65	75.72
男 性	Male	37.83	37.85
女 性	Female	37.83	37.88
年平均人口(万人)	Average Annual Population(10 000 persons)	75.26	75.69
城镇非私营单位从业人员(万人)	Employment Personnel in Urban Non-private Units(10 000 persons)	5.91	5.84
城镇非私营单位从业人员平均工资(元)	Average Remuneration of Employment Personnel in Urban Non-private Units(yuan)	109388	111005
地区生产总值(亿元)	Gross Domestic Product (100 million yuan)	435.16	444.12
第一产业	Primary Industry	46.27	47.07
第二产业	Secondary Industry	166.78	166.10
第三产业	Tertiary Industry	222.11	230.95
第三产业比重(%)	The Proportion of Tertiary Industry to GDP(%)	51.0	52.0
民营经济增加值(亿元)	Value Added of Private Economy (100 million yuan)	289.55	292.74
民营经济增加值比重(%)	The Proportion of Value Added of Private Economy to GDP(%)	66.5	65.9
区级一般公共预算收入(亿元)	General Public Budget Revenue at District Level(100 million yuan)	31.74	30.19
# 税收收入	Revenue from Taxes	22.18	15.61
区级一般公共预算支出(亿元)	General Public Budget Expenditure at District Level(100 million yuan)	90.60	44.47
# 教 育	Education	23.67	23.79
社会保障和就业	Social Security and Employment	15.06	0.30
卫生健康	Health and Wellness	8.35	0.89
规模以上工业企业	Industrial Enterprises above Designated Size		
单位数(个)	Number of Units(unit)	331	365
资产总计(亿元)	Total Assets(100 million yuan)	601.76	675.47
营业收入利润率(%)	Ratio of Profits to Business Revenue(%)	3.4	2.5
每百元营业收入成本(元)	Costs on Business Revenue per 100 yuan(yuan)	86.88	89.29
资产负债率(%)	Ratio of Liabilities to Assets(%)	63.4	66.2
固定资产投资(不含农户)增速(%)	Increase Rate of Investment in Fixed Assets(Non-agricultural)(%)	0.9	-39.0
建筑业总产值(亿元)	Gross Output Value of Construction(100 million yuan)	75.30	83.56
限额以上批发和零售业商品销售额(亿元)	Total Sales of Wholesale and Retail Trade above Designated Size (100 million yuan)	485.08	650.66
外贸进出口总额(亿元)	Total Value of Imports and Exports in Foreign Trade (100 million yuan)	45.69	40.78
# 出 口	Exports	37.73	35.75
实际使用外资金额(万美元)	Actual Use of Foreign Capital(USD 10 000)	1912	3377
实际利用内资(亿元)	Domestic Investment Actually Used(100 million yuan)	167.83	91.54
中资金融机构本外币存款余额(亿元)	RMB and Foreign Currencies Deposits of Chinese Financial Institutions(100 million yuan)	619.58	705.05
中资金融机构本外币贷款余额(亿元)	RMB and Foreign Currencies Loans of Chinese Financial Institutions(100 million yuan)	674.59	729.80
普通小学校数(所)	Number of Regular Primary Schools(unit)	84	84
普通小学在校学生数(万人)	Students Enrollment of Regular Primary Schools(10 000 persons)	3.91	3.88
普通中学校数(所)	Number of Regular Secondary Schools(unit)	46	47
普通中学在校学生数(万人)	Students Enrollment of Regular Secondary Schools(10 000 persons)	3.96	4.07
幼儿园数(所)	Number of Kindergartens(unit)	170	156
在园儿童数(万人)	Number of Children Enrolled in Kindergartens(10 000 persons)	2.01	2.11
卫生机构数(个)	Health Care Institutions(unit)	425	414
# 医 院	Hospitals	12	12
卫生机构床位数(张)	Beds in Health Care Institutions(unit)	2668	2635
# 医 院	Hospitals	1511	1490
每千人卫生机构床位数(张)	Beds in Health Care Institutions per 1 000 Persons(unit)	3.71	3.69
每千人执业(助理)医师数(人)	Number of Licensed (Assistant) Doctors per 1 000 Persons(person)	2.28	2.33
每千人注册护士数(人)	Number of Registered Nurses per 1 000 Persons(person)	1.96	2.09

25-14 滨海新区基本情况
Basic Statistics on Binhai New Area

指 标	Item	2021	2022
常住人口(万人)	Permanent Population(10 000 persons)	204.57	202.38
户籍户数(万户)	Registered Households(10 000 households)	57.60	59.04
户籍人口(万人)	Registered Population(10 000 persons)	153.85	156.31
男 性	Male	78.26	79.39
女 性	Female	75.59	76.92
年平均人口(万人)	Average Annual Population(10 000 persons)	151.77	155.08
城镇非私营单位从业人员(万人)	Employment Personnel in Urban Non-private Units(10 000 persons)	91.22	87.31
城镇非私营单位从业人员平均工资(元)	Average Remuneration of Employment Personnel in Urban Non-private Units(yuan)	136563	143605
地区生产总值(亿元)	Gross Domestic Product (100 million yuan)	6626.64	6981.86
第一产业	Primary Industry	28.37	24.71
第二产业	Secondary Industry	3130.00	3385.93
第三产业	Tertiary Industry	3468.27	3571.21
第三产业比重(%)	The Proportion of Tertiary Industry to GDP(%)	52.3	51.1
民营经济增加值(亿元)	Value Added of Private Economy (100 million yuan)	1851.29	1911.39
民营经济增加值比重(%)	The Proportion of Value Added of Private Economy to GDP(%)	27.9	27.4
区级一般公共预算收入(亿元)	General Public Budget Revenue at District Level(100 million yuan)	572.41	505.41
# 税收收入	Revenue from Taxes	505.68	420.57
区级一般公共预算支出(亿元)	General Public Budget Expenditure at District Level(100 million yuan)	807.91	684.59
# 教 育	Education	83.03	82.62
社会保障和就业	Social Security and Employment	26.96	29.86
卫生健康	Health and Wellness	25.43	28.58
规模以上工业企业	Industrial Enterprises above Designated Size		
单位数(个)	Number of Units(unit)	1350	1392
资产总计(亿元)	Total Assets(100 million yuan)	12448.75	13919.49
营业收入利润率(%)	Ratio of Profits to Business Revenue(%)	9.8	11.1
每百元营业收入成本(元)	Costs on Business Revenue per 100 yuan(yuan)	81.64	80.51
资产负债率(%)	Ratio of Liabilities to Assets(%)	52.6	51.8
固定资产投资(不含农户)增速(%)	Increase Rate of Investment in Fixed Assets(Non-agricultural)(%)	7.2	-3.2
建筑业总产值(亿元)	Gross Output Value of Construction(100 million yuan)	2458.71	2674.35
限额以上批发和零售业商品销售额(亿元)	Total Sales of Wholesale and Retail Trade above Designated Size (100 million yuan)	26775.01	28998.91
外贸进出口总额(亿元)	Total Value of Imports and Exports in Foreign Trade (100 million yuan)	6339.11	6300.84
# 出 口	Exports	2445.29	2371.97
实际使用外资金额(亿美元)	Actual Use of Foreign Capital(USD 100 million)	43.24	50.45
实际利用内资(亿元)	Domestic Investment Actually Used(100 million yuan)	1419.30	1790.59
中资金融机构本外币存款余额(亿元)	RMB and Foreign Currencies Deposits of Chinese Financial Institutions(100 million yuan)	7268.50	8085.06
中资金融机构本外币贷款余额(亿元)	RMB and Foreign Currencies Loans of Chinese Financial Institutions(100 million yuan)	13206.28	13445.45
普通小学校数(所)	Number of Regular Primary Schools(unit)	98	97
普通小学在校学生数(万人)	Students Enrollment of Regular Primary Schools(10 000 persons)	12.36	12.88
普通中学校数(所)	Number of Regular Secondary Schools(unit)	95	94
普通中学在校学生数(万人)	Students Enrollment of Regular Secondary Schools(10 000 persons)	7.76	8.46
幼儿园数(所)	Number of Kindergartens(unit)	273	284
在园儿童数(万人)	Number of Children Enrolled in Kindergartens(10 000 persons)	5.13	5.38
卫生机构数(个)	Health Care Institutions Hospitals(unit)	739	764
# 医 院	Hospitals	55	53
卫生机构床位数(张)	Beds in Health Care Institutions(unit)	8880	8933
# 医 院	Hospitals	8581	8555
每千人卫生机构床位数(张)	Beds in Health Care Institutions per 1 000 Persons(unit)	4.32	4.39
每千人执业(助理)医师数(人)	Number of Licensed (Assistant) Doctors per 1 000 Persons(person)	3.62	3.61
每千人注册护士数(人)	Number of Registered Nurses per 1 000 Persons(person)	3.41	3.51

25-15 宁河区基本情况

Basic Statistics on Ninghe District

指 标	Item	2021	2022
常住人口(万人)	Permanent Population(10 000 persons)	38.96	38.72
户籍户数(万户)	Registered Households(10 000 households)	15.22	15.27
户籍人口(万人)	Registered Population(10 000 persons)	41.20	41.07
男 性	Male	20.67	20.60
女 性	Female	20.53	20.47
年平均人口(万人)	Average Annual Population(10 000 persons)	41.13	41.14
城镇非私营单位从业人员(万人)	Employment Personnel in Urban Non-private Units(10 000 persons)	4.36	4.48
城镇非私营单位从业人员平均工资(元)	Average Remuneration of Employment Personnel in Urban Non-private Units(yuan)	100796	96713
地区生产总值(亿元)	Gross Domestic Product (100 million yuan)	337.55	323.51
第一产业	Primary Industry	37.92	38.20
第二产业	Secondary Industry	154.00	146.21
第三产业	Tertiary Industry	145.63	139.10
第三产业比重(%)	The Proportion of Tertiary Industry to GDP(%)	43.1	43.0
民营经济增加值(亿元)	Value Added of Private Economy (100 million yuan)	215.35	209.27
民营经济增加值比重(%)	The Proportion of Value Added of Private Economy to GDP(%)	63.8	64.7
区级一般公共预算收入(亿元)	General Public Budget Revenue at District Level(100 million yuan)	23.06	14.54
# 税收收入	Revenue from Taxes	18.04	9.17
区级一般公共预算支出(亿元)	General Public Budget Expenditure at District Level(100 million yuan)	54.78	33.98
# 教 育	Education	13.32	11.92
社会保障和就业	Social Security and Employment	9.72	1.93
卫生健康	Health and Wellness	5.44	2.59
规模以上工业企业	Industrial Enterprises above Designated Size		
单位数(个)	Number of Units(unit)	203	206
资产总计(亿元)	Total Assets(100 million yuan)	506.47	485.96
营业收入利润率(%)	Ratio of Profits to Business Revenue(%)	5.5	1.2
每百元营业收入成本(元)	Costs on Business Revenue per 100 yuan(yuan)	89.32	93.96
资产负债率(%)	Ratio of Liabilities to Assets(%)	66.3	63.8
固定资产投资(不含农户)增速(%)	Increase Rate of Investment in Fixed Assets(Non-agricultural)(%)	0.1	-48.3
建筑业总产值(亿元)	Gross Output Value of Construction(100 million yuan)	31.38	28.82
限额以上批发和零售业商品销售额(亿元)	Total Sales of Wholesale and Retail Trade above Designated Size (100 million yuan)	529.90	501.63
外贸进出口总额(亿元)	Total Value of Imports and Exports in Foreign Trade (100 million yuan)	57.78	49.95
# 出 口	Exports	49.31	44.37
实际使用外资金额(万美元)	Actual Use of Foreign Capital(USD 10 000)	90	145
实际利用内资(亿元)	Domestic Investment Actually Used(100 million yuan)	96.82	108.63
中资金融机构本外币存款余额(亿元)	RMB and Foreign Currencies Deposits of Chinese Financial Institutions(100 million yuan)	392.87	427.57
中资金融机构本外币贷款余额(亿元)	RMB and Foreign Currencies Loans of Chinese Financial Institutions(100 million yuan)	233.37	259.97
普通小学校数(所)	Number of Regular Primary Schools(unit)	60	59
普通小学在校学生数(万人)	Students Enrollment of Regular Primary Schools(10 000 persons)	2.72	2.62
普通中学校数(所)	Number of Regular Secondary Schools(unit)	29	28
普通中学在校学生数(万人)	Students Enrollment of Regular Secondary Schools(10 000 persons)	2.13	2.18
幼儿园数(所)	Number of Kindergartens(unit)	152	159
在园儿童数(万人)	Number of Children Enrolled in Kindergartens(10 000 persons)	1.01	1.01
卫生机构数(个)	Health Care Institutions(unit)	299	302
# 医 院	Hospitals	4	4
卫生机构床位数(张)	Beds in Health Care Institutions(unit)	1500	1495
# 医 院	Hospitals	820	820
每千人卫生机构床位数(张)	Beds in Health Care Institutions per 1 000 Persons(unit)	3.82	3.85
每千人执业(助理)医师数(人)	Number of Licensed (Assistant) Doctors per 1 000 Persons(person)	2.35	2.25
每千人注册护士数(人)	Number of Registered Nurses per 1 000 Persons(person)	1.78	1.76

25-16 静海区基本情况
Basic Statistics on Jinghai District

指　标	Item	2021	2022
常住人口(万人)	Permanent Population(10 000 persons)	78.07	77.92
户籍户数(万户)	Registered Households(10 000 households)	24.76	25.04
户籍人口(万人)	Registered Population(10 000 persons)	63.26	63.67
男　性	Male	31.97	32.17
女　性	Female	31.29	31.50
年平均人口(万人)	Average Annual Population(10 000 persons)	62.75	63.47
城镇非私营单位从业人员(万人)	Employment Personnel in Urban Non-private Units(10 000 persons)	6.11	6.03
城镇非私营单位从业人员平均工资(元)	Average Remuneration of Employment Personnel in Urban Non-private Units(yuan)	103983	104147
地区生产总值(亿元)	Gross Domestic Product (100 million yuan)	477.16	476.53
第一产业	Primary Industry	28.88	29.94
第二产业	Secondary Industry	230.12	231.98
第三产业	Tertiary Industry	218.16	214.61
第三产业比重(%)	The Proportion of Tertiary Industry to GDP(%)	45.7	45.0
民营经济增加值(亿元)	Value Added of Private Economy (100 million yuan)	340.02	326.32
民营经济增加值比重(%)	The Proportion of Value Added of Private Economy to GDP(%)	71.3	68.5
区级一般公共预算收入(亿元)	General Public Budget Revenue at District Level(100 million yuan)	48.61	37.93
# 税收收入	Revenue from Taxes	30.52	27.53
区级一般公共预算支出(亿元)	General Public Budget Expenditure at District Level(100 million yuan)	83.37	73.38
# 教　育	Education	19.96	18.76
社会保障和就业	Social Security and Employment	13.56	12.44
卫生健康	Health and Wellness	7.66	7.15
规模以上工业企业	Industrial Enterprises above Designated Size		
单位数(个)	Number of Units(unit)	934	961
资产总计(亿元)	Total Assets(100 million yuan)	1178.00	1306.49
营业收入利润率(%)	Ratio of Profits to Business Revenue(%)	1.1	0.9
每百元营业收入成本(元)	Costs on Business Revenue per 100 yuan(yuan)	95.88	95.61
资产负债率(%)	Ratio of Liabilities to Assets(%)	64.6	64.6
固定资产投资(不含农户)增速(%)	Increase Rate of Investment in Fixed Assets(Non-agricultural)(%)	1.7	-3.6
建筑业总产值(亿元)	Gross Output Value of Construction(100 million yuan)	50.28	54.28
限额以上批发和零售业商品销售额(亿元)	Total Sales of Wholesale and Retail Trade above Designated Size (100 million yuan)	2647.22	1922.73
外贸进出口总额(亿元)	Total Value of Imports and Exports in Foreign Trade (100 million yuan)	190.65	189.28
# 出　口	Exports	135.93	127.02
实际使用外资金额(万美元)	Actual Use of Foreign Capital(USD 10 000)	1681	935
实际利用内资(亿元)	Domestic Investment Actually Used(100 million yuan)	100.72	110.53
中资金融机构本外币存款余额(亿元)	RMB and Foreign Currencies Deposits of Chinese Financial Institutions(100 million yuan)	854.04	996.83
中资金融机构本外币贷款余额(亿元)	RMB and Foreign Currencies Loans of Chinese Financial Institutions(100 million yuan)	474.31	575.12
普通小学校数(所)	Number of Regular Primary Schools(unit)	96	95
普通小学在校学生数(万人)	Students Enrollment of Regular Primary Schools(10 000 persons)	5.54	5.33
普通中学校数(所)	Number of Regular Secondary Schools(unit)	48	49
普通中学在校学生数(万人)	Students Enrollment of Regular Secondary Schools(10 000 persons)	4.31	4.47
幼儿园数(所)	Number of Kindergartens(unit)	257	244
在园儿童数(万人)	Number of Children Enrolled in Kindergartens(10 000 persons)	2.11	2.08
卫生机构数(个)	Health Care Institutions(unit)	514	524
# 医　院	Hospitals	17	17
卫生机构床位数(张)	Beds in Health Care Institutions(unit)	1919	1900
# 医　院	Hospitals	1394	1394
每千人卫生机构床位数(张)	Beds in Health Care Institutions per 1 000 Persons(unit)	2.45	2.44
每千人执业(助理)医师数(人)	Number of Licensed (Assistant) Doctors per 1 000 Persons(person)	2.08	2.24
每千人注册护士数(人)	Number of Registered Nurses per 1 000 Persons(person)	1.58	1.60

25-17 蓟州区基本情况
Basic Statistics on Jizhou District

指　　标	Item	2021	2022
常住人口(万人)	Permanent Population(10 000 persons)	79.08	78.87
户籍户数(万户)	Registered Households(10 000 households)	28.82	28.73
户籍人口(万人)	Registered Population(10 000 persons)	87.76	87.17
男　性	Male	44.40	44.10
女　性	Female	43.36	43.07
年平均人口(万人)	Average Annual Population(10 000 persons)	87.81	87.47
城镇非私营单位从业人员(万人)	Employment Personnel in Urban Non-private Units(10 000 persons)	5.17	4.60
城镇非私营单位从业人员平均工资(元)	Average Remuneration of Employment Personnel in Urban Non-private Units(yuan)	103941	107548
地区生产总值(亿元)	Gross Domestic Product (100 million yuan)	274.20	279.33
第一产业	Primary Industry	48.66	53.55
第二产业	Secondary Industry	63.53	60.99
第三产业	Tertiary Industry	162.01	164.78
第三产业比重(%)	The Proportion of Tertiary Industry to GDP(%)	59.1	59.0
民营经济增加值(亿元)	Value Added of Private Economy (100 million yuan)	154.86	156.49
民营经济增加值比重(%)	The Proportion of Value Added of Private Economy to GDP(%)	56.5	56.0
区级一般公共预算收入(亿元)	General Public Budget Revenue at District Level(100 million yuan)	22.52	20.54
# 税收收入	Revenue from Taxes	12.35	9.54
区级一般公共预算支出(亿元)	General Public Budget Expenditure at District Level(100 million yuan)	115.68	83.24
# 教　育	Education	25.03	24.24
社会保障和就业	Social Security and Employment	17.17	16.31
卫生健康	Health and Wellness	8.30	9.33
规模以上工业企业	Industrial Enterprises above Designated Size		
单位数(个)	Number of Units(unit)	124	141
资产总计(亿元)	Total Assets(100 million yuan)	228.98	241.59
营业收入利润率(%)	Ratio of Profits to Business Revenue(%)	-0.6	0.3
每百元营业收入成本(元)	Costs on Business Revenue per 100 yuan(yuan)	91.55	90.82
资产负债率(%)	Ratio of Liabilities to Assets(%)	71.0	68.1
固定资产投资(不含农户)增速(%)	Increase Rate of Investment in Fixed Assets(Non-agricultural)(%)	-14.9	-28.0
建筑业总产值(亿元)	Gross Output Value of Construction(100 million yuan)	50.51	47.63
限额以上批发和零售业商品销售额(亿元)	Total Sales of Wholesale and Retail Trade above Designated Size (100 million yuan)	80.00	98.30
外贸进出口总额(亿元)	Total Value of Imports and Exports in Foreign Trade (100 million yuan)	4.10	4.65
# 出　口	Exports	3.86	4.04
实际使用外资金额(万美元)	Actual Use of Foreign Capital(USD 10 000)	9850	2452
实际利用内资(亿元)	Domestic Investment Actually Used(100 million yuan)	25.85	27.98
中资金融机构本外币存款余额(亿元)	RMB and Foreign Currencies Deposits of Chinese Financial Institutions(100 million yuan)	654.55	685.08
中资金融机构本外币贷款余额(亿元)	RMB and Foreign Currencies Loans of Chinese Financial Institutions(100 million yuan)	629.49	631.36
普通小学校数(所)	Number of Regular Primary Schools(unit)	113	113
普通小学在校学生数(万人)	Students Enrollment of Regular Primary Schools(10 000 persons)	5.10	4.87
普通中学校数(所)	Number of Regular Secondary Schools(unit)	60	60
普通中学在校学生数(万人)	Students Enrollment of Regular Secondary Schools(10 000 persons)	5.13	5.24
幼儿园数(所)	Number of Kindergartens(unit)	271	253
在园儿童数(万人)	Number of Children Enrolled in Kindergartens(10 000 persons)	2.24	2.13
卫生机构数(个)	Health Care Institutions(unit)	748	743
# 医　院	Hospitals	13	16
卫生机构床位数(张)	Beds in Health Care Institutions(unit)	2029	2245
# 医　院	Hospitals	1285	1524
每千人卫生机构床位数(张)	Beds in Health Care Institutions per 1 000 Persons(unit)	2.56	2.84
每千人执业(助理)医师数(人)	Number of Licensed (Assistant) Doctors per 1 000 Persons(person)	2.91	2.76
每千人注册护士数(人)	Number of Registered Nurses per 1 000 Persons(person)	1.58	1.66